ББК 63.3(2)-63
М72

Оформление художника
И.А. Озерова

Использованы фотографии из архива автора, а также прежде не публиковавшиеся снимки фотокорреспондента газеты «Правда» Александра Устинова, предоставленные его дочерью.

Млечин Л.М.
М72 Юрий Андропов. Последняя надежда режима. — М.: ЗАО Центрполиграф, 2008. — 511 с.

ISBN 978-5-9524-3860-6

Происхождение Юрия Андропова и сведения о его родителях принадлежали к числу высших секретов государства. Что же такое было в биографии председателя КГБ и руководителя Советского государства, что его карьера да и, пожалуй, сама жизнь висели на волоске? Это лишь одна из загадок Ю.В. Андропова, о которой рассказывается в книге. Человека, которого боялась вся страна, одолевали собственные страхи. В биографии Андропова рано ставить точку.

ББК 63.3(2)-63

ISBN 978-5-9524-3860-6

ОТ АВТОРА

Документы о происхождении Юрия Владимировича Андропова, который пятнадцать лет руководил комитетом госбезопасности и еще год с небольшим — всей нашей страной, его анкеты и автобиографии, свидетельство о рождении, школьный аттестат, сведения о его родителях, бабушках и дедушках, справки и характеристики хранились в самом секретном архиве государства.

Доступ к документам имели только двое — генеральный секретарь ЦК КПСС и всемогущий начальник общего отдела ЦК. Только они двое — и больше никто! — вообще знали, что в архиве политбюро спрятаны несколько папок с бумагами, в которых речь идет о детстве, отрочестве и юности Андропова, начинавшего свою жизнь при очень неблагоприятных обстоятельствах.

В отличие от многих других секретных папок эти документы рассекречены. Теперь у нас есть возможность разобраться в тайнах человека, который оказал столь большое влияние на судьбу нашей страны. Прежде всего надо понять: почему обстоятельства появления на свет Юрия Владимировича Андропова, сведения о его родителях принадлежали к числу высших секретов государства? Почему однажды заполненная им анкета едва не погубила Андропова? Было устроено целое следствие относительно происхождения его матери. Что же такое было в биографии председателя КГБ и руководителя Советского государства, что его карьера, да и, пожалуй, сама жизнь висели на волоске? И это лишь одна из загадок Андропова.

Я много писал об Андропове, снимал о нем телевизионные передачи. Но когда в читальном зале одного из главных архивов нашей страны я раскрыл папку с только что рассекреченными личными документами Юрия Владимировича, то понял, что в его биографии рано ставить точку. И еще предстоит точно оценить его место в истории страны. Поэтому в этой книге речь пойдет не только о личности Андропова, но и о крупнейших политических событиях, в которых он играл важную роль, о том, что происходило в Венгрии, Чехословакии, Польше.

После смерти Юрия Владимировича Андропова на старом здании КГБ, где он проработал пятнадцать лет, возле парадного подъезда появилась памятная доска. На следующий день после провала августовского путча 1991 года со здания КГБ на Лубянской площади памятную доску сняли. Ее убрали заодно с памятником Дзержинскому. Это был символ избавления от ненавистной полицейщины, от тайной власти, которую олицетворяла госбезопасность.

Когда председателем Совета министров стал его бывший подчиненный Владимир Владимирович Путин, сделавший в наши дни блистательную карьеру, памятная доска вернулась на свое место. В июне 1999 года отмечалось 85-летие со дня рождения Андропова, Путин возложил венок к памятнику председателю КГБ. И это было сигналом изменившегося отношения к Андропову.

У меня была возможность спросить у Путина, что он думает об Андропове. Разговор проходил в резиденции Владимира Владимировича в Ново-Огареве. День был прекрасный, теплый, солнечный. Путин, который и так не страдал от избыточного веса, сумел сбавить еще несколько килограммов, и пребывал в отличном настроении. Вопросу об Андропове нисколько не удивился.

— Андропов был человеком, с которым ассоциировались надежды на что-то доброе, на улучшение нашей жизни, — сказал он мне. — Казалось, что он способен изменить нашу жизнь. Потом, правда, стало ясно, что он имел в виду скорее косметические перемены, наведение порядка. Помните, проводились облавы. Но мое отношение к нему не меняется с течением времени.

— Вы скорее говорите о той поре, когда он ненадолго стал руководителем государства, все помнят именно этот момент. А что вы, Владимир Владимирович, думали об Андропове, когда он был председателем комитета госбезопасности?

— Знаете, именно с приходом Андропова я связываю установление социалистической законности. Многое изменилось именно после его назначения председателем комитета. Кстати, эта законность была не хуже других...

Я уточнил:

— А что вы тогда между собой говорили о председателе?

— Вы имеете в виду те годы, когда я служил в КГБ? — переспросил Путин.

— Да, мне интересны ваши личные впечатления того времени. Как вы тогда в своем кругу его оценивали? Что для вас было самым важным?

— Ну, мы в ту пору не очень распространялись на эту тему...

Споры о личности Юрия Андропова не утихают и по сей день. Точки зрения практически несовместимы — от безудержного восхищения до полного неприятия и отвращения.

Кинорежиссер Андрей Кончаловский, сняв о нем фильм, в газетном интервью восторженно говорил: «Юрий Владимирович Андропов для меня фигура интереснейшая. Та роль, которую он сыграл в КГБ, совсем иная, чем ее трактуют многие современные историки. Теперь я знаю, что перестройка началась в КГБ. Мы просто себе этого не представляем. При Андропове КГБ сыграл огромную позитивную роль в государстве. Если бы Андропов не был так тяжело болен, мы бы жили сейчас в другой стране, похожей на Венгрию восьмидесятых—девяностых годов. Были бы частные предприятия и банки, свобода выезда за рубеж, идеология социал-демократии...»

Противоположного мнения придерживается Анатолий Черняев, бывший помощник генерального секретаря ЦК КПСС: «Ничего выдающегося он не сделал и не предложил, кроме борьбы за дисциплину и большей критики в газетах. Нелепо считать Андропова реформатором. Он лишь хотел исправить систему с помощью организационно-административных мер. Дело безнадежное. Просто всем хотелось, чтобы Андропов стал человеком, который спасет Россию...»

Андропов нравится тем, кто считает, что страна пошла неверным путем, кому симпатичны жесткие лидеры. Иван Капитонов, бывший секретарь ЦК по кадрам, чуть не в единственном после ухода на пенсию интервью «Правде» говорил: «Сталинский металл я ощущал лишь в голосе Андропова: он зазвучал и во внутренней политике, когда началась жесткая борьба за наведение дисциплины на производстве и общественного порядка, и во внешней: вспомните хотя бы заявления нашего руководства в пору антисоветского шабаша, начавшегося после гибели южнокорейского «боинга».

Первому секретарю ЦК компартии Грузии Эдуарду Шеварднадзе Андропов говорил, что у Сталина в смысле наведения порядка можно было поучиться. Помимо сталинского металла в голосе Андропова все, кто с ним имел дело, вспоминают и его пронизывающий взгляд.

«Он обладал каким-то магнетическим влиянием, — вспоминал член политбюро Виталий Воротников. — Он при беседе по-своему, по-андроповски внимательно, изучающе всматривался через толстые стекла очков в глаза собеседника. Взгляд у него особый, проникающий внутрь. Впечатление такое, что он знает о тебе все».

«Аудиенция у Андропова, — писал тогдашний заведующий отделом пропаганды ЦК Борис Стукалин, — всегда вызывала внутреннее напряжение. Психологически трудным, как правило, бывало начало беседы. Прежде чем сказать что-либо, он устремлял на посетителя тяжелый, гипнотизирующий взгляд, словно давая понять, что видит тебя насквозь и знает, чем ты дышишь, что у тебя на уме...»

Может быть, Юрий Владимирович и в самом деле, работая в КГБ, усвоил этот пронизывающий взгляд, которому учат профессиональных контрразведчиков и следователей. А может, его собеседникам просто казалось, что он так уж пристально в них всматривается? И виной всему был оптический эффект, создаваемый сильной близорукостью и очками с большими диоптриями?

С Андроповым не все так просто и ясно.

Подчиненные Андропова по КГБ называют его выдающимся руководителем с сильной волей и далеко идущими планами. Биографу Юрия Владимировича рисуется иной образ. Неуверенный в себе, зависимый от чужого мнения человек, который остерегался радикальных перемен и боялся новых людей. Он постоянно маневрировал, чего-то опасался, не был способен к неожиданным, смелым решениям. У него вообще, наверное, были непростые взаимоотношения с окружающим миром. В этом нет ничего удивительно, если вспомнить, в какой обстановке прошли его юные годы и политическая молодость, какие события формировали его как личность и как политика.

СИРОТА С СОМНИТЕЛЬНОЙ АНКЕТОЙ

Некоторые обстоятельства появления на свет Юрия Владимировича Андропова, как и сведения о его родителях, в определенной степени так и остались невыясненными, что породило множество слухов и легенд.

Юрий Андропов писал в анкетах, что родился 15 июня 1914 года на станции Нагутская Ставропольской губернии. Ныне это село Солуно-Дмитриевское Андроповского района. По словам его ближайшего помощника Крючкова, в реальности Андропов родился годом позже. Юрий Владимирович приписал себе год, чтобы его взяли в техникум, где платили стипендию.

Похоже, слова Крючкова — это легенда, потому что сохранилось подлинное свидетельство о рождении, выданное юному Андропову.

«Р.С.Ф.С.Р.
ТЕРСКИЙ ОКРУГ
МОЗДОКСКИЙ
Городской Совет рабочих, крестьянских,
красноармейских и казачьих депутатов
17 марта 1932 г.

СВИДЕТЕЛЬСТВО О РОЖДЕНИИ № 68

Выдано в том, что Андропов Юрий-Григорий Владимирович родился в 1914 году 15 числа июня месяца, о чем в книге записей актов гражданского состояния произведена соответствующая запись...»

Интересно, что в метрике указано двойное имя — Юрий-Григорий, что нехарактерно для России. И это не описка. В свидетельстве об окончании Моздокской фабрично-заводской семилетки, выданном 26 июня 1931 года, Андропов назван просто Григорием:

«УДОСТОВЕРЕНИЕ

Предъявитель сего Андропов Григорий Владимирович, родившийся в 1914 году, обучался с 1923 года по 1931 год в Моздокской Фаб-Зав семилетке и окончил полный курс в 1931 году...»

Своего отца, Владимира Константиновича, Юрий Андропов не помнил. Тот умер в годы Гражданской войны от сыпного тифа. Год его смерти Юрий Владимирович в разных анкетах почему-то называет разный. По одним источникам, Владимир Константинович Андропов был железнодорожным телеграфистом, по другим — мастером, по третьим — коммерческим ревизором на станции Беслан, той самой, что много позже станет местом действия одной из самых страшных трагедий второй чеченской войны.

«Отец мой, — писал Юрий Андропов в самой полной из своих автобиографий, — был дежурным по станции, затем начальником станции Нагутинская Северо-Кавказских железных дорог. В 1915 (или 16) году отец переезжает на станцию Беслан, где работает ревизором (или контролером) движения. Отец происходит из донских казаков. Его отец (мой дед) или учитель, или инспектор училищ (точно не знаю, никогда его не видел)».

В другой автобиографии Андропов добавил: «Отец учился в институте путей сообщения, но был оттуда исключен за пьянство. Имел 2-х дядей в городе Ростове-на-Дону (по отцу). Сам я их никогда не видел. По рассказам матери — оба служили на железной дороге. Сейчас оба умерли».

Мать Андропова, Евгения Карловна, овдовев, в 1921 году второй раз вышла замуж тоже за железнодорожника — Виктора Александровича Федорова.

«Мой отчим — помощник паровозного машиниста, — писал Андропов. — В 1923 или в 1924 году отчим ввиду тяжелого материального положения бросает учиться в городе Орджоникидзе (бывший Владикавказ) в техникуме путей сообщения и приезжает жить на станцию Моздок Северо-

Кавказской железной дороги. Там он работал сначала смотрителем зданий, а потом инструктором санитарного дела.

В семье никого лишенных избирательных прав, судимых и раскулаченных нет и не было».

В архивных документах хранится и справка, выданная 8 августа 1931 года Юрию Андропову (он опять же именуется Григорием): «Настоящая справка выдана тов. Андропову Григорию Владимировичу в том, что отчим Федоров Виктор Александрович действительно работает в школе ФЗС при ст. Моздок в качестве преподавателя труда и получает содержания в месяц... Имущества движимого и недвижимого не имеет. На своем иждивении имеет 4 души. Согласно постановлениям ЦК и СНК тов. Федоров В.А. как преподаватель и как инженерно-технический работник приравнен в правах к индустриальным рабочим, что подписью и приложением печати удостоверяется».

В Моздоке, который теперь тоже часто упоминается в газетах из-за событий на Кавказе, мать Андропова преподавала в школе, отчим учил подростков слесарному делу в фабрично-заводской семилетке. Туда же пристроил пасынка.

Когда Юрию Андропову было всего четырнадцать лет, умерла и мать. Можно представить себе, как это было ужасно для мальчика, какой тяжелой — эмоционально и материально — была его юность. Ему пришлось самому пробиваться в жизни, помочь было некому. С отчимом он жить не захотел.

Летом 1931 года окончил школу. Андропов заботливо сохранил составленное на типографском бланке свидетельство об образовании (здесь и далее сохранена орфография оригиналов документов):

«Н.К.П.С.
Северо-Кавказские, Имени С.Д. Маркова,
железные дороги.
ОТДЕЛ ПРОСВЕЩЕНИЯ
Моздокская фаб-зав. Семилетка
26 июня 1931 г.

УДОСТОВЕРЕНИЕ

Предъявитель сего Андропов Григорий Владимирович, родившийся в 1914 году, обучался с 1923 года по 1931 год в Моздокской Фаб-Зав семилетке и окончил полный курс в 1931 году. В течение курса проработал установленные программы и приобрел знания и навыки по следующим предметам:

по русскому языку и литературе,
обществоведению,
математике,
физике,
естествознанию и химии,
географии,
немецкому языку (3 года),
военизации,
труду: слесарному, столярному, переплетному.

Во время прохождения курса в школе Андропов Григорий Владимирович занимался по рисованию, пению, физкультуре, технике черчения и принимал участие в следующих видах работы в ученических организаций: легкая кавалерия по всеобучу, пред. Юнсекции, редактор узловой рабочей газеты, АМО цехячейки, культсовет, пред. Бюро Красной блузы. Прошел одномесячную производственную практику.

Настоящее удостоверение выдано Школьным Советом Моздокской Фаб.-Зав. Школы на основании постановления Совета от 14 июня 1931 года.

Заведующий школой...
Члены Совета....
Секретарь...»

С 1 ноября 1931 по 15 января 1932 года Юрий Андропов работал на железной дороге рабочим телеграфа. Его уволили как несовершеннолетнего. Через месяц он устроился помощником киномеханика с окладом в пятьдесят рублей в рабочий клуб имени Коминтерна профсоюзного комитета работников железнодорожного транспорта.

Вычитал в газете, что открыт прием в Рыбинский техникум водного транспорта, где не только бесплатное обучение, но еще дают стипендию и общежитие. В марте 1932 года собрал документы и отправил по почте с просьбой его зачислить. Позднее честно признавался: «В Рыбинск попал по незнанию географии — думал, что последний гораздо ближе к Северному Кавказу».

Поразительным образом сохранились документы, связанные с его поступлением в техникум.

«РЫБИНСКИЙ
РЕЧНОЙ ТЕХНИКУМ
От помощника киномеханика
Андропова Юрия-Григория

ЗАЯВЛЕНИЕ

Прошу принять меня в техникум речного судоходства на отделение судоводительное или судостроительное. В настоящее время я работаю помощником киномеханика, рабочий стаж имею 2-х годичный.

Отца я лишился, когда мне было 2 года, отец работал телеграфистом на железной дороге, мать умерла год назад. В настоящее время я живу у отчима и работаю при железнодорожном клубе на станции Моздок.

Прошу ввиду дальнего расстояния точно сообщить то время, когда я должен буду прибыть в техникум. Прошу также обеспечить меня общежитием и стипендией (дописал сверху. — *Л. М.*), так как средств к дальнейшему существованию не имею.

Соответствующие документы прилагаю.

Мой адрес: станция Моздок
Северо-Кавказской железной дороги
Вокзал, жилой дом № 24
Андропову Юрию

При сем прилагаю марки почтовые для ответа. Затем следующие документы:

1) Свидетельство об окончании школы ФЗО
2) Свидетельство о рождении
3) Справка о моем соц. положении
4) Справка о соц. положении отчима
5) Справка о нелишении права голоса
6) Справка об оспопрививании от ж.д. врача
7) Фотограф. карточки, заверенные М.К. ж.д.

8) Справка о моем производственном стаже от зав. Клубом

9) Справка о производственном стаже отчима.

В заявлении помещаю автобиографию, заверенную М.К. ж.д. и кроме того прилагаю ходатайство ячейки В.К.П.(б) и М.К. ж.д. с приложением документов и рекомендаций В.Л.К.С.М. на 7 листах.

К сему Андропов

22 марта 1932 г.»

Удивительно, что юношей Юрий Владимирович уже оценил важность в советском обществе общественной работы и старательно собирал справки и характеристики, которые отправил в Рыбинск.

«ХАРАКТЕРИСТИКА

Дана комсомольцу тов. Андропову в том, что он является одним из активных товарищей, оправдавших звание комсомольца, выявивший себя на комсомольской работе как хороший работник. Тов. Андропов организовал юношескую секцию и поставил в ней работу на должную высоту. Участвовал во всех хозяйственно политических компаниях. Комсомольских взысканий за 2 года пребывания в ячейке не имеет.

Нагрузки по ячейке имеет следующие. Член бюро, культпроп, председатель бюро юношеской секции, представитель в культсовете, редактор узловой рабочей газеты...»

Его приняли в техникум без экзаменов на первый курс судоводительского отделения и прислали в Моздок телеграмму:

«тов. Андропов Юрий

Рыбинский Речной Техникум сообщает, что Вы приняты без испытаний на 1-й курс Судоводительского отделения.

Предлагается Вам явиться в Техникум для направления на предварительную летнюю плавательную практику к 25 сего апреля, захватив с собой постельные принадлежности.

11 апреля 1932 г.

Секретарь учебной части».

Юрий Андропов прошел практику и получил в июне тридцать второго справку:

«Дана т. Андропову в том, что он действительно работал матросом на пароходе «Заготовщик», хорошо относился к своим обязанностям.

Может идти штурвальным.

Был председателем судкомитета, работу выполнял хорошо».

Приступив к учебе, попросил выделить ему стипендию:

«В Комиссию по распределению пособий
От учащегося 1 курса Андропова Ю.

ЗАЯВЛЕНИЕ

Прошу комиссию обеспечить меня пособием, так как я средств к существованию не имею. Кроме того, родных у меня тоже нет.

Плавал весеннюю практику.

Документы о соц. положении находятся в канцелярии техникума.

17 ноября 32 г.»

Руководители техникума вошли в его положение, предоставили общежитие и стипендию — сто шесть рублей.

Отчима он родственником считать отказывался, но тот, напротив, старался поддерживать отношения с пасынком, тревожился, когда Юрий или Григорий — тогда в ходу были оба имени Андропова — не давал о себе знать.

«гор. Рыбинск
Директору Речного Техникума
От преподавателя труда и черчения
Железнодорожной школы станции Моздок
Федорова Виктора Александровича

ЗАЯВЛЕНИЕ

Просьба не отказать распоряжением выяснить и сообщить местонахождение и занятие моего пасынка Андропова-Федорова Юрия Владимировича. Имею сведения, что он, сдав переводные испытания по 1 курсу Судоводительского отделения, определился на работу на пароход «Заготовщик» с 29 апреля сего года, и больше сведений от него не имею.

Семья обеспокоена, и тщетно прождав долгие месяцы, я решил беспокоить Вас подобной просьбой».

Генеральный секретарь ЦК КПСС Юрий Андропов любил именовать себя волжским матросом, намекая на свое рабочее прошлое. На самом деле матросом он был только во время короткой учебной практики.

«ХАРАКТЕРИСТИКА

Дана настоящая тов. Андропову Ю.В. в том, что он будучи назначен Рыбинским Техникумом на вверенный мне пароход «Механик» практикантом, вполне оправдал свое назначение и через короткий срок был мною зачислен в штат команды на должность третьего помощника капитана, где проявил удивительную способность в судовождении, интересуясь каждой мелочью. И дневные вахты вахтенного начальника нес вполне самостоятельно с полным знанием своего дела.

Кроме успехов в судовождении тов. Андропов имеет большие достижения и по хозяйственной линии, и все возложенные на него задания исполнялись им вполне добросовестно, и особенно надо отметить черту ту, что он в каждом деле пользовался симпатией команды.

За все время пребывания тов. Андропова на п-де «Механик» таковой не имел ни одного выговора или замечания ни по одной линии.

Капитан парохода «Механик»...»

Но поплавать по Волге после окончания техникума ему не пришлось. Желание быть моряком, похоже, оказалось не слишком сильным. Окончив техникум в мае 1936 года, он был оставлен там секретарем комитета комсомола и комсоргом ЦК ВЛКСМ. Из своего речного прошлого он любил вспоминать только одного боцмана, который держал в кулаке всю команду. Своего рода идеал руководителя. Моздокская семилетка и четыре года в Рыбинском техникуме — вот и все образование будущего главы государства. В Рыбинске его избрали членом городского Совета рабочих, крестьянских и красноармейских депутатов.

В деле № 48 Ярославского областного комитета ВКП(б) хранится «Личный листок по учету кадров», заполненный Андроповым 7 сентября 1938 года:

«В других партиях и в оппозиции не состоял. В революционном движении не участвовал и репрессиям за революционную деятельность не подвергался. В войсках или учреждениях белых правительств не служил.

Образование среднее техническое, специальность — техник по эксплуатации речного транспорта. Отношение к военной службе в настоящее время: снят с военного учета».

От воинской службы Андропов был освобожден по состоянию здоровья — из-за плохого зрения. Но, став председателем КГБ, не нашел в себе силы преодолеть искушение. Ни одного дня не служивший в вооруженных силах, Юрий Владимирович был произведен в генералы армии и по праздникам с удовольствием носил форму, которая почти не отличалась от маршальской...

В ноябре 1936 года его из техникума перебросили комсоргом ЦК ВЛКСМ на рыбинскую судоверфь имени В. Володарского. Ему было двадцать два года. С тех самых пор и до конца жизни Андропов находился на комсомольско-партийно-аппаратной работе — с перерывом на посольскую деятельность и на председательство в КГБ. Он никогда не руководил ни реальным производством, ни каким-то регионом. Не имел ни экономических познаний, ни опыта практической работы в промышленности, сельском хозяйстве, финансах.

Его карьера сложилась так: из комсомола в партию, из партии в КГБ. Достоинства такого жизненного пути очевидны: точное знание государственного механизма, тайных пружин управления страной, умение приводить в действие рычаги власти. Недостаток заключается в том, что все знания о стране почерпнуты из вторых рук — из чьих-то рассказов, донесений, справок и аналитических записок подчиненных.

Сотни страниц секретных документов, которые каждый день ложились на стол секретаря ЦК и председателя КГБ, создавали ощущение полного знания о происходящем в стране. Это, несомненно, была иллюзия. Вероятно, поэтому Андропов искренне считал, что страна нуждается главным образом в наведении порядка, дисциплине и борьбе с коррупцией, а вовсе не в глубоких экономических и политических реформах.

Он попал на комсомольскую работу в разгар репрессий. Большой террор не обошел и ярославский комсомол.

Ярославская область тогда включала и нынешнюю Костромскую — всего пятьдесят два района. Промышленность — несколько крупных заводов, большое лесное хозяйство. Московское начальство контролировало добычу торфа, на котором работали теплоэлектростанции. Ярославцы снабжали энергией и соседей — Ивановскую область.

В июне 1937 года в Ярославль приехал член политбюро и нарком путей сообщения Лазарь Моисеевич Каганович, который по поручению Сталина участвовал в работе областной и городской партийных конференций. Он призвал немедленно разоблачить врагов народа и показал пример, как это надо делать. Прямо на конференции Каганович объявил врагом народа второго секретаря обкома Ивана Андреевича Нефедова. Его тут же и арестовали. Ивану Нефедову было всего тридцать девять лет. Вслед за ним были арестованы еще пять видных партийных работников. Его преемник на посту второго секретаря продержался всего лишь до осени.

Летом 1937 года был снят с должности и затем уничтожен первый секретарь обкома партии Антон Романович Вайнов. Ему на смену прислали из Москвы Николая Николаевича Зимина, который прежде руководил транспортным отделом ЦК партии, а в последнее время был начальником политуправления и заместителем наркома путей сообщения. Зимин продержался всего несколько месяцев, но тоже успел внести свой вклад в политику репрессий в области. Он, надо понимать, нажал на чекистов, требуя от них раскрытия крупных заговоров. Чекисты откликнулись, придумывая все новые мнимые группы врагов.

В течение только одного дня, 16 июля 1937 года, новый первый секретарь отправил Сталину две шифровки, демонстрируя готовность провести в области большую чистку.

«Областной комитет, — докладывал Зимин вождю, — получил данные о наличии на Рыбинском заводе автомоторов № 26 троцкистской организации. По полученным данным изобличаются как участники троцкистской организации секретарь парткома Пушкин, главный инженер Абрамов, бывший секретарь Рыбинского горкома Чантурия, бывший парторг завода Шумин.

Пушкина мы снимаем завтра и арестуем. Для быстрой размотки всей банды просим дать указания об аресте и направлении в Ярославль Чантурия, работающего в Курской области, и Шумина, работающего в Москве...»

Вождь написал на телеграмме: «т. Ежову. Надо арестовать Чантурия и Шумина. Исполнение сообщить в ЦК».

Сталинский помощник Поскребышев пометил: «Исполнено».

Вслед за этим поступила еще одна телеграмма от Зимина. Первый секретарь показывал, что именно с его приездом связаны большие успехи в искорении врагов народа:

«Следствием по делу контрреволюционной организации правых в Ярославской области установлено, что правыми совместно с эсерами в целом ряде районов области и отдельных заводах были созданы повстанческие группы.

В этих повстанческих группах объединились правые, эсеры, монархические и уголовные элементы. Руководство организацией повстанческих групп осуществлял Желтов, начальник облуправления связи, получивший непосредственные указания от Рыкова и бывшего председателя облисполкома Заржицкого. Производим изъятие этих групп».

Сталин так же внимательно изучил полученную из Ярославля телеграмму и отдал указание наркому Ежову: «Желтова надо обязательно арестовать».

Исполнительный Поскребышев вновь пометил: «Исполнено».

За один месяц в Ярославской области провели четыре процесса, судили работников конторы «Заготзерно», мельничного треста и управленцев районного звена. Двадцать шесть человек приговорили к расстрелу. Верховный суд четырем осужденным заменил смертную казнь тюремным заключением. Тогда Зимин пожаловался Сталину, что Верховный суд срывает выполнение партийных директив о борьбе с вредителями.

Массовые репрессии не обошли и ярославский комсомол. Еще в марте 1937 года первый секретарь обкома

ВЛКСМ Борис Павлов призвал комсомольцев выкорчевать из собственных рядов «банду вредителей, диверсантов, шпионов и убийц». Он конечно же не подозревал, что очень скоро сам станет жертвой этой кампании. В июне Павлова перевели с повышением на партийную работу, а в конце сентября арестовали — как участника «правотроцкистской банды».

— Как мы разоблачали Павлова? — делился опытом с комсомольцами руководитель области Николай Зимин. — Первое сомнение в отношении Павлова у меня зародилось в августе. Мы стали присматриваться. В начале сентября мы вывели Павлова из состава обкома и сняли с поста секретаря горкома. Потом выяснилась картина полного окружения его врагами народа, и тогда его исключили из партии. Павлов молчит на допросах у следователя, но у нас и не такие, как Павлов, заговаривали. И Павлов скажет. Но, конечно, не сразу.

Первый секретарь знал, что говорил. Павлов не выдержал и подписал составленные следователем областного управления НКВД протоколы допросов и был приговорен к расстрелу. Сняли, а затем и арестовали руководителей горкома комсомола.

Сохранилась речь, произнесенная начинающим комсомольским работником Андроповым на городском активе. Юрий Владимирович с юношеским пылом разоблачал с трибуны врагов народа:

— ЦК ВКП(б) не раз предупреждал партийные и комсомольские организации о бдительности. Существовала теория, что в комсомоле нет и не может быть врагов. А враги народа — троцкисты, шпионы, диверсанты — пытаются пролезть в каждую щель, использовав слабые места. Враги народа свили себе гнездо в ЦК ВЛКСМ, они пытались разложить молодежь и на почве разложения отвлечь ее от борьбы с врагами.

В конце августа 1937 года в Москве на пленуме ЦК ВЛКСМ сняли с работы очередную группу руководителей комсомола, в том числе Татьяну Федоровну Васильеву, секретаря ЦК по работе среди женской молодежи. Еще недавно она приезжала в Ярославль проводить областную комсомольскую конференцию. Она сидела в президиуме, ей аплодировали, а теперь...

В июне 1937 года Юрия Андропова взяли в Рыбинский горком комсомола заведовать пионерским отделом и утвердили членом бюро. В августе перевели в обком руководить отделом учащейся молодежи.

В октябре в Ярославле прошла областная конференция.

— Наша областная комсомольская организация, — грозно произносил с трибуны Андропов, — была засорена врагами народа. Все бюро обкома, за исключением первого секретаря, посажено, так как развивало враждебную деятельность.

Юрия Владимировича утвердили третьим секретарем Ярославского обкома комсомола. Он понравился новому хозяину области Алексею Ивановичу Шахурину, будущему наркому авиационной промышленности.

Сохранилась — на бланке Ярославского обкома партии с грифом «строго секретно» — подписанная Шахуриным выписка из протокола заседания бюро от 21 сентября 1938 года:

«О третьем секретаре обкома ВЛКСМ.

Утвердить 3-м секретарем Ярославского обкома ВЛКСМ тов. Андропова Ю.В., кандидата в члены ВКП(б) с 1937 г., кандидатская карточка № 0389060».

Это уже была номенклатурная должность. Он сразу получил квартиру в доме для областного начальства на Советской улице — в двух минутах ходьбы от обкома. Собственно, должности освобождались чуть не каждый день. В 1937 году областные чекисты арестовали больше пяти тысяч человек. Карьеры в годы чисток делались быстро, надо было только самому уцелеть.

Начальником областного управления НКВД был майор госбезопасности Андрей Мартимианович Ершов. Приказом наркома внутренних дел Ежова № 00447 от 30 июля 1937 года Ершов был утвержден председателем тройки по Ярославской области. Тройка наделялась правом выносить смертные приговоры «бывшим кулакам, уголовникам и другим антисоветским элементам».

«Видели мы Ершова только на заседаниях бюро обкома, — вспоминал назначенный первым секретарем обкома Алексей Иванович Шахурин, — куда он приходил в каком-то видавшем виды черном пиджаке и косоворотке. В форме появлялся лишь на торжественных заседаниях».

В 1937 году органами НКВД в области было арестовано больше пяти тысяч человек. Ершов говорил подчиненным:

— Если и будут лишние и необоснованные аресты, то в этом беды особой нет.

В январе 1938 года майор Ершов докладывал наркому внутренних дел о недостатках в собственной работе:

«Слабо разгромили эсеровские кадры и их антисоветские формирования в области. Мы не добрались до контрреволюционных формирований среди учащейся молодежи, среди интеллигенции (учительство, врачебный мир)...

Мы почти совершенно не работали по исключенным из партии, которых в области насчитывается свыше семи тысяч...»

Его постигла та же судьба, что и других руководителей госбезопасности, которые довольно быстро следовали за своими жертвами. В начале декабря 1938 года Ершов был освобожден от должности, в тот же день арестован и расстрелян...

В декабре 1937-го сняли первого секретаря Ярославского обкома комсомола Александра Брусникина. Затем его вывели из состава ЦК ВЛКСМ — «за сокрытие своей связи с враждебными элементами и за попытку скрыть от ЦК факты засоренности вражескими элементами Ярославской областной организации». Вскоре Брусникина арестовали и расстреляли.

В освободившееся кресло посадили Андропова.

— Очистив свои ряды от врагов народа и их приспешников, — бодро докладывал на областной конференции Юрий Андропов, — разоблачив троцкистско-бухаринскую и буржуазно-националистическую сволочь, комсомольская организация области под руководством партии идейно закалилась и окрепла...

Вот с такими представлениями о жизни начал политическую карьеру Юрий Владимирович Андропов. Что-то из этого ужасного, отвратительного прошлого он отбросит, что-то останется в нем навсегда и будет определять его взгляды на мир. Ему лично жаловаться было не на что — массовые репрессии открыли ему дорогу наверх.

В ноябре 1939 года секретарь обкома комсомола Андропов был выдвинут депутатом областного совета депутатов трудящихся по Ворошиловскому избирательному округу

№ 18. Выдвигали его в клубе судоверфи имени Володарского. Андропов говорил:

— Товарищи избиратели! Я искренне благодарю вас за столь великое, оказанное мне доверие. Партия Ленина—Сталина дала нам свободу, партия большевиков дала нам огромные права. Мы имеем самую демократическую в мире сталинскую Конституцию. Мы сами выбираем органы управления государством. Вы оказываете мне огромное доверие, и я от всего сердца заверяю вас, что доверие ваше мною будет оправдано.

В декабре 1938 года его сделали первым секретарем обкома комсомола.

Продвижение наверх имело для Андропова одну неприятную сторону. В его документах проверяли каждую запятую, и бдительные кадровики сразу же отметили очевидные противоречия и темные места в его биографии.

На пленум обкома приехала из Москвы инструктор ЦК комсомола Капустина. Вот ей бывший первый секретарь обкома комсомола Попков, обиженный предшественник Андропова, и сигнализировал: «Отец Андропова был офицером царской армии, а мать из купеческой семьи».

Бдительная Капустина затеяла настоящее следствие с очными ставками и в январе 1939 года доложила своему начальству:

«Я поставила этот вопрос перед секретарем Ярославского обкома ВКП(б) тов. Шахуриным, проверила в партколлегии, где знакомилась с его делом при приеме в партию. В беседе со мной и секретарями Ярославского обкома ВКП(б) т.т. Шахуриным и Ларионовым Андропов категорически отрицал принадлежность отца к белой армии и происхождение матери из купеческой семьи.

Мною был послан для проверки на место рождения и жительства семьи тов. Андропова работник Ярославского обкома ВЛКСМ тов. Пуляев, а по приезде в Москву мною лично был проверен материал, касающийся социального происхождения матери тов. Андропова.

Установлено следующее:

Отец тов. Андропова инженер-путеец, умер в 1919 г. от брюшного тифа. В белой армии не служил. Дед Андропова (по отцу) работал в Ростове в качестве инспектора реальных училищ.

Мать Андропова с 17-ти летнего возраста работала учительницей. Воспитывалась в семье (куда была подкинута грудным ребенком) Флекенштейн, Финляндского гражданина, временного купца 2-й гильдии, который умер в 1915 г. Бабка после его смерти жила своим трудом, сейчас получает пенсию.

По словам приемной бабки Андропова Флекенштейн, у Андропова живет не его тетка, а его няня, что никаких сведений о родной бабке Андропова они не имели и не знают, кто она.

Из этого становится ясным, что тов. Андропов дал неправильные сведения о социальном происхождении своей матери. Я считаю необходимым потребовать у тов. Андропова объяснение причин, побудивших его дать эти неверные сведения».

По тем временам обвинения были убийственные. За обман партии и попытку скрыть свое происхождение могли не только карьеру сломать и выбросить с руководящей работы, но и посадить. Тем более что в биографии Андропова было предостаточно темных пятен. Будущий председатель КГБ, сам заполняя анкету или составляя автобиографию, путался в именах, датах, степени родства. Могло показаться, что он что-то скрывает.

Самое потрясающее в личном деле Андропова, которое теперь доступно исследователям, — лист бумаги, на котором от руки написано: «Данные архивные материалы были доложены тов. Горбачеву М.С. 23 июля 1986 г.»

Подпись: А. Лукьянов.

Анатолий Иванович Лукьянов заведовал тогда общим отделом ЦК и был хранителем всех партийных секретов. Михаил Сергеевич Горбачев к тому времени уже больше года руководил огромной страной, начал перестройку, которая изменила судьбу страны. И занятый такими важными проблемами человек находит время, чтобы поинтересоваться деталями происхождения своего предшественника и покровителя, что в нашей практике обыкновенно сводится к выяснению всего одного вопроса: а не еврей ли Андропов? Как много это говорит не только о Михаиле Сергеевиче Горбачеве, но и о том, чем вообще были заняты начальственные головы в советские времена...

Юрию Владимировичу пришлось самому пробиваться в жизни. Но его дочь Евгения Юрьевна рассказывала в интервью («Коммерсант-власть», 26 июня 2001 года), что семья не бедствовала:

— Дед со стороны матери имел определенный достаток, и семья Андроповых жила у него. Поэтому они могли позволить себе иметь няню для ребенка. А когда отец в раннем возрасте потерял родителей, оказалось, что эта няня для него — самый близкий человек.

В своих первых анкетах Юрий Владимирович Андропов писал, что происходит из донских казаков. Но окружающие считали его скрытым евреем, имея в виду неарийское происхождение его матери Евгении Карловны, преподававшей музыку.

Встречавшиеся с Юрием Владимировичем Андроповым находили в его внешности семитские черты. Возможно, они хотели их увидеть...

«Еврейский тип лица был у Андропова, — уверенно писал литературовед Вадим Кожинов. — В 1993 году я беседовал с бывшим заместителем председателя КГБ Ф.Д. Бобковым, и он сообщил мне, что, как в конце концов выяснилось, мать Андропова родилась в еврейской семье, но еще в раннем детстве осиротела и была удочерена русской семьей, по всем документам являлась русской и, возможно, даже не знала о своем этническом происхождении.

В бытность председателем КГБ Андропов, по существу, «разгромил» движение «правозащитников», в котором господствующую роль играли евреи, стремившиеся выехать из СССР. Наконец, даже если считать, что он тайно проводил какую-то «еврейскую» линию, ему довелось править страной немногим более года и к тому же в крайне болезненном состоянии, и он едва ли мог существенно повлиять на ход событий».

Валерия Легостаева, бывшего помощника члена политбюро ЦК КПСС Егора Кузьмича Лигачева, осенило в момент прощания с Андроповым:

«В мозгу вспыхнула удивительная догадка, что человек, чье лицо в круге яркого света лежало сейчас перед мной на гробовой подушке, при жизни, вне всяких сомнений, был евреем. Это показалось мне тогда настолько неправдоподобным, что я невольно замедлил перед гробом шаг, стараясь получше рассмотреть открывшуюся взору картину...»

Бывший помощник Горбачева Валерий Болдин пишет, что Михаила Сергеевича раздражала популярность Андропова. Однажды он в сердцах сказал Болдину:

— Да что Андропов особенного сделал для страны? Думаешь, почему бывшего председателя КГБ, пересажавшего в тюрьмы и психушки диссидентов, изгнавшего многих из страны, средства массовой информации у нас и за рубежом не сожрали с потрохами? Да он полукровка, а они своих в обиду не дают.

Дремучие представления Горбачева о всемирной еврейской солидарности (если этот разговор действительно имел место) сходны с подозрениями активных русских националистов, которые вроде бы даже посылали на родину Андропова гонцов изучать его генеалогическое древо. Сотрудники КГБ, желая пресечь недозволенный интерес к личности их начальника, обнаружили в Ростове-на-Дону человека, который занимался изучением сомнительного происхождения Андропова, но поделать ничего не могли. Председатель комитета госбезопасности, легко отправлявший в лагеря либералов-диссидентов, перед патологическими антисемитами пасовал.

Зная, что товарищи считают его анкету не совсем чистой, Юрий Владимирович всем своим поведением пытался доказать им, что они ошибаются. Андропов был председателем КГБ, вел активную борьбу с «сионизмом», что на практике означало запрет на выезд евреев за границу, всяческое подавление интереса к изучению еврейского языка, культуры и истории народа и строгий контроль за тем, чтобы «лица некоренной национальности» не занимали слишком видные посты. В пятом управлении КГБ был образован отдел по борьбе с враждебной сионистской деятельностью...

Что же говорят о происхождении Андропова рассекреченные документы из его личного архива?

«По Вашему требованию, — писал в свое оправдание Андропов, — присылаю автобиографию и объяснение к ней.

Мать моя младенцем была взята в семью Флекенштейн. Об этой семье мне известно следующее: сам Флекенштейн был часовой мастер. Имел часовую мастерскую. В 1915 году во время еврейского погрома мастерская его была разгромлена, а сам он умер. Жена Флекенштейна жила и работала в Москве. Прав избирательных не лишалась.

Родная мать моей матери была горничной в Москве. Происходила из Рязани. О ней мне сообщила гражданка Журжалина, проживающая у меня. Журжалина знает мать с 1910 года, живет у нас с 1915 года. Прежде она была прислугой в номерах (Марьина роща, 1-й Вышеславцев переулок, дом № 6). Моя мать — родственница Журжалиной по ее мужу.

Все это записано мною со слов Журжалиной.

Тетка или не тетка мне Журжалина?

Не тетка. В анкете Журжалина указана мною как тетка потому, что я просто затрудняюсь определить степень родства (как и она сама). В этом я ничего плохого и предвзятого не видел и не вижу.

Как случилось, что я не знал, что дед мой — купец 2-й гильдии?

Я и сейчас об этом не знаю, а попытки, чтобы узнать, делал:

Я перед вступлением в ВКП(б) просил отчима как можно подробнее рассказать мне о родителях, так как о последних я знаю очень мало. Он ответил мне письмом (оно у тов. Ларионова), в котором ни слова не говорит о том, что Флекенштейн был купец.

Сама Флекенштейн в 1937 году, когда я брал у нее документ (справку о нелишении прав), ничего мне о «купцах» не говорила».

На карту было поставлено все. Андропов поехал в Москву. Человек еще молодой, но уже опытный аппаратчик, он пошел в Моссовет. Попросил справку о том, что Флекенштейн избирательных прав не лишалась. В те годы избирательных прав лишали так называемые эксплуататорские классы, под эту категорию подпадали и бывшие купцы. Они назывались забытым уже словом «лишенцы». Принадлежность к лишенцам была крайне опасна. По этим же спискам составлялись другие — на арест и высылку.

Справку, доложил Андропов, ему не дали, но сообщили, что в списке лишенных избирательных прав Флекенштейны не значатся.

«При вступлении в ВКП(б), — писал Андропов, — партком верфи запрашивал на мою родину и в Беслан, и в Моздок. Парткому подтвердили, что дед мой (то есть Флекенштейн) торговал, но что был купцом, да еще 1-й или 2-й гильдии, не говорили. Исходя из этого при вступлении в ВКП(б) и на пленумах я также говорил о торговле, а не о купечестве.

Свою биографию я знаю со слов Журжалиной и Федорова, с которыми жил и сталкивался, с их слов и рассказывал ее.

Вот все, что мог я сообщить. Прошу только как можно скорее решать обо мне вопрос. Я чувствую ответственность за организацию и вижу гору дел. Решаю эти дела. Но эта проклятая биография прямо мешает мне работать. Все остальное из моей биографии сомнению не подвергалось, и поэтому я о нем не рассказываю».

Андропов совершенно прав: «проклятая биография мешает работать»! Дурацкое выяснение обстоятельств его появления на свет, социальное положение его деда и бабки — какое все это имело значение для его жизни и работы?!

Но удивительно, что он не извлек уроков из собственной истории. Он пятнадцать лет руководил комитетом госбезопасности, и его подчиненные занимались тем, что рылись в далеком прошлом людей, выясняя их социальное или национальное происхождение. И прошлое губило людей. А вот самому Андропову повезло.

Докладная записка инструктора Капустиной была адресована Григорию Петровичу Громову, новому секретарю ЦК ВЛКСМ по кадрам. В Москве прошла большая чистка комсомольского руководства. На пленуме ЦК ВЛКСМ в ноябре 1938 года утвердили новое руководство. С этими людьми Андропову предстояло проработать несколько лет — до перехода на партийную работу.

Первым секретарем ЦК комсомола на долгие годы стал Николай Александрович Михайлов. Секретарем ЦК комсомола стала печально знаменитая Ольга Петровна Мишакова, которая своими доносами погубила множество достойных людей. Секретарем по кадрам — Григорий Петрович Громов (его перевели в ЦК ВЛКСМ — редкий случай — с должности заместителя заведующего отделом руководящих партийных органов ЦК). Опытный Громов прежде всего поинтересовался мнением ярославского обкома партии.

Судьба Андропова была в руках второго секретаря Ярославского обкома партии Алексея Николаевича Ларионова, ведавшего местными кадрами. Ему и предстояло решить, как поступить с комсомольским вожаком, у которого выявили сомнительное прошлое.

Энергичный, моторный, заводной Ларионов был всего на семь лет старше Андропова и всячески покровительствовал молодому человеку. Он и спас Андропова от бдительных кадровиков из ЦК комсомола, и убедил нового хозяина Ярославской области, что Юрий Владимирович действительно ничего не знал о своем деде-купце, тем более что дед вроде и не настоящий, а приемный.

Когда Сталин перебросил Шахурина в Горький, первым секретарем Ярославского обкома стал Николай Семенович Патоличев, еще более видная фигура в советские времена, впоследствии секретарь ЦК и министр внешней торговли. Несмотря на слухи о неясности происхождения Андропова, Патоличев распорядился принять его в партию — и даже раньше положенного по уставу срока.

Процедура приема в партию была делом непростым и небыстрым. На это уходили месяцы. Но для Андропова, работника областного масштаба, было сделано исключение, его принимали в партию ускоренным порядком, о чем и свидетельствуют не очень грамотно составленные документы из ярославского архива.

«ВЫПИСКА

Из протокола № 76 заседания бюро Кировского РК ВКП(б) от 15 февраля 1939 года.

Слушали: решение партсобрания парторганизации Обкома ВЛКСМ от 10 февраля 1939 года. О приеме кандидата в члены ВКП(б) Андропова Юрия Владимировича, год рождения 1914, соц. происхождение служащий, соц. положение служащий. Работает секретарем ОК ВЛКСМ. Член ВЛКСМ с 1930 г., кандидат в члены ВКП(б) с мая 1937 года. Образование — окончил железнодорожную семилетку и техникум водного транспорта.

Рекомендуют:

1. т. Панов В.А. чл. ВКП(б) с 1928 г. № п/б 1070658

2. т. Маштаков В.П. чл. ВКП(б) с 1926 г. № п/б 0828484

3. т. Шмелев Е.И. чл. ВКП(б) с 1924 г. № п/б 1078238

Рекомендация Кировского РК ВЛКСМ, протокол № 4 от 10 февраля 1939 г.

Постановили: решение партсобрания парторганизации Обкома ВЛКСМ утвердить. Тов. Андропова Ю.В. принять из кандидатов в члены ВКП(б) по 4-й категории как служащего.

Тов. Андропов принят в кандидаты ВКП(б) в 1937 году в мае месяце сроком на 2 года, кандидатский стаж истекает в мае 1939 года. Но учитывая, что тов. Андропов, состоя кандидатом в члены ВКП(б), за это время политически вырос до политического руководителя, в подтверждение чего служит избрание его первым секретарем Обкома ВЛКСМ, и вполне себя подготовил до вступления в партию. На основании этого просить Горком ВКП(б) утвердить наше решение о приеме в члены ВКП(б) тов. Андропова...»

Документы немедленно отнесли в Ярославский горком партии, уже на следующий день состоялось заседание бюро 16 февраля 1939 года:

«Слушали: решение бюро Кировского РК ВКП(б) от 15 февраля 1939 г. О приеме в члены ВКП(б) т. Андропова Юрия Владимировича, г.р. 1914, национальность — русский, по соц. происхождению служащий, по положению служащий.

Работает первым секретарем Ярославского обкома ВЛКСМ. Образование — среднее, в РККА не служил, освобожден по болезни (зрение), кандидат ВКП(б) с V 1937 г., к/к № 0389060, член пленума и бюро Ярославского обкома ВЛКСМ.

Отзыв положительный...

Постановили: решение бюро Кировского РК ВКП(б) утвердить, т. Андропова принять в члены ВКП(б) по четвертой категории как служащего.

Просить Ярославский обком ВКП(б) утвердить данное решение».

Бюро ярославского обкома тоже решило вопрос на следующий же день, 17 февраля 1939 года:

«Слушали: решение бюро Ярославского ГК ВКП(б) от 16 февраля 1939 года о приеме в члены ВКП(б) тов. Андропова Юрия Владимировича, год рождения 1914, национальность — русский, по социальному происхождению — служащий, по положению — служащий. Работает первым секретарем Ярославского обкома ВЛКСМ. Образование — среднее. Кандидат ВКП(б) с 1937 года. Член обкома ВЛКСМ...

Постановили:

Решение бюро Кировского РК ВКП(б) утвердить, тов. Андропова Ю.В. принять в члены ВКП(б) по 4 категории как служащего.

Секретарь Ярославского обкома ВКП(б)
Патоличев».

От руки приписано: «выдан п/б № 2605010».

Но все равно процесс проверки происхождения Андропова затянулся на четыре месяца. Избрали Андропова первым секретарем обкома комсомола в декабре 1938 года, а утвердили его в должности только в середине апреля 1939 года. А Москва дала добро на его назначение еще через пять месяцев.

Сохранилась выписка из протокола заседания бюро от 19 апреля 1939 года:

«Утвердить первым секретарем обкома ВЛКСМ тов. Андропова Юрия Владимировича.

Секретарь Ярославского обкома ВКП(б) *А. Ларионов*».

Должность была номенклатурная, кандидатура подлежала согласованию в Москве, в ЦК, куда отправили еще пакет с документами, высоко оценив работу комсомольского вожака:

«ХАРАКТЕРИСТИКА

На члена ВКП(б) с 1939 года, партбилет № 2605010 — АНДРОПОВА Юрия Владимировича, работающего первым секретарем Ярославского обкома ВЛКСМ.

Тов. Андропов Ю.В., рождения 1914 года, в ВЛКСМ состоит с 1930 года. В 1936 году окончил речной техникум. Во время учебы в техникуме вел активную общественную работу. По окончании учебы был избран секретарем комитета ВЛКСМ и комсоргом Рыбинского речного техникума. В 1937 году т. Андропов Ю.В. как растущий товарищ, имеющий организационные способности, был избран в члены пленума и члены бюро Рыбинского ГК ВЛКСМ, где работал заведующим отделом пионеров в течение 1937 года.

В сентябре 1937 года был отозван для работы в аппарате Ярославского обкома ВЛКСМ в качестве заведующего отделом студенческой молодежи. В декабре 1937 года избирается третьим секретарем и в 1938 в декабре месяце первым секретарем Ярославского обкома ВЛКСМ.

На руководящей работе в обкоме ВЛКСМ тов. Андропов показывает себя растущим товарищем. Задачи областной комсомольской организации, вытекающие из решений XVIII съезда ВКП(б), понимает правильно и правильно решает практические вопросы перестройки работы комсомольских организаций. Работник инициативный, в решении вопросов занимает правильную линию. Среди руководящего комсомольского актива пользуется авторитетом.

Характеристика утверждена на бюро обкома ВКП(б) 21 августа 1939 года».

Все вопросы были сняты, в ЦК против кандидатуры Андропова не возражали. На обороте решения бюро обкома о назначении Юрия Владимировича от руки приписали:

«Утвержден ЦК ВКП(б)

Протокол оргбюро ЦК № 15 от 27 сентября 1939 года».

В 1939 году секретарь обкома Ларионов привлек комсомольского вожака Андропова к другому заметному делу — строительству гидроузлов на Волге. Занимался этим НКВД, строили заключенные, их не хватало, Андропов мобилизовал на стройку несколько тысяч молодых ярославцев. 14 июля 1944 года по докладной записке наркома внутренних дел Берии появился указ президиума Верховного Совета СССР «О награждении орденами и медалями инженерно-технического, административно-хозяйственного состава и рабочих Волгостроя НКВД» за «выдающиеся успехи и технические достижения по строительству гидроузлов на реке Волге».

Ордена получила большая группа сотрудников главного управления лагерей Наркомата внутренних дел. Орден Красного Знамени вручили и Андропову, как бывшему секретарю Ярославского обкома комсомола, хотя к тому времени он уже уехал из города.

Покровитель Андропова Алексей Ларионов прославится в хрущевские времена. Ларионов, тогда уже первый секретарь Рязанского обкома, пообещает Хрущеву сдать государству в три раза больше мяса, чем запланировано, получит «Золотую Звезду» Героя Социалистического Труда, а когда выяснится, что все это липа, то ли покончит с собой, то ли умрет от сердечного приступа...

Что касается Андропова, можно было бы сказать, что он отделался легким испугом. В действительности эта история не прошла для него бесследно.

Николай Николаевич Месяцев, один из бывших руководителей комсомола, в шестидесятых годах работал под началом Андропова в аппарате ЦК партии. Как-то под настроение Юрий Владимирович рассказал ему, что инструктор Ярославского обкома Анатолий Суров состряпал на него донос о связях Андропова с «врагами народа».

— Не посадили, — сказал Юрий Владимирович, — благодаря вмешательству первого секретаря обкома партии, а так не сидели бы мы, Николаша, вместе с тобой в этом доме.

«Я знал Сурова, — вспоминал Месяцев. — Он сочинил одну или две пьесы. Но приобрел громкое имя не на поприще драматургии, а так называемой борьбы с космополитами — грубой, позорящей страну кампании».

Месяцев задал Андропову естественный вопрос:

— А с Суровым вы, Юрий Владимирович, позже не объяснились по поводу его бессовестной стряпни?

— Нет, я не мстительный...

О мстительности говорить не приходится. Речь шла о том, чтобы сказать подлецу, что он подлец. Но Андропов неизменно избегал открытых конфликтов.

«В нем, — считал Месяцев, — сидел страх, застарелый, ушедший в глубины и прорывающийся наружу в минуты возможной опасности».

ЗАБЫТЫЕ ДЕТИ

В 1935 году, еще в Рыбинске, Юрий Владимирович в первый раз женился — на выпускнице своего же техникума Нине Ивановне Енгалычевой, дочери управляющего отделением Госбанка. Она училась на электротехническом отделении и была капитаном сборной техникума по волейболу. Рассказывают, что познакомились они на дружеской вечеринке. Стройная и темноглазая, она произвела сильное впечатление на молодого Андропова.

В семье сохранилось фото, которое Андропов подарил будущей жене, когда она после техникума уехала работать в Ленинград. Фото он снабдил романтической подписью:

«На память о том, кто так нежно и страстно тебя любит. Милая, милая, далекая и вечно незабываемо близкая Нинурка. В память о далеких, морозных, но полных счастья ночах, в память вечно сияющей любви посылает тебе твой хулиган

Юрий».

Кто бы мог подумать, что Юрий Владимирович Андропов способен на такие сильные чувства? Он вернул Нину из Ленинграда и добился своего — они поженились. Он сфотографировался с женой и на обратной стороне снимка 1 марта 1936 года своим четким почерком написал: «Если вам когда-нибудь будет скучно, если вы хоть на минуту почувствуете себя несчастной, то взгляните на эту фотографию и вспомните, что в мире существуют два счастливых существа. Счастье заразительно. Оно вместе с воздухом проникает к вам в душу и в одно мгновение может сделать то, что не в состоянии сделать годы».

У них появилось двое детей: в 1936 году родилась дочь, ее назвали Евгенией в честь бабушки по отцовской линии, в 1940-м — сын, названный в честь деда Владимиром. Но брак оказался недолгим. Любовь растаяла без следа. Вскоре после рождения сына Андропов уехал на новое место работы, в Петрозаводск, один, без семьи. Отговорился:

— Пока там нет квартиры, негде жить.

И вроде бы только няня, хорошо знавшая своего Юру, печально сказала:

— Ты уезжаешь навсегда. Ты уже не вернешься...

Он уехал и долго не писал. Потом письменно попросил развода. Нина Ивановна, женщина очень гордая, тут же ответила, что согласна.

В Петрозаводске Андропов женился во второй раз — на Татьяне Филипповне Лебедевой. Она тоже занималась комсомольской работой и слыла женщиной с очень сильным характером. В новом браке у них тоже родилось двое детей — сын и дочь.

Татьяна Филипповна Андропова приезжала в Петрозаводск в 1969 году на празднование 25-летия освобождения Карелии от финской оккупации. Опекать ее поручили молодому офицеру госбезопасности Аркадию Федоровичу Яровому. Он написал об этом через много лет в книге «Прощай, КГБ».

— Поручаю вам, товарищ старший лейтенант, персональную охрану нашей высокопоставленной гостьи, Андроповой Татьяны Филипповны, — сказал ему председатель КГБ Карелии Виктор Андреевич Заровский. А потом добавил: — Ты уж постарайся, голубчик, чтоб ей все было хорошо... И насчет еды проследи.

Яровой попросил совета у инструктора обкома партии Маргариты Оскаровны Руоколайнен, подруги Татьяны Филипповны.

— Чего, говоришь, на завтрак? — басовито спросила у Ярового инструктор обкома. — Сам-то что можешь предложить?

— Ну, икры там всякой попросить в ресторане... Красной, черной... Кофе, пирожного, конфет дорогих...

Опытная Маргарита Оскаровна отвергла его идеи:

— Пойди к Дерусову, директору пригородного совхоза, у него парники есть. Он мужик хозяйственный, неужто у него не посажено несколько кустов ранней картошки? Да свежего судачка — тут у нас проблем с рыбой нет. И чаю по-карельски с самоваром. Сахар лучше колотый...

— Это ей, кремлевской гостье?

— Ну, ты спросил, я тебе сказала!..

Яровой был благодарен Маргарите Оскаровне за ее подсказку.

— Спасибо, я давно с таким аппетитом не ела, — сказала Татьяна Андропова. — И где это картошка такая ранняя выросла в Карелии?..

Окружавшие Андропова люди знали, что воспоминания о прошлом были Юрию Владимировичу неприятны. Он сам практически ничего не вспоминал и не любил, когда другие напоминали ему о том, что он сам хотел бы забыть.

Его первая жена, Нина Ивановна, работала в архиве Ярославского управления госбезопасности, вновь вышла замуж. По словам дочери, втайне продолжала любить Андропова... Но ничего не требовала, ни о чем не просила, никому не жаловалась. Поэтому развод сошел Юрию Владимировичу с рук, хотя в партийном аппарате и в КГБ уход из семьи, мягко говоря, не одобрялся. Когда ее муж стал генеральным секретарем, жизнь Нины Ивановны изменилась. На нее все стали обращать внимание, и ей это было очень неприятно. Она еще больше переживала. Дочь считает, что именно поэтому она заболела раком...

Детьми от первого брака Андропов почти не интересовался, не помогал в трудные военные годы. Он только оставил с ними свою бывшую няню, Анастасию Васильевну Журжалину, которая так и жила с ними до смерти.

Его дочь Евгения стала врачом и всю жизнь прожила в Ярославле. Отца она практически не видела. Один раз после войны, когда они оказались под Москвой, няня позвонила Юрию Владимировичу, и он приехал посмотреть на детей. Потом вторая жена отца, Татьяна Филипповна, как-то прислала ей письмо и пригласила девушку к себе. По словам Евгении Юрьевны, «отец тяготился встречами, спешил».

В следующий раз она увидела его лежащим в гробу.

Он несколько раз устраивал ей с ребенком путевки, чтобы они могли отдохнуть. Когда Андропов стал генеральным секретарем, местные власти по собственной инициативе тут же переселили его дочь в новую квартиру. Она родила двух мальчиков — Андрея и Петра. Андрей Викторович Волков окончил Институт точной механики и оптики в Ленинграде, но служил в Ярославском областном управлении госбезопасности, дослужился до подполковника...

А вот судьба старшего сына Андропова, Владимира Юрьевича, названного в честь деда, сложилась неудачно. Он дважды сидел в тюрьме за кражи. Освободившись, Владимир Андропов уехал подальше от родных мест — в Тирасполь, работал механиком-наладчиком в конструкторском бюро швейной фабрики. Он женился, ему дали квартиру, в 1965 году на свет появилась Женя Андропова, внучка Юрия Владимировича. Нарушать закон Владимир Юрьевич перестал, зато начал пить. Слабохарактерный и слабовольный по натуре, Владимир Андропов постепенно спивался, нигде не работал.

Юрий Владимирович присылал сыну деньги, но потребности в общении не испытывал. Старательно скрывал, что у него сын, сидевший в тюрьме. Таких родственников не было ни у кого из членов политбюро. Вообще-то в кадры КГБ никогда не брали, если в семье есть осужденный.

Владимир Андропов скончался 4 июня 1975 года, ему было всего тридцать пять лет. Умирал он тяжело. Говорят, что надеялся хотя бы перед смертью увидеть отца. Юрий Владимирович не приехал ни в больницу, хотя было известно, что сын смертельно болен, ни на похороны. Не приехала и мать.

Рассказывают, что в 1982 году, решающем для Андропова, все документы о его непутевом сыне собрали и отправили в Москву. Или сам Андропов спешил их уничтожить. Или его соперники хотели обзавестись компрометирующим материалом на кандидата в генеральные секретари...

ШКОЛА ОТТО КУУСИНЕНА

В июне 1940 года Андропова перебросили в Петрозаводск и утвердили первым секретарем ЦК комсомола недавно созданной Карело-Финской Советской Социалистической Республики.

Сохранилась выписка из протокола заседания бюро Ярославского обкома партии от 13 июня 1940 года:

«О СЕКРЕТАРЕ ОБКОМА В.Л.К.С.М.

В связи с избранием тов. Андропова Ю.В. секретарем ЦК ВЛКСМ Карело-Финской ССР освободить его от работы первого секретаря обкома ВЛКСМ.

Временное исполнение обязанностей первого секретаря обкома ВЛКСМ возложить на второго секретаря обкома ВЛКСМ тов. Батунова С.И.».

От руки приписано:

«т. Андропов Ю.В.

Утвердить первым секретарем ЦК ЛКСМ Карело-Финской ССР, освободив его от работы первого секретаря Ярославского обкома ВЛКСМ

Протокол оргбюро ЦК ВКП(б) № 62...»

В двадцатых и тридцатых годах это была просто Карельская Автономная Республика в составе Российской Федерации. Во время мирового экономического кризиса 1929 года советская пропаганда зазывала в Карелию финнов. Около двенадцати тысяч финнов перебрались в советскую Карелию. Приехали даже несколько тысяч финнов из Америки.

Они все бросили, распродали имущество и поехали в счастливую страну, где нет безработицы и эксплуатации. А попали в глухие карельские леса, в тяжелейшие условия, где трудились за гроши. Паспорта и валюту у них отобрали. Целые группы американских финнов приезжали со своей техникой, но ее отбирали и передавали в совхозы.

Из-за присутствия иностранцев в Карелии постоянно шли чистки. Наибольшее недоверие вызывали те, кто по своей воле приехал в Советский Союз, чтобы участвовать в строительстве социализма.

2 августа 1935 года бюро Карельского обкома приняло совершенно секретное решение:

«Учитывая особо сложную обстановку Карелии — пограничность, наличие лагерей, спецпоселков, наплыв иностранцев и чуждых элементов, — предложить всем секретарям райкомов:

с особой тщательностью всеми доступными средствами подходить к проверке:

а) приехавших легально в последнее время или издавна живущих в СССР иностранцев;

б) переведенных из иностранных компартий;

в) ранее состоявших в иностранных социал-демократических партиях;

г) финских перебежчиков, перешедших границу добровольно или переброшенных фашистами;

д) участников карельской авантюры и белогвардейцев;

е) участников зиновьевско-троцкистской оппозиции».

Осенью 1935 года в Карелии провели кампанию по борьбе с «финским буржуазным национализмом» и сняли руководство республики во главе с первым секретарем обкома Кустаа Ровио. Начались аресты по делу о мнимом заговоре, якобы организованном разведкой финского Генерального штаба. В Карелии существовала егерская бригада, сформированная из местных жителей. Бригаду расформировали, командиров посадили. Осенью 1937 арестовали практически все руководство республики, начиная с первого секретаря обкома.

Но когда Сталин в ноябре 1939 года начал войну с Финляндией, у него возникли далеко идущие планы в отношении Карелии. Если бы его планы осуществились и Финляндия капитулировала, то ее территория, видимо, сильно уменьшилась, а Карелии, напротив, увеличилась бы. Карельскую АССР заранее переименовали в Карело-Финскую и повысили ее статус до союзной республики. Соответственно Карельский обком преобразовали в ЦК компартии Карело-Финской ССР.

Возглавил новую республику один из создателей компартии Финляндии, многолетний работник Коминтерна Отто Вильгельмович Куусинен. Он станет покровителем Андропова, сыграет в его карьере решающую роль. Куусинен был образованным, трудолюбивым, спокойным и разумным человеком, и общение с ним многое даст молодому комсомольскому секретарю.

Отто Вильгельмович Куусинен родился в 1881 году, окончил университет в Хельсинки. Он баловался стихами (как и Андропов), играл на пианино и даже сам сочинял музыку. После университета Куусинена приглашали занять должность директора театра. Но он отказался. В 1904 году он присоединился к финским социал-демократам, к моменту революции в Москве возглавил исполком социал-демократической партии. В ночь на 28 января 1918 года отряды Красной гвардии вошли в Хельсинки. Куусинена включили в состав Совета народных уполномоченных, то есть правительства Финляндской рабочей республики. Юг страны на несколько месяцев перешел под управление коммунистов.

Но республика была жестоко подавлена с помощью немецкого экспедиционного корпуса. Куусинен, которому грозил расстрел, скрывался в квартире молодой женщины по имени Айно Сарола. Между ними возник роман. Куусинен писал ей стихотворные послания... Айно оставила первого мужа и последовала за Куусиненом в Москву, где Отто Вильгельмович стал одним из основателей финской компартии, созданной эмигрантами.

Куусинен сделал большую карьеру в Исполкоме Коминтерна. Его должность в разные годы называлась по-разному, но на протяжении почти двух десятилетий он неизменно состоял в руководстве Коминтерна. Владевший несколькими языками, Куусинен проворачивал огромный объем бумажной работы. Штаб мировой революции, Исполком Коминтерна, со временем превратился в министерство по делам компартий с колоссальным документооборотом.

В бывшем центральном партийном архиве я просмотрел многие десятки толстенных папок — материалы секретариата Куусинена. В основном это донесения компартий с оценкой обстановки в своих странах, просьбы дать политические инструкции, помочь деньгами и принять на учебу местных активистов. Куусинен с его финским темпераментом держался крайне осторожно. Это был бледный, застенчивый и работящий человек, говоря словами одного из коминтерновцев.

Куусинен — один из немногих крупных иностранных коммунистов в Москве, кто уцелел. Зато он не жалел других: «Когда кто-либо из работников Коминтерна и его секций вставал на путь оппозиции против линии ЦК ВКП(б) (а таких было много), я выступал против них и активно участвовал в борьбе Коминтерна в поддержку линии ЦК ВКП(б), линии товарища Сталина».

Защищать от несправедливых наветов, спасать от беды Куусинен никого не стал. Зато вождь не тронул Куусинена. Они с женой получили квартиру в знаменитом Доме на набережной, летом жили на даче в Серебряном Бору, в отпуск отправлялись на юг, где однажды провели несколько дней вместе со Сталиным.

Но жену Отто Вильгельмович потерял.

Айно Куусинен разочаровалась и в муже, и в Коминтерне, и в советской власти. Она нашла повод и возможность уехать из Советского Союза хотя бы на время. В январе

1931 года она отправилась в Соединенные Штаты — вести партийную работу среди финнов, эмигрировавших за океан. В 1933 году перешла на работу в советскую военную разведку, и ее командировали в Японию. В конце 1937 года она получила приказ вернуться в Москву. Айно приехала. 1 января 1938 года ее арестовали.

Следователи требовали от нее сказать, что Куусинен — английский шпион. Она показаний на мужа не дала. Год шло следствие, еще восемь лет Айно провела в воркутинских лагерях. Вышла на свободу, а в 1949 году ее опять посадили и выпустили только после смерти Сталина. Отто Вильгельмович пальцем не пошевелил, чтобы ей помочь.

«Никакие кремлевские архивы, — писала Айно Куусинен, — даже если их когда-нибудь откроют, не смогут дать объективного представления о характере Куусинена, его личности. Куусинен всегда оставался для советской власти чем-то инородным. Он был иностранец, родился не на русской земле, знал шведский и немецкий, читал по-французски. Но по-русски до последнего говорил с сильным акцентом, речь всегда выдавала в нем иностранца.

А может, это и было его главным преимуществом?

Он устраивал Сталина еще и тем, что всегда оставался в тени.

Его как иностранца многие вещи в России не трогали. Он безразлично относился к строительству коммунизма в России, к вопросам экономики и политики: трагедия коллективизации, террор, аресты невиновных — все прошло мимо него.

Он был всегда нужен тем, кому принадлежала власть, точно знал, как надо обращаться с новым господином. Поэтому он и выжил в годы террора.

Он всегда держал нос по ветру, с легкостью изменял бывшим своим друзьям. Я не смогла вспомнить ни одного случая, когда бы Куусинен помог кому-нибудь в беде. Отто отказывался помогать даже в мелочах. Один из старых товарищей после своего ареста передал через кого-то из знакомых просьбу, чтобы ему прислали немного мыла и теплое белье — у него был ревматизм. Отто посоветовал ничего не посылать.

У Отто никогда не было близких друзей. Многим финнам, своим товарищам по партии, он помог скатиться в пропасть. Когда опасность нависала над самим Отто, чувства и эмоции для него не существовали.

Чего же Отто ждал от жизни? Знавшие его в молодости рассказывали, что когда-то Отто был поэтом, романтиком, интересовался искусством. Друзья его ценили. Но так до конца и не поняли. Он был как бы окутан тайной. В любой компании он оставался посторонним».

Куусинен понадобился Сталину после начала финской войны. 30 ноября 1939 года советская авиация бомбила Хельсинки. Части Ленинградского округа перешли границу. Нарком иностранных дел Вячеслав Михайлович Молотов заявил, что действия Красной армии — вынужденный ответ на враждебную политику Финляндии, а цель боевых действий — обеспечить безопасность Ленинграда.

Москва сообщила о создании «народного правительства» Финляндской демократической республики во главе с Отто Куусиненом. «Правительство» с трудом сформировали, потому что многих финских коммунистов, работавших в Москве и в Карелии, уже успели уничтожить. Министром внутренних дел стал зять Куусинена. Министром по делам Карелии сделали председателя Совнаркома Карело-Финской ССР Павла Степановича Прокофьева, который стал Прокконеном.

1 декабря правительство никогда не существовавшей республики привезли в финский приграничный поселок Терийоки, только что занятый советскими войсками (ныне город Зеленогорск). Отобранные Куусиненом финские коммунисты провели заседание, которое по-русски стенографировал его сын, и призвали финский народ встретить Красную армию как освободительницу.

2 декабря Куусинен вернулся в Москву. Его принял Сталин. Молотов подписал с Куусиненом договор о взаимопомощи и дружбе. Отто Вильгельмович с одобрения Иосифа Виссарионовича и Вячеслава Михайловича возложил на себя и обязанности министра иностранных дел. Отто Рудольфович щедро подарил советскому правительству острова, прикрывавшие вход в Финский залив. Полуостров Ханко передал в аренду на тридцать лет. В обмен Советский Союз был готов отдать Финляндии часть территории советской Карелии вместе с населением, которое, между прочим, никто не собирался спрашивать, желает ли

оно оказаться в составе другой страны. Землю отдавали вместе с крепостными...

К договору, как водится, приложили «конфиденциальный протокол», который рассекретили только в конце девяностых годов. В протоколе говорилось: «Установлено, что СССР имеет право держать на арендованной у Финляндии территории полуострова Ханко и примыкающих островов до пятнадцати тысяч человек наземных и воздушных вооруженных сил».

Поскольку мир был возмущен нападением на Финляндию, то Молотов немедленно обратился в Лигу Наций с заявлением: «Советский Союз не находится в состоянии войны с Финляндией и не угрожает финскому народу. Советский Союз находится в мирных отношениях с Демократической Финляндской Республикой, с правительством которой 2 декабря заключен договор о взаимопомощи и дружбе. Этим документом урегулированы все вопросы».

По части цинизма Вячеслав Михайлович Молотов кому угодно мог дать сто очков вперед. «Правительство» Куусинена вызывало в мире насмешки. Только в Берлине были готовы признать его, если Красная армия победит и доставит Куусинена в Хельсинки.

Куусинену и его окружению поручили сформировать Народную армию — за счет карелов, финнов и ингерманландцев, которые жили в Карелии и Ленинградской области. К юбилею Сталина Куусинен собственноручно написал обращение к вождю от имени «бойцов и командиров 1-го корпуса Народной армии Финляндии»:

«Собравшись на многолюдные митинги для ознаменования 60-летия великого вождя народов товарища Сталина, мы, сыны финляндского и карельского народов, охваченные пылом сегодняшней борьбы за освобождение финляндского народа от ига преступной плутократии и империализма, шлем Вам, дорогой товарищ Сталин, проникнутый глубоким уважением наш пламенный боевой привет...

Гордость и радость овладевают нами сегодня, когда вместе с десятками тысяч наших товарищей, борющихся по ту сторону фронта, во внутренней Финляндии, против белофинских палачей народа, присоединяемся к боевым приветствиям, посылаемым Вам, товарищ Сталин, трудящимися со всех концов земного шара...»

Обком Карело-Финской республики принял решение организовать трехмесячные курсы по изучению финского языка для партийных и советских работников, переброшенных на занятые войсками территории. Но им не пришлось страдать над учебниками. Война с маленькой Финляндией оказалась настолько кровавой и неудачной, что Сталин счел за благо закончить ее, удовлетворившись малым.

Но его не покидала надежда целиком присоединить Финляндию к Советскому Союзу, поэтому он оставил Куусинена в Петрозаводске и сделал его председателем президиума Верховного Совета Карело-Финской ССР. В 1941 году ввел в состав ЦК ВКП(б).

Под руководством Куусинена Андропов и осваивал науку политической борьбы.

В Петрозаводске Андропов, не имевший высшего образования, поступил в только что открытый Карело-Финский государственный университет, где было тогда всего четыре факультета — историко-филологический, физико-математический, биологический и геолого-гидрогеографический.

2 сентября 1940 года в университете начались занятия. Перед студентами выступил и секретарь республиканского ЦК Геннадий Николаевич Куприянов, и глава Верховного Совета Куусинен — на русском и финском языках. На торжественном собрании присутствовал секретарь ЦК комсомола Карело-Финской ССР Юрий Андропов.

Но учебе помешала война. Впрочем, фронта Андропов избежал, он был нужнее в тылу — четыре года возглавлял республиканский комсомол.

В официальных биографиях написано о его «активном участии в партизанском движении в Карелии». В реальности партизанами занимались органы госбезопасности. Начальником штаба партизанского движения Карельского фронта был генерал-майор Сергей Яковлевич Вершинин, профессиональный чекист; до войны он был начальником Норильского исправительно-трудового лагеря НКВД. Комсомольским секретарям чекисты поручали отбирать молодежь для партизанских отрядов и разведывательно-диверсионных групп.

Исследователи обращают внимание на то, что Андропов не был награжден даже медалями «За победу над Германией» или «Партизану Отечественной войны», которые раздавались в массовом порядке. Скажем, его коллега по комсомолу, секретарь Московского горкома Александр Николаевич Шелепин, который реально занимался помощью партизанскому движению, в марте 1942 года получил орден Красной Звезды, а затем и партизанскую медаль.

Похоже, «партизанская» строчка в биографии Андропова появилась для того, чтобы украсить образ главного чекиста страны, получившего погоны генерала армии, но ни дня не служившего в вооруженных силах.

Задача республиканского комсомола состояла в том, чтобы мобилизовать всех, в том числе заключенных, на работы военного характера. Так Андропова включают в состав оперативного штаба по строительству Беломорского аэродрома: обязанность штаба — вывести на работы всех, кого можно найти в Беломорске.

В сорок первом немецкие и финские войска, наступая, оккупировали две трети территории Карело-Финской ССР. Осенью Петрозаводск пришлось оставить.

10 октября 1941 года бюро ЦК компартии постановило: «Считать необходимым перевести Правительство КФССР в г. Беломорск. Для размещения аппарата СНК и ЦК КП(б) освободить помещение, занимаемое Управлением Кировской ж.д.»

Это был городок, состоявший, собственно, из небольших островков. Там было всего несколько каменных зданий. Беломорцы обитали в обычных избах, тротуары и мостовые тоже были деревянными. Канализация в городе отсутствовала. Вокруг — тундра. Бомбоубежищ в городе не было. Для населения вырыли щели. Начальство решили укрыть понадежнее. 10 июня 1943 года бюро ЦК постановило «в кратчайший срок построить вблизи здания ЦК бомбоубежище». Впрочем, ни немцы, ни финны город практически не бомбили.

В Беломорске молодого Андропова наблюдал в неформальной обстановке будущий профессор-литературовед Ефим Григорьевич Эткинд. В Беломорске, в разведотделе Карельского фронта, служил знакомый Эткинда, прежде заведовавший кафедрой в ленинградской Высшей партийной школе. Его красавица жена Мария Павловна Рит (ее все звали Муся) была эстонкой.

«Тогда, в 1942 году, — вспоминал профессор Эткинд, — мы встречались часто — каждую неделю я бывал с ним и его женой в гостях у единственного из наших знакомых, владевшего в Беломорске частным жильем, — у московского писателя, в то время военного журналиста, «интенданта второго ранга» Геннадия Фиша. Туда же приходила из госпиталя медсестра Катя Зворыкина, моя молоденькая жена.

И, кстати сказать, среди гостей обычно бывал молчаливый на вид и, судя по некоторым репликам, вполне образованный молодой человек Юра, безнадежно влюбленный в Мусю. Гораздо позже, лет через сорок, я узнал, с кем свела нас тогда щедрая на выдумки судьба: то был Юрий Владимирович Андропов.

В шестидесятых годах, кажется, Муся Рит обратилась к нему с какой-то письменной просьбой, для нее жизненно важной; он не ответил».

В декабре 1941 года наступательный потенциал немецких и финских войск истощился. Два с половиной года линия фронта не менялась. Немецкие и финские войска не могли прорвать советскую оборону. Но и у Красной армии пока не было сил и средств, чтобы выбить врага. Только летом 1944 года войска Карельского фронта перешли в наступление и очистили территорию республики от войск противника. В Петрозаводск 28 июня первыми ворвались морские пехотинцы, десант высадила Онежская военная флотилия.

15 ноября 1944 года Карельский фронт был расформирован. Для республики война закончилась. Началось восстановление разрушенного. В Москве были недовольны руководством республики, считали, что оно действует недостаточно энергично. 22 ноября оргбюро ЦК приняло постановление «О работе ЦК ВКП(б) Карело-Финской ССР». В нем говорилось: «ЦК компартии не принял надлежащих мер по восстановлению хозяйства и ликвидации последствий финской оккупации. ЦК компартии республики и его первый секретарь т. Куприянов примиренчески относятся к проявлениям безответственности, недисциплинированности и фактам недостойного поведения отдельных руководящих работников. В республике имеют место вредные для дела настроения самодовольства и благодушия».

В порядке укрепления кадров Андропова в ноябре 1944 года перевели на партийную работу — сделали вторым секретарем Петрозаводского горкома партии. Для тридцатилетнего человека завидная карьера. После войны, в январе 1947 года, он стал уже вторым секретарем ЦК компартии Карело-Финской ССР.

Заняв высокий пост, Андропов заочно (без сдачи экзаменов) окончил Высшую партийную школу при ЦК КПСС. Без диплома о высшем образовании он чувствовал себя неуютно. Высшая партшкола и создавалась для достигших немалых высот практических работников, не имеющих ни образования, ни времени, а чаще и желания его получить.

Потом будут ходить легенды о его энциклопедических познаниях, о том, что он в совершенстве знал английский язык. Чего не было, того не было. Английский Юрий Владимирович пытался учить, уже будучи председателем КГБ, но в таком возрасте и при такой занятости это оказалось невозможным. Впрочем, работа за границей, чтение книг и справок, общение с интеллигентной публикой в какой-то степени помогли ему компенсировать отсутствие систематического образования.

Из литературы он предпочитал оба знаменитых романа Ильи Ильфа и Евгения Петрова — «Двенадцать стульев» и «Золотой теленок», постоянно их цитировал.

Мой отчим, ставший мне отцом, Виталий Александрович Сырокомский, в семидесятых годах работал в «Литературной газете». Побывав у Андропова на Лубянке, заметил на его рабочем столе том Плеханова с закладками. Он искренне восхитился образованностью председателя КГБ...

Председатель КГБ в день должен был просмотреть несколько сот страниц различных документов, ответить на множество телефонных звонков и принять немалое число людей. При такой загруженности неужели он действительно находил несколько свободных часов, чтобы углубиться в серьезно написанные труды Георгия Валентиновича Плеханова? Но впечатление на своих посетителей Юрий Владимирович производил сильное.

В 1949 году разразилось знаменитое «ленинградское дело». По этому делу арестовали, судили и расстреляли видных партийных работников, выходцев из Ленинграда. Все держалось в тайне. Родные и не подозревали, что их отцов и мужей уже расстреляли.

Все это были люди, замеченные Сталиным и назначенные им на высокие посты. Среди них секретарь ЦК Алексей Александрович Кузнецов, член политбюро, председатель Госплана и заместитель главы правительства Николай Алексеевич Вознесенский, член оргбюро ЦК и председатель Совета министров РСФСР Михаил Иванович Родионов.

В газетах о «ленинградском деле» не было ни слова. Но в огромном партийном аппарате знали, что фактически наказана целая партийная организация. Посадили в тюрьму, сняли с работы сотни партработников из Ленинграда, которые к тому времени работали уже по всей стране. Это была показательная расправа. Партработникам лишний раз давали понять, что они находятся под жестким контролем. Во всем аппарате закручивали гайки.

30 октября 1947 года бюро ЦК Карело-Финской компартии приняло решение:

«В соответствии с постановлением ЦК ВКП(б) от 11 октября 1947 года:

1. Установить, что все работники партийных организаций дают письменные обязательства о неразглашении секретных и служебных сведений, касающихся аппарата партийных организаций и его работы.

2. Обязать первых секретарей ГК и РК КП(б), руководителей учреждений, организаций и предприятий партийных органов обеспечить дачу письменных обязательств в неразглашении секретных и служебных сведений всеми имеющимися работниками не позднее 10 ноября 1947 года, а вновь принимаемыми на работу при приступлении их к исполнению служебных обязанностей в утвержденной деятельности».

Почему выбрали Ленинград?

Ленинградцы с двадцатых годов воспринимались как оппозиция по отношению к Москве, и это пугало Сталина, он не доверял ленинградцам. Массовые репрессии ленинградских партработников были сигналом всей стране: никакой самостоятельности! По каждому поводу просить разрешения у ЦК, а то будет как в Ленинграде.

Ленинградцев обвинили в том, что они проводили вредительско-подрывную работу, противопоставляя ленинградскую партийную организацию Центральному Комитету. Говорили, что они хотели создать компартию России, чтобы поднять значение РСФСР внутри Советского Союза, и перенести российское правительство из Москвы в Ленинград.

По всей стране искали партийных работников, выходцев из Ленинграда, снимали их с должности и сажали. Первым секретарем ЦК Карело-Финской компартии был Геннадий Николаевич Куприянов, он много лет работал в партийном аппарате Северной столицы, в Петрозаводск его перевели с должности секретаря одного из ленинградских райкомов партии, так что и он считался «ленинградским кадром».

В сентябре 1949 года в республике провели большую проверку. Занимался этим приехавший из Москвы инспектор ЦК Григорий Васильевич Кузнецов. В декабре он представил секретарю ЦК по кадрам Георгию Максимилиановичу Маленкову обширную записку о ситуации в Карело-Финской ССР:

«ЦК компартии республики не только не устранил отмеченные в решении ЦК ВКП(б) ошибки в руководстве хозяйством республики и партийно-политической работе, но и усугубил эти ошибки.

Основной причиной этого явилось то, что ЦК компартии и его секретарь т. Куприянов, формально согласившись с решением ЦК ВКП(б), по существу не выполнили это решение и проводили свою прежнюю порочную линию в руководстве республикой».

Куприянову поставили в вину ежегодное невыполнение планов в промышленности и сельском хозяйстве и попытки скрыть это, зажим критики и самокритики, покровительство скомпрометировавшим себя работникам, совершавшим грубые политические ошибки, отсутствие коллегиальности в принятии решений, низкий уровень партийно-политической работы среди лесорубов, снижение роста рядов партии, слабую воспитательную работу среди карел, финнов и вепсов...

2 декабря 1949 года секретариат ЦК принял решение: «В связи с тем, что при обследовании работы ЦК КП(б) Ка-

рело-Финской ССР вскрыты крупные недостатки в руководстве партийной организацией со стороны т. Куприянова, а также факты, порочащие его как партийного руководителя, поручить комиссии в составе т.т. Пономаренко (созыв), Шкирятова, Дедова и Кузнецова Г. предварительно рассмотреть материалы проверки, заслушать объяснение т. Куприянова и подготовить мероприятия по укреплению руководства Карело-Финской ССР».

Пантелеймон Кондратьевич Пономаренко был секретарем ЦК, Матвей Федорович Шкирятов — заместителем председателя Комиссии партийного контроля, Афанасий Лукьянович Дедов — заместителем заведующего отделом партийных, профсоюзных и комсомольских органов ЦК.

26 декабря 1949 года на заседании оргбюро ЦК был заслушан доклад Куприянова, пытавшегося оправдаться, и резко критический содоклад инспектора ЦК Кузнецова. После чего секретариату ЦК поручили в недельный срок подготовить проект постановления.

Тем временем 19 января 1950 года в Петрозаводске на бюро республиканского ЦК Андропов представил список кандидатов в депутаты Совета Национальностей Верховного Совета СССР от Карело-Финской ССР. В списке значились Куусинен и Андропов — от Пудожского избирательного округа. Куприянова в депутаты уже не выдвигали. Его судьба была решена

14 января 1950 года постановлением политбюро Г.Н. Куприянов был освобожден от должности первого секретаря и отозван в распоряжение ЦК ВКП(б).

Отстранение первого секретаря было лишь началом кампании чистки, которая началась в Петрозаводске. 16 января появилось разгромное постановление оргбюро о работе ЦК КП(б) Карело-Финской ССР, в котором работа республиканского ЦК признавалась «неудовлетворительной». Характерно, что обвинения против Куприянова и республиканского ЦК приобретали все более серьезный характер. Бывшего первого секретаря пристегивали к «ленинградскому делу».

В постановлении оргбюро говорилось:

«Признать неправильным, что ЦК КП(б) и Совет министров Карело-Финской ССР без разрешения союзного правительства учредили представительства Совета министров, а также представительства некоторых республиканских министерств и ведомств в городе Ленинграде.

Обязать ЦК КП(б) и Совет министров Карело-Финской ССР немедля ликвидировать институт уполномоченных Совета министров, министерств и ведомств Карело-Финской ССР в городе Ленинграде».

Главные неприятности ждали Куприянова впереди.

В постановлении оргбюро говорилось, что «т. Куприянов не справился с руководством партийной организацией республики и допустил крупные ошибки в своей работе и поведении...

Признать неудовлетворительными объяснения, данные т. Куприяновым по вскрытым при проверке фактам его неправильного поведения. Поручить КПК при ЦК ВКП(б) рассмотреть имеющиеся в ЦК ВКП(б) материалы о неправильном поведении т. Куприянова, дополнительно заслушать его объяснения и о результатах доложить ЦК ВКП(б)».

24 января 1950 года в Петрозаводске собрали пленум ЦК КП(б) Карело-Финской ССР. Председательствовал второй секретарь ЦК Юрий Владимирович Андропов. Сделать доклад приехал из Москвы инспектор ЦК Кузнецов.

На пленуме исполнили волю политбюро — освободили от должности первого секретаря Геннадия Куприянова. Андропов, спасая себя, спешил отречься от своего недавнего руководителя. Он каялся в том, что вовремя не остановил бывшего первого секретаря и не доложил о его преступных ошибках в Москву. Сохранилась стенограмма выступления Андропова на пленуме:

— Я признаю, что не проявил бдительность, партийную принципиальность, не сигнализируя вовремя в вышестоящие инстанции о недопустимом, в ряде случаев, поведении товарища Куприянова... Куприянов единолично решал важные хозяйственные вопросы республики, ни с кем не советуясь и не считаясь ни с чьим мнением. Теперь я понимаю: вести борьбу с недостатками в нашей республике — это значит вести борьбу с Куприяновым...

15 марта 1950 года Куприянова арестовали и этапировали в Москву. Почти год продолжалось следствие. 17 января 1951 года Военная коллегия Верховного суда пригово-

рила его к двадцати пяти годам исправительно-трудовых работ с конфискацией всего имущества.

Посадили практически всех руководителей республики, кроме Андропова. Принято считать, что его спас Куусинен.

— По моим данным, из «ленинградского дела» его вытащил Куусинен, — считает Игорь Синицын, бывший помощник Андропова. — И он же подталкивал его наверх, потому что видел его перспективность и ценил отсутствие у Юрия Владимировича этакого первичного хамства, характерного для многих тогдашних руководителей.

Если Куусинен и в самом деле проявил такое благородство, то, вероятно, впервые в жизни. Другие случаи, когда бы он за кого-то вступился, неизвестны.

Осужденных «ленинградцев» держали во Владимирской особой тюрьме. Геннадий Куприянов оставил тюремные дневники, читать которые страшно:

«Приводят в карцер. За что? Пел песни, не вышел на оправку по графику, оскорблял старшину, ночью читал книгу. Банда с криком и гиканьем содрала одежду. Оставили босиком и в нижнем белье. Связали, кляпом заткнули рот и били лежачего сапогами, потом, как барана связанного, лежа на полу, остригли, и когда стригли, то тот, который держал, стучал моей головой о пол и приговаривал:

— Видать птицу по полету. Ну, у нас не забалуешь».

Куприянову не повезло дважды. Он вел себя в лагере непокорно, и лагерное начальство сделало все, чтобы продержать его за решеткой как можно дольше.

В мае 1954 года Хрущев выступал в Ленинграде на областном активе и рассказывал о «ленинградском деле». Он среди прочего вспомнил, что, когда встал вопрос о реабилитации несправедливо осужденных по этому делу, вспомнили и Куприянова. Хрущев обратился к Генеральному прокурору СССР Роману Андреевичу Руденко:

— Прошу пересмотреть дело Куприянова.

Через несколько дней Руденко ответил:

— В этом деле надо думать.

— Что же тут думать, — удивился Никита Сергеевич, — мне хорошо известно, что он арестован по «ленинградскому делу».

— Верно, — ответил Руденко, — но он в лагере снюхался с преступниками, с белогвардейцами. Он разговаривает там языком бандитов, белогвардейцев.

Каких «белогвардейцев» обнаружил в лагерях генеральный прокурор через четверть века после окончания Гражданской войны? Но для Хрущева те события были еще живы, поэтому Никита Сергеевич больше вопросов задавать не стал.

— Если он быстро пошел на сговор с белогвардейцами, — говорил Хрущев, — нашел общий язык с классовым врагом, то у него нутро гнилое. А разве других Куприяновых нет? Есть. И у вас они есть. Поэтому, товарищи, будьте осторожны.

И Куприянов остался в лагере еще на два года.

Освободили его только 23 марта 1956 года, реабилитировали 31 июля 1957 года. Бывший первый секретарь жил в городе Пушкине Ленинградской области, его назначили директором Пушкинских дворцов и парков. Куприянов написал воспоминания, в которых обвинял Андропова «в карьеризме, клевете и шкурничестве». И многие петрозаводские историки считают, что во время чистки перепуганный Юрий Владимирович топил товарищей по партии, чтобы уцелеть самому.

Предшественник Андропова на посту председателя КГБ Владимир Ефимович Семичастный рассказывал журналисту Николаю Добрюхе: «Был еще вопрос по Андропову, по поводу его «работы» в Карелии, когда «ленинградское дело» началось и ленинградцев в Карелии всех арестовали, и Куприянов, бывший первый секретарь Карельского обкома партии (которому десять лет дали, и он их отсидел), дал показания и письма по поводу того, что обращался и к Хрущеву, и к Брежневу, и в КПК, что это дело рук Андропова. Куприянов написал две тетради — целое досье на Андропова, которое потом попало в распоряжение Брежнева».

По словам Семичастного, Андропов в этой истории выглядел не лучшим образом, хотя, разумеется, не он был организатором репрессий в республике.

Александр Николаевич Шелепин рассказывал, что в бытность председателем КГБ он видел форменный донос на Куприянова, подписанный Андроповым. Уже в брежневские времена Шелепин прямо сказал об этом Андропову и предупредил, что поставил об этом в известность Брежнева.

— Зачем ты это сделал? — обреченно произнес Андропов.

Но он напрасно испугался. Эта история не помешала Брежневу сделать Андропова председателем КГБ. Леонид Ильич, как и многие властители, любил держать на ключевых постах людей, в чем-то замешанных. Они служили рьяно и преданно.

Генерал-лейтенант Вадим Кирпиченко, который всю жизнь прослужил в разведке, писал, что Андропов был незлопамятный человек. Однажды, уже председательствуя в КГБ, поинтересовался, как работает сотрудник, который в тот момент, когда было сфабриковано «ленинградское дело», занимался Андроповым и чуть не довел его до ареста. Юрий Владимирович не только не пытался наказать этого человека, но даже не отправил его на пенсию...

Незлопамятность и широта души — качества положительные. Но зачем же держать в аппарате госбезопасности следователя, который фабриковал такие гнусные дела? Если этот случай подлинный, то выходит, что Юрий Владимирович Андропов в душе не осуждал палачей и фальсификаторов следственных дел?

Министром госбезопасности Карело-Финской республики с 1943 года был полковник Андрей Михайлович Кузнецов. В сентябре 1950 года его сменил полковник Николай Павлович Гусев, ставший впоследствии генералом. Ни того ни другого в хрущевские времена к ответу за соучастие в «ленинградском деле» не привлекли.

Нового хозяина в Петрозаводск прислали из аппарата ЦК — Александра Андреевича Кондакова. Высшего образования он не имел, начинал слесарем-электриком, затем его сделали секретарем парторганизации завода № 12 в Кинешме Ивановской области, и он пошел по партийной линии. В конце войны он стал первым секретарем Костромского обкома, а 4 декабря 1946 года его освободили решением политбюро: «в связи с отсутствием необходимой общеобразовательной подготовки и имеющимися недостатками в работе».

Первоначальное постановление секретариата ЦК от 22 ноября 1946 года было составлено в нейтральном стиле — «утвердить тов. Кондакова А.А. слушателем Высшей партийной школы при ЦК ВКП(б), освободив его от работы первого секретаря Костромского обкома ВКП(б)». В таком виде постановление было отправлено на голосование членам политбюро. Сталин отдыхал на юге. Ему формулировка не понравилась.

Он приказал своему помощнику Поскребышеву позвонить члену политбюро и секретарю ЦК Андрею Александровичу Жданову и объяснить ему, что надо проявить партийную принципиальность и изменить формулировку на более реальную. Проштрафившемуся Кондакову пришлось два года в Высшей партшколе зубрить историю партии, диалектический и исторический материализм, внешнюю политику СССР, партийное строительство, основы советской экономики. После ВПШ он недолго проработал инспектором ЦК, пока в январе 1950 года не получил назначение в Петрозаводск.

После отстранения Куприянова Андропов становится очень активным на заседаниях бюро ЦК. 20 апреля 1950 года на бюро в соответствии с поступившими из Москвы указаниями принимается решение об усилении режима в пограничных районах. Приказано расширять пограничную зону, запретную для въезда, усилить охрану заключенных, «исключив возможность побегов и общения заключенных с мирным населением».

Отдельным пунктом записали:

«Просить министра путей сообщения СССР т. Бещева прекратить прямое пассажирское сообщение Петрозаводск — Ленинград через пограничные Суоярвский, Сортавальский и Куркийокский районы как являющееся серьезным препятствием в поддержании должного пограничного режима в этих районах.

Заменить прямое сообщение на этой линии пересадочным: Петрозаводск — Сортавала, Сортавала — Ленинград».

Местному населению руководители республики не доверяли. 18 июля 1950 года бюро республиканского ЦК рассматривает вопрос «О состоянии и мерах усиления контроля за использованием радиоприемников коллективного слушания».

В подписанном Андроповым постановлении говорилось:

«Часть радиоприемников, предназначенных для красных уголков и изб-читален, находится в индивидуальном пользовании, учет и хранение радиоприемников коллективного пользования не организованы.

В результате имели место случаи, когда радиоприемники использовались враждебными элементами для организации коллективных слушаний антисоветской пропаганды, ведущейся иностранными радиостанциями.

В Петровском районе на Костомукшском лесопункте радиоприемник был использован для слушания богослужения, передаваемого из Финляндии. На Воломском лесопункте Сегозерского района организатором коллективных слушаний антисоветских радиопередач из Финляндии являлся некий Вересман.

Проверкой, произведенной отделом пропаганды и агитации ЦК КП(б), аналогичные факты выявлены также в Калевальском и Суоярвском районах».

С Кондаковым Юрий Владимирович проработал недолго. В октябре того же 1950 года Кондакова отправили на пенсию «по болезни», хотя ему было всего сорок два года.

Решением политбюро от 14 сентября 1950 года первым секретарем Карело-Финской ССР утвердили Александра Николаевича Егорова. Они с Андроповым были почти что земляками. Когда Андропов только-только начинал в комсомоле, Егоров был первым секретарем Рыбинского горкома партии, потом его сделали заместителем председателя Ярославского облисполкома. До Петрозаводска Егоров успел поработать в нескольких обкомах и в аппарате ЦК партии. Последняя должность — первый секретарь Брянского обкома.

С новым хозяином Юрий Владимирович проработал всего несколько месяцев. Решением секретариата ЦК от 21 июня 1951 года его перевели в Москву и утвердили инспектором ЦК. Это была перспективная должность.

Дело в том, что в апреле 1947 года политбюро упразднило институт уполномоченных Комиссии партийного контроля в областях, краях и республиках, которые были введены постановлением пленума ЦК от 24 мая 1939 года с задачей «проверки исполнения решений партии и ее руководящих органов и своевременной сигнализации Центральному комитету ВКП(б) о фактах неисполнения или плохого исполнения этих решений».

Вместо уполномоченных КПК появились инспекторы ЦК с широкими полномочиями. Должность инспектора становилась трамплином на пути к большой самостоятельной работе. Андропов мог продвинуться в аппарате или стать первым секретарем обкома партии.

В качестве инспектора ЦК Андропов наблюдал за работой партийных организаций прибалтийских республик. Он готовил к заседаниям оргбюро ЦК отчеты о работе Вильнюсского горкома компартии Литвы и Коми обкома. В сентябре 1952 года встал вопрос о повышении; были представлены документы о назначении Андропова заведующим подотделом в отделе партийных, профсоюзных и комсомольских органов ЦК. Требовалось решение секретариата ЦК, но в последний момент вопрос почему-то был снят с рассмотрения. Через несколько месяцев документы о назначении Андропова были вновь подготовлены. Теперь уже ничто не могло помешать его назначению.

Его покровитель Отто Куусинен неожиданно для самого себя оказался в составе президиума ЦК, избранного 16 октября 1952 года на последнем при Сталине съезде партии. Причем о Куусинене вождь, похоже, вспомнил в последний момент. Его фамилия вписана от руки Поскребышевым в уже готовый машинописный список кандидатур. При поддержке Куусинена Андропов мог рассчитывать на большую карьеру. Но смерть Сталина и перемены на Старой площади прервали его восхождение по партийной линии.

24 марта 1953 года постановлением секретариата ЦК Андропова, наконец, утвердили заведующим подотделом. Но вот какая странность — в отделе партийных, профсоюзных и комсомольских органов ЦК было четыре подотдела, и в каждом уже имелся заведующий! Должность Юрий Владимирович получил, а места для него не было. В таком подвешенном состоянии он пребывал полтора месяца. Удивляться нечему — после смерти вождя началась большая кадровая перетряска.

В первых числах мая 1953 года вновь назначенный министром иностранных дел Вячеслав Михайлович Молотов попросил направить в распоряжение МИД трех работников аппарата ЦК, в том числе и Андропова. 15 мая секретариат ЦК удовлетворил просьбу Молотова, а буквально на следующий день состоялось решение преобразовать подотделы в секторы. Так что в реальности поруководить подотделом или сектором ЦК Юрию Владимировичу не удалось.

8 июня 2004 года в Петрозаводске Юрию Владимировичу открыли трехметровый памятник из нержавеющей стали — на улице Андропова в сквере напротив управления Федеральной службы безопасности по Карелии. Ожидали тогдашнего директора ФСБ Николая Платоновича Патрушева, но он прислал заместителя.

— Когда я работал над образом Андропова, — рассказывал журналистам скульптор Михаил Коппалев, — я представлял, как он, человек южный, в наших вьюгах, снегах терпел все невзгоды. И когда я приступил к работе, понял, что делаю не партийного начальника, а романтика и поэта.

Против установки памятника, сообщили московские газеты, пыталась протестовать группа молодежи с плакатами «От жертв НКВД—КГБ—ФСБ», «От благодарных венгров», «От жертв войны в Афганистане». Всех задержали и увезли.

СЕМЕЙНЫЕ ПОСЛЕДСТВИЯ ВЕНГЕРСКОЙ ТРАГЕДИИ

Юрия Владимировича Андропова прочили послом в Данию. Он некоторое время стажировался в скандинавском отделе МИД — под руководством молодого дипломата Андрея Михайловича Александрова-Агентова, который со временем станет его помощником по международным делам. Юрию Владимировичу было тридцать девять лет, и он мысленно распрощался с партийной работой.

Его жизнь могла пойти по иной колее. Из спокойной Дании его бы перебросили в другую страну, потом в третью, вершиной его карьеры стал бы пост заместителя министра иностранных дел — при министре Громыко. Но в ЦК решили отправить опытных партийных работников в социалистические страны. О Дании пришлось забыть. Андропова в октябре 1953 года командировали в Будапешт. Для начала его сделали советником посольства. А на следующий год, в июле 1954-го, утвердили послом.

Три посольских года дали Андропову многое в смысле расширения кругозора. Он увидел, что жизнь может быть не только такой, какой она была в Ярославле и Петрозаводске. Будапешт всегда был европейским городом. И сама по себе жизнь посла даже в те годы несла в себе некоторую толику удовольствий.

В других восточноевропейских странах послами тоже были партийные работники. В Румынию послом поехал Алексей Алексеевич Епишев, бывший секретарь ЦК компартии Украины и заместитель министра госбезопасности по кадрам. В Польшу — бывший хозяин Москвы Георгий Михайлович Попов.

Известный самодур, Попов вел себя в Польше, как комиссар среди анархистов, по каждому поводу отчитывал главу партии и правительства Болеслава Берута — даже за то, что польские крестьяне не так пашут и не так сеют. В конце концов посол сказал Беруту, что не взял бы его к себе даже секретарем райкома в Московской области. Возмущенный Берут не выдержал и, позвонив Хрущеву, заявил, что если он не способен быть даже секретарем райкома, то в таком случае должен поставить вопрос о своем освобождении. Это были времена, когда руководители соцстран снимались и назначались с санкции Москвы. Хрущев поспешил успокоить Берута. Попова отозвали; его долго перебрасывали с должности на должность и наконец отправили директором завода авиационных приборов во Владимир.

Посол Андропов в силу своего характера и темперамента вел себя куда разумнее. Но и он в Венгрии был своего рода наместником. Андропова назначили послом в тот момент, когда экономическая ситуация в Венгрии стала ухудшаться в результате ускоренной индустриализации, а крестьяне были возмущены коллективизацией и созданием госхозов. В 1951 году вновь ввели продовольственные карточки, в середине пятидесятых аграрная Венгрия впервые в своей истории вынуждена была импортировать зерно (см.: *Стыкалин А.С.* Прерванная революция).

Венгры были недовольны тем, что после XX съезда у них не произошло такого же очищения от сталинского наследства, как в Советском Союзе. Интеллигенция требовала смены руководства, в первую очередь — хозяина страны

Матьяша Ракоши, и реабилитации всех репрессированных. Командированные Сталиным сотрудники Министерства госбезопасности в свое время помогли венгерским коллегам устроить кровавую чистку...

Поскольку без одобрения Москвы в стране ничего не делалось, советский посол был ключевой фигурой в Будапеште. От Андропова у руководителей Венгрии не было секретов. Они наперебой пересказывали Андропову содержание заседаний политбюро и правительства, неформальных разговоров среди правящей элиты. И, пользуясь случаем, старательно капали на своих политических соперников и оппонентов.

Казалось, советскому посольству известно все, что происходило в стране. Но когда в венгерском обществе возникло сильнейшее недовольство правящей верхушкой, ситуация изменилась. С недовольными советские дипломаты не общались. Оппозиция быстро становилась все более влиятельной, и в результате получилось, что сотрудники посольства общались с узким кругом людей, которые придерживались догматической линии, и только на основании полученной от них информации делались выводы, сообщаемые в Москву.

Если читать шифровки Андропова из Будапешта, то создается впечатление, будто единственная проблема Венгрии состояла в том, что горстка каких-то «правых» мешает стране нормально работать. Так что достаточно «разобраться» с ними и добиться единства в политбюро. А потом вдруг выясняется, что против власти восстал народ. Точно так же неясно, почему в шифровках постоянно возникает имя Имре Надя, почему все боятся его возвращения в политику, а он все-таки возвращается.

Посольство было словно парализовано страхом перед возвращением Надя. Только потом становится ясно, что он — самый популярный в стране политик и люди хотят видеть его у власти...

Имре Надь — неординарная фигура. В 1916 году, во время Первой мировой войны, он попал в русский плен, приветствовал Октябрьскую революцию, присоединился к большевикам. После Гражданской войны его отправили на нелегальную работу в Венгрию. В 1930 году он вернулся в Москву, где прожил пятнадцать лет, работал в Международном аграрном институте Коминтерна и в Центральном статистическом управлении СССР.

Летом 1989 года председатель КГБ Владимир Александрович Крючков передал Горбачеву из архива своего ведомства пачку документов, из которых следовало, что Имре Надь в предвоенные годы был осведомителем НКВД. Он был завербован в 1933 году и сообщал органам о деятельности соотечественников-венгров, которые нашли убежище в Советском Союзе. Это, возможно, тогда спасло самого Надя. В марте 1938 года его тоже арестовали чекисты из московского управления НКВД. Но продержали в кутузке всего четыре дня. За него вступился 4-й (секретно-политический) отдел главного управления государственной безопасности НКВД, и будущего премьер-министра Венгрии освободили.

Зачем Крючков достал документы из архива? Он писал об этом в сопроводительной записке Горбачеву: «Вокруг Надя создается ореол мученика и бессребреника, исключительно честного и принципиального человека. Особый акцент во всей шумихе вокруг имени Надя делается на то, что он был «последовательным борцом со сталинизмом», «сторонником демократии и коренного обновления социализма». В целом ряде публикаций венгерской прессы прямо дается понять, что в результате нажима Советского Союза Надь был обвинен в контрреволюционной деятельности, приговорен к смерти и казнен».

Крючков, который работал в советском посольстве в Будапеште вместе с Андроповым и, видно, всей душой ненавидел Имре Надя, нарушил святое правило специальных служб — разгласил имя тайного сотрудника (разведки считают, что срок давности к таким делам неприменим, имя агента всегда должно оставаться секретом). Крючков казался малоэмоциональным человеком. Но не смог удержаться, чтобы не показать венграм: вот он каков, ваш национальный герой!

20 марта 1940 года, когда в Москве Надь писал автобиографию, он отметил: «С НКВД сотрудничаю с 1930 года. По поручению я был связан и занимался многими врагами народа».

Получив эти документы, венгерские историки возмутились: это фальшивка, документы подделаны! Но, скорее всего, документы подлинные: всех сотрудников Коминтерна заставляли сообщать о «врагах». Какой же ты коммунист, если не выявляешь «врагов народа»? Какой ты большевик, если не помогаешь НКВД?

После 1945 года Имре Надь вернулся в Будапешт. Он занимал различные посты в правительстве, был членом политбюро. Нельзя сказать, чтобы его любили в Москве. Советские представители считали его правым оппортунистом и «явным бухаринцем» (см.: Вопросы истории. 2008. № 2).

После смерти Сталина новый председатель Совета министров Георгий Максимилианович Маленков посоветовал венграм поделить посты руководителей партии и правительства. Совет был принят. Матьяш Ракоши остался первым секретарем ЦК Венгерской партии трудящихся. Имре Надь возглавил венгерское правительство. Для советских руководителей он был приемлем еще и потому, что в венгерском политбюро, по мнению Москвы, собралось слишком много евреев, начиная с самого Ракоши. А Надь был чистокровным венгром. На него и сделали ставку в Москве.

Надь попытался провести либерализацию экономического курса, прежде всего улучшить положение в деревне и отказаться от программы ускоренной индустриализации. Он увеличил зарплату рабочим, разрешил крестьянам выходить из кооперативов. Вокруг Надя объединились сторонники реформ.

«Премьер-министром назначили Имре Надя, — писал будущий президент Венгрии Арпад Генц. — И случилось чудо — Имре Надь впервые за пять лет назвал вещи своими именами. Миллионы людей в прямом смысле слова рыдали у репродукторов».

Но его противники во главе с Ракоши оказались сильнее. Прежде всего потому, что в Москве произошли важные перемены. В феврале 1955 года Хрущев убрал Маленкова с поста председателя Совета министров, показав, что партийный аппарат важнее правительства. Так же поступил в Венгрии Матьяш Ракоши.

Весной 1955 года Надя как «правого уклониста» сняли со всех постов, вывели из политбюро и из ЦК. Надь не сдавался, продолжал отстаивать свои взгляды, встречался с единомышленниками. Тогда его обвинили во фракционности и в декабре 1955 года исключили из партии. Но его усилиями в Венгрии уже исчезла атмосфера страха. Сказалось и влияние XX съезда в Москве. Венгры требовали такого же расчета с прошлым, который начал Хрущев, произнеся свой знаменитый антисталинский доклад. Сотрудники советского посольства сообщали в Москву, что на собраниях «выступающие подчеркивают, что ЦК Венгерской партии труда не ставит так смело и открыто вопрос о культе личности в применении к венгерским условиям, как это было в Советском Союзе, хотя подобные ошибки были и в Венгрии. Значительную часть ошибок этого рода выступающие связывали с именем товарища Ракоши».

Люди стали безбоязненно обсуждать положение в стране, стремясь к очищению от трагического прошлого. В рамках Союза трудящейся молодежи (венгерского комсомола) образовался дискуссионный студенческий клуб, который первоначально мыслился как орган политического просвещения молодежи (см.: *Стыкалин А.С.* Дьердь Лукач — мыслитель и политик).

Клуб стали именовать «Кружком Петефи» — в честь Шандора Петефи, поэта и революционного демократа, активного участника революции 1848 года. Дискуссии в клубе на самые острые и волнующие темы превращались в событие общенационального масштаба, там собиралась тысячная аудитория. Приходили люди, которые мечтали о возвращении к подлинному марксизму без сталинских наслоений.

Вечером 27 июня 1956 года на очередной дискуссии «Кружка Петефи», проходившей в Доме офицеров, собралось больше шести тысяч человек. Участники собрания потребовали восстановить в партии и вернуть в политбюро Имре Надя. Зал взорвался аплодисментами и встал. Советское посольство забеспокоилось. Юрию Андропову и его подчиненным не понравилось, когда главная партийная газета Венгрии назвала «Кружок Петефи» «светочем подлинного марксизма».

В самый разгар венгерских событий в Москве возникла идея сменить посла в Будапеште, отправить туда более крупную фигуру. Выбор пал на опытного партийного работника, секретаря ЦК компартии Белоруссии Петра Андреевича Абрасимова.

Его внезапно вызвали в Москву. В девять часов утра он был в приемной Хрущева.

«Навстречу мне вышел улыбающийся Никита Сергеевич Хрущев, — вспоминал на склоне лет Абрасимов. — Пригласив садиться, он с ходу объявил мне, что накануне политбюро приняло решение направить меня послом Советского Союза в Венгрию вместо находившегося там Ю.В. Андропова. Это решение было для меня настолько неожиданным, что я стал тут же отказываться...»

Хрущев, не слушая возражений, соединился с министром иностранных дел Молотовым:

— Здравствуй, Вячеслав. Так вот, как условились, Абрасимов у меня. Наше решение я ему объявил. Когда ему к тебе? Сейчас, хорошо, направляю.

Сказал Петру Андреевичу:

— Поедете в МИД к Молотову. При входе вас встретят и проведут к министру...

Абрасимов и в кабинете министра стал отказываться от посольской работы.

Молотов встал и на повышенных тонах произнес:

— Единственное, что оправдывает вас, — это неожиданность нашего решения. А вообще вы, оказывается, еще зеленый коммунист, если позволяете себе говорить подобное в ЦК и здесь у меня. Подумайте хорошенько, что за пост вам доверяет партия. А завтра с утра вновь явитесь ко мне, здесь будут товарищи, которые вас конкретно проинформируют, а сейчас можете идти...

За ночь Абрасимов свыкся с новым назначением. Утром собрался идти в Министерство иностранных дел. Но ему в гостиницу позвонил первый помощник Хрущева Григорий Трофимович Шуйский:

— Давайте двигайте к нам, машину за вами я уже послал.

Абрасимову даже не пришлось ждать в приемной первого секретаря. Его вновь принял Никита Сергеевич. Он ни слова не сказал о Венгрии, а подробно расспрашивал о Белоруссии. Пожелав успехов, Хрущев распрощался.

Удивленный Абрасимов зашел к Шуйскому, которого хорошо знал со времен войны:

— Что случилось? Вчера так наседали на меня с Венгрией, а сегодня Никита Сергеевич даже о ней и не вспоминал.

Шуйский пояснил, что вчера после обеда пришла телеграмма от Ракоши. Хозяин Венгрии просил пока не отзывать Андропова, так как «он в Будапеште очень нужен». Президиум ЦК постановил уважить Ракоши.

— Так что тебя это дело пусть не волнует, — добавил Шуйский.

«В октябре 1956 года, — писал Абрасимов, — в Венгрии начались известные события, и те, кто знал, что в июне не состоялось мое назначение, говорили: «Ты родился в рубашке».

Впрочем, возможно, Петр Андреевич в душе завидовал Андропову, чей путь наверх начался именно в Венгрии...

Духовное брожение в венгерском обществе совпало с массовыми волнениями в Польше. На следующий день после бурной дискуссии в Будапеште в польском городе Познани власти, применив оружие, разогнали рабочую демонстрацию (семьдесят три человека погибли). Побывавший в те дни в Будапеште руководитель Албании Энвер Ходжа посоветовал Ракоши последовать примеру поляков и просто расстрелять контрреволюционеров. Но Ракоши не мог воспользоваться ценным советом. В самом венгерском руководстве не было единства. В июле на пленуме ЦК товарищи сняли Ракоши с поста первого секретаря.

12 июля 1956 года на президиуме ЦК Хрущев распорядился отправить в Венгрию члена президиума ЦК Микояна — посмотреть, что происходит. Анастас Иванович ехал неофициально, будто бы для отдыха на озере Балатон. Сообщение о том, что он находился в стране, появилось только после его отъезда.

Анастас Иванович Микоян понял, что Ракоши не спасти. Вернувшись в Москву, он предложил поставить во главе партии председателя Совета министров Андраша Хегедюша. Но его сочли слишком молодым. Выбирать надо было между ветераном венгерской компартии Эрне Гере и Яношем Кадаром.

Секретарь ЦК Гере еще в 1922 году был арестован венгерской полицией и приговорен к пятнадцати годам тюремного заключения. Но через два года советское правительство выручило его из тюрьмы. С 1930 года Гере работал в аппарате Коминтерна, участвовал в гражданской войне в Испании. В Москве его хорошо знали, и выбор пал на суховатого, без обаяния и совершенно непопулярного даже в партийном аппарате Эрне Гере.

Посол Андропов до последнего поддерживал Ракоши и недовольно наблюдал за возвращением в большую политику ранее репрессированного Яноша Кадара, считая его восстановление в политбюро «серьезной уступкой правым и демагогическим элементам».

Янош Кадар с 1945 года был членом политбюро Венгерской коммунистической партии. Когда компартия слилась с социал-демократической партией в единую Венгерскую партию трудящихся, его сделали заместителем генерального секретаря. Одновременно Кадар стал министром внутренних дел (до июня 1950 года). Он сначала участвовал в организации политических процессов, а потом сам стал жертвой столь же ложного обвинения. Советские чекисты, работавшие в Венгрии, сообщили в Москву, что «Кадар не заслуживает политического доверия, до 1939 года поддерживал контакт с троцкистами, после ареста в 1944 году якобы бежал из-под ареста».

Москва дала санкцию, и Яноша Кадара приговорили к пожизненному заключению. Он отсидел три года. После смерти Сталина, в 1954 году, его реабилитировали и вернули на партийную работу. Но на нем лежало клеймо недоверия. Советские представители боялись, что обида за репрессии приведет Кадара в оппозицию. На том же пленуме ЦК в июле 1956 года, когда Ракоши потерял власть, Кадара ввели в состав политбюро и секретариата ЦК Венгерской партии трудящихся. Встревоженный Андропов сообщил в Москву, что это «серьезная уступка правым и демагогическим элементам».

«Даже на общем фоне дипломатических донесений из восточноевропейских столиц, — пишет известный специалист по истории Венгрии Александр Стыкалин, — докладные Андропова иной раз выделялись исключительной жесткостью позиций. Даже самый умеренный реформаторский курс в «подответственной» ему стране будущий генсек считал чреватым ослаблением контроля со стороны Москвы, а потому крайне нежелательным...»

Посол Андропов продолжал считать, что причина всех проблем — нерешительность венгерского политбюро, его беспринципные уступки. Посольство ставило на тех, кого народ не поддерживал.

7 июня в Будапешт приехал секретарь ЦК по международным делам Михаил Андреевич Суслов. Поговорив с руководителями венгерской партии, он разошелся во мнениях с Андроповым относительно Кадара и сообщил в Москву: «После длительной беседы с Кадаром я сомневаюсь, что он отрицательно настроен против СССР. Введение же его в политбюро значительно успокоит часть недовольных, а самого Кадара морально свяжет».

Удивительно, что даже догматик Суслов в ходе венгерских событий оказался не таким твердолобым, как Андропов. Суслов призывал к умеренности, Андропов требовал применить силу. Считается, что именно венгерский опыт пробудил в Андропове страх перед реформами в экономике и либеральными послаблениями в общественной жизни. В реальности Юрий Владимирович всегда был противником реформ.

В отличие от посольских циников, которые ни во что не верили, венгерская интеллигенция в пятьдесят шестом году пыталась оживить марксизм. Но и коммунисты говорили, что хотят строить не советский, а венгерский социализм. Венгерская интеллигенция искала пути выхода из кризиса. Эти искания вырывались на страницы прессы, вызывая возмущение советских дипломатов. Они глазам своим не верили, читая призывы к свободе слова и требования наказать палачей, хозяйничавших в стране в сталинские времена. Сотрудники посольства и разведчики докладывали о происках «реакционно настроенной части интеллигенции и оппортунистических элементов в партии», хотя речь шла об убежденных коммунистах.

Посольство знало все, что происходило в руководящем эшелоне, до деталей, до мелочей. Но что говорили и делали лидеры оппозиции — об этом посольство собственной информации не имело, поэтому, по существу, вводило Москву в заблуждение. Собеседниками советских дипломатов были лишь сторонники жесткой линии, которые не столько информировали, сколько пытались таким образом влиять на посла.

В посольских донесениях в Москву искусственно преувеличивалась роль венгерских писателей, деятелей культуры. У Хрущева и его соратников возникало ощущение, что вся эта буча — дело рук кучки ненадежных интеллигентов. В реальности против сталинского наследия восстала большая часть общества, поэтому власть и отступала.

6 октября перехоронили останки расстрелянного в сталинские годы по ложному обвинению секретаря ЦК Ласло Райка, затем так же, с почестями, предали земле останки расстрелянных в 1950 году по ложному обвинению в шпионаже венгерских генералов. Андропов сообщил в Москву, что «нерешительность политбюро и ряд беспринципных уступок, которые оно делало без всякого политического выигрыша, сильно расшатали положение венгерского руководства, а похороны останков Райка еще больше способствовали этому».

12 октября венгерскому руководству пришлось арестовать одного из организаторов репрессий сталинского времени, бывшего члена политбюро и руководителя госбезопасности Михая Фаркаша.

«Этот давний член партии оказался человеком типа Берии, — вспоминал Никита Хрущев, — карьерист и с заскоками ненормального, садист какой-то. Мне потом рассказывали, с какими издевательствами он вел допросы честных людей. Мало того, он и своего сына вовлек в эту кровавую круговерть, сделал и из него палача. Фаркаш стал просто пугалом в Венгрии».

Михай Фаркаш всему научился в Советском Союзе. С двадцатых годов он жил в Москве и работал в Коммунистическом интернационале молодежи, в 1939 году его сделали генеральным секретарем КИМ и кандидатом в члены президиума Исполкома Коминтерна. В Венгрию он вернулся в сорок пятом...

13 октября Имре Надя восстановили в партии.

Реформаторские идеи Имре Надя — это была целая концепция переустройства экономики, и венгры хотели претворения этой концепции в жизнь. В стране сформировалась широкая политическая оппозиция, которая видела, что и югославы иначе строят свою экономику и политику, что и поляки начинают решать внутренние дела без указки Москвы.

Надя вдохновлял пример польских событий: там был реабилитирован и восстановлен в партии Владислав Гомулка, которого в 1949 году обвинили в правонационалистическом уклоне и арестовали. Теперь Гомулку избрали первым секретарем центрального комитета Польской объединенной рабочей партии (ПОРП) — причем впервые вопреки воле Москвы. Хрущев в конце концов смирился с избранием Гомулки; раз Москва согласилась на такие перемены в Польше, то, может быть, согласится на то же и в Венгрии?

20 октября 1956 года на заседании президиума ЦК, обсуждая тревожное послание Андропова, Хрущев предложил вновь послать в Будапешт Анастаса Микояна, в чьи дипломатические таланты он свято верил. Хрущев сказал, что советников по линии КГБ из Венгрии тоже нужно отозвать. Хотя венгры, в отличие от поляков, этого не требовали.

О вводе дополнительных воинских частей в Венгрию пока речь не шла, но министру обороны маршалу Жукову было поручено на всякий случай принять подготовительные меры. Немалая часть Советской армии была отправлена на уборку урожая, Хрущев разрешил вернуть их в казармы, чтобы войска были готовы к боевым действиям.

И тут ситуация в Венгрии резко обострилась.

Началось с того, что студенты Будапештского политехнического института решили поддержать поляков и 23 октября устроили демонстрацию солидарности. Министр обороны Иштван Бата приказал привести части столичного гарнизона в повышенную боевую готовность. Но офицеры не собирались участвовать в разгоне демонстрации, и министр обороны отменил свой приказ. Министр внутренних дел Ласло Пирош, в свою очередь, попытался запретить демонстрацию. Страна возмутилась, и этому министру тоже пришлось отступить.

В демонстрации приняло участие около двухсот тысяч человек. Среди демонстрантов находились молодые сотрудники советского посольства. Об этом много лет спустя поведал работавший тогда в Будапеште Владимир Николаевич Казимиров, который со временем сам стал послом. «Кто-то давал информацию, будто манифестанты уже расходятся, — рассказывал Казимиров в интервью газете «Трибуна», — а все было наоборот. О нарастании накала на улицах мы и докладывали послу».

Дипломаты сообщали Андропову, что демонстранты настроены агрессивно. Почему у них сложилось такое впечатление? Потому что демонстрация превратилась в протест против всей сталинской системы. Советские дипломаты с изумлением слушали выступавших, которые требовали смены партийного руководства, проведения свободных выборов, отмены цензуры и вывода советских войск из Венгрии. Демонстранты пели «Марсельезу» и «Интернационал». Но для Андропова и его сотрудников собравшиеся на площади были врагами социализма...

23 октября на президиуме ЦК Хрущев первым высказался за ввод советских войск в Будапешт. Его поддержали другие члены президиума, говоря, что в Венгрии ситуация хуже, чем в Польше: тут пытаются свергнуть правительство, поэтому нужно ввести войска, объявить военное положение, ввести комендантский час.

Против использования военной силы высказался осторожный Микоян. Он говорил, что ввод войск только испортит дело. Надо наводить порядок руками венгров, причем без участия Имре Надя это немыслимо. Микоян остался в одиночестве.

Пока в Москве думали, что делать, в Будапеште по радио транслировали неумное выступление первого секретаря Эрне Гере, которое только возмутило собравшихся. Группа студентов попыталась проникнуть на радио, чтобы зачитать свои требования. В них стали стрелять. Тогда демонстранты захватили несколько складов с оружием — в штабах гражданской обороны и в полицейских участках. Ситуация в городе изменилась. Начались перестрелки, в городском парке демонстранты свергли гигантскую статую Сталина. Остались только каменные сапоги.

Демонстрация превратилась в народное восстание. Власть утратила контроль над городом, оказавшимся во власти революционной стихии. По всей стране солдаты и полицейские переходили на сторону восставших. В Дебрецене студенты пытались захватить здание областного управления внутренних дел. Чекисты открыли огонь, погибли три человека. Так в Венгрии пролилась кровь.

Растерянный Гере позвонил в посольство Андропову. Он не хотел официально обращаться в Москву за военной помощью, чтобы не признаваться в неспособности навести порядок в своей стране. Гере решил договориться с советским послом. Юрий Владимирович охотно взялся привлечь советских солдат для наведения порядка.

На территории Венгрии, которая в годы войны воевала против СССР, советские войска остались, не ушли после 1954-го. Две механизированные дивизии, одна истребительная и одна бомбардировочная, были сведены в Особый корпус. Штаб располагался в Секешфехерваре. Командиром корпуса был генерал-лейтенант Петр Николаевич Лащенко, Герой Советского Союза, выпускник Академии Генштаба.

Еще в июле, свидетельствует генерал Евгений Иванович Малашенко, исполнявший обязанности начальника штаба корпуса, поступило приказание разработать «план действий по восстановлению общественного порядка в Будапеште и на всей территории Венгрии». 20 июля план был утвержден.

В семь вечера 23 октября посол Андропов напрямую обратился к генерал-лейтенанту Лащенко с просьбой вести войска в Будапешт. Генерал Лащенко объяснил, что ему нужен приказ министра обороны. Посол связался с Москвой.

Начальник Генерального штаба маршал Василий Данилович Соколовский позвонил командиру корпуса по ВЧ (междугородной правительственной связи) и отдал приказ привести корпус в полную боевую готовность. Но без санкции высшего руководства Министерство обороны действовать не решилось.

На заседании президиума ЦК договорились ввести советские части в Будапешт. Хрущев хотел, чтобы венгерское руководство обратилось к Советскому Союзу с официальной просьбой. Осторожный Эрне Гере не желал связывать свое имя с вводом советских войск. Тогда в одиннадцать вечера в Москве решили вводить танки без всяких формальностей. Маршал Соколовский по телефону приказал генералу Лащенко «выдвинуть войска в Будапешт с задачей оказания помощи венгерским войскам в восстановлении порядка». В два часа ночи (уже наступило 24 октября) советские танки появились в Будапеште.

Думали, что, как только появятся советские танки, все закончится, как это произошло после советского вмешательства в Берлине в июне 1953 года. Но венгры взялись за оружие и стали сопротивляться. Появление советских войск было воспринято как оккупация. Это породило всплеск патриотических чувств. Венгры стреляли в советских солдат, забрасывали их камнями. Танки в городе были уязвимы, их поджигали бутылками с горючей смесью. В первый день погибли двадцать советских солдат, сгорели четыре танка и четыре бронетранспортера.

Советские войска не смогли успокоить город. Венгерская армия им не помогала, многие солдаты переходили на сторону восставших. Бойцов сопротивления становилось все больше, их число достигло нескольких тысяч человек. В основном это были рабочие, отслужившие в армии и владеющие оружием.

Главой правительства вместо Хегедюша 24 октября стал Имре Надь. В 8 часов 13 минут об этом сообщило радио Будапешта. Через полчаса Надь объявил в стране военное положение. В два часа дня советские танки, которые вошли в город на рассвете, заняли позиции перед зданием венгерского ЦК.

Министром культуры назначили философа-марксиста с мировым именем Дьердя Лукача, которого в Москве считали «путаником и ревизионистом». Он тоже был политэмигрантом, жил в Советском Союзе, в июне 1941 года чекисты его арестовали и держали два месяца на Лубянке. О политических взглядах Лукача можно судить хотя бы по таким его словам:

— Если нам удастся сделать социализм привлекательным, он не будет больше пугающим чудовищем для масс.

В тот же день в Будапешт прибыли Микоян и Суслов. Они оставались в Венгрии всю неделю. Одновременно прилетел председатель КГБ Иван Александрович Серов. Московским гостям пришлось смириться с назначением Надя — он был единственным лидером, к которому в стране прислушивались.

Микоян и Суслов увидели, что Венгрия вышла из повиновения. Прежние структуры управления распадались. Власть переходила к восставшему народу.

— Правительство, — заявил Имре Надь, — осуждает взгляды, в соответствии с которыми нынешнее грандиозное народное восстание рассматривается как контрреволюция. Это движение поставило своей целью обеспечить нашу национальную независимость, развернуть процесс демократизации нашей общественной, экономической, политической жизни, поскольку только это может быть основой социализма в нашей стране.

Управление государственной безопасности распустили. Началось воссоздание политических партий, прежде существовавших в Венгрии.

Если Микояну в Будапеште была ясна сложность и противоречивость происходящего в стране, то его товарищам по президиуму ЦК, оставшимся в Москве, все виделось в черно-белом свете. Хрущев распорядился, чтобы Суслов немедленно прилетел в Москву и доложил обстановку. Поздно вечером 28 октября Суслов рассказал, что в городе идет бой, есть значительные потери, настроения антисоветские:

— Отношение к нашим войскам сейчас плохое. Причина — разгон демонстрации. Много убитых из населения. В городе висят траурные флаги.

25 октября советские войска разогнали демонстрацию на площади Кошута, погибло шестьдесят человек. Расстрел манифестантов, стрельба из танковых орудий и пулеметов по домам усилили антисоветские настроения и готовность сражаться.

Суслов сказал, что их с Микояном общая позиция такова. Правительство Имре Надя надо все равно поддерживать, а войска из Будапешта выводить. Маршал Жуков первым предложил отказаться от силового способа влиять на ситуацию в стране. Его поддержал Хрущев: «А то мы только стреляем». Все члены президиума, кроме маршала Ворошилова, который требовал крайних мер, согласились: войска надо выводить, иначе придется оккупировать страну.

Юрий Андропов приехал в штаб советских войск (офицеры разместились в здании венгерского министерства обороны, поскольку там был аппарат ВЧ-связи).

— Вооруженное выступление, — говорил посол, — имеет антисоветский характер. В нем участвуют в основном контрреволюционеры, деклассированные и подрывные элементы, переброшенные с Запада.

Мне показалось, вспоминал генерал Евгений Малашенко, что Андропов односторонне оценивал ситуацию, выхватывал из массы фактов лишь имеющие антисоциалистическую направленность. Андропов поинтересовался у военных:

— Как реагировать на требования венгров вывести войска?

— В сложившейся обстановке наши войска надо выводить, — ответил генерал Лащенко.

— Что, оставим народную власть, коммунистов на растерзание? — возмутился посол.

— Пусть они сами себя защищают. Мы не должны за них воевать. Кто желает, пусть с нами уходит.

— Если советские войска уйдут, — многозначительно сказал Андропов, — завтра здесь будут Соединенные Штаты и их союзники. Надо разгромить вооруженные отряды мятежников.

На этом расстались.

— Посол желает войти в историю, — заметил генерал Лащенко.

В Москве 30 октября заседание президиума ЦК началось с чтения шифровок Микояна и председателя КГБ Серова из Венгрии. Маршал Жуков подогрел атмосферу, сообщив, что в столице Австрии на аэродромах сосредотачивается военно-транспортная авиация.

Сообщение Жукова прозвучало как свидетельство готовности Запада вмешаться в венгерские события. Сейчас невозможно установить, дезинформировали самого Жукова или он сознательно запугивал товарищей по президиуму ЦК. Через Вену в эти дни шла гуманитарная помощь для Венгрии. Она доставлялась в австрийскую столицу разными самолетами, в том числе военно-транспортной авиацией. Но делалось это совершенно открыто, в присутствии журналистов и общественности, груз каждого самолета был известен. Вмешиваться в венгерские события Запад не собирался. А уж что касается Австрии, то она объявила о постоянном нейтралитете и скрупулезно соблюдала обязательства, не допуская на свою территорию чужие войска.

Хрущева интересовал ответ на главный вопрос, который он задавал членам президиума ЦК:

— Не уходит ли Венгрия из нашего лагеря? Кто такой Надь? Можно ли ему верить?

Пока в Москве шло заседание, Имре Надь заявил по радио, что в Венгрии ликвидируется однопартийная система, поэтому он формирует коалиционное правительство из коммунистов, партии мелких хозяев и крестьянской партии.

— Политическая обстановка определилась, — злорадно сказал Молотов, отстраненный от внешней политики. — В Венгрии создано антиреволюционное правительство.

Тем не менее президиум ЦК был готов начать переговоры с правительством Надя о выводе войск. Более того, вывести войска из всех стран народной демократии, если они этого хотят.

— Ход событий, — говорил министр иностранных дел Дмитрий Трофимович Шепилов, — обнаружил кризис наших отношений со странами народной демократии и довольно широкие антисоветские настроения. Надо вскрыть глубинные причины этих явлений и устранить элементы командования в отношениях со странами народной демократии.

С ним полностью согласился Жуков:

— Для нас события в Венгрии — урок во внешнеполитическом отношении. Надо вывести войска из Будапешта, если потребуется — из всей Венгрии.

В тот день в зале заседаний президиума ЦК звучали речи, которые не скоро повторятся.

— На XX съезде мы сделали хорошее дело, — добавил первый заместитель главы правительства Максим Захарович Сабуров, — но затем не возглавили развязанную инициативу масс. Нельзя руководить против воли масс.

В Польше Хрущев рискнул положиться на Владислава Гомулку: пусть он чуть менее подчинен Москве, зато держит в руках страну. И сразу убедился в правоте принятого решения — напряженность в стране спала. В отношении Венгрии Никита Сергеевич решил поступить так же — поддержать правительство Имре Надя и убрать войска из Будапешта.

Хрущев понимал, что наступил кризис в отношениях с социалистическими странами, прежние принципы надо пересматривать. Никита Сергеевич говорил, что мы живем не во времена Коминтерна, нельзя командовать братскими партиями, использовать войска против венгров — «ввязаться в авантюру». И главное — члены президиума ЦК КПСС были потрясены масштабами восстания в Венгрии.

Владимир Крючков до конца жизни утверждал, что пагубную роль сыграл Микоян, который убедил Хрущева поддержать Надя.

«В течение трех дней Андропов был, по сути дела, отстранен от исполнения обязанностей посла СССР в Венгрии, — писал Крючков. — Ему было велено не вмешиваться в дела и ждать указаний. Возникла прямая угроза конца его политической деятельности».

Из Венгрии стали отправлять домой офицерские семьи.

«Как всегда, — констатировал генерал Малашенко, — в первую очередь стремились эвакуироваться семьи офицеров особого отдела, военной прокуратуры и политработников».

Как только советские войска ушли из венгерской столицы, в Будапеште вновь пролилась кровь. Одно событие не было связано с другим, но сторонники жесткой линии говорили — вот видите, стоило нашим солдатам покинуть город, там началось смертоубийство.

А произошло вот что. На площади Республики перед зданием горкома партии толпа расправилась с сотрудниками госбезопасности и столичного горкома партии. Так и осталось неясным, как это произошло. По мнению историков, первыми огонь открыли охранявшие здание венгерские чекисты. Но в ответ толпа устроила резню, погибли два десятка человек во главе с секретарем горкома Имре Мезе.

Ненавидимых венграми офицеров госбезопасности опознавали по одинаковым желтым ботинкам, которые им выдавали в хозяйственном отделе. Их вешали на деревьях головой вниз. Жестокая расправа на площади Республики не только символизировала падение старого режима, но и породила страх перед хаосом в стране. Из тюрем выпустили не только политических заключенных, но и обычных уголовников.

Правящая партия официально прекратила свое существование — Венгерская партия трудящихся самораспустилась. Имре Надь и Янош Кадар предложили создать новую — Венгерскую социалистическую рабочую партию.

Министр культуры Дьердь Лукач, один из инициаторов создания новой партии, увлеченно говорил о перспективах Венгрии (см.: *Стыкалина А.С.* Дьердь Лукач — мыслитель и политик), об отказе от сталинских традиций:

— Наша партия не может рассчитывать на скорый успех: коммунизм в Венгрии основательно скомпрометировал себя. Рабочий класс, вероятнее, пойдет за социал-демократами. На свободных выборах коммунисты получат пять, максимум десять процентов. Может, не войдут в правительство, окажутся в оппозиции. Но партия будет существовать, сохранит идею, станет интеллектуальным центром, а спустя годы — кто знает...

Советских руководителей эта перспектива не прельщала. Интересовало их не сохранение и торжество марксизма, а удержание Венгрии под своим контролем.

Как раз в эти дни началась война на Ближнем Востоке. Англия, Франция и Израиль атаковали Египет, который совсем недавно установил близкие отношения с Советским Союзом. На фоне неминуемого поражения Египта Москва не хотела терпеть второго поражения в Венгрии. Тем более что стало ясно: ни Соединенные Штаты, ни западные страны в целом не вступятся за Венгрию.

31 октября на заседании президиума ЦК настроения переменились. Опять возобладала жесткая линия: войска из Венгрии не выводить. Напротив, вернуть их в Будапешт и побыстрее навести порядок в городе.

— Если мы уйдем из Венгрии, — говорил на президиуме ЦК Хрущев, — это подбодрит американцев, англичан и французов. Они воспримут этот шаг как нашу слабость и будут наступать. К Египту им тогда прибавим Венгрию. Нас не поймет наша партия. Выбора у нас другого нет.

Тем не менее споры не закончились, и судьба Венгрии еще не была решена.

1 ноября на президиуме ЦК Анастас Микоян отстаивал свою точку зрения:

— Вся Венгрия требует вывода наших войск. Страна охвачена антисоветскими настроениями. В нынешних условиях лучше поддерживать существующее правительство. Сила не поможет. Надо вступать в переговоры.

Суслов с ним не согласился, сформулировал позицию предельно ясно:

— Только с помощью оккупации можно иметь правительство, поддерживающее нас.

Микояну не удалось переубедить президиум ЦК. В тот же день, 1 ноября, премьер-министр Имре Надь вручил

Андропову ноту с требованием начать вывод советских войск. Не получив ответа, правительство Венгрии денонсировало Варшавский договор и провозгласило нейтралитет Венгрии. Янош Кадар тоже за это проголосовал.

В Москве возникла идея сформировать в Будапеште надежное правительство, раз нынешнее ведет себя «неправильно».

— Создать Временное революционное правительство, — предложил Хрущев. — Во главе поставить Мюнниха, его же сделать министром обороны и внутренних дел. Замом к нему Кадара. Если Надь согласится, взять и его заместителем премьера. Это правительство пригласить в Москву на переговоры. Мюнних обращается к нам с просьбой о помощи, мы оказываем помощь и наводим порядок.

Яноша Кадара и Ференца Мюнниха, только что назначенного министром внутренних дел, переправили в расположение советских войск и на перекладных тайно доставили в Москву на смотрины. Занимался этим председатель КГБ Серов. А в Будапеште посол Андропов с деланым возмущением сказал главе правительства Венгрии Имре Надю, что не имеет никакого отношения к исчезновению Мюнниха и Кадара.

Хрущев знал Мюнниха. Тот в тридцатых годах жил в Советском Союзе, во время Второй мировой воевал в составе Красной армии, после войны стал венгерским послом в Москве. Хрущев и намеревался сделать ставку на Мюнниха. Но тому было уже семьдесят, и он не имел опыта крупной политической работы. Янош Кадар больше понравился советским руководителям, хотя посол Андропов по-прежнему не воспринимал его как возможного руководителя страны.

2 ноября на заседании президиума ЦК КПСС Кадар подробно рассказывал о положении в стране. Он говорил откровенно:

— Восставшие боролись за строй народной демократии. Вначале вы не видели этого, квалифицировали их действия как контрреволюцию и повернули массы против себя. Но надо сказать — все требовали вывода советских войск.

Кадар объяснил Хрущеву, что действия советских войск будоражат страну, а советский посол откровенно врет венгерскому правительству:

— Сообщают, что советские войска перешли границу. Венгерские подразделения окопались. Что делать? Стрелять или не стрелять? Вызвали Андропова. Андропов сказал, что это железнодорожники. Венгры с границы телеграфируют, что это не железнодорожники, что идут советские танки. Вызвали Андропова. Он ответил: передислокация. Новое сообщение: советские танки окружили аэродромы. Вызвали Андропова. Его ответ: вывозим раненых солдат...

После некоторых колебаний Кадар согласился возглавить правительство Венгрии.

Хрущев вызвал маршала Конева. Спросил: сколько потребуется ему времени, чтобы навести порядок в Венгрии? Маршал попросил трое суток. И получил задание:

— Готовьтесь. А когда начинать, узнаете дополнительно.

В Москве Кадар, Мюнних и другие венгерские политики, которые предпочли искать помощи у Советского Союза, подготовили обращение к венгерскому народу. По поручению Хрущева они составили и обращение к советскому правительству с просьбой оказать военную помощь в подавлении контрреволюции. Рабоче-крестьянское правительство сформировали в Москве и отправили его в Ужгород. Оттуда новые министры обращались по радио к венгерскому народу. Из Ужгорода их доставили на родину.

Управление войсками принял на себя генерал армии Михаил Ильич Казаков, командующий Южной группой войск Объединенных вооруженных сил стран — участниц Варшавского договора. В Будапешт руководить всей операцией прибыл Маленков. Он показался недостаточно настойчивым, и полетел Хрущев.

В разговоре с югославским лидером Иосипом Броз Тито Хрущев потом объяснит:

— Мы не можем допустить реставрации капитализма в Венгрии, потому что у нас, в Советском Союзе, люди скажут: при Сталине такого не было, а эти, которые Сталина осуждают, все упустили...

В откровенных беседах между собой, на президиуме ЦК Хрущев и его товарищи и не думали говорить, что события в Венгрии — дело рук Запада, западной агентуры. Они прекрасно понимали, что против них восстал народ, что венгерской компартии больше не существует. И единственное, на что они могут положиться, — это советская армия и горстка людей во главе с Яношем Кадаром.

1 ноября на венгерскую территорию по приказу маршала Конева вступили новые части Советской армии. 3 ноября — для маскировки — в здании парламента начались переговоры о выводе советских войск. Советскую делегацию возглавлял генерал армии Малинин, венгерскую — заместитель председателя Совета министров Ференц Эрдеи. В состав венгерской делегации входило все военное руководство — министр обороны генерал Пал Малетер, начальник Генштаба генерал Иштван Ковач, начальник оперативного управления полковник Миклош Сюч.

Вечером Андропов предупредил, что переговоры будут долгими, и предложил продолжить их в советском военном городке возле Будапешта. Венгры, ничего не подозревая, поехали. Но вести переговоры с венгерскими военными никто не собирался. Там председатель КГБ Серов приказал их арестовать.

Руководивший будапештской полицией Шандор Копачи пытался объяснить Серову, что манифестации в Венгрии организуют не «фашисты» и не «империалисты», а студенты, дети рабочих и крестьян, цвет венгерской интеллигенции. Серов пообещал повесить Копачи на самом высоком дереве в Будапеште.

Обезглавив венгерскую армию, на следующее утро, 4 ноября, начали операцию «Вихрь» — советские войска приступили к захвату Будапешта. Маршал Конев приказал войскам «оказать братскую помощь венгерскому народу в защите его социалистических завоеваний, в разгроме контрреволюции и ликвидации угрозы возрождения фашизма».

В начале шестого утра Имре Надь сделал последнее заявление по радио:

— Сегодня на рассвете советские войска начали наступление на нашу столицу с очевидным намерением свергнуть законное демократическое венгерское правительство. Наши войска ведут бои. Правительство находится на своем посту.

В операции «Вихрь» участвовало семнадцать советских дивизий. Помимо Особого корпуса действовала 38-я армия под командованием генерал-лейтенанта Хаджиомара Мамсурова и 8-я механизированная армия, которой командовал генерал-лейтенант Амазасп Хачатурович Бабаджанян, будущий главный маршал бронетанковых войск.

Советская армия вторжения составляла шестьдесят тысяч человек и шесть тысяч танков. Большая часть венгерских вооруженных сил не оказала сопротивления, понимая, что это бессмысленно. Но некоторые части предпочли вступить в бой. К ним присоединились тысячи повстанцев. У них было несколько танков, немного артиллерии. Из зенитного орудия даже сбили советский самолет. Руководил обороной генерал Бела Кирай.

Маршал Конев в Будапеште действовал так же, как и в Берлине в 1945 году, где в штурме города участвовало большое количество танков и самоходной артиллерии. Повстанцы забрасывали их ручными гранатами и бутылками с воспламеняющейся смесью — из подвалов и со всех этажей зданий. Венгры бросали гранаты и бутылки со смесью в открытый верх бронетранспортеров и на крыши моторно-трансмиссионного отделения танков (подробнее см.: Независимое военное обозрение. 2001. № 20).

В Берлине советская пехота зачищала здания, спасая свои танки. Провести такую же зачистку в Будапеште было невозможно. Но благодаря очевидному превосходству в силах, советские войска один за другим подавили очаги сопротивления массированным применением артиллерии и танков. Дольше всех сражались рабочие кварталы.

Общие потери Советской армии в венгерских событиях составили 640 убитых и 1251 раненый. Общие потери венгров — 2652 убитых, 19 226 раненых.

3 ноября в Москве было сформировано Венгерское революционное рабоче-крестьянское правительство. Кадара сделали премьер-министром, Мюнниха — его заместителем, министром вооруженных сил и общественной безопасности. На следующий день, 4 ноября, Кадара вернули на родину. Его перебросили через границу в город Сольнок, где находилась ставка маршала Конева. 7 ноября на советском бронетранспортере Кадара доставили в Будапешт.

4 ноября Имре Надь, оставшиеся верными ему министры и члены их семей нашли убежище в югославском посольстве в Будапеште. Этому предшествовала поездка Хрущева и Маленкова в Югославию. Они попросили Иосипа Броз Тито воздействовать на Имре Надя с тем, чтобы он

добровольно ушел в отставку. Поэтому 3 ноября югославский посол Далибор Солдатич, получив инструкции от своего правительства, предложил Надю укрыться у него в посольстве.

Но откровенное заявление председателя Совета министров Венгрии спутало все карты. Имре Надь обвинил Советский Союз в неприкрытой агрессии. Теперь в Москве хотели извлечь его из югославского посольства, чтобы судить. 5 ноября советский танк обстрелял здание югославского посольства, погиб советник Милованов.

7 ноября в Москве советский министр иностранных дел Дмитрий Трофимович Шепилов принял югославского посла Велько Мичуновича и сделал ему представление:

— Советская общественность возмущена тем, что обанкротившиеся перерожденцы и пособники контрреволюции, типа Надя и компании, укрылись после своего поражения в югославском посольстве.

Иосип Броз Тито заботился о репутации своего государства и не мог позволить себе просто выставить Надя из посольства. Предложение вывезти их в Югославию Москва с негодованием отвергла — это означало бы сохранение правительства Надя в изгнании. В такой ситуации Революционное рабоче-крестьянское правительство Яноша Кадара в мире и вовсе не захотели бы признавать.

Внутри страны позиции Кадара были слабыми. Ни он сам, ни его правительство не пользовались популярностью. Рабочие советы требовали вернуть Надя. Даже на пленуме временного ЦК только что созданной Венгерской социалистической рабочей партии говорили о необходимости привлечь Надя и его сторонников в правительство.

Тогда договорились о том, что членам правительства Имре Надя, желающим остаться в Венгрии, разрешат беспрепятственно вернуться домой, остальные смогут уехать из страны. Янош Кадар дал им гарантии неприкосновенности и обещал, что не станет их привлекать к ответственности. Бывший министр Лукач и еще несколько человек, поверив обещаниям, вышли из югославского посольства, их сразу задержали и отправили в советскую военную комендатуру.

Не зная об этом, Надь и другие вечером 22 ноября тоже согласились покинуть югославское посольство. В автобус к ним подсел советский офицер, будто бы для того, чтобы развезти всех по домам. Причем в автобусе находились два югославских дипломата. Но автобус остановили возле здания советской комендатуры, где советский офицер заставил югославских дипломатов выйти. После этого автобус окружили советские бронетранспортеры.

На следующий день Надя и его группу под конвоем отправили в Румынию. Первоначально их разместили в отдельных коттеджах на курорте в Сагове, других членов группы в правительственном доме отдыха. Они находились под надзором румынских сотрудников госбезопасности. Румыны с удовольствием содержали Надя и других венгров под охраной, потому что у них были проблемы с собственными венграми в Трансильвании. Там начались волнения в знак солидарности с событиями в Венгрии. Несколько сотен венгров румынские власти судили.

В конце марта 1957 года положение Надя и остальных венгерских политиков изменилось. Они были взяты под арест и переведены в одну из бухарестских тюрем. 17 апреля их вернули в Венгрию. Новый руководитель страны Янош Кадар не сдержал своего слова. Первоначально он говорил лишь о политической ответственности Надя, потом пошла речь о суде. С обвинительным заключением в Москве ознакомился Андропов, уже в роли руководителя отдела ЦК КПСС. Он попросил усилить раздел о связях Имре Надя с Западом.

Судя по всему, Хрущев не желал смерти Надя. На заседании президиума ЦК 5 февраля 1958 года заметил: «Проявить твердость и великодушие». Говорят, Хрущев предлагал назначить Надя преподавателем в провинциальный институт. Но Кадар хотел избавиться от Надя. Если бывший глава правительства останется жив и когда-нибудь выйдет на свободу, то в каком положении окажется Кадар?

Суд несколько раз откладывался по просьбе Москвы и был устроен в момент нового обострения отношений с Югославией. 15 июня 1958 года на закрытом процессе Имре Надь, его министр обороны Пал Малетер, известный публицист Миклош Гимеш были приговорены к смертной казни. На следующий день приговор привели в исполнение.

Один из обвиняемых умер в заключении до суда. Остальные получили разные сроки тюремного заключения.

Заместитель командующего национальной гвардией Шандор Копачи был приговорен к пожизненному заключению.

Надь отказался просить о помиловании. Говорят, что Кадар сам присутствовал во время казни, потом позвонил Хрущеву, рассказал, что приговор приведен в исполнение. Тут было и личное: Кадара когда-то сильно мучили в тюрьме. Он считал Имре Надя виновником своих страданий...

Бывший корреспондент «Правды» в Венгрии Владимир Герасимов пишет, что новый руководитель страны ненавидел Надя, который когда-то согласился с арестом Кадара, тогда заместителя министра внутренних дел. Нужен ли ему был свидетель трагической осени 1956-го (Независимая газета. 1998. 20 октября)? Имре Надя и других, расстрелянных в июне 1958 года, похоронили в безымянной могиле на будапештском кладбище, участок № 301.

Председатель КГБ Серов дал указание особым отделам дивизий, вступивших в Венгрию, арестовывать всех организаторов мятежа, оказывающих сопротивление, а также тех, кто «подстрекал и разжигал ненависть народа к коммунистам и сотрудникам органов госбезопасности». Масштабы арестов были таковы, что даже Кадар пожаловался на то, что советская госбезопасность задерживает рядовых участников повстанческого движения. Серов хладнокровно ответил, что действительно «могут быть арестованы отдельные лица, не принадлежащие к перечисленным категориям. Поэтому все арестованные тщательно фильтруются, те, которые не играли активной роли в мятеже, освобождаются».

Серов доносил в Москву, что «по ряду областей руководящие работники обкомов партии и облисполкомов чинят препятствия в аресте контрреволюционного элемента, принимавшего руководящее участие в выступлениях».

Кадар обратился к советским эмиссарам с просьбой освободить бывшего заместителя премьер-министра Ференца Эрдеи. Глава правительства Венгрии ручался, что академик Эрдеи — не контрреволюционер.

Серов доложил в Москву: «Считаю, что делать уступки в этих вопросах не следует, так как практика показывает, что малейшая уступка реакционерам влечет за собой ряд дополнительных требований и угроз».

Кадар пришел в ужас, когда по стране распространились слухи о том, что арестованных венгров отправляют в Сибирь.

Председатель КГБ Серов и посол Андропов объяснили Москве: «Небольшой эшелон с арестованными был отправлен на станцию Чоп. При продвижении эшелона заключенные на двух станциях выбросили в окно записки, в которых сообщали, что их отправляют в Сибирь. Эти записки были подобраны венгерскими железнодорожниками. По нашей линии дано указание впредь арестованных отправлять на закрытых автомашинах под усиленным контролем».

Заместитель министра внутренних дел СССР Михаил Николаевич Холодков, который прибыл в Ужгород для приема арестованных, доложил в Москву: Серов сообщил, что арестованных будет четыре-пять тысяч человек. Помимо них поступило несколько десятков несовершеннолетних в возрасте от четырнадцати до семнадцати лет, в том числе девять девочек. На большинство арестованных не было надлежаще оформленных документов, неясно, за что их арестовали.

Холодков был переведен на службу в МВД всего за несколько месяцев до начала венгерских событий с должности секретаря Октябрьского райкома города Москвы, до этого работал на заводе и с чекистскими методами был еще незнаком. Заместитель министра внутренних дел доложил своему начальству, что произведены явно необоснованные аресты. Серов в ответ сообщил в Москву, что виноват один из командиров дивизии, который отправил учащихся ремесленного училища в Чоп «без согласования с нами». Что касается остальных, то ведь враги никогда не признают свою вину...

Серов докладывал, что восставшими руководили югославы и с ними встречались американские дипломаты, в частности военный атташе. В последующем эти сообщения не подтвердились. Серов предлагал похитить кардинала Йожефа Миндсенти, который укрылся в американском посольстве. КГБ СССР направил к нему агента с предложением нелегально вывезти его из страны. Но кардинал на провокацию не поддался.

За участие в венгерских событиях двадцать шесть военнослужащих получили звания Героев Советского Союза.

Председатель КГБ Иван Серов получил второй полководческий орден Кутузова I степени.

Новый режим повел себя жестоко. Были учреждены военно-полевые суды, которые наделялись правом ускоренного вынесения смертных приговоров. В Шалготарьяне в декабре правительство Кадара расстреляло демонстрацию шахтеров. Рабочие советы призвали к проведению всеобщей забастовки. Тогда в стране было введено чрезвычайное положение и заработали военно-полевые суды. Рабочие советы запретили. Союз писателей и Союз журналистов распустили, видных писателей и публицистов арестовали.

Будущего президента Арпада Генца, участвовавшего в сопротивлении советским войскам, судили и приговорили к пожизненному заключению «за участие в заговоре и измену родине». Кадар, не находя поддержки в стране, становился все жестче, что несказанно радовало Москву — советские товарищи первоначально сомневались в его решительности. Новая власть сама понимала, что не имеет никакой поддержки в стране, что она держится на советских штыках.

Советские воинские части остались в Венгрии, где вместо Особого корпуса была сформирована Южная группа войск. В Венгрию отправили большое количество советников. Хрущев вспоминал: «Кадар, когда разговаривал со мной, в шутку называл советников «полковники», профсоюзников — «майоры», комсомольцев — «лейтенанты».

Янош Кадар был неточен в званиях.

В 1956 году в Венгрию отправили группу комсомольских работников, они должны были восстановить в Венгрии верную партии молодежную организацию. Всем комсомольским секретарям присвоили звание майора.

Бывший хозяин страны Матьяш Ракоши выехал в Советский Союз. Первоначально к нему относились как руководителю братской партии, потом, когда в Венгрии утвердилось новое руководство, он стал помехой. Тем более что сам Ракоши вел себя активно, писал письма в ЦК КПСС, заходил в венгерское посольство в Москве.

В феврале 1957 года пленум ЦК ВСРП принял решение о том, что Ракоши и Гере закрыт въезд в Венгрию в течение ближайших пяти лет. Тогда советские власти в августе 1957 года отправили Ракоши в почетную ссылку в Краснодар. Ему выделили четырехкомнатную квартиру, выдавали пятьсот рублей в месяц (в ценах 1961 года это были очень хорошие деньги).

В августе 1960 года к Ракоши в Краснодар приехали два члена ЦК, Шандор Ногради и Дьердь Ацел. Они предупредили Ракоши, что он вообще не может вернуться в Венгрию, поскольку вокруг него начнут группироваться «враждебные партии элементы». Жизнь Ракоши изменилась к худшему после того, как 15 августа 1962 года ЦК Венгерской социалистической рабочей партии принял постановление, в котором главная вина за репрессии возлагалась на Ракоши.

Венгры обратились к Москве с просьбой изменить условия жизни Ракоши. Постановлением президиума ЦК КПСС от 30 августа 1962 года его отправили в высокогорный город Токмак, в Киргизии, где выдавали всего двести рублей в месяц. В 1970 году его перевели в Арзамас, затем в Горький. Он написал воспоминания, опубликованные в перестроечные годы. Умер в 1971 году.

Я позволю себе забежать в будущее. Летом 1994 года, работая в газете «Известия», я поехал в Венгрию в командировку. 6 июля, в пятую годовщину со дня смерти Яноша Кадара, не менее двадцати тысяч человек собрались в Будапеште, чтобы почтить его память. Этими людьми двигала ностальгия по почти счастливым кадаровским временам.

А ведь когда-то коммунистического лидера Венгрии именовали не иначе, как «будапештским мясником» — за то, что в 1956 году он согласился подписать обращение к Москве с просьбой прислать войска и взял власть, завоеванную советскими штыками.

Российские дипломаты в Будапеште по старой памяти называли Кадара «дядя Ваня» и считали его последним коммунистическим романтиком. Кадар, по их мнению, в 1956 году взял грех на душу, и он переживал весь остаток жизни — особенно из-за того, что согласился на расстрел Имре Надя. Кадар умер в 1989 году через три недели после торжественного перезахоронения останков Имре Надя. Эта церемония стала концом социалистической Венгрии.

Разные начала боролись в венгерском обществе. Одни, непримиримые, подняли венгерскую революцию 1848-го и восстание 1956 года. Другие, умеренные и прагматичные, в XIX веке пошли на союз с Австрией в обмен на привилегированное положение венгров в составе Австро-Венгерской империи, а в XX столетии — на союз с Москвой в обмен на особое положение социалистической Венгрии в советском блоке. Третьи, охваченные национальной идеей, пошли на союз с Гитлером и в благодарность за территориальные приобретения сражались вместе с фашистскими войсками против Красной армии.

Одни политики принесли венграм славу. Другие — процветание. Третьи — позор и несчастье. Янош Кадар был симпатичен венграм хотя бы своей подчеркнутой скромностью, которой вынуждены были придерживаться и все партийные бонзы. Он разрешил венграм ездить по миру много раньше, чем такое право обрели граждане других восточноевропейских стран. Кадар стал посылать молодых венгров учиться и в Россию, и на Запад. Венгрия при Кадаре была открыта в обе стороны. Янош Кадар сумел прекрасно использовать свободу рук, которую ему дал Никита Хрущев, который любил «дядю Ваню». А Леониду Брежневу уже пришлось считаться с Кадаром, хотя в советском партийном аппарате на венгров смотрели с сомнением и подозрением, как на еретиков.

В Венгрии после 1956 года не было репрессий, ей не предъявляли претензий по части прав человека. Секретарь ЦК ВСРП по идеологии Дьердь Ацел, которого не любили в Москве за еврейское происхождение, образованность и нежелание напиваться вместе с коллегами по партийной работе и играть в домино, сумел достичь исторического компромисса с самыми видными венгерскими интеллигентами, писателями, деятелями культуры, которые в 1956-м встали в оппозицию к власти.

Кадар и Андропов извлекли из трагических событий той осени разные уроки.

Главный урок, усвоенный Андроповым в Венгрии, был прост. Он увидел, с какой легкостью коммунистическая партия может потерять власть над страной, если только она позволит себе ослабить идеологический контроль, цензуру, если исчезнет страх. Ничто другое подорвать власть партии не может — ни экономические трудности, ни, уж конечно, вражеские шпионы. Главное — не давать свободы. Логика существования социалистических режимов состоит в том, что, как только происходит малейшее послабление, режим начинает разваливаться.

Можно было, конечно, извлечь другой урок — если власть отстает от жизни, отказывается от реформ, не прислушивается к тому, что желает народ, начинается революция. Но Андропов сделал те выводы, которые соответствовали его представлениям о жизни. Боязнь потерять власть сопровождалась у Андропова чисто физическим страхом. Советское посольство обеспечило свою безопасность, окружив здание тридцатью танками. Пережитый в Будапеште страх перед восставшим народом надолго запомнился Андропову. Юрий Владимирович видел, как в Венгрии линчевали сотрудников госбезопасности. Он не хотел, чтобы нечто подобное случилось и с ним.

— Вы не представляете себе, что это такое, когда улицы и площади заполняются толпами, вышедшими из-под контроля и готовыми крушить все, что попало, — сказал он дипломату Олегу Александровичу Трояновскому. — Я все это испытал и не хочу, чтобы такое произошло в нашей стране.

Считается, что пережитое в Будапеште очень болезненно сказалось на жене Андропова. Она стала прихварывать, и он постепенно лишился полноценной семейной жизни. Осталась одна работа...

Хирург Прасковья Николаевна Мошенцева, описывая свой более чем тридцатилетний опыт работы в системе 4-го главного управления при Министерстве здравоохранения СССР в книге «Тайны Кремлевской больницы», рассказывает и о жене Андропова: «Она не раз лежала в неврологическом отделении и непрестанно требовала уколов... Она просто придумывала себе разные недомогания и требовала наркотиков. От успокоительных уколов отмахивалась. Видимо, она привыкла к наркотикам с молодых лет. Сейчас мне кажется, что виноваты врачи. Это они уступали ее настойчивым просьбам, подсознательно трепеща пред одним именем ее мужа».

Принято считать, что в знак благодарности за успешное подавление венгерского восстания Юрия Владимировича Андропова вернули в Москву, поставили руководить отделом ЦК, и с этого момента его карьера шла только по восходящей. В реальности все было иначе. Андропов продолжал работать в Будапеште, и возвращать его в Москву не спешили. Вопрос о смене посла возник не потому, что Юрия Владимировича хотели отблагодарить. Напротив, в Москве беспокоились о другом. Андропов был тесно связан с прежним руководством Венгрии, с Ракоши и его группой. Захочет ли работать с ним Янош Кадар, которому старались во всем идти навстречу?

К тому времени председатель КГБ Иван Серов, завершив свою миссию, вернулся домой. Он оставил в Венгрии своего заместителя генерал-лейтенанта Сергея Саввича Бельченко. Тот рассказывал историку Алексею Попову, как ему в Будапешт в начале 1957 года позвонил Серов и дал деликатное поручение:

— Никита Сергеевич просит узнать мнение руководства Венгрии по поводу нашего посла Андропова. Желают ли видеть его на этом посту?

Генерал Бельченко попросился к Яношу Кадару на прием и задал этот вопрос.

— Товарищ Андропов, — откровенно ответил новый руководитель страны, — очень достойный человек, профессионал. Но он был в сильной дружбе с Ракоши, поэтому, если это возможно, мы хотели бы видеть на его месте другого человека.

Разумеется, впоследствии, когда Андропов стал столь важной фигурой в советском руководстве, Янош Кадар демонстрировал ему полнейшее уважение. Не возражал и против версии о том, что именно Андропов сделал его руководителем Венгрии. Но ни Юрий Владимирович, ни Янош Кадар не забыли о том, что и как происходило в Венгрии осенью 1956 года...

Андропова могли вернуть в центральный аппарат Министерства иностранных дел или перевести в другое посольство. Но на его счастье появилась куда более интересная вакансия — в ЦК КПСС.

СТАРШИЙ ПО СОЦСТРАНАМ

Сразу после смерти Сталина, 19 марта 1953 года, в аппарате ЦК образовали отдел по связям с зарубежными компартиями. Сотрудники отдела следили за деятельностью иностранных компартий, принимали иностранные делегации, приезжавшие в Советский Союз, и помогали политэмигрантам, которых в нашей стране еще было немало.

С марта 1955 года отделом руководил кремлевский долгожитель, выпускник Института красной профессуры и бывший работник Коминтерна Борис Николаевич Пономарев. При Хрущеве он стал академиком. Борис Николаевич поставил рекорд — заведовал отделом больше тридцати лет, пока Горбачев не отправил его на пенсию.

В начале 1957 года пономаревский отдел решили разделить, чтобы одно подразделение занималось капиталистическими и развивающимися странами, другое — социалистическими. Вопрос обсуждался на заседании президиума ЦК 21 февраля 1957 года. Решили создать международный отдел ЦК, во главе которого оставили Бориса Пономарева, и отдел по связям с коммунистическими и рабочими партиями социалистических стран. В газетах его полное название никогда не упоминалось, писали коротко и внушительно — Отдел ЦК.

Задачи нового отдела сформулировали так: поддержание тесных контактов с братскими партиями, изучение экономических и социально-политических процессов в соцстранах, разработка планов всестороннего сотрудничества, контроль за всеми советскими ведомствами и организациями «в их сношениях со странами народной демократии» и наблюдение за политической работой с приезжающими в Советский Союз гражданами этих стран.

Кандидатуру руководителя нового отдела подбирал кандидат в члены президиума ЦК КПСС Дмитрий Трофимович Шепилов, которого Хрущев только что вернул из Министерства иностранных дел на пост секретаря ЦК. Шепилов предложил Николая Павловича Фирюбина, посла в Югославии. Фирюбин был сравнительно молодым дипломатом. Инженер по образованию, он рано попал на партийную работу и в годы войны был секретарем Московского горкома по промышленности. Он был снят с должности в конце 1949 года, когда Сталин устроил большую чистку столичной команды и вновь сделал хозяином Москвы Хрущева. Фирюбин работал в Мосгорисполкоме, а потом оказался на дипломатической работе.

Шепилов не сомневался, что его кандидатура пройдет. На смену Фирюбину в Министерстве иностранных дел уже готовили другого партийного работника — Евгения Ивановича Громова, который был секретарем райкома, потом заведовал отделом в столичном горкоме. В 1948 году его взяли в аппарат ЦК, после смерти Сталина он руководил отделом партийных органов ЦК КПСС по союзным республикам. Евгений Громов должен был стать следующим послом в Югославии.

Но Хрущев возвращать Фирюбина на партийную работу не захотел. Секретариату ЦК поручили подобрать другую кандидатуру. Искали опять же среди дипломатов, имеющих опыт партийной работы. Выбор оказался неширок. Через неделю, 26 февраля, министр иностранных дел Громыко рекомендовал на этот пост посла в Венгрии Андропова. Возражений не последовало.

Весной 1957 года Андропов вернулся в Москву. А Евгений Громов, соответственно, поехал не в Белград, а в Будапешт.

7 мая 1957 года Андропов уже представил на рассмотрение секретариата ЦК структуру и штаты нового отдела. Документ, как водится, вернули на доработку и в окончательном виде утвердили 20 мая.

Андропову полагалось два заместителя, помощник и два ответственных консультанта. В составе отдела создавался секретариат, в который включили стенографистку, четырех машинисток и двух курьеров. В отличие от других отделов ЦК здесь работали не инструкторы и не инспекторы, а референты и младшие референты (все со знанием иностранного языка).

Аппарат андроповского отдела делился на семь секторов:

сектор Польши и Чехословакии — девять сотрудников;

сектор Германской Демократической Республики — четыре сотрудника;

сектор Румынии и Венгрии — восемь сотрудников;

сектор Болгарии, Албании и Югославии — десять сотрудников;

сектор Китая — шесть сотрудников;

сектор Северного Вьетнама, Северной Кореи и Монголии — семь сотрудников;

сектор приема и обслуживания зарубежных партийных и общественных организаций (этот сектор занимался не только приемом и отправкой делегаций, но и учебой иностранцев).

Кроме того, создавалась редакция материалов о положении в социалистических странах из четырех человек.

Из пономаревского отдела Андропову передали сектор европейских стран народной демократии и сектор восточных стран народной демократии. Остальных работников приглашали со стороны — из Министерства иностранных дел, академических институтов и научных журналов. Поэтому Андропов получил редкую возможность набрать молодых людей, не прошедших школу партийного аппарата, то есть со свежими, неиспорченными мозгами. Обычно в аппарат ЦК принимали только со стажем освобожденной партийной работы, то есть бывших секретарей райкомов-горкомов-обкомов. Использовать их на аналитической работе в сфере мировой политики было трудновато.

При Хрущеве, а потом еще больше при Брежневе стали высоко цениться умелые составители речей и докладов. Доверить эту работу партийным чиновникам никак было нельзя, искали людей с талантами, с эрудицией, с хорошим пером. И Андропов понимал, что может выделиться, располагая таким сильным штатом. Когда ему поручали работу над документом, он мог порадовать Хрущева, а потом и Брежнева. Речи в его аппарате писались действительно замечательные, но, к сожалению, на реальной жизни они мало отражались. Речи становились все лучше и лучше, а дела шли все хуже и хуже...

Борис Пономарев в октябре 1963 года первым добился создания в международном отделе группы консультантов. В нее Пономарев подбирал широко образованных и умеющих писать людей, которые готовили не только все отдельские бумаги, но и сочиняли ему речи и тексты выступлений. Андропов оценил идею старшего коллеги и захотел того же. 25 декабря он отправил в секретариат ЦК КПСС записку с просьбой разрешить ему образовать подотдел информации и включить в него работающих в отделе девять ответственных консультантов, которые готовят «наиболее ответственные документы по общим вопросам развития мировой социалистической системы и укрепления ее единства, а также пропагандистские материалы».

Просьба Андропова возражений не вызвала. 2 января 1964 года секретариат ЦК согласился с его предложением. Подотдел информации возглавил молодой и амбициозный политолог Федор Михайлович Бурлацкий, который со временем станет профессором, главным редактором «Литературной газеты», народным депутатом СССР.

Так Юрий Владимирович обзавелся собственным мозговым центром, который использовал на сто процентов. В группе консультантов работали очень толковые люди — из них несколько человек стали потом академиками. Например, Георгий Аркадьевич Арбатов, который пришел в отдел в мае 1964 года из журнала «Проблемы мира и социализма», в дальнейшем создал и возглавил Институт США и Канады. Олег Тимофеевич Богомолов, специалист по экономике стран Восточной Европы, стал директором Института экономики мировой социалистической системы.

В декабре 1963 года из журнала «Коммунист» консультантом в отдел взяли Александра Евгеньевича Бовина, блистательного журналиста и оригинально мыслящего политика. В своем кругу Бовин язвительно сформулировал роль отдела — «Отдел по навязыванию советского опыта строительства социализма».

Георгий Хосроевич Шахназаров, будущий помощник Горбачева и член-корреспондент Академии наук, поступил к Андропову в январе 1964 года. Его первые впечатления от работы в партийном аппарате: «Мыслящие, небесталанные и даже незаурядные люди со временем утрачивали свое «я». Послушными исполнительными винтиками системы становились не только референты, инструкторы и другие «нижние чины», но и секретари ЦК, члены политбюро...»

В отделе работали видный китаист Лев Петрович Делюсин, ставший впоследствии профессором, Федор Федорович Петренко, еще один бывший сотрудник «Коммуниста», специалист по партийному строительству.

Сильное интеллектуальное окружение невольно приподнимало и самого Андропова, создавало ему ореол свободомыслящего и либерального политика. Люди, которые с ним тогда работали, вспоминали, что он создал им атмосферу духовной свободы, иногда вел с ними разговоры на недопустимые в здании ЦК темы. Многие из них идеализируют Юрия Владимировича. Академик Георгий Арбатов рассказывал, как они собирались в кабинете Андропова, снимали пиджаки, Юрий Владимирович брал ручку, и начиналось коллективное творчество. Интересно было, писал Арбатов, приобщиться к политике через такого незаурядного и умного посредника, как Андропов...

«С Андроповым было интересно работать, — вспоминал Александр Бовин. — Он умел и любил думать. Любил фехтовать аргументами. Его не смущали неожиданные, нетрафаретные ходы мысли».

В нем была какая-то притягательная сила, вспоминал главный редактор «Правды» Виктор Григорьевич Афанасьев. Ему запомнились строгий, цепкий, изучающий и завораживающий взгляд темных глаз со светлыми искорками, шикарные волосы.

«Он уже тогда носил очки, но это не мешало разглядеть его большие, лучистые голубые глаза, которые проницательно и твердо смотрели на собеседника, — вспоминал Федор Бурлацкий. — Вся его большая и массивная фигура с первого взгляда внушала доверие и симпатию. Он как-то сразу расположил меня к себе, еще до того, как произнес первые слова».

Юрий Владимирович, конечно, сильно отличался от коллег по секретариату ЦК — жестких и малограмотных партийных секретарей, которые привыкли брать нахрапистостью и глоткой. Андропову, по мнению Арбатова, общение со своими консультантами помогало пополнять знания, притом не только академические. Это общение было и источником информации о повседневной жизни, неортодоксальных оценок и мнений. Он терпеливо слушал даже то, что не могло ему понравиться, наставлял своих подчиненных:

— В этой комнате разговор начистоту, абсолютно открытый, никто своих мнений не скрывает. Другое дело — когда выходишь за дверь, тогда уже веди себя по общепринятым правилам!

Но часто не комментировал услышанное, чтобы не высказывать своего мнения. Когда речь шла о щекотливых материях, никак не реагировал, молчал, это выдавало в нем опытного чиновника.

Первым заместителем Андропова в мае 1957 года назначили Ивана Тихоновича Виноградова, который был заместителем Пономарева в едином отделе ЦК по связям с иностранными компартиями. Через полтора года, в декабре 1959 года, Андропов отправил его в журнал «Проблемы мира и социализма». В конце 1962 года первым заместителем стал Лев Николаевич Толкунов. Его взяли в отдел в 1957 году из «Правды», где Лев Николаевич работал в отделе соцстран. Начинал он консультантом, летом 1960-го стал заместителем заведующего, а еще через два года вырос до первого зама.

«Общее впечатление, — писал о нем Бовин, — неизменная доброжелательность, интеллигентность, отсутствие всякой иерархической спеси, так распространенной в аппарате. С чем-то он соглашался, с чем-то нет, однако всегда был открыт для аргументов, для новых, иногда неожиданных поворотов мысли».

В октябре 1965 года Льва Толкунова назначили главным редактором «Известий». Многие газетчики считают его лучшим редактором «Известий» за всю их историю.

В отделе его сменил Константин Викторович Русаков, который со временем станет помощником Брежнева и секретарем ЦК КПСС. Он был человеком иного типа, чем Толкунов. Русаков — по специальности инженер, строил мясокомбинаты, работал в министерстве рыбной промышленности, даже занимал кресло министра, но недолго. Он три года был советником посольства в Польше, после чего его направили в андроповский отдел заведовать сектором. В 1962 году Русакова сделали послом в Монголии. В октябре 1964 года его вернули в Москву и сделали заместителем Андропова.

Заместителем Андропова, ведавшим китайскими делами, полтора года был уже упоминавшийся в этой книге Николай Николаевич Месяцев, после свержения Хрущева поставленный руководить радио и телевидением.

Поначалу работа на Старой площади складывалась удачно. Покровитель Андропова Отто Вильгельмович Куусинен на июньском пленуме ЦК 1957 года был избран секретарем и членом президиума ЦК. Он очень благоволил Андропову, помог ему укрепиться в аппарате. Такое покровительство имело огромное значение для новичка. В президиуме ЦК Андропова воспринимали как младшего напарника Куусинена.

Отто Вильгельмовича держали подальше от практической работы. Он стал живой реликвией, как Ворошилов. Хрущев старался продвигать молодых людей, пожилых соратников не жаловал. Но если над Ворошиловым Хрущев издевался, то неамбициозного и полезного Куусинена ценил. Старый коминтерновец олицетворял историю международного коммунистического движения. Куусинену поручили написать учебник по основам марксизма-ленинизма.

— Он — новатор, настоящий новатор! — расхваливал своего шефа Федору Бурлацкому помощник Куусинена. — Он не оставляет камня на камне от наших заскорузлых и застоявшихся, как вонючая лужа на палубе, представлений.

Это было время осторожного пересмотра некоторых марксистских догм. Иногда эти теоретические споры не имели никакого значения, иногда помогали жизни меняться в лучшую сторону. Например, пробивала себе дорогу идея, что на смену диктатуре пролетариата приходит общенародное государство. Принятие этой идеи на вооружение теоретически означало, что внутри страны врагов нет и репрессии против них не нужны...

По словам академика Георгия Арбатова, Куусинен «был человек со свежей памятью, открытым для нового умом, тогда очень непривычными для нас гибкостью мысли, готовностью к смелому поиску. Ну а кроме того, он умел думать. Честно скажу, я впервые познакомился с человеком, о котором можно было без натяжек сказать: это человек, который все время думает».

Арбатов обратил внимание на то, что Куусинен избегал разговоров о прошлом. Видимо, были страницы, о которых ему хотелось забыть.

Хозяйство Андропову досталось беспокойное.

Отношения с Югославией складывались очень сложно, а от дружбы с Албанией и особенно с Китаем ничего не осталось, и нельзя сказать, что Андропову удалось что-то исправить. Впрочем, тон в таких ключевых вопросах задавал сам Никита Сергеевич Хрущев. А он скорее был готов пойти на компромисс с Соединенными Штатами, чем с братским Китаем.

К 40-летию Октября в Москве провели международное совещание коммунистических и рабочих партий. Совещание стало боевым крещением Андропова в роли завотделом. Приехала большая китайская делегация — Мао Цзэдун, Лю Шаоци, Чжоу Эньлай, Дэн Сяопин, Кан Шен. Мао говорил о том, что не надо бояться ни атомной бомбы, ни ракетного оружия. Социалистические страны все равно победят.

Тогда еще Хрущев и Мао беседовали вполне дружески. Китайский лидер крайне удивился, когда советская делегация сама предложила снять положение о том, что КПСС — ведущая сила мирового коммунистического движения. Если вы не хотите, то мы возьмем эту роль на себя, сказал Мао.

Когда в Китае начались политико-экономические эксперименты, Хрущев не знал, как на них реагировать. Потом он забеспокоился, потому что некоторые социалистические страны стали восхвалять и копировать опыт китайских товарищей. Никита Сергеевич был возмущен, когда один из руководителей Болгарии Вылко Червенков, съездив в Китай, высоко оценил политику «большого скачка». Это уже была недоработка по линии андроповского отдела. Юрий Владимирович получил задание сплотить все соцстраны против Китая. Удалось уговорить всех, кроме Албании.

Когда отношения с Китаем разладились, в Пекин отправилась албанская делегация. Это было еще до ссоры с Албанией. Но китайцы делегацию уже обрабатывали. На обратном пути к Андропову пришла член политбюро Албанской партии труда Лири Белишова и рассказала, что китайцы вели с ними антисоветские разговоры.

В тот момент председатель Совета министров Албании Мехмет Шеху лежал в Москве в больнице. Андропов поехал к нему и поделился информацией, полученной от Белишовой. Шеху встал с больничной койки и уехал на родину. Там вместе с Энвером Ходжей они начали охоту на тех, кто продолжал открыто придерживаться промосковской линии. Лири Белишову, которая была так откровенна с Андроповым, вывели из политбюро, исключили из партии и арестовали.

Хрущев не хотел рвать с Энвером Ходжей, потому что Албания занимала стратегически важное положение на Средиземном море. Единственная из всех стран она получала не льготные кредиты, а все даром. Албанская армия просто состояла на содержании Советского Союза. Не только оружие, но и обмундирование и питание — все шло из советского бюджета. В обмен было решено разместить в албанских портах двенадцать подлодок, которые могли действовать в Средиземном море. Имелось в виду, что со временем лодки перейдут Албании и на них появятся албанские экипажи.

Когда Хрущев решил помириться с Югославией, ему пришлось преодолевать сопротивление не только товарищей по президиуму ЦК, но и других соцстран. В конце концов он всех переубедил. Кроме руководителей Албании. Хрущев вспоминал, как албанские вожди доказывали ему: «Югославы — безнадежные люди, они не коммунисты. Все это высказывалось со злобным присвистом. Особенно возмущался Энвер Ходжа. У него резкий характер, и, когда он говорит о том, что ему не нравится, у него лицо просто передергивается и он чуть ли не скрежещет зубами».

В 1959 году Хрущев с делегацией ездил в Албанию: «Мы хотели помочь перестроить албанское хозяйство на современном уровне, сделать из Албании как бы жемчужину, которая притягивала бы к ней мусульманский мир, особенно Ближний Восток и Африку, притягивала бы к коммунизму. Вот, собственно, каковы были наши намерения и какую политику мы там проводили».

Ничего из этого не получилось.

На совещании коммунистических и рабочих партий в Москве в ноябре 1960 года Энвер Ходжа произнес уже антисоветскую речь. И руководитель компартии Испании Долорес Ибаррури ответила ему очень резко:

— Это выступление напоминает мне пса, который кусает руку человека, кормящего его хлебом.

Хрущев распорядился отозвать из Китая всех советских студентов, над которыми издевались, не давали нормально заниматься. Соответственно попросили вернуться на родину китайских студентов, которые распространяли в Советском Союзе маоистскую литературу. На конечной железнодорожной станции перед Монголией китайские студенты устроили демонстрацию.

«Даже неприлично говорить о том, что они проделывали, — вспоминал Никита Сергеевич, — снимали штаны и гадили на перроне и в вокзале. Не знаю даже, как назвать такую демонстрацию. Это просто свинство!»

В тот момент заканчивалось обучение китайских ядерщиков искусству создания атомного оружия, и уже была готова изготовленная специально для Китая модель ядерного взрывного устройства небольшой мощности. Министр среднего машиностроения доложил, что все готово к отправке. В последний момент на заседании президиума ЦК решили не снабжать Китай ядерным оружием. В Пекине это сочли враждебным актом.

Андропову было непросто с непредсказуемым Хрущевым, который подготовленным речам предпочитал импровизацию и не стеснялся в выражениях.

В октябре 1961 года на съезде румынской компартии в Бухаресте китайская делегация стала критиковать Хрущева за десталинизацию. Никита Сергеевич попросил румын устроить закрытую встречу всех иностранных делегаций, прибывших на съезд. Между Хрущевым и китайцами возникла перепалка. В какой-то момент выведенный из себя Хрущев вспомнил о мумии Сталина, которая еще находилась рядом с Лениным в Мавзолее, и сказал:

— Если он вам так нужен, забирайте!

Китайцы промолчали.

5 ноября 1962 года на президиуме ЦК Хрущев держал большую речь. Заговорил среди прочего о том, что надо следить за появлением новой техники за границей, вовремя ее приобретать и быстро осваивать.

— Мы закупаем за границей много техники, к которой утрачен интерес, и она лежит без употребления, — негодовал первый секретарь ЦК и председатель Совета министров. — А самое главное — надо подумать над тем, не стоит ли нам создать такой партийный аппарат, который бы занимался этими вопросами и помогал Новикову.

Владимир Николаевич Новиков только что был назначен председателем правительственной комиссии, которая занималась Советом экономической взаимопомощи (СЭВ) и внешнеэкомическим сотрудничеством.

— Мне рассказывал Андропов, — продолжал Хрущев, — что часто звонят к нему и просят обменяться мнениями. Андропов в этом деле не понимает ни уха ни рыла, это не его область. Сейчас у нас развиваются экономические связи между социалистическими странами, и они будут еще глубже развиваться. А кто будет этим заниматься? Здесь должен быть новый человек, так как Андропов не сможет возглавить это дело, ему будет трудно, это не его область.

Едва ли Юрию Владимировичу приятно было это слышать, но он покорно проглотил недипломатичную речь хозяина. Хрущев считал, что Андропов в экономических делах не разбирается, и не стеснялся в выражениях. Пожелание руководителя партии было быстро реализовано. Постановлением президиума ЦК 20 декабря 1962 года образовали новый отдел ЦК по экономическому сотрудничеству с социалистическими странами.

Отдел был маленький — всего шестнадцать человек. Его даже не стали делить на сектора. Вместо этого ввели четыре должности ответственных консультантов — по общим экономическим вопросам; по вопросам металлургической, топливной промышленности и машиностроения; по вопросам сельского хозяйства, легкой и пищевой промышленности; по вопросам строительства и транспорта.

Каждому в помощь дали одного-двух референтов — вот и весь аппарат отдела, если не считать технический персонал. Заведовал отделом все время его существования Борис Пантелеймович Мирошниченко, в феврале 1963 года ему подыскали заместителя — Константина Михайловича Баранова.

Через новый отдел проходили документы Совета экономической взаимопомощи, Международного банка экономического сотрудничества стран — членов СЭВ, справки советских министерств и ведомств о сотрудничестве с партнерами из соцстран и записи бесед советских дипломатов в этих странах, касающиеся внешнеторговых вопросов.

Андропову появление конкурента было крайне неприятно. Но он старался отличиться по идеологической линии. Труды не пропали даром. 23 ноября 1962 года Хрущев сделал секретарями ЦК еще одну группу своих выдвиженцев — четырех руководителей важнейших отделов аппарата партии. Повышение получил и Андропов. Юрия Владимировича стали чаще приглашать на президиумы ЦК. Хрущев привлекал его к полемике с китайцами, считая его «идеологом». Со временем включил его в состав Идеологической комиссии ЦК. В декабре 1963 года Андропов выступил на пленуме ЦК, который проходил в Кремлевском дворце съездов, рассказывая о советско-китайских отношениях.

Его ценили как оратора.

— С Андроповым я познакомился сразу, как только он вернулся из Венгрии и стал заведовать отделом, который занимался социалистическими странами, — вспоминал работавший в московском партийном аппарате Николай Григорьевич Егорычев. — Я его пригласил выступить перед пропагандистами. Есть на Ново-Рязанской клуб шоферов, там собралось человек шестьсот районных пропагандистов. Он блестяще выступил — без бумажки. Мы после этого обедали в этом шоферском клубе. Нас щами угощали, очень вкусными.

Егорычев вновь пригласил Андропова.

— Да ты меня замучил, Николай.

— Ты сам виноват, — нашелся Егорычев. — Хорошо выступаешь, люди просят...

В доверительных беседах Андропов говорил о многообразии развития коммунистического движения в мире, повторял, что нельзя всех стричь под одну гребенку:

— Как можно говорить о социализме в Африке и в Европе и добиваться, чтобы было одинаково? Это невозможно. Есть национальные особенности, разный уровень развития.

«ДЕРЖИСЬ ОТ КАГЭБИСТОВ ПОДАЛЬШЕ»

— Держи ты этих кагэбистов в руках и не давай им вмешиваться в свои дела, — такой совет раздраженный Юрий Владимирович Андропов дал своему подчиненному в редкую минуту откровенности.

Именно бравые чекисты довели своего будущего председателя до сердечного приступа. Эту историю рассказал его тезка и бывший сотрудник по отделу соцстран ЦК КПСС Юрий Владимирович Бернов: «Я уже в приемной Андропова почувствовал что-то неладное — в воздухе пахло лекарствами, из кабинета вышли врачи. У Юрия Владимировича был серьезный сердечный приступ, и ему сделали несколько уколов. Я зашел в кабинет Андропова, он лежал на диване и очень плохо выглядел».

Вот тогда-то с трудом отдышавшийся Андропов и дал дельный совет относительно чекистов. В более спокойной ситуации он, вероятно, был бы осторожнее.

Что же произошло? В Москве находился высокий гость из Праги. Провожать его в аэропорту по партийной иерархии выпала честь члену политбюро и секретарю ЦК Андрею Павловичу Кириленко, которого никто не решился бы назвать обаятельным и симпатичным человеком. Кто-то чего-то не понял — скорее всего, офицер охраны из девятого управления КГБ спутал время вылета спецсамолета. Кириленко решил, что он не поспевает в аэропорт, и «в грубой форме», как вспоминает Юрий Бернов, устроил Андропову разнос за срыв политически важного мероприятия.

Сидя в своем кабинете на Старой площади, несчастный Андропов никак не мог сам выяснить, когда же точно вылетает самолет с правительственного аэродрома, а злой Кириленко то и дело ему перезванивал, повышая градус своих эмоций.

Жизнь кремлевских чиновников явно представляется нам в ложном свете. Это для миллионов советских людей Андропов станет потом высшей властью в стране, ему будут завидовать, перед ним будут трепетать. А для Кириленко он тогда был просто подчиненным. Вот этот разговор с вышестоящим секретарем ЦК и стоил Андропову сердечного приступа.

Можно представить себе, каким хамом и самодуром был низенький, с наполеоновским комплексом Андрей Павлович Кириленко, которому благоволил Брежнев и который упорно добивался места второго человека в стране, пока тяжелые мозговые нарушения не привели к полному распаду личности.

Но каким же испуганным и несчастным человеком, судя по этому эпизоду, был легендарный Юрий Владимирович Андропов, если окрик члена политбюро — по пустяковому делу! — буквально свалил его с ног? И этот человек считается выдающимся реформатором с железной волей? Скорее этот эпизод рисует Юрия Андропова несамостоятельным, зависимым от чужого мнения и очень неуверенным в себе человеком, который избегал конфликтов и органически не мог перечить вышестоящим.

Кириленко будет первым человеком, с которым расстанется Юрий Владимирович Андропов, когда в ноябре 1982 года станет генеральным секретарем ЦК КПСС...

Георгий Шахназаров подметил любопытную деталь — Андропов словно стеснялся своего роста, величины, старался не выпячивать грудь, как это делают уверенные в себе люди. Чуть горбился не столько от природной застенчивости, сколько оттого, что в партийных кругах было принято демонстрировать скромность, это становилось второй натурой.

Чиновный люд на Старой площади передвигался бесшумно, своим поведением и обличьем говоря: чту начальство и готов беззаветно следовать указаниям. Не составлял исключения и Андропов, без чего, вероятно, было бы невозможным его продвижение по ступеням партийной иерархии. Шахназаров описывал, как они с Юрием Владимировичем живо беседовали, пока не зазвонил аппарат прямой связи с Хрущевым. Шахназаров стал свидетелем поразительного перевоплощения. Буквально на глазах живой, яркий, интересный человек преобразился в солдата, готового выполнить любой приказ командира. В его голосе появились нотки покорности и послушания...

«В Андропове, — писал Георгий Шахназаров, — непостижимым образом уживались два разных человека — русский интеллигент в нормальном значении этого понятия и чиновник, видящий жизненное предназначение в служении партии. Я подчеркиваю: не делу коммунизма, не отвлеченным понятиям о благе народа, государства, а именно партии...»

Однажды, вскоре после прихода Брежнева к власти, Андропов завел со своим консультантом Шахназаровым откровенный разговор о том, как улучшить государственный механизм.

— Могу говорить совершенно откровенно? — уточнил Георгий Хосроевич.

— Ты меня обижаешь, — сказал Андропов. — Неужто я вас, консультантов, когда-нибудь прижимал? Да вы у нас ораторствуете, как в Гайд-парке. Так что давай говори, что думаешь, если, конечно, не станешь нести антисоветчину.

Шахназаров, обходительный и осторожный человек, завел разговор о том, что система советской власти как таковой не работает, потому что вся власть принадлежит партийному аппарату.

«Юрий Владимирович не перебивал меня, но лицо его постепенно темнело, — писал в своих воспоминаниях Георгий Хосроевич. — Он как-то посуровел, и мне показалось, что в какой-то момент стал тяготиться тем, что вызвал меня на откровенный разговор. Был по природе осторожен, опасался соглядатаев, и не без оснований...»

Андропов сказал, что политическая система нуждается всего лишь в «поправках». Перечислил некоторые:

— Советам больше прав дать, чтобы они действительно хозяйствовали, а не бегали по всякому пустяку в райком или даже в ЦК. Позволить людям избирать себе руководителей. Но трогать государство можно только после того, как мы по-настоящему двинем вперед экономику. Вот когда люди почувствуют, что жизнь становится лучше, тогда можно постепенно и узду ослабить, дать больше воздуха. Но и здесь нужна мера. Вы, интеллигентская братия, любите пошуметь: давай нам демократию, свободу! Но многого не знаете. Знали бы, сами были бы поаккуратней.

— Так нам бы и сказали, чего мы не знаем, — гнул свое Шахназаров. — Это ведь тоже, кстати, элемент демократии: свобода слова, печати...

— Знаю, знаю, — закончил разговор Андропов, — всякому овощу свое время...

По словам Бовина, Юрий Владимирович почти не интересовался искусством: «Ни в театрах, ни в концертах Андропов замечен не был. И джазом, о чем иногда пишут, не увлекался. Никаких языков, кроме русского, не знал».

«В театр он не ходил, — подтвердил близкий к нему Крючков, — так как считал, что это потеря времени. Зато прочитывал все пьесы, которые шли, «а как, говорит, они ставят, — это я домыслю».

Однажды Шахназаров привел к Андропову главного режиссера популярного Театра на Таганке Юрия Петровича Любимова, у которого постоянно возникали проблемы с идеологическим начальством. Андропов не прочь был познакомиться с режиссером, о котором все говорили. Беседа прошла удачно. Андропов обещал Любимову помочь, даже с кем-то переговорил и сказал Шахназарову:

— Его оставят в покое, если Таганка тоже будет вести себя более сдержанно, не бунтовать народ и не провоцировать власть.

Но у Любимова тут же возникли новые проблемы, и Шахназаров опять привел его к Андропову. На сей раз разговор не получился. Юрий Владимирович, похоже, обиделся на своего сотрудника — зачем его втравливают в такие опасные дела? Тем более что в ЦК не принято было влезать в чужую епархию.

Каких взглядов на самом деле придерживался Юрий Владимирович?

— Знаешь, — сказал тому же Шахназарову Андропов (он по партийной привычке сразу переходил на «ты» с подчиненными), — я стараюсь просматривать «Октябрь», «Знамя», другие журналы, но все же главную пищу для ума нахожу в «Новом мире». Он мне близок.

Это любопытные слова. У власти еще находился Хрущев, который любил Твардовского, поэтому «Новый мир» не воспринимался как диссидентское издание. Тем не менее в других аудиториях Андропов декларировал иные взгляды и симпатии.

По словам его помощника Виктора Васильевича Шарапова, Андропов считал знаменитую речь Хрущева на XX съезде поспешной и вредной. Выходит, возражал против развенчания сталинских преступлений и демократизации общества?

Вот еще характерная деталь.

Хрущев в августе 1963 года побывал в Югославии. Увидел своими глазами, что страна быстро развивается, особенно в аграрной сфере. Хрущеву, несмотря на недавние идеологические разногласия, многое в югославской модели понравилось. Никита Сергеевич дал указание изучать югославский опыт. Но Андропов не спешил выполнять указание первого секретаря, сам он к Югославии относился скептически.

По словам Крючкова, «Андропов, пожалуй, первым заметил опасность политики национального коммунизма. Он придал серьезное значение порочной позиции руководства югославских коммунистов и предупреждал о тех негативных последствиях, к которым придет коммунистическое движение, в случае если югославские взгляды получат распространение и начнут утверждаться в отдельных коммунистических партиях».

Вообще, если почитать воспоминания Крючкова, то Андропов рисуется абсолютным ретроградом. Возможно, Крючков хотел его таким видеть. Хотя в определенном смысле Юрий Владимирович был крайне ортодоксальным человеком. Одному из своих врачей, Ивану Сергеевичу Клемашеву, наставительно сказал:

— Иван Сергеевич, держитесь Ленина — и будете твердо ходить по земле.

Шахназаров обратил внимание на то, что помощников Андропов все же подбирал себе из числа партийных чиновников, с ними потом перешел в КГБ. С интеллектуалами Юрий Владимирович любил поговорить, хотел знать настроения в этой среде, подпитывался их знаниями, пользовался их оригинальными идеями, но держал на расстоянии — как буржуазных спецов, а в работе предпочитал партократов, рассчитывая на их собачью преданность. Ни одному из своих консультантов по отделу ЦК он не предложил перейти на Лубянку. Взял с собой — и в дальнейшем выдвигал на крупные посты — только тех, кто выполнит приказ, не размышляя над его целесообразностью.

С кем же Юрий Владимирович был искренен? Со своими консультантами-интеллектуалами или же с партийно-комсомольскими помощниками? Скорее всего, Андропов в разных ситуациях вел себя по-разному, прогрессистам позволял думать, что они единомышленники, догматикам демонстрировал непреклонность...

В центральном аппарате Андропов научился лавировать и стал еще более осторожным, чем прежде.

Юрий Бернов вспоминал, что в Югославию Хрущев взял с собой Андропова, первого секретаря Московского горкома Николая Григорьевича Егорычева и Ленинградского — Василия Сергеевича Толстикова. Вечером, когда Хрущев и Тито пошли отдыхать, Александр Ранкович, второй человек в Югославии, пригласил советскую делегацию в ночной бар, где показывали стриптиз. Для советских людей это была немыслимая экзотика. Андропов не пошел, сославшись на усталость. Наверное, он и в самом деле устал, но и осторожен был до крайности, знал, что секретарю ЦК не следует в ночной бар ходить, да еще и на стриптиз...

«Он был пуританином, — писал Бурлацкий, который, в отличие от Андропова, остался на стриптиз, — практически не пил. Никто не слышал, чтобы он когда-нибудь сделал комплимент женщине (по крайней мере, на работе). Фильмы с сексуальными сценами он не терпел. Все знали, что при нем надо держаться строже и ни в какие разговоры вольного характера пускаться не следует...»

Юрий Владимирович не пил и не курил, не кричал, писал стихи, не упуская случая вставить в них нецензурное словечко, любил музыку, сам хорошо пел, знал много народных и казачьих песен. С коллегами по партийному руководству его сближала любовь к хоккею: он был страстным болельщиком «Динамо». И привычка играть в домино, распространенная среди советского руководства: начиная с Брежнева, на отдыхе все с удовольствием забивали «козла».

Стихотворчество Андропова не выходит за рамки любительского, но одно стихотворение весьма забавно. Однажды Бовин и Арбатов послали ему письмо с поздравлением по какому-то поводу и высказали легкое опасение насчет того, что власть портит людей. Он ответил стихотворением:

Сбрехнул какой-то лиходей,
Как будто портит власть людей.
О том все умники твердят
С тех пор уж много лет подряд,
Не замечая (вот напасть!),
Что чаще люди портят власть.

ПЕРЕВЕСТИ НА ИНВАЛИДНОСТЬ?

Юрий Владимирович успешно продвигался по международно-идеологической линии. Хрущев поручил ему сделать доклад по случаю очередной ленинской годовщины. Каждый год в день рождения Ленина в Москве устраивалось торжественное собрание и кто-то из руководителей партии произносил большую речь. Это было знаком особого доверия, свидетельством высокого положения в партии и вхождения в большую политику.

22 апреля 1964 года заместитель министра иностранных дел Владимир Семенович Семенов записал в дневнике: «Был на торжественном заседании в день 94-летия Ильича... Доклад Андропова был местами интересный, но очень сложный стилем изложения — непрерывная цепь правильных положений, только изредка иллюстрируемых фактами и примерами. В целом Андропов сейчас растет и, как передают, весьма плодовит именно в идеологической области».

В другой день Семенов пометил: «Андропов, бедняга, часто болеет гипертонией».

После того как убрали Хрущева, в аппарате ЦК прошла реорганизация — избавлялись от структур, им предложенных. 12 мая 1965 года к облегчению Андропова убрали конкурентов — решением президиума ЦК отдел по экономическому сотрудничеству с социалистическими странами упразднили. Заведующего ликвидированным отделом Бориса Мирошниченко перевели в Министерство иностранных дел, он был ректором МГИМО, потом послом в Канаде.

Зато у Андропова в отделе появился сектор внешней торговли и экономических связей с социалистическими странами (семь сотрудников). Заодно он произвел небольшую реорганизацию в отделе. Он распустил редакцию материалов о положении в соцстранах и подотдел информации — Федор Бурлацкий не понравился новому начальству, и его убрали из ЦК. Зато появился отдельный сектор Кубы (четыре сотрудника), группа консультантов из двенадцати человек и сектор общественных, культурных, научных и местных партийных связей с соцстранами (пять сотрудников). Теперь численность отдела составляла сто шестнадцать человек. Андропову полагался один первый зам и трое простых заместителей.

Летом 1967 года Андропов поставит вопрос о создании еще одной группы консультантов — по экономическим вопросам. Секретариат ЦК согласится с его предложением, когда сам Юрий Владимирович уже перейдет в КГБ. Решением секретариата ЦК от 27 июня 1967 года была создана такая группа из трех человек, возглавил ее будущий академик Олег Богомолов.

Но приятные Андропову административные перемены не компенсировали той сложной ситуации, в которую он попал после свержения Хрущева. Ко всему прочему, 17 мая 1964 года на восемьдесят четвертом году жизни умер его покровитель Отто Куусинен. Только после его смерти разрешили вернуться в Финляндию его бывшей жене Айно Куусинен, которая десять лет, как она сама писала, мечтала «вырваться из Советской страны, растоптавшей мои человеческие права».

Андропов остался в неприятном одиночестве и не знал, как сложится его судьба, не избавится ли от него новое руководство. Тогда еще расклад сил в президиуме ЦК не определился. Существовали различные центры силы. В мощную группу «комсомольцев», лидером которой был молодой секретарь ЦК Александр Николаевич Шелепин, он не входил. С новым председателем правительства Алексеем Николаевичем Косыгиным у него были и вовсе плохие отношения. Суслов, который стал главным идеологом и обладал большим весом, Андропову почему-то не симпатизировал.

Академик Александр Николаевич Яковлев рассказывал мне:

— Когда я был послом в Канаде, тринадцать человек выгнали из страны за шпионаж. Андропов, тогда председатель КГБ, на политбюро потребовал снять меня с работы. И вдруг Суслов, который, кстати, был причастен к моему удалению из ЦК, жестко сказал: «Товарищ Андропов, насколько я помню, товарища Яковлева послом в Канаду назначал не КГБ». Андропов аж оцепенел. Он боялся Суслова...

После прихода Брежнева в ЦК роль второго секретаря оспаривали Михаил Андреевич Суслов и Андрей Павлович Кириленко. Они оба заняли кабинеты на пятом этаже главного здания ЦК, то есть сидели на одном этаже с Брежневым. Это зримо подчеркивало их аппаратный вес. Первые брежневские годы они сражались за право быть рядом с генеральным и рвали друг у друга полномочия. Леонид Ильич не спешил отдать одному из них пальму первенства. Это порождало дополнительные трудности для аппарата.

Андропов пребывал в растерянности: согласовав вопрос с Сусловым, он должен был решить его и с Кириленко, чтобы избежать неприятностей. Но Андрей Павлович мог дать указание, прямо противоположное сусловскому, и тогда

Андропов и вовсе оказывался в дурацком положении, не зная, чей приказ выполнять.

Валентин Михайлович Фалин, бывший посол в ФРГ и бывший секретарь ЦК по международным делам, пишет: «По интеллекту он резко выделялся против других членов руководства, что, пока Андропов пребывал на вторых-третьих ролях, ему не всегда было во благо. Безапелляционность суждений и наглое поведение коллег его обезоруживало, обижало, побуждало замыкаться в себе. Отсюда весьма сложные отношения у Андропова с другими членами политбюро, когда он сам вошел в его состав, а также с ведущими министрами...»

И когда он стал председателем КГБ, ему все равно приходилось лавировать среди сильных мира сего. Конечно, глава комитета госбезопасности — личная номенклатура генерального секретаря, ни перед кем другим он не отчитывался. Но в решении многих вопросов Андропов зависел от секретарей ЦК. И не мог позволить себе забывать об остальных членах политбюро. Его бы быстро съели.

Труднее всего было находить общий язык с Кириленко и Сусловым, которые не ладили между собой и не очень любили Андропова. Что поддерживал один, валил второй. Когда Суслова не было — уходил в отпуск или болел, секретариат ЦК вел Кириленко и иногда даже отменял решения, одобренные Сусловым. А все основные практические, в том числе кадровые, решения принимались на секретариате ЦК. Это уже потом, вступая в спор с кем-то из коллег, Андропов научился мягко, но с уверенностью в голосе произносить:

— Я тоже не последний человек в государстве...

Поклонники Андропова считают, что их шеф после прихода к власти Брежнева сильно переживал из-за того, что в стране происходит консервативный поворот, отход от решений антисталинского XX съезда. Скорее Андропов переживал из-за того, что его не замечали, нервничал и опасался, что с ним вообще расстанутся. Он старался понравиться Брежневу, но не знал, как этого добиться.

Георгий Арбатов вспоминает, что Андропов очень расстраивался, даже терялся, когда его критиковало начальство. Он боялся начальства. В январе 1965 года на президиуме ЦК обсуждалась советская внешняя политика. Андропову сильно попало за недостаток классового подхода. Особенно резко его критиковали Шелепин и Косыгин, занимавшие во внешней политике жесткие позиции. Андропов попал в опалу. Эти переживания обошлись ему дорого.

Летом 1966 года его положили в Центральную клиническую больницу с диагнозом «гипертоническая болезнь, инфаркт миокарда». Там, на больничной койке, он отметил свое пятидесятилетие. Это было дурное предзнаменование. Отлежавшись, он почувствовал себя хорошо, но изменения в кардиограмме пугали врачей. Медики предложили перевести Андропова на инвалидность. Это означало конец политической карьеры.

Именно тогда к Андропову привели молодого тогда кардиолога — Евгения Ивановича Чазова, который со временем станет академиком и возглавит 4-е главное управление при Министерстве здравоохранения СССР — кремлевскую медицину.

Чазов, известный работами в области диагностики и лечения инфарктов миокарда, пришел к выводу, что ни инфаркта, ни гипертонической болезни у Андропова нет. И оказался прав. Исследования показали, что опасные симптомы — результат тяжелой болезни почек и реакции надпочечников. Чазов правильно подобрал лекарства, и через несколько дней кардиограмма нормализовалась.

Андропов, пролежав несколько месяцев в больнице, вернулся к работе и весной 1967 года считал себя здоровым человеком. Постепенно у него наладились отношения с Брежневым, который оценил его как знающего человека, который незаменим при сочинении различных выступлений. Первые годы на посту генерального секретаря Леониду Ильичу пришлось трудно. Он должен был выработать позицию относительно множества вопросов внутренней и международной жизни. В одиночку это была непосильная работа. Ему понадобились надежные люди. Андропов вошел в их число. Именно Андропову Брежнев доверил ключевой пост в государстве.

Назначение в КГБ было для Андропова сюрпризом, утверждал тогдашний брежневский помощник по международным делам Александр Михайлович Александров-Агентов. После разговора о новой должности Андропов вышел из кабинета Леонида Ильича совершенно ошарашенный.

Александров-Агентов, находившийся в приемной генерального секретаря, спросил:

— Ну что, Юрий Владимирович, поздравить вас? Или как?

— Не знаю, — обреченно ответил он. — Знаю только, что меня еще раз переехало колесо истории.

Юрий Владимирович, похоже, искренне не хотел этого назначения. В те годы перейти из секретарей ЦК в председатели КГБ считалось понижением. Хрущев сознательно понизил уровень ведомства госбезопасности, при нем председатель комитета Владимир Ефимович Семичастный был всего лишь кандидатом в члены ЦК. Андропов в тот момент и не догадывался, что эта должность сделает его одним из самых влиятельных в стране людей и со временем приведет в кресло генерального секретаря.

Бовин и Арбатов послали ему на Лубянку шуточное стихотворение:

Сказал кто «А», сказать тот должен «Б».
Простая логика — и вот Вы в КГБ.
Логично столь же, если из Чека
Все та же логика Вас возвратит в ЦК.

Находчивый Юрий Владимирович ответил им в том же стиле:

Известно: многим Ка Гэ Бэ,
Как говорят, «не по губе».
И я работать в этот дом
Пошел, наверное б, с трудом,
Когда бы не случился впрок
Венгерский горестный урок.

Когда на заседании политбюро Брежнев предложил назначить Андропова председателем КГБ, Юрий Владимирович, еще не смирившийся с новой должностью, промямлил:

— Может быть, не надо этого делать? Я в этих вопросах не разбираюсь, и мне будет очень трудно освоить эту трудную работу.

Разумеется, его слова все пропустили мимо ушей. С основными членами политбюро Брежнев договорился заранее. Фигуры помельче не смели и слова сказать — раз генеральный секретарь решил, значит, так и будет.

По словам его верного помощника Крючкова, Андропов узнал, что станет председателем КГБ, только в тот день, когда ему было сделано такое предложение. Крючков считал, что Брежнев убрал Андропова из аппарата ЦК, дабы сделать приятное Косыгину. У главы правительства и Андропова отношения складывались крайне сложно. У них была какая-то личная несовместимость. Вот типичный случай.

6 февраля 1973 года на заседании политбюро обсуждалась записка секретаря ЦК Кириленко о внешнеэкономической деятельности (см.: Новая и новейшая история. 2004. № 6). Андрей Павлович выражал недовольство тем, что министры и их заместители слишком часто ездят за границу и манкируют основной работой.

Секретарь ЦК по идеологии Петр Нилович Демичев поддержал записку:

— Даже представители заводов и институтов тоже теперь запросто ездят за рубеж, устанавливают собственные связи. Надо этому положить конец, поставить под контроль центра.

Андропов с позиций своего ведомства заметил, что ведомства нарушают порядок обязательного представления отчетов о беседах, которые имели место во время зарубежных поездок.

Косыгин то ли невнимательно слушал дискуссию, то ли Андропов вызывал у него стойкое отторжение, но, во всяком случае, он набросился на Юрия Владимировича за то, что говорил Петр Демичев.

— Это совершенно нормально, — говорил глава правительства, — что предприятия и институты напрямую общаются между собой. С нашего разрешения, разумеется. А все заузить на центр — это мы потонем, да и вообще это абсурд.

«Андропов слушал, слушал, — описывает эту сцену работавший в международном отделе ЦК Анатолий Черняев, — встал и своим комсомольским голоском заявил, что ничего этого он не предлагал, это предлагал «вот он», и показал пальцем на Демичева. Тот вскочил и стал путано доказывать, что он не то имел в виду...»

Вот на таком уровне обсуждались вопросы в политбюро, высшем органе власти. В аппарате главы правительства Андропова считали врагом Косыгина, который сознательно атакует все его идеи и предложения.

«Если Андропов считал себя профаном в экономике и не скрывал это, — вспоминал бывший помощник главы правительства Борис Бацанов, — то не совсем понятно, почему он на заседаниях политбюро вступал в горячие споры с Косыгиным по вопросам готовившейся тогда экономической реформы.

Возможно, он выполнял роль цековского оппонента Косыгину, опираясь при этом на группу ученых-консультантов из аппарата ЦК. Испытывали, так сказать, на прочность косыгинские позиции».

Конфликт между ними имел явную политическую подоплеку: Андропов говорил помощникам, что предлагаемые Косыгиным темпы реформирования могут привести не просто к опасным последствиям, но и к размыву социально-политического строя. Иначе говоря, Андропов боялся даже косыгинских реформ, более чем умеренных и скромных! Как же после этого всерьез полагать, что Андропов, став в 1982 году генеральным секретарем, собирался реформировать наше общество?

Но Брежнев пересадил Андропова из ЦК в кресло председателя КГБ для того, чтобы сделать приятное не Косыгину, а себе самому. Леонид Ильич очень хорошо разбирался в людях, точно определял, кто ему лично предан, а кто нет. Нелюбовь же Андропова к Косыгину Брежнева больше чем устраивала.

Поскольку Андропов не руководил крупной парторганизацией, он не имел поддержки в стране, своего землячества. Всегда ощущал себя неуверенно. Одиночка в партийном руководстве. Это определяло его слабость. Но для Брежнева в 1967 году это было очевидным плюсом, ему и нужен был на посту председателя КГБ человек без корней и связей, спаянной когорты, стоящей за ним. Андропов был полной противоположностью Семичастному.

СО СТАРОЙ ПЛОЩАДИ НА ЛУБЯНКУ

Брежнев, едва став руководителем партии, искал повод сменить руководителя КГБ. Он опасался самостоятельного и решительного Семичастного с его широкими связями среди бывших комсомольцев. Когда в марте 1967 года находившаяся в Индии дочь Сталина, Светлана Аллилуева, попросила в американском посольстве политического убежища, желанный повод появился.

18 мая на политбюро Брежнев вынул из нагрудного кармана какую-то бумажку и распорядился:

— Позовите Семичастного.

Обычно самоуверенный председатель КГБ, который не знал, по какому вопросу его пригласили, казался растерянным.

Брежнев объявил:

— Теперь нам надо обсудить вопрос о Семичастном.

— А что обсуждать? — удивился Владимир Ефимович.

— Есть предложение освободить вас от должности председателя КГБ в связи с переходом на другую работу, — объяснил Брежнев.

— За что? — потребовал объяснений Семичастный. — Со мной на эту тему никто не разговаривал, мне даже причина такого перемещения неизвестна...

— Много недостатков в работе КГБ, плохо поставлена разведка и агентурная работа, — последовал грубая отповедь Брежнева. — А случай с Аллилуевой? Как это она могла уехать в Индию, а оттуда улететь в США? Так что вопрос решен — поедете на Украину.

— Что мне там делать? — возмутился Семичастный.

Первый секретарь ЦК компартии Украины Петр Ефимович Шелест повернулся к нему:

— Мы вам там найдем работу.

— Что вы мне должны искать, Петр Ефимович? — не сдавался Семичастный. — Я состою на учете в парторганизации Москвы, а не у вас. Почему же вам искать мне работу? Я член ЦК КПСС, а не ЦК компартии Украины, не надо путать эти вещи.

Но его уже никто не слушал. Вопрос был решен. Новым председателем КГБ сразу же был утвержден секретарь ЦК Юрий Владимирович Андропов.

(Андропов, кстати говоря, запомнил, как дорого обошлась его предшественнику история с поездкой за границу Светланы Аллилуевой.

Внучка Сталина, дочь его старшего сына Якова Джугашвили, погибшего в немецком плену, Галина, вышла замуж за гражданина Алжира Хосина Бенсаада. У них родился сын Селим. Раз в год Галина присылала мужу приглашение, и он приезжал в Советский Союз повидать жену и ребенка. Наконец она не выдержала и обратилась к Брежневу с просьбой разрешить и ей тоже раз в год вместе с ребенком ездить к мужу в Алжир.

Андропов сказал «нет», и ЦК согласился с председателем КГБ. Зато мужу внучки Сталина в порядке исключения разрешили приезжать в Советский Союз не один, а два раза в год...)

На политбюро утвердили комиссию по передаче дел в КГБ. В комиссию вошли секретарь ЦК Андрей Павлович Кириленко, председатель Комитета партийного контроля Арвид Янович Пельше, первый заместитель председателя Совета министров Кирилл Трофимович Мазуров, а также Андропов и Семичастный.

Семичастный вернулся на Лубянку. Этот день круто изменил его судьбу, можно сказать, это был самый длинный день в его жизни. Почти три десятилетия спустя пересказывал мне события в мельчайших деталях. Он помнил все.

Войдя в кабинет, он пригласил двух своих заместителей и стал им рассказывать, что произошло на политбюро. Всего у него было четыре заместителя. Но один лежал в больнице, другой уехал в Ленинград выступать на партийном активе. Должен был ехать Семичастный. Но в ЦК его неожиданно попросили воздержаться от поездки...

Через полтора часа после заседания политбюро в кабинет председателя заглянул порученец из приемной:

— Товарищ генерал, в здании члены политбюро!

— Сколько их там?

— Много!

— Где они сейчас?

— Вошли через ваш подъезд.

С площади Дзержинского в старое здание КГБ заходили только председатель и его заместители.

— Приглашай их сюда, в кабинет, — распорядился Семичастный.

Появились Кириленко, Пельше, Мазуров, Андропов.

— О, так вы тут чаек пьете! — вроде как с улыбкой произнес Кириленко. — Можно к вам присоединиться?

— Пожалуйста, располагайтесь, — предложил Семичастный. — Можно и другое гостям предложить, если пожелаете. Это ведь комитет госбезопасности...

От крепких напитков члены политбюро отказались.

Семичастный поинтересовался у Кириленко:

— Что случилось?

— Вот, дела пришли принимать. Вы же были на политбюро, все слышали.

Испугались, понял Семичастный.

— Вы что, думаете, я ночью заговор учиню? До утра подождать не можете? У меня же здесь второй дом — и документы, и книги, и костюмы, и рубашки, и галстуки... Я утром прихожу в одном, днем в погонах, вечером — на прием — опять переодеваюсь. Мне же все это собрать надо и отвезти домой. Вы ведь меня не предупредили за неделю.

Эта речь их не смутила. У них уже весь сценарий был расписан. Кириленко попросил собрать коллегию КГБ. На это ушло часа два. Был уже вечер, начальники управлений по дачам разъехались.

Семичастный сказал Кириленко:

— Что же у вас за подход к кадрам такой? Неужели не могли со мной посоветоваться о моей будущей работе? Неужели я не заслужил того, чтобы меня спросили, подходит мне работа или не подходит? Я вот приду домой, там два комсомольца — сын и дочь. Мне же им что-то надо объяснить.

Андропов вдруг подал голос:

— А я что своим объясню?

Семичастный его обрезал:

— Юрий Владимирович, зачем вы это говорите? Ваши поймут, что вас выдвинули на значительно более важный пост. Что, ваши дети не разберутся, куда вас выдвинули? А вот я своим объяснить не смогу...

Эта перепалка продолжалась, пока съезжались члены коллегии. Начальник секретариата председателя докладывал, кто уже здесь, а кого нет. Решили пригласить — помимо членов коллегии — начальников отдельных управлений и отделов, непосредственно подчиненных руководству комитета.

Андропов заметил:

— Надо, чтобы Цинев обязательно был.

Георгий Карпович Цинев, начальник третьего управления (военная контрразведка), не был членом коллегии КГБ, зато он принадлежал к кругу личных друзей генерального секретаря — днепропетровские кадры. Они с Брежневым работали вместе еще до войны. Семичастный решил, что Цинев был нужен на заседании, чтобы в случае чего слово нужное сказать, поддержать назначение Андропова.

— Цинев в госпитале, — объяснил Семичастный. — Ему операцию сделали.

— Нет-нет, не сделали, — поправил его Андропов.

— Юрий Владимирович, если вы приехали с готовым списком, кто должен прощаться со мной, тогда вы и командуйте!

Андропов замялся.

Начальник секретариата по громкой связи доложил, что Цинева нет. Арвид Пельше, которого срочно отозвали из Праги — он был там в составе делегации, устало предложил:

— Давайте без Цинева!

Упрямый Семичастный проявил характер:

— Нет, раз есть указание провести коллегию с участием товарища Цинева, то надо обязательно так и сделать.

Минут через десять доставили и Цинева.

Председательствовал на коллегии Кириленко. Пельше как старейшине было поручено доложить решение политбюро.

— Владимир Ефимович давно работает, — скучным голосом сказал Пельше, — политбюро решило перевести его на другую работу. А вместе него рекомендуется Юрий Владимирович Андропов. Вот он здесь присутствует, просим любить и жаловать.

Кириленко попросил членов коллегии оказать всяческую поддержку Юрию Владимировичу, чтобы он мог быстрее освоиться в новом для него деле. Затем он предложил Андропову занять председательское место. Юрий Владимирович был краток, он призвал всех к дружной работе и обещал в ближайшее время познакомиться с каждым из руководителей.

После этого члены коллегии разошлись.

Кириленко сказал Семичастному:

— Пиши шифровку всем резидентам нашей разведки.

Семичастный возразил:

— А чего я буду о своих похоронах оповещать? Пусть новый председатель пишет.

— Он еще не знает, как это делать.

— Все он знает! А потом, есть секретариат, помощники. Зачем самому сидеть, рисовать? Дайте команду. Шифровки надо отправить не только резидентам, но и начальникам управлений областей. Такой-то сдал, такой-то принял. — Тут Семичастный спохватился: — А чего вы шум подняли, когда еще нет указа президиума Верховного Совета? Меня указом назначали, указом и снять должны, и Андропову указ нужен.

Семичастного успокоили:

— Указ сейчас будет.

А откуда он может взяться, если все члены президиума Верховного Совета разъехались по республикам? Тем не менее буквально через двадцать минут появился порученец из секретариата: приехал фельдъегерь.

— Пусть заходит, — разрешил Семичастный.

Принесли пакет с указом.

Андропов у Семичастного ничего не спрашивал, попросил ключи — и все. Кириленко хотел сразу после коллегии Семичастного выпроводить: можешь уезжать.

Владимир Ефимович возмутился:

— Позвольте, мне еще надо с бумагами и с вещами разобраться.

Семичастный уехал с Лубянки часа в четыре утра, когда отправил домой коробки с книгами, ненужные бумаги сжег, нужные отдал в секретариат. Потом Кириленко влетело за то, что он так снисходительно отнесся к бывшему председателю КГБ: оставил Семичастного в здании КГБ одного и не изъял бумаги из его сейфа.

— Они, верно, ожидали, что там план переворота лежит, — говорил мне Семичастный.

На следующий день Андропов уже во власти новых забот заехал в ЦК попрощаться с коллективом отдела. Он смеясь, вспоминал Георгий Арбатов, рассказал, как после политбюро его повезли в дом на Лубянке, который он раньше старался «обходить за три квартала», как он потом остался в кабинете один и, думая о том, что в прошлом происходило в этих стенах, поеживался, чувствуя себя с непривычки довольно неуютно».

Но он быстро освоился в этих стенах.

Андропов провел на Лубянке пятнадцать лет — до 1982 года, поставив абсолютный рекорд среди хозяев Лубянки. И ушел из комитета на повышение. До него это удалось только Берии и Шелепину.

Через месяц после назначения, 20 июня 1967 года, Андропова на пленуме ЦК избрали кандидатом в члены политбюро. После Лаврентия Павловича Берии и Семена Денисовича Игнатьева он стал первым главой госбезопасности, удостоенным высокого партийного звания. Это был подарок Брежнева, компенсация за назначение, которого Андропов не хотел, и одновременно аванс на будущее.

— Мы делаем это, — объяснил Леонид Ильич на пленуме, — для повышения роли такого политического органа, каким является комитет государственной безопасности.

Избрание в состав высшего партийного руководства обеспечило Андропову возможность постоянно присутствовать на заседаниях политбюро, чего был лишен Семичастный.

«Опубликовано сообщение о назначении т. Андропова Ю.В. председателем Комитета госбезопасности, — записал в дневнике заместитель министра иностранных дел Семенов. — Это очень важное решение оживленно комментируется в политических кругах. Можно сказать, что после, пожалуй, Менжинского партия не назначала на этот пост более достойного человека.

Ю.В. — партийный до кончиков ногтей, живой, думающий, энергичный, хотя и, к сожалению, больной, — явная противоположность его предшественнику, по существу не вышедшему далеко за пределы комсомольского работника.

Конечно, жаль, что отдел ЦК лишился такого руководителя; у нас с ним были очень хорошие отношения, и все вопросы решались легко и быстро. Влияла и личная склонность его к теории, что тоже важно для такого дела...»

22 января 1969 года в Москве встречали космонавтов, совершивших полеты на кораблях «Союз-4» и «Союз-5». Когда кавалькада машин с космонавтами и Брежневым направлялась в Кремль, из толпы раздались выстрелы.

Прямая трансляция по радио и телевидению церемонии встречи космонавтов прервалась. Зрители терялись в догадках: что же произошло?

Огонь открыл стоявший у Боровицких ворот армейский младший лейтенант Виктор Иванович Ильин. Он окончил Ленинградский топографический техникум. Весной 1968 года его призвали на военную службу. Он приехал в Москву накануне, украл у своего родственника милицейскую форму, переоделся, и на него никто не обратил внимания. Ильин был вооружен двумя пистолетами Макарова, похищенными из сейфа, где хранилось табельное оружие офицеров штаба войсковой части, в которой он служил.

Он знал, что в этот день в Кремль привезут космонавтов, только что закончивших полет, и обязательно приедет Брежнев. Когда кортеж стал въезжать в Кремль через Боровицкие ворота, Ильин пропустил первую «чайку», считая, что в ней космонавты, и открыл огонь сразу из двух пистолетов по второй, уверенный, что в ней должен быть Брежнев.

Он выпустил шестнадцать пуль. Пуленепробиваемое стекло не выдержало. Но никто из пассажиров «чайки», которые бросились под сиденье, практически не пострадал. Более того, в машине, которую Ильин выбрал мишенью, Брежнева вообще не было, там сидели космонавты. Ильин смертельно ранил водителя старшего сержанта Илью Ефимовича Жаркова, который скончался на следующий день. Жарков был водителем советского представительства при ООН. Он возил Хрущева, когда Никита Сергеевич приезжал в Нью-Йорк в 1960 году на сессию Генеральной Ассамблеи ООН. Водитель понравился, и начальник девятого управления КГБ генерал Захаров забрал Жаркова в гараж особого назначения.

Сотрудники госбезопасности схватили Ильина, когда он уже отстрелялся.

В милиции знали, что по городу бродит сбежавший из воинской части офицер с двумя пистолетами. Но то, что этот офицер задумал террористический акт против генерального секретаря, никому просто не приходило в голову. Поэтому никто и не предупредил Брежнева, что ему следует держаться подальше от головы колонны. Когда младший лейтенант Ильин стал стрелять, разгневанный Брежнев сказал начальнику своей охраны:

— Что это за безобразие! Устроили в Кремле стрельбу.

А его охранники еще просто не поняли, что произошло...

Когда Ильина арестовали, то первый допрос проводил сам Андропов. Ильин объяснил, что Брежнев довел страну до бедственного положения; он надеялся, что вместо Брежнева государство возглавит Суслов...

Андропов отправил в Ленинград комиссию выяснять, как это могло получиться, что офицер округа свободно раздобыл оружие и отправился в столицу убивать генерального секретаря ЦК КПСС. Комиссию возглавлял начальник седьмого управления КГБ СССР генерал-лейтенант Виктор Алидин. Каждый день он докладывал в Москву о ходе расследования.

Отвечать должен был в первую очередь начальник особого отдела Ленинградского военного округа генерал Даниил Павлович Носырев. Но его прикрыл всесильный генерал Цинев. Командиров части, где служил Ильин, сняли с должности. Оперативный работник особого отдела, отвечавший за эту часть, пострадал меньше всех. Ему дали выговор по партийной линии. По уголовному делу к ответственности привлекли двоих офицеров, сослуживцев Ильина. Обвинили их в том, что они были «свидетелями неоднократных террористических высказываний Ильина, но не придали им никакого значения и не сообщили ни командованию, ни в органы госбезопасности». Словом, наказали их за недоносительство.

Ильина не стали сажать. Врачи диагностировали у него хроническое душевное заболевание в форме шизофрении, хотя непонятно, как шизофреник мог стать в армии офицером. Восемнадцать лет его держали в психиатрической лечебнице закрытого типа в Казани, еще два года в Ленинграде. Через двадцать лет принудительного лечения, в 1990 году, его выписали.

Надо отдать должное Брежневу, его психика после покушения не изменилась. Он не стал ни пугливым, ни излишне подозрительным. Этим он отличался от Андропова, который, увидев в Будапеште в 1956 году, как вешают сотрудников госбезопасности, испугался на всю жизнь. Его бывший сотрудник по отделу ЦК Федор Бурлацкий как-то встретил Андропова. Тот неожиданно сказал:

— А ты знаешь, что я переживаю каждый раз, когда Леонид Ильич проезжает по улицам Москвы?

После этой истории личный штат охраны членов политбюро увеличили. Личная безопасность Леонида Ильича стала предметом особой заботы Андропова. Вот как его охраняли.

В апреле 1978 года Брежнев находился в Чите. Местные чекисты описали систему охраны генерального секретаря (см.: *Соловьев А.* Тревожные будни забайкальской контрразведки). Леонид Ильич ехал на поезде. Ночью спецпоезд пошел по территории области. Читинские чекисты соединились с начальником охраны Брежнева, который ехал вместе с ним.

В правительственном поезде один из вагонов выделялся под центр радиосвязи. Антенну вмонтировали в крышу вагона, так что внешне он ничем не выделялся. Если поезд уходил далеко в глубь страны, в воздух поднимали самолет-ретранслятор (см. воспоминания генерал-лейтенанта Н.А. Брусницына), обеспечивавший закрытую ВЧ-связь. Самолет переадресовывал сигнал с пункта правительственной связи на узел связи спецпоезда.

Впереди спецпоезда, который тянули два локомотива, шел тепловоз. Помимо обычной железнодорожной бригады в рейс отправляли машинистов-инструкторов. Вместе с ними в кабине были офицеры госбезопасности, которые когда-то раньше сами работали на тепловозах.

Когда поезд подошел к станции, на соседний путь поставили состав с пустыми вагонами, чтобы прикрыть спецпоезд. Железнодорожные пути и платформы очистили, пассажирам не разрешили выходить из зала ожидания, за ними присматривали милиционеры и сотрудники госбезопасности. Пассажирские поезда, которые должны были проследовать через Читу, без объяснения причины остановили.

К спецпоезду подогнали автоколонну: впереди две машины госавтоинспекции, машина сопровождения (с сотрудниками управления госбезопасности), «чайка» Брежнева, за ней — машина прикрытия, автомобиль с врачами. Замыкали колонну еще одна машина с охраной и автомобиль ГАИ...

Андропов стал верным соратником Брежнева, никогда не позволял себе усомниться в том, что именно Леонид Ильич должен руководить партией и государством. Бывший член политбюро ЦК КПСС Вадим Андреевич Медведев пишет, что Андропов верой и правдой служил Брежневу, отбивая малейшие попытки, в частности со стороны Косыгина, высказывать самостоятельные суждения.

После Хрущева власть вроде бы поделили на троих: Брежнев возглавил партию, Косыгин — правительство, Подгорный — Верховный Совет. Но все трое друг друга не выносили. Брежнев оказался сильнее соперников. Он расстался с Подгорным. Правда, убрать Косыгина, у которого был большой авторитет в стране, он долго не решался, но и его в конце концов заменил своим днепропетровским товарищем Николаем Александровичем Тихоновым.

Брежнев постепенно устранил всех, кто казался ему недостаточно лояльным и, возможно, претендующим на первую роль. Он избавился от первого секретаря ЦК компартии Украины Петра Ефимовича Шелеста, от главы правительства РСФСР Геннадия Ивановича Воронова и от первого заместителя председателя Совета министров Дмитрия Степановича Полянского. Во всех дискуссиях Андропов выступал всегда на стороне генерального секретаря и следил за тем, чтобы другие тоже были лояльны Брежневу.

Виктор Васильевич Гришин, в те годы член политбюро и первый секретарь Московского обкома, вспоминал: «Ко всем и ко всему Андропов относился недоверчиво, подозрительно. Сугубо отрицательное отношение у него было к тем, к кому не питал симпатий Брежнев...»

При этом Юрий Владимирович с удовольствием топтал тех, перед кем еще недавно трепетал. 25 декабря 1970 года он обратился в ЦК с запиской:

«В последнее время в адрес Хрущева Н.С. направляется большое количество различной корреспонденции от частных лиц из капиталистических стран.

Большая часть корреспонденции представляет собой открытки с поздравлениями с Новым годом и Рождеством. В отдельных из них приводятся изречения религиозного характера, сравнения Хрущева Н.С. с библейскими «героями». Авторы писем обращаются к Хрущеву Н.С. как «к борцу за мир и противнику антисемитизма», выражают сочувствие в связи с его болезнью...

Учитывая, что подобная корреспонденция носит тенденциозный характер и может инспирироваться зарубежными подрывными центрами, полагали бы целесообразным ограничить ее поступление на адрес Хрущева Н.С.».

В этой записке есть что-то мелочное и гнусное. Андропов прекрасно понимал, что «враждебной акцией» здесь и не пахнет. Люди со всего света писали Хрущеву, подчиняясь чисто человеческим эмоциям, искренне желая сказать доброе слово пожилому человеку, отправленному на пенсию. Но Андропов не упустил случая сделать что-то неприятное бывшему вождю. А ведь когда-то Андропов в разговоре один на один, когда никто не тянул его за язык, восхищенно сказал одному из своих коллег о Хрущеве:

— Вот это — настоящий коммунист с большой буквы!

Виктор Гришин писал об Андропове:

«Держал он себя скромно, был внимателен к товарищам, хотя несколько замкнут... Иногда проявлял излишнюю осторожность. Так, на работу и с работы он ездил всякий раз по разным маршрутам, менял машины...

Он не был лишен высокомерия, некоторого зазнайства, излишней самоуверенности и даже надменности...

Был очень близок к Л.И. Брежневу. Вхож к нему в любое время и на работе, и на даче. Все вопросы, предложения докладывал ему лично. Лишь некоторые из них потом шли на политбюро ЦК КПСС...»

Почти каждый день Андропов появлялся в кабинете Брежнева с толстой папкой. Официальные бумаги поступали в ЦК через общий отдел. Но самые важные материалы Андропов докладывал генеральному секретарю без свидетелей.

Все высшие чиновники исходили из того, что их кабинеты и телефонные разговоры прослушивают, и были очень осторожны, в кабинетах опасных разговоров не вели. Самым опасным было дурно отзываться о генеральном. Это практически всегда приводило к увольнению.

В санатории «Барвиха» был построен корпус для членов политбюро. Его обслуга обязана была докладывать сотруднику КГБ, который работал в санатории, абсолютно все, что им удавалось услышать и увидеть: как вел себя член политбюро на отдыхе, с кем встречался, что и кому говорил...

Генерал-лейтенант Юрий Васильевич Сторожев девять лет, с 1973 по 1982 год, возглавлял девятое управление КГБ. Он рассказывал в интервью «Комсомольской правде»:

— Мне лично страшно не нравилось, что Шеварднадзе с Горбачевым устанавливали, скажем так, неформальные дружеские отношения. Но я не вмешивался, зная, что при всех их встречах присутствовал председатель КГБ Грузии Инаури. Он должен был обо всем докладывать Андропову. Я посчитал, что не мое это дело. Оказалось, зря...

Слова генерала Сторожева подтверждают, что, по существу, личная охрана членов политбюро присматривала за ними. А начальник девятого управления информировал председателя КГБ о поведении руководителей партии и страны.

Виктор Гришин:

«Думаю, что в КГБ вели досье на каждого из нас, членов и кандидатов в члены политбюро ЦК, других руководящих работников в центре и на местах. Можно предположить, что с этим было связано одно высказывание в кругу членов политбюро Брежнева:

— На каждого из вас у меня есть материалы...

Прослушивались не только телефоны. С помощью техники КГБ знал все, что говорилось на квартирах и дачах членов руководства партии и правительства. Как-то в личном разговоре Андропов сказал:

— У меня на прослушивании телефонных и просто разговоров сидят молодые девчата. Им очень трудно иногда слушать то, о чем говорят и что делается в домах людей. Ведь прослушивание ведется круглосуточно...»

Когда Андропов разобрался в сложном хозяйстве КГБ, то из оперативно-технического управления вывел 2-й отдел, занимавшийся прослушиванием телефонов и помещений. Его преобразовали в самостоятельный 12-й отдел КГБ. Он подчинялся непосредственно председателю. Это лишний раз подчеркивало важность 12-го отдела, поскольку напрямую на Андропова выходила только разведка, девятое управление (охрана высшего руководства страны), инспекция и секретариат.

Начальником оперативно-технического управления был ставленник Семичастного Отар Гоциридзе, бывший «комсомолец». А во главе 12-го отдела Андропов поставил своего секретаря Юрия Сергевича Плеханова. Контролеры 12-го отдела, в основном женщины, владели стенографией и машинописью, их учили распознавать голоса прослушиваемых лиц.

Сотрудники КГБ утверждали, что им запрещено прослушивать телефоны и записывать разговоры сотрудников партийного аппарата. Но эти ограничения можно было легко обойти, когда, например, подслушивались телефоны тех, с кем беседовал сотрудник парторганов. Валентин Фалин вспоминает, как одного посла Андропов сделал невыездным, потому что тот в какой-то компании сказал, что «умный человек на Западе не пропадет». Андропову показали запись разговора, и он тут же принял решение не выпускать дипломата за границу.

Самому Фалину, когда он стал первым заместителем заведующего отделом внешнеполитической пропаганды ЦК, позвонил Андропов и потребовал убрать из аппарата консультанта отдела Португалова, потому что КГБ записал его «сомнительный» разговор с немецким собеседником.

— Я познакомился с записью, — уверенно сказал Андропов, — не наш он человек.

Николай Сергеевич Португалов — один из лучших знатоков немецкого языка — воспринимался как утонченный интеллектуал. Мало кто знал, что он на самом деле был кадровым сотрудником первого главного управления (внешняя разведка) КГБ. Это выяснилось, когда сам Португалов, уже много позже, выпустил в Германии мемуарную книгу. Николай Сергеевич работал в Бонне под прикрытием корреспондента Агентства печати «Новости» и «Литературной газеты», когда Фалин был послом.

Валентин Михайлович ценил Португалова и, перейдя на работу в аппарат ЦК, взял его к себе. Поэтому Португалов перестал быть подчиненным Андропова. Если бы Португалов уходил в любое иное учреждение, его бы просто перевели в состав действующего резерва. Но по существовавшему тогда порядку в партийном аппарате сотрудники КГБ работать не могли. Так что пришлось Португалову ради службы в ЦК покинуть комитет госбезопасности. Фалин отстоял Португалова, сказал Андропову, что ручается за своего сотрудника. Фалин чувствовал себя уверенно — ему симпатизировал Брежнев.

Смертельно опасно было высказываться о генеральном секретаре. Такие записи приносили Андропову, он сам их прослушивал и принимал решение. Знаю человека, который без объяснения причин при Брежневе был снят с высокой должности. Его вызвал заведующий отделом ЦК и сказал:

— Вам нужно перейти на менее видную работу.

— Почему? — задал тот резонный вопрос. — В чем я виноват? Какие ко мне претензии?

Ответа не последовало. Заведующего отделом ЦК ни во что не посвятили, и он отвечал довольно глупо:

— Вы должны сами вспомнить, в чем вы провинились перед партией.

Человек не просто снят с должности — ему вообще запретили заниматься любимым делом. Для него это был страшный удар. Он заподозрил, что это дело рук КГБ. Написал Андропову, которого знал, с просьбой объяснить: в чем причина?

Его пригласил начальник главного управления контрразведки, заместитель председателя КГБ, пожал руку, был необыкновенно любезен и торжественно произнес:

— Юрий Владимирович просил меня передать вам, что у Комитета государственной безопасности не было, нет и, надеемся, не будет к вам никаких претензий.

А после смерти Андропова помощник Черненко, занимавшийся этим делом, обнаружил, что виновником был КГБ, что приказ снять с должности отдал лично Юрий Владимирович. Чекисты записали его разговор, в котором этот человек с болью говорил, что ввод войск в Афганистан — преступление, что Брежнев в маразме и за страну стыдно. Андропов лично прослушал запись разговора, после чего позвонил отраслевому секретарю ЦК и дал указание убрать смельчака с работы. А потом разыграл целый спектакль, демонстрируя свою непричастность...

Андропов хотел знать все обо всех.

Первый заместитель министра иностранных дел Георгий Маркович Корниенко однажды приехал к председателю КГБ. Среди прочего он рассказал Андропову о том, что в Иране опубликованы документы из захваченного студентами американского посольства в Тегеране. Там были и присланные из центрального аппарата ЦРУ биографические справки о наиболее видных советских чиновниках.

Георгий Корниенко обнаружил справку и о себе. Со смехом заметил, что ЦРУ неважно работает — не знает, что он в юности служил в органах госбезопасности и имеет звание капитана.

«И вдруг я кожей почувствовал, что сказанное мною очень расстроило Андропова, — писал Корниенко, — оказалось, что он тоже не знал этой «детали» моей биографии. Сущий пустяк, но я понял, что ему был неприятен сам факт, что он, самый информированный человек в государстве, не знал чего-то о человеке, с которым имел дело в течение многих лет».

Председатель КГБ сердито выругался в адрес своих подчиненных:

— А мои говнюки не удосужились сказать мне об этом.

КАДРОВЫЕ ИГРЫ

Андропов сразу обнаружил непорядок во вверенном ему хозяйстве: при Хрущеве чекистский аппарат слишком сократили! Шелепин и Семичастный расформировали местные органы госбезопасности там, где иностранных шпионов не было и быть не могло, где отсутствовали военные объекты, которые следовало охранять.

Андропов руководствовался иной логикой. Он не только хотел показать чекистам, что сделает все для усиления роли и процветания комитета. Он считал необходимым усиление контроля над всей страной, восстановление структуры, существовавшей при Сталине.

Юрий Владимирович обратился с запиской к Брежневу:

«После создания КГБ при СМ СССР в марте 1954 года контрразведывательныс подразделения, особенно на местах, были численно заметно сокращены. Если на момент создания Комитета госбезопасности в контрразведке работало 25 375 сотрудников, то в настоящее время 14 263. В то время как до 1954 года оперативные подразделения по линии контрразведки были во всех административных районах страны, то по состоянию на 25 июня с. г. на 3300 районов имеется 734 аппарата КГБ.

Во многих областях и республиках имеется по 1—3 городских (районных) аппарата, а в Бурятской, Марийской АССР, Белгородской, Курской, Орловской, Рязанской областях (РСФСР), Кара-Калпакской АССР, Кашка-Дарьинской, Самаркандской, Хорезмской областях (Узбекской ССР), Кокчетавской, Северо-Казахстанской и Уральской областях (Казахская ССР) ни в одном районе нет аппаратов КГБ.

Таким образом, контрразведывательная служба в большинстве районов страны не имеет своего низового звена».

Одно только перечисление областей свидетельствовало о том, как правы были предшественники Андропова, которые не хотели впустую тратить деньги и плодить рай- и горотделы, которым заведомо нечем будет заняться... Но на Старой площади и на Лубянке наступали новые времена. Брежнев поддержал Андропова.

17 июля 1967 года политбюро согласилось с предложением нового председателя КГБ:

«Разрешить КГБ при СМ СССР в дополнение к имеющимся образовать в течение 1967 года 2000 аппаратов КГБ в городах и районах.

Считать целесообразным переименовать аппараты Уполномоченных КГБ в городах и районах в городские-районные отделы-отделения КГБ...»

В тот же день вышло столь же секретное постановление правительства, подписанное Косыгиным:

«1. Увеличить штатную численность органов КГБ на 2250 единиц, в том числе 1750 офицеров, 500 сержантов и вольнонаемных. Из них по центральному аппарату офицеров 100.

2. Ввести дополнительно в штаты КГБ 250 легковых автомобилей, в том числе 10 по центральному аппарату».

Главное, что сделал Андропов в КГБ, — вернул ведомству всеобъемлющий характер. Компенсировал ущерб, нанесенный сокращениями, проведенными при Хрущеве, восстановил численность и затем еще больше увеличил аппарат комитета. Комитет вновь обрел ту тайную власть, которая была подорвана пренебрежительным отношением Хрущева к чекистам и их ведомству.

Из книги бывшего первого заместителя председателя КГБ Филиппа Бобкова можно узнать, чем же занимались местные органы КГБ. К примеру: женщина села на скамейку, не подозревая, что рядом присел иностранный турист. Ее тут же занесли в картотеку: связь с иностранцем. А это означало ограничения в приеме на работу, запрет на выезд за границу.

Служивший в инспекции КГБ Иосиф Леган пишет о том, как бригада инспекторского управления приехала в Горьковскую область, чтобы проверить работу чекистов городка Дзержинский. Выяснилось, чем занимались местные чекисты, выполняя указание областного управления.

«Горотдел, — вспоминает Леган, — информировал горком партии, горисполком о сборе и вывозе на колхозные и совхозные поля куриного помета, ремонте тракторов и другой техники». Бригада пришла к выводу, что горотдел занимается «вопросами, которые не относились к компетенции органов государственной безопасности».

Начальник горьковского областного управления генерал-лейтенант Юрий Георгиевич Данилов с мнением столичных проверяющих не согласился. Он упрекал их в том, что они «не понимают политику партии в отношении развития сельского хозяйства»:

— Невывоз куриного помета с птицефабрики приводит к тому, что куры отравляются и подыхают, скорлупа яиц становится тонкой, из-за этого случается большой процент их боя...

Вот еще одна история. Первый секретарь Пермского обкома Борис Всеволодович Коноплев рассказывал, как для химического завода закупили оборудование в ФРГ. Установку оборудования должна была по контракту осуществить фирма-поставщик. Но визы западным немцам не дали. Решить вопрос, объяснил Борису Коноплеву заместитель министра химической промышленности, может только председатель КГБ Андропов.

Первый секретарь обкома в тот же день позвонил Андропову. Председатель КГБ обещал разобраться. На следующий день он перезвонил Коноплеву:

— Согласия на приезд «фирмачей» дать не могу. Ты хорошо знаешь, в окружении каких предприятий и конструкторских бюро находится завод.

До Андропова КГБ был госкомитетом при Совете министров. Он добился повышения государственного статуса своего ведомства. 5 июля 1978 года указом президиума Верховного Совета СССР КГБ при Совете министров СССР был окончательно выведен из подчинения правительству, получил особый надведомственный статус и стал называться просто: КГБ СССР. Территориальные органы госбезопасности стали именоваться управлениями по краям и областям. Указания КГБ стали обязательными для всех учреждений страны.

Андропов восстановил все районные звенья госбезопасности, которые были расформированы его предшественниками, отделы госбезопасности на крупных предприятиях и в высших учебных заведениях.

Андропов заботился о материальном благополучии своих подчиненных, и они отвечали ему полнейшей преданностью. Но еще больше были благодарны за то, что вырос престиж комитета. Разговоры о том, что творила госбезопасность при Сталине, отошли в прошлое. В истории органов остался только светлый образ рыцаря революции Феликса Дзержинского, и служба в КГБ стала завидной.

Юрий Владимирович выступал редко, говорил спокойно и медленно. Абсолютное большинство его подчиненных никогда живьем председателя не видели. Им рисовался образ великого человека, сидящего где-то в поднебесье.

Новый председатель произвел на подчиненных впечатление своей находчивостью. Генерал Олег Данилович Калугин (сейчас он считается предателем, а тогда был одним из выдвиженцев Андропова) описал одну серьезную операцию. В КГБ получили сведения о том, что американцы хотят завербовать жену советского резидента, сыграв на ее необычных сексуальных пристрастиях: она остановила свой выбор на собаке. Совещание проводил сам Андропов. Председатель КГБ предложил смелое решение — отравить собаку. Но отечественная химия крепкий собачий организм не взяла, собаку только парализовало, к величайшему огорчению ее хозяйки...

Служба в КГБ казалась романтическим делом. Это подкреплялось сознанием собственной исключительности, причастности к чему-то секретному, недоступному другим. Хотя низовых сотрудников ни о чем особом не информировали. Начальство и не хотело, чтобы подчиненные знали что-то выходящее за рамки их прямых обязанностей. Зато им платили неплохую зарплату, давали квартиры, продовольственные заказы, у КГБ были свои поликлиники, госпитали, ателье, дома отдыха и санатории, куда ездили практически бесплатно.

Начальник военной контрразведки генерал-лейтенант Иван Лаврентьевич Устинов жаловался Андропову, что офицеры-особисты не получают надбавку за воинское звание (см.: Красная звезда. 2004. 11 июня). Зато оклады особистов были выше, чем у остальных офицеров. Но генерал Устинов доказывал Андропову, что отсутствие надбавки — это безобразие, компрометация, моральное давление на его работников:

— Приходит наш товарищ к начфину и видит, что другим офицерам деньги за звание дают, а ему нет! Хотя вместе служат, вместе все вопросы решают...

Сопротивлялось управление кадров КГБ: нельзя платить за звание только военным контрразведчикам, другие офицеры госбезопасности обидятся. Андропов добился, чтобы ввели денежное довольствие за звания всему аппарату комитета. В результате особисты стали получать значительно больше армейских и флотских офицеров, среди которых они служили. Симпатий это контрразведчикам не прибавило. Внутри комитета военных контрразведчиков опекал генерал Цинев, и они быстрее росли в званиях.

В 1975 году на коллегии КГБ рассматривался вопрос о работе особистов в Ракетных войсках стратегического назначения. Андропов согласился с предложением повысить руководителям особых отделов в ракетных войсках и оперативному составу штатные воинские звания на одну ступень. Таким образом особисты оказывались в более высоких чинах, чем сами ракетчики. Потом это распространили и на военных контрразведчиков на подводном флоте. Генеральский корпус в КГБ рос как на дрожжах.

В КГБ при Андропове появилось большое количество генеральских должностей. Разрастался аппарат управления. В ноябре 1978 года в КГБ ввели три дополнительные должности заместителей председателя (для начальника разведки Крючкова, начальника контрразведки Григория Григоренко и главного кадровика Василия Лежепекова). В феврале

1982-го он получил еще одну должность заместителя председателя (для Филиппа Бобкова).

В системе военной контрразведки почти все должности начальников отделов преобразовали в генеральские, такого не было даже во время войны. У Андропова четыре заместителя стали генералами армии. Это полководческое звание — не все знаменитые генералы времен Великой Отечественной его получили, а на Лубянке звезды раздавались щедро.

Скажем, у Андропова был заместитель по оперативной технике Николай Павлович Емохонов. Он служил в войсках связи, участвовал в Параде Победы в 1945 году, занимался военной радиоэлектроникой, в 1964 году возглавил Центральный научно-исследовательский радиотехнический институт, стал доктором технических наук, лауреатом Ленинской и Государственной премий. Андропов взял его в июле 1968 года начальником восьмого (шифровального) управления, Емохонову присвоили звание генерал-майора инженерно-технической службы. Через три года Андропов расстался с прежним заместителем по оперативной технике генерал-лейтенантом Львом Ивановичем Панкратовым. Панкратов всего два года работал на Горьковском машиностроительном заводе, откуда его взяли на партийную работу и с должности секретаря обкома перевели в КГБ. Его не обидели — перевели заместителем министра радиопромышленности. А своим заместителем Андропов сделал Емохонова, чьи познания в современной электронике высоко ценил. Вскоре он стал генералом армии...

Итак, Брежнев поставил на важнейший пост полностью лояльного к нему человека. С этого направления Брежневу до самых последних дней ничто не угрожало. Леонид Ильич полностью доверял Андропову. Тем не менее он ввел в руководство КГБ группу генералов, которые имели прямой доступ к генеральному секретарю и докладывали ему обо всем, что происходит в комитете. Они следили за своим начальником Юрием Андроповым и друг за другом. Таким образом Брежнев обезопасил себя от КГБ.

Главными ставленниками генерального секретаря в комитете были генерал Цинев, входивший в могущественный «днепропетровский клан», и генерал Цвигун, который работал с Леонидом Ильичом в Молдавии.

Семен Кузьмич Цвигун родился в Винницкой области. В 1937 году окончил исторический факультет Одесского педагогического института, год работал учителем, еще год директором школы в городе Кодыма Одесской области. В ноябре 1939 года его взяли в НКВД и послали работать в Молдавию. В начале войны он был сотрудником особого отдела на Южном фронте, в январе 1942 года его перевели в Смоленское областное управление НКВД, еще полгода он служил заместителем начальника особого отдела 387-й стрелковой дивизии на Сталинградском фронте. А в марте 1943 года его почему-то перебросили подальше от фронта — в разыскной отдел управления контрразведки Смерш Южно-Уральского военного округа.

В 1946 году вспомнили, что Семен Кузьмич служил в Молдавии, и отправили в Кишинев заместителем начальника 2-го отдела Министерства госбезопасности Молдавии. Вскоре в Кишиневе появился Леонид Ильич. Это была удача для обоих. Цвигун стал доверенным человеком Брежнева, Леонид Ильич всячески его продвигал. В октябре 1951 года Цвигуна произвели в заместители министра. Он проработал в Кишиневе до августа 1955 года, когда его перевели первым заместителем в КГБ Таджикистана. Через два года сделали председателем республиканского комитета.

В сентябре 1963 года Семичастный назначил его председателем КГБ Азербайджана. Цвигун ходил по комитету и со значением говорил:

— Семичастный отдал мне свою республику.

Владимир Ефимович до работы в КГБ был вторым секретарем ЦК компартии Азербайджана.

Брежнев, став руководителем партии, хотел перевести Цвигуна в Москву. Но Семичастный продвижению Цвигуна и Цинева сопротивлялся, Владимир Ефимович чувствовал себя уверенно, он и по характеру был такой и к тому же принадлежал к мощной группе «комсомольцев», которые «днепропетровцев» недолюбливали.

Так что Семен Кузьмич оставался в Баку. Управиться с Циневым Семичастному оказалось труднее.

Владимир Ефимович рассказывал:

— У Цинева были дружки — секретарь парткома комитета и заведующий сектором отдела административных органов ЦК партии, который КГБ ведал. К ним примыкал

Виктор Иванович Алидин, тоже брежневский человек. Он был начальником седьмого управления — наружное наблюдение и охрана дипломатического корпуса. Алидин на меня обижен был, что я ему не давал на первый план продвинуться. А он все доказывал, что контрразведка начинается с наружного наблюдения. Алидин ко мне с этим пришел, я его отчитал. Тогда он на партактиве выступил. Я говорю: «Не хотел я это выносить, но Виктор Иванович напросился». И под аплодисменты я ему с шуткой-прибауткой все разъяснил... Он был с большим апломбом, но к амбиции ему не хватало амуниции. Он потом стал начальником важнейшего московского управления КГБ. Я бы его на такой ответственный пост никогда не посадил. Я знал его потолок и его способности.

Георгий Цинев возглавлял 3-е управление, но не был членом коллегии, и его люди на одном совещании подняли этот вопрос.

— А у меня в кабинете, — вспоминал Семичастный, — подключены все залы для совещаний. Если идет какое-то оперативное совещание, я могу подключиться и послушать, что там говорят. Вдруг слышу, подчиненные Цинева говорят, что начальник третьего управления должен быть членом коллегии Комитета госбезопасности. Я на следующее утро пришел и выдал им на полную катушку: «Я утвердил вам план совещания, разве там значится вопрос о структурных преобразованиях в комитете? Или о комплектовании коллегии КГБ? Разве это на вашем совещании решается? Если вам нечего обсуждать, закругляйтесь и заканчивайте. А кому быть членом коллегии — это позвольте мне решать»...

Цинев пришел к Семичастному, оправдывался, просил прощения, уверял, что он ни в чем не виноват. Председатель КГБ извинения не принял:

— Как это — не виноват? Это ты собрал совещание. Это твои подчиненные высказывались. Почему зашла речь о таких вопросах?

Семичастный попытался избавиться от Цинева и предложил назначить его начальником Высшей школы КГБ. Тот покорно согласился. Через два дня Семичастному позвонил Брежнев:

— Володя, зачем ты выставляешь Цинева?

— Как выставляю? Я его на самостоятельную работу перевожу. А он что, к вам жаловаться приходил?

— Нет, он случайно...

— Как же случайно, Леонид Ильич? Он у вас три часа сидел на приеме.

— Откуда ты знаешь? — всерьез разозлился Брежнев.

— Леонид Ильич! Вы же знаете, что я за вами не слежу. Но прежде чем вам позвонить, я в приемной спрашиваю, кто у вас. Я же не могу позвонить вам, если у вас в кабинете сидит иностранец или еще кто-то, при ком наш разговор будет неуместен. Я три часа спрашивал, мне отвечали: у Леонида Ильича генерал Цинев... Значит, он мне дал согласие, а к вам побежал жаловаться. Ну, как мне с ним работать?..

От Цинева Семичастный не сумел избавиться. А Цинев был вхож в дом Брежнева, стал другом семьи. После одной зарубежной поездки Брежнев позвонил Семичастному:

— Я хотел бы вас с Сашей (Шелепиным) пригласить на обед с супругами.

— Приглашайте, не откажемся.

— Хорошо, я сейчас Шелепину тоже скажу.

Вечером Брежнев позвонил еще раз:

— Ты не будешь возражать, если на обеде и Цинев будет?

— Вы хозяин.

— Ну, он твой подчиненный, и Саша у него начальником был, — замялся Брежнев. — Может, неудобно?..

— Леонид Ильич, вы хозяин!..

— Когда мы пришли на квартиру Брежнева, — вспоминал Семичастный, — Цинев уже был там. Мы с Шелепиным первый раз у первого секретаря дома, чувствовали себя как-то официально, даже оделись соответственно. А Цинев в своей тарелке. Галя (дочь Брежнева. — *Л.М.*) анекдоты начала рассказывать, он давай продолжать. Причем анекдоты такие... солдатские.

Георгий Карпович Цинев родился в Екатеринославе (Днепропетровск) по соседству с Брежневым. Они были почти ровесниками. Цинев окончил в Днепропетровске металлургический институт. После института недолго работал на заводе имени Карла Либкнехта в Днепропетровске. Как и Брежнев, перешел на партийную работу. В 1939 году его поставили заведовать отделом металлургической промышленности Днепропетровского горкома, потом избрали первым секретарем райкома, а затем сделали секретарем горкома по кадрам. А секретарем обкома был Леонид Ильич Брежнев...

В 1941 году они оба ушли на фронт. Цинева назначили комиссаром артиллерийского полка, потом он стал заместителем начальника политуправления Калининского фронта, был начальником политотделов различных армий. С 1945 года служил в Союзнической комиссии по Австрии начальником экономического отдела, в 1950-м стал заместителем верховного комиссара от Советского Союза.

В 1951 году Цинев поступил в Военную академию Генерального штаба. Закончил он академию уже после смерти Сталина и ареста Берии. Когда МВД очищали от бериевских кадров, Цинева, как опытного политработника, распределили в военную контрразведку. Он уехал в Берлин начальником особого отдела Группы советских войск в Германии, где провел пять лет. Два года он руководил Военным институтом КГБ, а с октября 1960 года служил в третьем управлении комитета госбезопасности. Когда Брежнев встал во главе партии, генерал-лейтенант Цинев стал начальником военной контрразведки.

В отличие от Семичастного Андропов все понимал правильно. Через несколько дней после назначения председателем КГБ, 23 мая 1967 года, Андропов сделал своим заместителем Семена Цвигуна, а на следующий день, 24 мая, членом коллегии КГБ утвердили начальника военной контрразведки Георгия Цинева.

Георгий Цинев жаждал повышения, и Андропов освободил для него должность начальника второго главного управления (контрразведка), которую занимал генерал-лейтенант Сергей Григорьевич Банников, начинавший чекистскую службу еще в Смерш Наркомата военно-морского флота.

«С приходом Андропова, — писал будущий первый заместитель председателя КГБ Филипп Бобков, — давление на контрразведку резко усилилось, встал вопрос об освобождении Банникова, поговаривали об увольнении и других сотрудников. Я почувствовал, что надо мной тоже сгустились тучи. Очевидно, кое-кто считал меня человеком

Семичастного или кого-то там еще из прежних руководителей КГБ, и соответствующая информация поступила к Андропову.

Я понимал: в любую минуту меня могут уволить — и приготовился к этому».

Бобков напрасно беспокоился — его не тронули. А со своим заместителем Банниковым Юрий Владимирович через два месяца расстался. Банникова сделали заместителем председателя Верховного суда СССР. Так он не счел за труд получить профессиональное образование и в 1971 году, в пятьдесят лет, окончил Всесоюзный юридический заочный институт. В Верховном суде Сергей Банников оставил о себе хорошую память. На пленумах он сам откровенно говорил о том, что творится в стране (возможно, это была единственная аудитория в Москве, где звучали такие речи), и требовал того же от других судей. Банников был внимателен к человеческим судьбам — прислушивался к протестам, принесенным на приговоры по уголовным делам, и всегда голосовал за отмену или смягчение приговоров.

Вместо него начальником контрразведки стал Цинев, а военную контрразведку — по его же рекомендации — возглавил Виталий Васильевич Федорчук, которому суждено было со временем сменить Андропова на Лубянке.

Через несколько месяцев Андропов пригласил к себе первого зама Николая Захарова:

— Николай Степанович, у тебя большая нагрузка. Есть предложение ввести должность еще одного первого заместителя и немного тебя разгрузить.

Генерал-полковник Захаров понял, что вопрос уже решен. Он карьеру сделал при Хрущеве, для новой команды был чужим. Ответил дипломатично, что работы у него действительно много, но он на это не обижается:

— Решайте, Юрий Владимирович, сами, как лучше сделать структуру. С моей стороны возражений не будет.

Для Цвигуна, который уже стал генерал-лейтенантом, в конце ноября ввели дополнительную должность первого заместителя председателя. Прежние руководители комитета обходились одним первым замом.

«Отношения с Цвигуном, — вспоминал генерал Захаров, — у меня не сложились с самого начала. Он хотел быть первым из первых. Злился, когда в отсутствие Андропова заседания коллегии поручали вести мне. Крючков предупреждал меня, чтобы я не конфликтовал с Цвигуном. Я сказал, что голову склонять перед ним не намерен».

Заместители председателя КГБ ездили на ЗИМах. Цвигун первым пересел на «чайку», положенную министрам. В апреле 1970 года Захаров ушел из КГБ.

Зять Брежнева Юрий Михайлович Чурбанов вспоминает, что Цвигун и Цинев часто бывали у Брежнева на даче: «Они пользовались особым расположением Леонида Ильича».

«Цвигун — рослый, несколько полноватый, с приятными чертами лица, — пишет генерал Борис Гераскин. — В действиях медлительный, сдержанный, говорил с заметным украинским акцентом... В отношениях с подчиненными нередко лукавил: в глаза говорил одно, а делал другое.

Цинев, в противоположность Цвигуну, невысокого роста, обыденной внешности, всегда с наголо бритой головой. Человек живого ума, не лишенный проницательности, весьма энергичный и подвижный. В нем уживались простота, доступность и обманчивая открытость с капризностью, непредсказуемостью, восприимчивостью к сплетням, властолюбием и болезненным стремлением постоянно быть на виду... Цинев никогда ничего не забывал, глубоко таил в себе недоброжелательство и всегда находил возможность свести личные счеты».

Николай Романович Миронов, который до своей гибели в октябре 1964 года в авиакатастрофе руководил отделом административных органов ЦК, знал Цинева еще по Днепропетровску. Он говорил в своем кругу:

— Там, где появляется Цинев, обязательно возникает рой подхалимов...

Цинев контролировал девятое управление КГБ и, как говорят, ведал прослушиванием высших государственных чиновников. Когда в 1982 году, после смерти Суслова, Андропов перейдет в ЦК, он будет пребывать в уверенности, что теперь и его подслушивают.

Цинев повсюду продвигал людей из военной контрразведки. После того как лейтенант Ильин в 1969 году пытался застрелить Брежнева, начальник ленинградского управления КГБ (Ильин был из Ленинграда) Василий Тимофеевич Шумилов был снят с должности. По совету Цинева руководителем управления сделали начальника особого отдела Ленинградского военного округа Даниила Павловича Носырева.

А на свое место в военной контрразведке Цинев посадил Виталия Васильевича Федорчука. Он проработал в третьем главном управлении до 1970 года, когда его назначили председателем КГБ Украины.

Владимир Семичастный:

— Я думаю, его отправили в Киев, чтобы он выжил Шелеста. Это была главная задача, чтобы освободить место для Щербицкого. Я уважал Щербицкого, он был выше Шелеста по общему развитию, но в его выдвижении сыграло роль то, что он из днепропетровской компании.

Место Федорчука занял Иван Лаврентьевич Устинов, прежде руководивший управлением военной контрразведки Дальневосточного военного округа. У Цинева не сложились отношения с министром обороны маршалом Андреем Антоновичем Гречко, а Устинов с министром ладил. Циневу это не понравилось (см.: Красная звезда. 2004. 11 июня).

«Дело в том, что в руководстве Министерства обороны к генералу Циневу проявлялась определенная сдержанность, даже, по возможности, ограничивалось его участие в проводившихся мероприятиях, — рассказывал Иван Устинов корреспонденту «Красной звезды». — Поэтому при решении проблем государственной важности и отдельных вопросов я часто вынужден был исполнять роль связующего звена между председателем КГБ Андроповым и министром обороны Гречко... Вот эти деловые связи с руководством другого силового ведомства не понравились генералу Циневу».

Он высказал Андропову сомнение:

— Нет ли у Устинова сговора с военными?

После этого генералу Устинову пришлось из центрального аппарата уйти. Он выбрал себе хорошее место службы — начальником управления особых отделов Группы войск в Германии.

Цвигун и Цинев повсюду сопровождали Андропова. Конечно, эти люди не просто так вокруг Андропова крутились, они были соглядатаями Брежнева. Каждый шаг его и вздох Леонид Ильич знал...

— Я бы поставил вопрос принципиально: или этих уберите, или я уйду, — говорил Семичастный.

Андропов такого вопроса перед Брежневым не ставил, молчал, мирился с тем, что два его заместителя пересказывают Брежневу все, что происходит в комитете. Цинев с Цвигуном следили за тем, кого принимал Андропов, и без приглашения являлись к нему в кабинет на третьем этаже с высоким потолком и бюстом Дзержинского, когда к председателю приезжали такие влиятельные люди, как министр обороны Дмитрий Федорович Устинов или начальник 4-го главного управления при Министерстве здравоохранения академик Евгений Иванович Чазов.

Андропов понимал, что за каждым его шагом присматривают. Он вроде бы неплохо относился к своему бывшему подчиненному по отделу ЦК Александру Евгеньевичу Бовину. Но когда КГБ перехватил письмо Бовина, который жаловался, что вынужден тратить свой талант на службу ничтожествам (то есть в первую очередь генеральному секретарю), Юрий Владимирович поспешил доложить о письме Брежневу.

Еще один бывший подчиненный Андропова Георгий Аркадьевич Арбатов пытался разубедить председателя КГБ — зачем нести письмо генеральному? Юрий Владимирович объяснил:

— А я не уверен, что копия этого письма уже не передана Брежневу. Ведь КГБ — сложное учреждение, и за председателем тоже присматривают. Найдутся люди, которые доложат Леониду Ильичу, что председатель КГБ утаил нечто, касающееся лично генерального секретаря.

Бовина убрали из аппарата ЦК.

«Андропов мог расположить к себе собеседника, — вспоминал Георгий Арбатов. — Не знаю случаев, когда бы он сознательно сделал подлость. Но оставить в беде, не заступиться за человека, даже к которому хорошо относился, Андропов мог.

Одна из его негативных черт — это нерешительность, даже страх, нередко проявлявшиеся не только в политических делах, но и когда надо было отстаивать людей, тем более идеи...

Мне кажется, Юрий Владимирович сам в глубине души это осознавал. И пытался найти себе какое-то оправдание. Такие компромиссы, уступки, уход от борьбы он прежде всего оправдывал соображениями «тактической необходимости»...»

Генерал Вадим Кирпиченко писал, что постоянное присутствие рядом Цвигуна и Цинева ставило Андропова в сложное положение. Он должен был на них оглядываться, искать к ним особые подходы, заниматься дипломатией вместо того, чтобы требовать результатов в работе. Они оба что-то постоянно докладывали лично Брежневу. Это ставило Андропова в неудобное и щекотливое положение. Иногда Андропов жаловался на условия, в которых ему приходится работать... Но Юрий Владимирович терпел, он не позволил себе поссориться со своими опасными заместителями.

«Андропов, — считает Чазов, — избрал самый верный путь — он сделал и Цвигуна, и Цинева своими самыми близкими помощниками, постоянно подчеркивая свое уважение к ним и дружеское расположение. Уверен в том, что Брежнев высоко ценил и по-своему любил Андропова, определенное значение имело и мнение двух его доверенных людей».

В других подразделениях КГБ Цинева боялись и не любили. Тогдашний заместитель начальника разведки генерал-лейтенант Виталий Григорьевич Павлов вспоминал, как в семидесятых годах в Монреаль на всемирную выставку был командирован сотрудник внешней контрразведки — присматривать за советскими сотрудниками выставки. Там же, в Монреале, в качестве туристки оказалась дочка Цинева. Контрразведчик развелся и женился на дочери заместителя председателя КГБ.

Другим сотрудникам КГБ развод стоил бы как минимум партийного взыскания. Продвижение по службе и загранкомандировки откладывались надолго. Но для зятя зампреда было сделано исключение. Его отправили в ГДР на генеральскую должность, откуда, по свидетельству генерала Павлова, «пошел поток жалоб сотрудников представительства КГБ на недостойное поведение нового заместителя руководителя аппарата».

Цинев первым стал генерал-полковником — в октябре 1967 года, Цвигун догнал его только через два года. Зато генералами армии они стали одновременно — в декабре 1978 года. А за год до этого оба получили «Золотые Звезды» Героя Социалистического Труда...

При этом Цвигун и Цинев между собой не ладили, особенно после того, как Цвигун стал первым заместителем Андропова. Цинев завидовал. Это тоже устраивало Брежнева.

Благодушный по характеру Цвигун никого особо не обижал, поэтому оставил по себе неплохую память. Семен Кузьмич увлекся литературным творчеством. Жена Цвигуна писала прозу под псевдонимом Розалия Ермольева, и он тоже захотел литературной славы. Сначала появились документальные книги о происках империалистических врагов, а потом романы и киносценарии под прозрачным псевдонимом С. Днепров. Осведомленные люди даже называли имена профессиональных писателей, которые «помогали» Цвигуну в литературном творчестве. Уверяют, что киносценарии за него сочинял Вадим Трунин, автор замечательного «Белорусского вокзала».

Книги Семена Кузьмича немедленно выходили в свет, а сценарии быстро воплощались в полнометражные художественные фильмы. Большей частью они были посвящены партизанскому движению, и самого Цвигуна стали считать видным партизаном, хотя войну он провел в тылу. В фильмах, поставленных по его сценариям, главного героя, которого Цвигун писал с себя, неизменно играл Вячеслав Тихонов. Семен Кузьмич ничем не был похож на популярного артиста, кумира тех лет, но, вероятно, в мечтах он видел себя именно таким...

Цвигун (под псевдонимом «генерал-полковник С.К. Мишин») был и главным военным консультантом знаменитого фильма «Семнадцать мгновений весны», поставленного Татьяной Лиозновой по сценарию Юлиана Семенова.

Олег Табаков, блистательно сыгравший в фильме «Семнадцать мгновений весны» роль начальника германской внешней разведки Шелленберга, рассказывал потом, что после просмотра картины Андропов отвел его в угол и укоризненно прошептал:

— Олег, так играть безнравственно...

Когда Александр Бовин впервые посетил Андропова на Лубянке, то, войдя в приемную председателя, не мог понять, где же кабинет Юрия Владимировича. Шкафы есть, а дверь в кабинет отсутствует. Оказывается, это такая мощная дверная коробка.

— У меня теперь есть свой самолет, — похвастался Юрий Владимирович перед бывшим подчиненным.

Он быстро вошел во вкус новой работы.

Андропов привык работать и в выходные дни. В одно из первых воскресений он распорядился собрать руководителей управлений и служб. Нашли не всех, потому что руководители КГБ жили на дачах, а телефонов не имели. Андропов распорядился установить им и городские телефоны, и аппараты правительственной связи, смонтировать радиотелефоны в автомобилях.

Вместе с Андроповым из ЦК пришла небольшая группа помощников.

«Держались они на первых порах тесной стайкой, — вспоминал Вадим Кирпиченко, — и все старались выяснить, нет ли вокруг Юрия Владимировича недоброжелательности или, не дай бог, не зреет ли какая крамола. Эта группа была предана ему лично и стремилась всеми доступными средствами работать на повышение его авторитета, что порой выглядело даже смешным и наивным из-за прямолинейности в восхвалении достоинств нового председателя...»

Все его помощники и секретари — Павел Павлович Лаптев, Виктор Васильевич Шарапов, Евгений Иванович Калгин, Юрий Сергеевич Плеханов — стали в КГБ генералами.

Андропов любил в разговорах с сотрудниками поругать какого-то начальника среднего звена, ожидая, что в ответ скажет собеседник. Наверное, он нуждался в дополнительной информации о тех людях, которые стояли вокруг него. Это еще раньше подметил и Федор Бурлацкий: Юрий Владимирович хотел знать все о людях, с которыми работал, и выслушивал любую информацию о них, от кого бы она ни исходила.

В августе 1967 года в одну из суббот дежуривший всю ночь полковник Эдуард Болеславович Нордман из второго главного управления был вызван в приемную председателя — дать справку. Дежурный секретарь, тогда еще подполковник Юрий Сергеевич Плеханов, записал его сообщение и доложил Андропову. Тот пожелал лично поговорить с офицером. Распорядился принести чай и стал задавать вопросы о ситуации в главном управлении контрразведки. Нордман вспоминал, что он почувствовал себя неудобно — каково ему, полковнику, давать оценки генералам. Но Андропов ему сказал:

— Мы разговариваем как коммунист с коммунистом, а не как начальник с подчиненным.

И Нордман сказал, что думает о ситуации во втором главке.

Начальником секретариата Андропова стал его давний сотрудник Владимир Александрович Крючков. Он работал у Андропова еще в посольстве в Будапеште. Андропов уехал в Москву в 1957 году. А Крючков остался в посольстве. Но Юрий Владимирович не забыл подающего надежды сотрудника. Через два года он, освоившись и пустив корни на Старой площади, пригласил Крючкова к себе: ему было приготовлено место референта в секторе Венгрии и Румынии отдела ЦК КПСС по связям с коммунистическими и рабочими партиями социалистических стран.

В 1963 году Крючков стал заведующим сектором, а в 1965-м поднялся еще на одну ступеньку и, наконец, занял ту должность, к которой он более всего был расположен: стал помощником секретаря ЦК Андропова. Он последовал за Андроповым в КГБ буквально через два дня. Он уже четыре года был помощником у Юрия Владимировича, и Андропов к нему привык. Крючков сначала получил прежнюю должность помощника, но уже в начале июля был назначен начальником секретариата председателя.

Кабинет Крючкова на третьем этаже находился прямо напротив председательского, приемная у них была общая. Владимир Александрович всегда был под рукой, готовый дать справку, напомнить, выполнить любое указание, проследить за движением бумаг, старательный, надежный, услужливый и безотказный исполнитель с прекрасной памятью. Генерал-майор Крючков произвел сильнейшее впечатление на будущего начальника разведки Леонида Владимировича Шебаршина, который пришел с просьбой найти документ, переданный Андропову.

«Владимир Александрович удивил меня своей памятью, — писал Шебаршин. — Услышав название документа, попавшего к нему несколько месяцев назад, он немедленно открыл сейф и из толстенной пачки бумаг сразу же достал именно то, что требовалось. Мне показалось, что я имею дело с человеком в какой-то степени необыкновенным».

9 августа 1971 года Крючков перешел в разведку. Андропов назначил его первым заместителем начальника первого главного управления.

Владимир Александрович описал в своих воспоминаниях, как июньским вечером его пригласил Андропов и сказал:

— Ну что же, больше тянуть нельзя. Пора определяться с твоей дальнейшей работой. Да и я понимаю, что в первом главном управлении действительно нужен свежий заместитель. Хотя ты и здесь мне тоже нужен. Как сам-то думаешь?

Крючкова ждала большая самостоятельная работа, пост первого зама был шагом к еще большим должностям. Но переход в разведку дался Крючкову трудно. Он вспоминал, как ему было «не по себе от мысли, что работать придется на некотором удалении» от Юрия Владимировича. Но Андропов уже принял решение.

К тому времени они трудились вместе семнадцать лет. Крючков боготворил начальника, привык к роли первого помощника, а тут предстояло самому принимать решения. Но Владимир Александрович нашел выход. Его сотрудники быстро заметили, что он по каждой мелочи советовался с Андроповым. Руководитель советской разведки по характеру, образу мышления и поведения так и остался помощником.

В последних числах декабря 1974 года Брежнев согласился с предложением Андропова утвердить Владимира Александровича Крючкова начальником первого главного управления и одновременно заместителем председателя КГБ.

Новым начальником секретариата стал Павел Павлович Лаптев, который начинал в отделе ЦК рефентом по Албании. Лаптев сразу получил звание полковника. У кадровых сотрудников КГБ путь к полковничьим погонам занимал лет двадцать. В феврале 1979 года Лаптев стал помощником Андропова по политбюро. Вместо Лаптева начальником секретариата сделали Евгения Дмитриевича Карпещенко.

Помощником в мае 1971 года Андропов взял проработавшего десять лет в «Правде» китаиста Виктора Васильевича Шарапова. Юрий Владимирович обратил внимание на его публикации в главной партийной газете и пригласил к себе, объяснил:

— Надо будет и выступления готовить, и материалы для политбюро.

Как и Павел Лаптев, генерал-майор Шарапов последовал в 1982 году за Андроповым на Старую площадь. После смерти Андропова он был помощником по социалистическим странам и у Черненко, и у Горбачева, а в марте 1988 года отправился послом в Болгарию.

Секретарями работали Юрий Сергеевич Плеханов и Евгений Иванович Калгин. Это были доверенные люди. Евгений Калгин сидел в приемной Андропова и в КГБ, и в ЦК. После смерти Андропова его вернули на Лубянку и назначили начальником 12-го отдела КГБ, который занимался прослушиванием телефонных разговоров и помещений, а также перехватом сообщений, передаваемых факсимильной связью. Во время августовского путча 1991 года Калгину поручили организовать прослушивание российских руководителей, начиная с Бориса Ельцина. Калгин приказ выполнил, поэтому после провала путча лишился работы.

Дежурным секретарем начинал и Юрий Плеханов, окончивший заочно пединститут и перешедший с комсомольской работы на партийную. Его после смерти Андропова тоже вернули в КГБ. Он получил звание генерал-лейтенанта и стал начальником девятого управления, которое занималось охраной высшего руководства. После августовского путча, когда он приказал изолировать Горбачева в Форосе, он лишился звания и наград и отсидел семнадцать месяцев в тюрьме Матросская Тишина. Впрочем, летом 2002-го президент Путин подписал указ о возвращении Плеханову звания генерал-лейтенанта, наград и пенсии. Но в день выхода президентского указа Плеханов умер, вероятно, и не узнав, что он опять генерал...

Андропов сменил, по существу, все руководство комитета, в том числе конечно же и начальника девятого управления — личной охраны генерального секретаря и политбюро.

2 июня 1967 года полковника Владимира Яковлевича Чекалова, ведавшего еще охраной Хрущева, освободили от должности. Его кабинет занял генерал Сергей Николаевич

Антонов. Артиллерист по военной специальности, он в 1949 году окончил Военную академию бронетанковых и моторизованных войск и был зачислен в Высшую разведшколу Комитета информации при Совете министров (так в те времена именовалось ведомство, объединившее военную и политическую разведки).

Больше пятнадцати лет Антонов служил в разведке и ни к каким комитетским кланам не принадлежал. Полгода он исполнял обязанности начальника управления, пока к нему присматривались. Утвердили Антонова только в конце февраля 1968 года.

Начальник девятки подчинялся непосредственно генеральному секретарю, получал от него приказания и по собственному разумению информировал об этом председателя КГБ. Начальнику девятого управления подчинялся Кремлевский полк. Набирали в него только славян и только выходцев из рабоче-крестьянских семей. Подающих надежды отправляли в школу прапорщиков, после чего доверяли охрану объектов. Наиболее способных учили и брали в личную охрану.

В августе 1974 года Андропов сменил Антонова на Юрия Сторожева. Генерал-лейтенанта Антонова не стали обижать, формально его повысили — сделали заместителем председателя КГБ. Но подчинялось ему одно только 15-е управление, созданное в марте 1969 года. Задача пятнадцатого управления — в случае ядерной войны спасти жизнь руководителей страны.

Сменили и начальника московского управления генерала Михаила Петровича Светличного. По словам известного журналиста Ярослава Голованова, генерал был «человеком весьма проницательным и с чувством юмора». Но после того, как с поста первого секретаря столичного горкома убрали Николая Григорьевича Егорычева, разогнали и руководство управления.

Начальником московских чекистов сделали еще одного бывшего партийного работника генерал-лейтенанта Серафима Николаевича Лялина. Ему дважды не везло. В 1952 году его назначили заместителем министра госбезопасности, но, когда умер Сталин, министерство расформировали и его отправили советником в Польшу. В 1958 году его назначили заместителем председателя КГБ, а через год опять сняли и пересадили в кресло начальника оперативно-технического управления. Через четыре года Лялина сменил Виктор Иванович Алидин, которого давно знал сам Брежнев.

Руководство комитета, как водится, укрепили партийными кадрами. 8 июня 1967 года заведующего сектором отдела административных органов ЦК Ардалиона Николаевича Малыгина утвердили заместителем председателя КГБ. Профессиональный партийный работник, он начал работать в Министерстве госбезопасности еще в декабре 1951 года в должности начальника отдела кадров третьего управления. Потом в ЦК он руководил сектором, который ведал КГБ.

15 августа 1967 года скоропостижно скончался зампред КГБ по кадрам генерал-лейтенант Александр Иванович Перепелицын, которого еще Шелепин перевел из Белоруссии. Его место и занял Малыгин — курировал управление кадров, хозяйственные и финансовые дела комитета. В октябре ему присвоили звание генерал-майора.

Начальником управления кадров КГБ 21 июля 1967 года утвердили второго секретаря Днепропетровского обкома компартии Украины Виктора Михайловича Чебрикова. Он вспоминал, как его неожиданно вызвали в Москву, ничего не объяснив. Иван Васильевич Капитонов, секретарь ЦК по кадрам, привел приятно удивленного секретаря к Брежневу. Тот прочитал анкету Чебрикова, которая ему понравилась, как-никак выходец из Днепропетровска, задал несколько вопросов о делах в области и сказал:

— Юрия мы направили в КГБ. Нужно несколько человек, чтобы помочь ему и укрепить органы.

21 июля постановлением Совета министров Чебриков был утвержден членом коллегии КГБ, через три дня приказом по КГБ назначен начальником управления кадров. Только формально его новый пост казался невысоким — начальник управления в одном из ведомств. В реальности главный кадровик КГБ — ключевая должность. Недаром на него выразил желание взглянуть сам Брежнев. Одновременно прислали в КГБ еще нескольких партийных работников из разных областей и с разных должностей.

Чебриков был строгим, твердым, исполнительным, пунктуально соблюдающим партийные каноны работником. Его бывший охранник рассказал «Парламентской газете»: «Это был жесткий армейский человек. Строгий начальник. Никаких вопросов, сантиментов — только служба, устав и инструкции». Подчиненным общение с ним едва ли доставляло удовольствие.

— Чебриков скучный был человек, — вспоминает генерал Виктор Иваненко, — ни одного свежего слова от него добиться было невозможно. На совещании у него люди тосковали, выходили из его кабинета с пустой головой...

Зато начальству главный кадровик нравился. Виктор Михайлович пришелся по душе Андропову своей надежностью и исполнительностью. Чебрикова, как днепропетровца, считали брежневским человеком, на самом деле он был душой и телом предан Андропову. Он не претендовал на лидерство, не примеривался к председательскому креслу и не занимался интригами.

У Цвигуна и Цинева был прямой контакт с генеральным секретарем, и они Андропову много крови попортили. Филипп Денисович Бобков — еще одна заметная фигура в КГБ — сам по себе был сильной личностью, а Чебриков никакой опасности для Андропова не представлял. Юрий Владимирович это оценил, привык полностью на него полагаться и через год, в сентябре 1968 года, произвел его в заместители председателя. Чебриков курировал пятое управление, оперативно-техническое, 10-й (учетно-архивный) отдел. В 1971 году Чебриков стал кандидатом в члены ЦК, через десять лет — членом ЦК. Высокий партийный статус был знаком председательского расположения.

Чебриков был, возможно, единственным человеком в руководстве комитета, которому Андропов доверял. Генерал Вадим Кирпиченко писал, что в роли заместителя председателя КГБ Чебриков руководил разработкой оперативной техники и борьбой с диссидентством. Его усилиями для нужд комитета был создан мощный оперативно-технический комплекс. Виктор Михайлович в 1980 году получил Государственную премию по секретному списку. За что? На этот вопрос он никогда не отвечал. Люди знающие утверждают, что премию ему дали за строительство подземного пункта управления страной на случай войны.

Юрий Владимирович конечно же нуждался в разных людях. Но на примере Чебрикова и Крючкова можно попытаться понять, какие качества он ценил более всего. Общим у Крючкова и Чебрикова были исполнительность и преданность. В окружение Андропова входили более сильные фигуры, более яркие интеллектуалы, более умелые профессионалы. Но на первые роли он выдвигал именно Чебрикова и Крючкова.

Вместо Чебрикова начальником управления кадров стал Владимир Петрович Пирожков. Он тоже был взят с партийной работы — с должности второго секретаря Алтайского крайкома. Потом Пирожкова самого произвели в зампреды, и на кадры поставили Гения Евгеньевича Агеева. Тот до перехода в госбезопасность был вторым секретарем Иркутского горкома партии, хорошо играл в баскетбол и волейбол и неплохо в шахматы. Гения Агеева летом 1974 года утвердили освобожденным секретарем парткома КГБ, а кадры поручили Василию Яковлевичу Лежепекову. Тот прежде был вторым секретарем Минского обкома партии, несколько лет прослужил начальником политуправления пограничных войск.

Иначе говоря, все кадровики были недавними партийными работниками, причем именно вторыми секретарями, которые по распределению обязанностей ведали организационно-кадровыми вопросами. Это был один из способов контроля партийного аппарата над чекистами. Приходящие со стороны партийные секретари были чужаками в КГБ и должны были присматривать за тем, что происходило внутри системы госбезопасности.

ПЯТОЕ УПРАВЛЕНИЕ

Андропов расширил сеть местных органов КГБ и образовал новые управления в центральном аппарате, чтобы надежнее охватить все стороны жизни страны. Но он сразу выделил главное, с его точки зрения, звено — контроль над духовным состоянием общества. Венгерский опыт подсказывал ему, что главная опасность социализму исходит от идеологической эрозии.

Через полтора месяца после прихода на Лубянку, 3 июля 1967 года, Андропов отправил записку в ЦК, в которой живописует действия подрывных сил, направленных «на создание антисоветских подпольных групп, разжигание националистических тенденций, оживление реакционной деятельности церковников и сектантов».

Новый председатель КГБ сигнализировал о том, что «под влиянием чуждой нам идеологии у некоторой части политически незрелых советских граждан, особенно из числа интеллигенции и молодежи, формируются настроения аполитичности и нигилизма, чем могут пользоваться не только заведомо антисоветские элементы, но также политические болтуны и демагоги, толкая таких людей на политически вредные действия».

Андропов предложил создать в центре и на местах подразделения, которые сосредоточились бы на борьбе с идеологическими диверсиями.

17 июля 1967 года политбюро предложение Андропова поддержало: «Создать в Комитете госбезопасности при Совете Министров СССР самостоятельное (пятое) Управление по организации контрразведывательной работы по борьбе с идеологическими диверсиями противника. В КГБ республик, УКГБ по краям и областям иметь соответственно пятые Управления-отделы-отделения...»

Первым начальником управления, чтобы порадовать ЦК КПСС и подчеркнуть идеологический характер новой структуры, взяли партийного работника. На Старой площади рекомендовали на эту роль секретаря Ставропольского крайкома КПСС по пропаганде Александра Федоровича Кадашева.

Кадашев весной 1941 года закончил Тульский механический институт. В армию его не мобилизовали, потому что он работал мастером на военном заводе № 172, эвакуированном в Пермь. С завода его взяли в Пермский горком партии инструктором промышленного отдела. Через год послали учиться в Высшую партийную школу, оттуда пригласили на работу в отдел пропаганды и агитации ЦК ВКП(б).

Александр Кадашев хотел учиться, в 1952 году поступил в Академию общественных наук, где защитил кандидатскую диссертацию, после чего на пять лет отправился в Архангельск секретарем обкома. В 1960 году его перевели в более крупный Ставропольский крайком, но поставили на меньшую должность — заведующего отделом. Впрочем, через два года он стал секретарем крайкома и просидел в этом кресле пять лет. Самый известный ставрополец, Михаил Горбачев, заведовал в крайкоме отделом. Его избрали секретарем крайкома уже после того, как Кадашева перевели в КГБ. Назначением в комитет Александр Федорович был недоволен, но подчинился партийной дисциплине.

Первым заместителем к Кадашеву поставили кадрового чекиста генерал-майора Филиппа Денисовича Бобкова. Он рассказывал, как поздно вечером его пригласили в кабинет председателя КГБ и Андропов предложил ему перейти в новое управление по борьбе с идеологической диверсией. Бобков уже шесть лет занимал должность заместителя начальника второго главного управления и тоже остался недоволен назначением. Видимо, считал это понижением и не предполагал, что переход в пятое управление открывает ему дорогу к большой карьере.

В своей мемуарной книге Бобков пишет, что скептически встретил идею Андропова: не станет ли новое управление аналогом секретно-политического отдела НКВД, который занимался политической оппозицией.

— Нет, новое управление должно отвечать задачам сегодняшнего дня, — возразил Андропов. — Сейчас идет мощная психологическая атака на нас, это самая настоящая идеологическая война, решается вопрос: кто кого. Мы обязаны знать планы и методы работы идеологических противников. Мне представляется, что главной задачей создаваемого управления является глубокий политический анализ ситуации и по возможности наиболее точный прогноз.

Трудно ставить под сомнение разговор, при котором сам не присутствовал, но предостережение Филиппа Денисовича относительно повторения опыта НКВД выглядит наивно. Борьба против «антисоветских элементов», как эта линия именовалась в практике госбезопасности, не прекращалась никогда. Соответствующее подразделение называлось отделом или управлением, меняло порядковый номер, но сохранялось и во время хрущевской оттепели. На этом направлении и вырос оперативный работник Бобков.

В феврале 1960 года тогдашний председатель КГБ Александр Николаевич Шелепин, следуя линии Хрущева, упразднил четвертое управление, которое занималось борьбой с антисоветскими элементами и ведало интеллигенцией, как самостоятельную структуру. Шелепин считал, что следить за писателями, художниками, актерами — не главная задача КГБ, и незачем держать для этого целое управление. Он передал слегка сокращенный аппарат и эти обязанности второму главному управлению.

Тот же Бобков, который служил в четвертом управлении, возглавил отдел во втором главке, а потом получил повышение и стал заместителем начальника всей контрразведки, но по-прежнему ведал работой среди интеллигенции. Так что Филипп Денисович не мог не понимать, что Андропов просто желает придать работе среди интеллигенции новый масштаб и размах. Другое дело, что Бобков, видимо, рассчитывал сам возглавить управление. Но Юрий Владимирович, надо понимать, пояснил ему: для ЦК важно, чтобы идеологическое управление возглавил партийный работник.

Бобков не прогадал. Кадашев не прижился в системе госбезопасности и через год с небольшим сам попросил подыскать ему другое место. На партийную работу его не вернули; как кандидата наук отправили в Институт марксизма-ленинизма при ЦК КПСС заведовать отделом партийного строительства. Когда он стал болеть, то написал заявление с просьбой перевести его с номенклатурной должности завотделом (ему полагались соответствующие материальные блага) просто в научные сотрудники. Это единственный случай в истории института. Люди, его знавшие, говорили, что Александр Федорович человек исключительно порядочный и честный.

С мая 1969 года пятое управление возглавил Филипп Денисович Бобков. Он проработает в управлении много лет и со временем станет генералом армии и первым заместителем председателя КГБ.

Георгий Арбатов пишет, что Андропов был доволен своей идеей, с радостью говорил:

— Работу с интеллигенцией я вывел из контрразведки. Нельзя же относиться к писателям и ученым как к потенциальным шпионам. Теперь все будет иначе, делами интеллигенции займутся иные люди, и упор будет делаться прежде всего на профилактику, на предотвращение нежелательных явлений.

Юрий Владимирович обладал замечательным умением приспосабливаться к собеседнику. Он так ловко вел беседу, что разные люди, часто с противоположными политическими взглядами, искренне считали председателя КГБ своим единомышленником.

Очень хорошо помню рассказ своего отца после встречи с Андроповым. Решив конкретный вопрос, Юрий Владимирович завел разговор на общие темы. Отец мой, человек очень откровенный и открытый, заговорил о том, что нужны перемены. Почему бы на выборах выдвигать не одного кандидата в депутаты (это же чистой воды профанация!), а как минимум двоих? Как раз готовились очередные выборы в Верховный Совет...

Андропов слушал его очень внимательно и, услышав эти слова, переспросил:

— Значит, вы тоже так считаете?

Отец ушел от Андропова воодушевленный и уверенный в том, что нашел в лице Юрия Владимировича единомышленника. Потом выяснилось, что председатель КГБ считал любые политические реформы смертельно опасными для социалистического общества...

Нечего удивляться, что пятое управление КГБ приняло на себя функции политической полиции. Вот одна из первых акций новой структуры — записка в ЦК КПСС от 30 августа 1967 года:

«Комитет госбезопасности при Совете Министров СССР располагает данными, что доктор философских наук, завкафедрой философского факультета МГУ Зиновьев Александр Александрович, 1922 года рождения, в период 1957—1958 годов принимал участие в сборищах молодых специалистов-философов, на которых он выступал с отрицательными взглядами по отдельным вопросам теории марксизма-ленинизма.

В сентябре 1960 года в Москве в качестве автотуриста находился профессор Колумбийского университета Кляйн, который привез и вручил Зиновьеву письмо от американца Коми Дэвида. Кляйн и Коми известны органам госбезопасности как лица, принимавшие непосредственное участие в обработке и вербовке советских граждан для работы на американскую разведку.

Анализ письма, добытого оперативным путем, показывает, что в нем затронуты вопросы, выходящие за рамки переписки научного характера. В частности, автор письма интересовался состоянием в СССР логики как науки, выяснял отношение Зиновьева к теории марксизма-ленинизма, просил установить работающих в советских научных учреждениях отдельных ученых и сообщить, над чем они работают.

Ответ на письмо, переданный Зиновьевым Кляйн, был обнаружен в специально оборудованном тайнике в машине американца. С 1960 по 1965 год Зиновьев имел переписку с Кляйн и Коми, систематически посылал им советские издания по философской литературе.

В прошлом Зиновьев злоупотреблял спиртными напитками, на почве чего в его семье возникали ссоры. В настоящее время с женой Зиновьев находится в разводе».

Это совершенно жалкий донос, достойный пера коллеги-завистника, а не огромного учреждения, каким был комитет госбезопасности. Но таков был реальный уровень работы пятого управления. Причем документ свидетельствует о масштабах слежки и агентурного аппарата, потому что философу Зиновьеву припоминались высказывания десятилетней давности. Становилось очевидным, что каждый контакт советского человека с иностранцем фиксировался и рассматривался как преступный...

Даже в ЦК, где пришлось заниматься этим доносом, сочли бумагу неважной. Отдел науки и учебных заведений ЦК 6 октября 1967 года доложил:

«Зиновьев приглашался в Отдел науки и учебных заведений ЦК КПСС. В беседе и в объяснительной записке Зиновьев в основном подтвердил факты, указанные в информации Комитета госбезопасности, но рассматривал свою связь с Кляйн и Коми как с учеными.

Учитывая, что непосредственная связь Зиновьева с американцами Кляйн и Коми не поддерживается с 1965 года, считали бы возможным ограничиться проведенной беседой с Зиновьевым в Отделе науки и учебных заведений ЦК КПСС».

Александр Зиновьев был старшим научным сотрудником в Институте философии АН и заведовал кафедрой логики в университете. Действия чекистов сыграли свою роль в том, что философ окончательно разошелся с существующей системой. В 1976 году за границей появилась его самая известная книга «Зияющие высоты» — резкая по тону сатира на советскую систему. В 1978 году он эмигрировал. После перестройки вернулся, его много издавали, книги Зиновьева пользовались большим успехом...

Юрий Владимирович Андропов никогда не работал на производстве, ничего не создавал собственными руками. Ни экономики, ни реальной жизни не знал. Уверенно чувствовал себя только в сфере идеологии. Поэтому занимался интеллигенцией, художественной и научной, пытался влиять на ситуацию в литературе и искусстве.

«Это подтверждает мою старую мысль о нереальности реальной жизни и всевластии литературы, которая вовсе не воспроизводит, не отражает, а творит действительность, — пометил в дневнике писатель Юрий Нагибин. — Иной действительности, кроме литературной, нет. Вот почему наше руководство стремится исправить литературу, а не жизнь. Важно, чтоб в литературе все выглядело хорошо, а как было на самом деле, никого не интересует».

14 ноября 1967 года Андропов отправил в ЦК записку о настроениях среди интеллигенции, которую тоже иначе чем доносом не назовешь:

«По поступившим в Комитет государственной безопасности данным, группой ученых и представителей творческой интеллигенции в количестве свыше 100 человек подписан документ, в котором преднамеренно искажается политика нашей партии и государства в области печати, ставится вопрос об отмене цензуры и упразднении Главлита, провозглашается по существу ничем не ограниченное право любого лица, группы лиц издавать любые печатные издания, осуществлять постановку спектаклей, производство и демонстрацию кинофильмов, устраивать выставки и концерты, осуществлять радио- и телепередачи.

В числе подписавших академики Леонтович, Сахаров, Капица, Кнунянц, писатели Костерин, Каверин, Копелев, композиторы Пейко, Леденев, Каретников, художники Биргер, Жилинский и другие. Указанный документ адресован Президиуму Верховного Совета СССР. Копия документа, добытая принятыми нами мерами, направляется в порядке информации.

Комитетом принимаются дополнительные меры для пресечения деятельности организаторов указанного документа».

Как ловко набивали себе цену чекисты! Подписавшие этот документ его нисколько не скрывали, напротив, законопослушно передали в Президиум Верховного Совета. Никакой нужды добывать этот документ «чекистскими методами» не было. И вообще зачем «пресекать» деятельность уважаемых людей, многие из которых сделали для родины много больше, чем все преследовавшие их службы? Они не предлагали ничего, что выходило бы за рамки конституции.

Обращение это никак нельзя было подвести под определение «идеологическая диверсия». Так что, строго говоря, КГБ вышел за пределы своей компетенции. Но именно этим и хотел заниматься Андропов: выжигать всякое инакомыслие, тем более если оно высказывается публично. При Андропове начался расцвет политической полиции. Создание отдельного управления, как следовало ожидать, увеличило число дел против интеллигенции. То, что для второго главка было третьестепенной задачей, для пятого управления стало главным. Чекисты, освобожденные от необходимости искать шпионов, которых на такой большой комитет все равно не хватало, рьяно взялись за интеллигенцию.

В пятом управлении образовали шесть отделов (см. справочник А. Кокурина и Н. Петрова «Лубянка. Органы ВЧК—ОГПУ—НКВД—НКГБ—МГБ—МВД—КГБ. 1917—1991»):

первый отдел — контрразведывательное обеспечение каналов культурного обмена, работа по линии творческих союзов, научно-исследовательских институтов, учреждений культуры;

второй отдел — контрразведывательные операции — совместно с разведкой — против центров идеологических диверсий империалистических государств, пресечение деятельности Народно-трудового союза;

третий отдел — контрразведывательное обеспечение студенческого обмена, пресечение враждебной деятельности среди студенческой молодежи и прсподавателей;

четвертый отдел — контрразведывательная работа в среде религиозных, сионистских и сектантских элементов, противодействие зарубежным религиозным центрам;

пятый отдел — кураторский, он оказывал помощь территориальным органам в предотвращении массовых антиобщественных проявлений. Кроме того — розыск авторов антисоветских документов;

шестой отдел — анализ идеологических диверсий противника, планирование и информационная работа.

После покушения на Брежнева в 1969 году образовали седьмой отдел с задачей «выявлять и проявлять лиц, вынашивающих намерение применить взрывчатые вещества и взрывные устройства в антисоветских целях», иначе говоря, борьба против тех, кто замыслил покушение на жизнь руководителей партии и государства.

Летом 1973 года появился восьмой отдел, которому передали задачу «выявления и пресечения акций идеологической диверсии подрывных сионистских центров». Этот отдел начальник управления курировал лично.

На следующий год создали сразу еще два отдела.

Девятому поручили «ведение наиболее важных разработок на лиц, подозреваемых в организованной антисоветской деятельности». Это выделился в самостоятельную структуру отдел, который занимался наиболее заметными диссидентами, такими как Солженицын, Сахаров.

Десятый отдел должен был помочь второму отделу вести борьбу «против центров идеологической диверсии империалистических государств и зарубежных антисоветских организаций».

Летом 1977 года появился одиннадцатый отдел, которому вменялось в обязанность проведение «оперативно-чекистских мероприятий по срыву подрывных акций противника и враждебных элементов в период подготовки и проведения летних Олимпийских игр» 1980 года в Москве. После Олимпиады отдел остался — ведал спортом и медициной.

Небольшой группе на правах двенадцатого отдела поручили налаживать контакты с коллегами из социалистических стран.

В феврале 1982 года образовали два дополнительных подразделения.

Тринадцатый отдел ведал неформальными молодежными движениями — панками, хиппи и первыми отечественными фашистами. Четырнадцатый — журналистами. В ноябре 1983 года появился пятнадцатый отдел, который занимался спортивным обществом «Динамо», по традиции принадлежавшим чекистскому ведомству.

О работе пятого управления мне подробно рассказывал подполковник Александр Николаевич Кичихин, который работал в ведомстве Бобкова с 1977 года. Подполковник был с политическим темпераментом. По службе в комитете он занимался советскими немцами, которых в годы войны выселили из родных мест. В перестроечные годы Александр Кичихин поддерживал требования немцев восстановить ликвидированную в сорок первом автономную республику немцев Поволжья, выступал на митингах.

— Сколько человек у вас работало? — спросил я Кичихина.

— Когда я пришел, около двухсот. Это было самое маленькое управление в центральном аппарате КГБ. Другие состояли из многих тысяч. Накануне московской Олимпиады в 1980 году наше управление разрослось человек до шестисот. Все отделы были увеличены. Если до Олимпиады, например, существовало маленькое подразделение, занимавшееся спортом и спортсменами, то во время Олимпиады на этом направлении сосредоточили около пятисот сотрудников.

(КГБ и Олимпиада — это отдельная тема. В дни проведения Олимпиады московское управление КГБ усилили — в его оперативное подчинение перешли две тысячи работников центрального аппарата, девятьсот чекистов со всей страны да еще четыреста с лишним курсантов и преподавателей Орловского училища связи.

Для проведения массовых мероприятий Московское УКГБ получило два специально оборудованных штабных автобуса и автомашины со всеми видами связи. После Олимпиады многим офицерам вручили ордена. Начальник столичного управления КГБ генерал Алидин получил орден Красного Знамени — как за боевую операцию — и значок лауреата Государственной премии СССР.)

— Кто работал в пятом управлении? Выделялись ли они чем-то в аппарате КГБ?

— От всех остальных управлений мы отличались тем, что у нас было очень мало «золотой молодежи», людей со связями, чьих-то сынков.

— Ваше управление считалось непрестижным?

— Ребята со связями оседали в первом главке, в разведке, потому что это был самый верный путь поехать за границу. Но мы свое управление считали более значимым, чем другие.

— Почему?

— Пятое управление лучше всех в комитете знало, что происходит в обществе. Разведка занималась иностранными делами. Контрразведка по большей части тоже была нацелена на иностранцев. И только мы делали всю черновую работу и изучали настроения и процессы в обществе. Мы видели жизнь не из окна персонального автомобиля, изучали ее не по газетам. Мы верили, что наш анализ процессов в обществе необходим руководству страны, поможет нашим лидерам принять правильные решения, что-то исправить.

— Вы действительно в это верили?

— Нам твердили это на каждом совещании. Ведь внутри комитета велась постоянная психологическая обработка сотрудников. Сверху вниз и снизу вверх. То есть мы промывали мозги друг другу. Филипп Денисович Бобков руководил пятым управлением пятнадцать лет и, когда его назначили заместителем председателя КГБ, продолжал нас курировать. Бобков, принимая на работу, сам беседовал с каждым новичком.

— Генерал Бобков считается ответственным за всю кампанию борьбы с инакомыслием.

— Если бы не Бобков, эта борьба велась бы методами тридцать седьмого года. Указания, которые поступали из ЦК КПСС и которые он обязан был выполнять, Бобков все же трансформировал в приказы не уничтожать, а переубеждать. Филипп Денисович, с моей точки зрения, высококомпетентный человек. Но он не мог выйти за рамки системы, определявшейся приказами начальства, с одной стороны, и информацией снизу — с другой. Поскольку я в управлении десять лет занимался репрессированными народами, могу привести такой пример. Мы с 1969 года писали в ЦК КПСС докладные записки о том, что необходимо восстановить автономию немцев Поволжья.

— А что изменилось с его уходом?

— Когда Бобкова повысили в зампреды, в управлении появилось много блатных. Рассаживались они исключительно в выездных отделах. Таким, естественно, был отдел по работе с творческой интеллигенцией, потому что с писателями, художниками, музыкантами, как и со спортсменами, можно было ездить за границу. Умелые там подобрались ребята. Они забирали у «проштрафившихся» художников альбомы, буклеты и раздавали нужным людям. Отдел, занимавшийся молодежью, пристраивал нужных детей в университет. Каждый июль в отделе составляли соответствующий списочек...

— Работники управления реально представляли себе ситуацию в стране?

— Мы обладали достоверной информацией о происходящем. Но, отправляя справки и докладные в ЦК, в Совет министров, мы должны были придавать им форму, соответствующую линии партии. Например, крымские татары активно теребили высший эшелон власти, и мы получили указание «не допускать экстремистские выступления» — то есть террористические акты, дезорганизацию работы транспорта и экономики, забастовки. Все это мы делали. Но мы поняли, что движение крымских татар не утихнет, пока их вопрос не решится. Отправляя в ЦК справку, мы, конечно, писали об экстремистах, но одновременно предлагали пути политического решения. На Старой площади наши бумаги читали, но решать ничего не хотели. А мы получали в устной, естественно, форме указания сажать.

— Но как же компетентный и хорошо, по вашим словам, знающий реальную жизнь сотрудник комитета мог заниматься удушением отечественной интеллигенции?

— Представьте себя на месте любого сотрудника управления. Если вы не считаете опасным то, что считает опасным начальство, вас просто уберут. Многие сотрудники подстраивались под мнение начальства, докладывали то, что от них хотели услышать. Если генерал считает, что писатель N нехорош, как я могу сказать, что он хорош?

— Материалы о деятельности пятого управления, преданные гласности после преобразования КГБ, рисуют картину массового проникновения агентуры КГБ во все творческие союзы, театры, в кино. Это действительно так?

— Некоторые люди из этой среды шли на сотрудничество с нами и пытались использовать комитет для того, чтобы донести до руководства страны нечто очень важное и как-то улучшить нашу жизнь. Другие надеялись продвинуться в жизни или получить какие-то материальные блага. Мы помогали издать книгу, поехать за границу, получить квартиру, поставить телефон.

— Вы платили большие деньги своим агентам?

— В нашем управлении платная агентура была большой редкостью. Наш контингент нуждался не в деньгах. Ну, женщинам-агентам к Восьмому марта цветы дарили...

Чем действительно занималось пятое управление? Оно не только следило за настроениями интеллигенции, окружив заметных людей своими информаторами, но и пыталось влиять на процессы в творческой среде.

7 сентября 1970 года Андропов отправил в ЦК письмо:

«В Комитет госбезопасности поступили материалы о настроениях поэта А. Твардовского. В частной беседе он заявил:

«Стыдно должно быть тем, кто сегодня пытается обелить Сталина, ибо в душе они не знают, что творят. Да, ведают, что творят, но оправдывают себя высокими политическими соображениями: этого требует политическая обстановка, государственные соображения!.. А от усердия они и сами начинают верить в свои писания. Вот увидите, в конце года в «Литературной газете» появится обзор о «Новом мире»: какой содержательный и интересный теперь журнал! И думаете, не найдутся читатели, которые поверят? Найдутся. И подписка вырастет. Рядовой, как любят говорить, читатель, он верит печатному слову. Прочтет десять статей насчет того, что у нас нет цензуры, а на одиннадцатой поверит...»

Сообщается в порядке информации.

Председатель Комитета госбезопасности
Ю. Андропов».

Что такого особенного сказал Александр Твардовский, автор «Теркина», любимый страной, подлинно народный поэт, чтобы его слова записывали чекисты и докладывали в ЦК? Ничего, но он в опале, вынужден оставить свое любимое детище — журнал «Новый мир» и включен в число тех, за кем следят.

20 февраля 1972 года, накануне приезда в Москву известного немецкого писателя Генриха Белля, Андропов отправил в ЦК записку с рекомендацией «поручить секрета-

риату Союза писателей СССР провести с Беллем беседу, в процессе которой рассказать ему о распространяемых Солженицыным слухах...»

С какой стати КГБ дает указания Союзу писателей? Фактически чекисты берут на себя роль ЦК. Но даже в партийном аппарате никто не смеет возразить.

Следили за классиком русской литературы Леонидом Максимовичем Леоновым. Он придерживался вполне ортодоксальных взглядов. Чем же он привлек внимание чекистов?

8 июля 1973 года Андропов доносил в ЦК:

«Среди окружения видного писателя Л. Леонова стало известно, что в настоящее время он работает над рукописью автобиографического характера, охватывающей события периода коллективизации, голода 1933 года, которая якобы не предназначена для публикации.

Одна из глав рукописи называется «Обед у Горького», где описывается встреча М. Горького с И.В. Сталиным и К.Е. Ворошиловым, на которой присутствовал и автор произведения. Характеризуя участников встречи в основном положительно, Леонов отмечает вместе с тем проявлявшиеся у И.В. Сталина элементы подозрительности, а К.Е. Ворошилова изображает несколько ограниченным человеком.

Автор также выступает против появляющихся, по его мнению, тенденций предать забвению понятия «русское», «русский народ», «Россия».

Иначе говоря, само намерение Леонова написать книгу о Сталине и других давно умерших советских вождях само по себе вызывало подозрение и желание помешать писателю.

После смерти «народного академика» Трофима Денисовича Лысенко сотрудники КГБ прибыли в его дом, обшарили архивы и допросили родственников.

8 декабря 1976 года Андропов доносил в ЦК:

«Была обнаружена его переписка с ЦК КПСС, МК КПСС, Советом Министров СССР и Академией наук СССР по вопросам научной деятельности и сложившейся вокруг него обстановки.

Кроме того, в процесе беседы с сыновьями Лысенко Т.Д. было установлено, что они, их мать и сестра хранят по одному экземпляру фотокопии доклада «О положении в советской биологической науке» с поправками И.В. Сталина, с которым академик выступал в августе 1948 года на сессии Всесоюзной академии сельхознаук им. В.И. Ленина.

Один из этих экземпляров фотокопии доклада родственники академика Лысенко Т.Д. передать отказались, хранят их в качестве семейной реликвии и заверили, что они никому не передадут и не допустят использование их в негативных целях...

В связи с тем, что в случае попадания на Запад указанные документы могут быть использованы в невыгодном для СССР плане, они были взяты в КГБ при СМ СССР и направляются в ЦК КПСС».

Печально знаменитый доклад Трофима Лысенко никак не мог быть секретным документом. В свое время он широко печатался в советской прессе. Появление этого доклада знаменовало начало разгрома генетики в нашей стране, что самым бедственным образом сказалось на сельском хозяйстве... Чекисты незаконно изъяли «семейные реликвии» только для того, чтобы скрыть, что лысенковский доклад читал и правил сам Сталин. Иначе говоря, в 1976 году КГБ прочно стоял на страже репутации Сталина.

Не с этой ли целью 24 февраля 1977 года секретариат ЦК КПСС принял постановление об усилении контроля за подготовкой и публикацией мемуаров?

Постановление приняли после письма Андропова в ЦК, в котором говорилось, что «спецслужбы и пропагандистские центры США активизировались в отношении тех лиц, которые работали на важных государственных и партийных постах, с тем чтобы во враждебных нашей стране целях завладеть их архивами, дневниками и воспоминаниями».

Подготовленные пятым управлением материалы — это прямые доносы на мастеров литературы и искусства, которые «подрывают авторитет власти». Поносились спектакли Театра на Таганке, Театра имени Ленинского комсомола — за «двусмысленность», за попытки в «аллегорической форме высмеять советскую действительность». КГБ раздражало даже то, что «моральная неустойчивость отдельных людей стала весьма желательной темой некоторых работников кино и театров».

Вот отрывки из служебных записок комитета госбезопасности:

«Вызывает серьезные возражения разноречивое изображение на экране и в театре образа В.И. Ленина. В фильме «На одной планете», где роль Ленина исполняет артист Смоктуновский, Ленин выглядит весьма необычно: здесь нет Ленина-революционера, есть усталый интеллигент...»

«Трудно найти оправдание тому, что мы терпим по сути дела политически вредную линию журнала «Новый мир»... Критика журнала «Юность», по существу, никем не учитывается, и никто не делает из этого необходимых выводов. Журнал из номера в номер продолжает публиковать сомнительную продукцию...»

Разве комитету госбезопасности было поручено давать оценки театрам и литературным журналам? Но КГБ именно так понимал свою роль: шпионов было немного и содержать ради них такой огромный аппарат было бы нелепо. Андропов и пятое управление считали, что главная угроза для партийного аппарата и всей социалистической системы исходила от свободного слова.

7 февраля 1969 года Юрий Владимирович доложил в ЦК о распространении «внецензурной литературы», получившей название «самиздат»: «В последние годы среди интеллигенции и молодежи распространяются идеологически вредные материалы в виде сочинений по политическим, экономическим и философским вопросам, литературных произведений, коллективных писем в партийные и правительственные инстанции, в органы суда и прокуратуры, воспоминаний «жертв культа личности»...

Казалось бы, что же дурного в том, что молодежь задумывается над важнейшими вопросами бытия, интересуется собственной историей, обращается с вопросами к власти?

Но Андропов был уверен, что распространение подобной литературы «наносит серьезный ущерб воспитанию советских граждан, особенно интеллигенции и молодежи... Значительное число причастных к деятельности «самиздата» лиц профилактировано с помощью общественности. Несколько злостных авторов и распространителей документов, порочащих советский государственный и общественный строй, привлечены к уголовной ответственности».

1 июля 1972 года — очередной донос Андропова в ЦК:

«Комитет госбезопасности располагает данными об идейно-ущербной направленности спектакля «Под кожей статуи Свободы» по мотивам произведений Е. Евтушенко, готовящегося к постановке Ю. Любимовым в Московском театре драмы и комедии. Общественный просмотр спектакля состоялся 12 июня 1972 года.

По мнению ряда источников, в спектакле явно заметны двусмысленность в трактовке социальных проблем и смещение идейной направленности в сторону пропаганды «общечеловеческих ценностей». Как отмечают представители театральной общественности, в спектакле проявляется стремление режиссера театра Любимова к тенденциозной разработке мотивов «власть и народ», «власть и творческая личность» в применении к советской действительности...»

При этом в личном общении с творческими людьми председатель КГБ желал казаться человеком либеральным и отказывался признать, что комитет кому-то что-то запрещает.

— У меня однажды была личная встреча с Андроповым, — рассказывал Евгений Евтушенко в интервью «Московскому комсомольцу». — Я был приглашен в Америку. В Союзе писателей мне сказали, что КГБ возражает. Мне очень хотелось поехать. Я позвонил в приемную Андропова и попросился на прием. Через несколько дней он принял меня.

Евтушенко пожаловался председателю комитета госбезопасности, что его не пускают в Соединенные Штаты, ссылаясь на мнение КГБ. Андропов стал возмущаться:

— Какие же трусы в вашем Союзе писателей! Ничего не могут решить сами. Мы тут занимаемся вопросами государственной безопасности, а они хотят взвалить на наши плечи такие мелкие вопросы. Мы не возражали против вашей поездки. Это они для вас придумали, чтобы самооправдаться.

После этих слов, вспоминал Евтушенко, ему показалось, что сейчас Андропов снимет трубку, позвонит в Союз писателей и устроит разнос перестраховщикам и трусам. Однако он этого не сделал. Вместо этого Андропов перевел разговор на другую тему:

— Кстати, хочу поделиться с вами своим первым впечатлением о вас. Впервые я увидел вас на встрече с Хрущевым. Я обратил внимание на ваши глаза. Они напомнили мне глаза мальчиков из «Кружка Петефи», которые вешали коммунистов в пятьдесят шестом...

Евтушенко встал:

— Я никогда никого не хотел вешать. Моя мама коммунистка, однако она одна из честнейших людей...

20 декабря 1980 года председатель КГБ Андропов доложил в ЦК, что некоторые московские студенты намереваются провести митинг в память замечательного музыканта Джона Леннона из всемирно любимой группы «Битлз».

Никакого отношения к политике желание студентов выразить любовь к известной музыкальной группе не имело. Но как любое несанкционированное мероприятие считалось опасным для советской власти. Поэтому, успокоил Андропов товарищей по политбюро, комитетом госбезопасности «принимаются меры по выявлению инициаторов этого сборища и контролю над развитием событий».

13 июля 1981 года Андропов информировал коллег по политбюро:

«По полученным от оперативных источников данным, главный режиссер Московского театра драмы и комедии на Таганке Ю. Любимов при подготовке нового спектакля об умершем в 1980 году актере этого театра В. Высоцком пытается с тенденциозных позиций показать творческий путь Высоцкого, его взаимоотношения с органами культуры, представить актера как большого художника-«борца», якобы «незаслуженно и нарочито забытого властями»...

Мероприятия, посвященные памяти актера в месте захоронения на Ваганьковском кладбище в г. Москве и в помещении театра по окончании спектакля могут вызвать нездоровый ажиотаж со стороны почитателей Высоцкого из околотеатральной среды и создать условия для возможных проявлений антиобщественного характера».

Бывшие руководители пятого управления любят рассказывать, что они занимались аналитической работой, изучали процессы, происходившие в обществе, пытались решать сложнейшие национальные проблемы. Но сохранились документы, свидетельствующие о том, что занимались они мелкой полицейской работой.

В начале марта 1975 года Андропов оправил в ЦК записку:

«Сионистские круги в странах Запада и Израиле, используя предстоящий религиозный праздник еврейской пасхи (27 марта с. г.), организовали массовую засылку в СССР посылок с мацой (ритуальная пасхальная пища) в расчете на возбуждение националистических настроений среди советских граждан еврейского происхождения...

Учитывая это, а также то, что в настоящее время еврейские религиозные общины полностью обеспечены мацой, выпекаемой непосредственно на местах, Комитет госбезопасности считает необходимым посылки с мацой, поступающие из-за границы, конфисковывать.

В связи с этим полагаем целесообразным поручить Министерствам внешней торговли и связи СССР дать соответствующие указания таможенным и почтовым службам».

Ну не смешно ли читать это похожее на пародию послание, подписанное человеком, которому доверили отвечать за безопасность огромного государства?

Многие документы пятого управления КГБ преданы гласности, и можно непредвзято судить о том, чем оно занималось в реальности. В одном из отчетов сообщалось, например, о том, что пятое управление собирало материалы на драматурга Виктора Розова и философа Юрия Карякина, включило в состав олимпийской делегации СССР шестнадцать агентов (агентов! не охранников, то есть заботилось не о безопасности спортсменов, а собиралось следить за ними), получило информацию об обстановке в семье композитора Дмитрия Шостаковича и материалы об идейно незрелых моментах в творчестве писателя-сатирика Михаила Жванецкого, завело дело на выдающегося ученого-литературоведа Сергея Сергеевича Аверинцева, проверило советских граждан, которые имели контакты со Святославом Николаевичем Рерихом во время его приезда в СССР...

К успехам пятого управления причислялось и то, что юную спортсменку, которая должна была поехать на матч в ГДР, не пустили туда, потому что она проговорилась, что хотела бы выйти замуж за иностранца... Кроме того, сообщалось в том же документе, проверены абитуриенты, поступающие в Литературный институт имени М. Горького. На основе компрометирующих материалов к сдаче экзаменов не допущено несколько человек...

За достижение выдавался и факт публикации через своего агента в журнале «Наш современник» материала о писателе-эмигранте Льве Копелеве, разоблачающего его связи с антисоветскими центрами Запада...

Специальный отдел в пятом управлении занимался эмигрантской организацией Народно-трудовой союз (НТС).

— Насколько серьезным противником считался НТС среди сотрудников госбезопасности? — об этом я спросил еще одного бывшего сотрудника пятого управления (он не хотел, чтобы было названо его имя).

— Многие наши сотрудники в кулуарах управления говорили довольно откровенно: если бы КГБ не подкреплял НТС своей агентурой, союз давно бы развалился. А ведь прежде чем внедрять агента, его надо соответствующим образом подготовить, сделать ему диссидентское имя, позволить совершить какую-то акцию, чтобы за границей у него был авторитет. Кроме того, каждый из них должен был вывезти с собой какую-то стоящую информацию, высказать интересные идеи — плод нашего творчества. Вот и получалось, что мы подпитывали НТС и кадрами, и, так сказать, интеллектуально. Точно так же обстояло дело и с Организацией украинских националистов. Если посмотреть списки руководителей ОУН, то окажется, что чуть ли не каждый второй был нашим агентом.

— Но руководители НТС, с которыми я говорил, уверены, что, скажем, в закрытом секторе НТС агентов КГБ не было. Там все друг друга знали чуть ли не с детства.

— Они даже не представляют себе, какими сложными путями внедрялась агентура в русскую эмиграцию. Людей засылали еще до войны, а связь с ними восстанавливали через много лет, когда они абсолютно интегрировались в эмиграцию и ни у кого не могло закрасться сомнение в их надежности.

— А зачем в таком случае КГБ тратил столько сил и средств для борьбы с организацией, которая не представляла опасности?

— Засылая агентуру в Народно-трудовой союз или Организацию украинских националистов, комитет фактически обслуживал сам себя: соответствующие подразделения просто обеспечивали себе «фронт работ». И штаты пятого управления увеличивались именно потому, что засланная агентура делала тот же НТС более значительной организацией, а следовательно, для борьбы с ней требовалось усилить работу КГБ. Откровенно говоря, если бы на НТС как следует навалились в те годы, когда у комитета была абсолютная власть, с ним можно было покончить за один год. Но комитету было выгодно держать эту структуру в полудохлом состоянии: вреда от нее никакого, а комитет раздувался...

Андропов говорил, что иностранных туристов враг использует для шпионажа и идеологических диверсий, был против расширения поездок советских граждан за рубеж и возражал против эмиграции.

Зять Брежнева Юрий Михайлович Чурбанов вспоминает, что, когда обсуждался вопрос о выезде из страны, «Леонид Ильич достаточно резко сказал: «Если кому-то не нравится жить в нашей стране, то пусть они живут там, где им хорошо». Он был против того, чтобы этим людям чинили какие-то особые препятствия. Юрий Владимирович, кажется, придерживался другой точки зрения по этому вопросу...».

Главный режиссер Театра Ленком Марк Анатольевич Захаров рассказывал в газетном интервью, как в 1983 году театр поехал в Париж со спектаклем «Юнона» и «Авось». По Парижу артисты ходили только пятерками, в каждой пятерке свой руководитель. Примерно за неделю до возвращения к Захарову явился сотрудник КГБ, приставленный к артистам. В гостинице он разговаривать отказался, сказал, что могут подслушать вражеские спецслужбы. Они долго ходили по Булонскому лесу, и чекист показывал главному режиссеру список артистов, которые могут остаться во Франции. Захаров его убеждал, что никто оставаться не собирается, и оказался прав...

Ленинградский поэт Виктор Борисович Кривулин выпускал самиздатовские журналы «37» и «Северная почта». Публикации не носили политического характера, это было чисто литературное издание. Поэта стали вызывать в КГБ и предлагать:

— Если вы хотите жить нормально, сотрудничайте с нами. Или уезжайте на Запад.

В 1972 году комитет госбезопасности доложил в ЦК, что через месяц после смерти ученого-биолога и популярного писателя-фантаста Ивана Антоновича Ефремова, за которым, как выяснилось, следили, в его квартире сотрудники КГБ СССР произвели тринадцатичасовой обыск «с целью возможного обнаружения литературы антисоветского содержания».

Андропов не обошел вниманием художника Илью Сергеевича Глазунова. Но в данном случае Андропов предлагал действовать не кнутом, а пряником, далеко выходя за пределы компетенции комитета государственной безопасности.

Вот его записка в ЦК КПСС:

«С 1957 года в Москве работает художник Глазунов И.С., по-разному зарекомендовавший себя в различных слоях творческой общественности. С одной стороны, вокруг Глазунова сложился круг лиц, который его поддерживает, видя в нем одаренного художника, с другой, его считают абсолютной бездарностью, человеком, возрождающим мещанский вкус в изобразительном искусстве.

Вместе с тем Глазунов на протяжении многих лет регулярно приглашается на Запад видными общественными и государственными деятелями, которые заказывают ему свои портреты. Слава Глазунова как портретиста достаточно велика.

Он рисовал президента Финляндии Кекконена, королей Швеции и Лаоса, Индиру Ганди, Альенде, Корвалана и многих других. В ряде государств прошли его выставки, о которых были положительные отзывы зарубежной прессы. По поручению советских организаций он выезжал во Вьетнам и Чили. Сделанный там цикл картин демонстрировался на специальных выставках. Такое положение Глазунова, когда его охотно поддерживают за границей и настороженно принимают в среде советских художников, создает определенные трудности в формировании его как художника и, что еще сложнее, его мировоззрения.

Глазунов — человек без достаточно четкой политической позиции, есть, безусловно, изъяны и в его творчестве. Чаще всего он выступает как русофил, нередко скатываясь к откровенно антисемитским настроениям. Сумбурность его политических взглядов иногда не только настораживает, но и отталкивает. Его дерзкий характер, элементы зазнайства также не способствуют установлению нормальных отношений в творческой среде.

Однако отталкивать Глазунова в силу этого вряд ли целесообразно. Демонстративное непризнание его Союзом художников углубляет в Глазунове отрицательное и может привести к нежелательным последствиям, если иметь в виду, что представители Запада не только его рекламируют, но и пытаются влиять, в частности склоняя к выезду из Советского Союза.

В силу изложенного представляется необходимым внимательно рассмотреть обстановку вокруг этого художника. Может быть, было бы целесообразным привлечь его к какому-то общественному делу, в частности к созданию в Москве музея русской мебели, чего он и его окружение настойчиво добиваются. Просим рассмотреть».

Я хорошо помню, как в те времена в особняке Союза писателей РСФСР на Комсомольском проспекте собрали «актив», и полковник из пятого управления с гневом рассказывал об отдельных представителях творческой интеллигенции, которые продались Западу. Самое большое возмущение вызывал пианист Владимир Фельцман, согласившийся играть в резиденции американского посла в Москве. Писатели были признательны полковнику за доверие и откровенность и просили о самом тесном сотрудничестве и взаимодействии. Это были правильные писатели.

Неправильные думали и говорили о гибельных процессах в советском обществе.

«В брежневский застойный период, — считает академик Вячеслав Всеволодович Иванов, сын известного революционными пьесами писателя, — очень много было сделано для разрушения общественной морали, обесценивания духовных ценностей. У власти стояли циники, у которых просто не было никакой сознательной идеологии, никаких убеждений — ни коммунистических, ни каких-либо иных. Была опора на тайную полицию как на единственный аргумент. Было политическое лицемерие, набор выхолощенных якобы коммунистических штампов, подавление инакомыслия.

И это лицемерие, этот цинизм разрушили и существовавший в стране режим, и саму страну, какой она существовала в качестве СССР...»

Сколько же в стране было диссидентов, с которыми сражался огромный аппарат госбезопасности?

В 1976 году отбывал наказание 851 политический заключенный, из них 261 человек сидел за антисоветскую пропаганду. В стране насчитывалось 68 тысяч (!) «профилактированных», то есть тех, кого вызывали в органы КГБ и предупреждали, что в следующий раз их уже вызовет следователь и предъявит обвинение, за этим последуют суд и лагерь. Предупреждено, докладывал председатель КГБ в ЦК партии, появление 1800 антисоветских групп и организаций — с помощью агентуры. Иначе говоря, в стране многие тысячи готовы были действовать против советской власти?

Диссидентов сажали по двум статьям Уголовного кодекса. Более жесткая 70-я статья была принята при Хрущеве и называлась «Антисоветская агитация и пропаганда». Она предполагала суровое наказание: лишение свободы на срок от шести месяцев до семи лет. Вдобавок отправляли еще и в ссылку на срок от двух до пяти лет. Если предъявить обвиняемым было нечего, суд мог удовлетвориться просто ссылкой. Антисоветскую пропаганду Андропов называл «особо опасным государственным преступлением».

При Брежневе, 16 сентября 1966 года, указом президиума Верховного Совета РСФСР в Уголовный кодекс ввели статью 190-ю, которая устанавливала уголовное наказание «за распространение в устной и письменной форме заведомо клеветнических измышлений, порочащих советский государственный и общественный строй». Наказание — лишение свободы до трех лет, или исправительные работы до года, или штраф до ста рублей. Вроде бы статья более мягкая, чем 70-я, но по этой статье сажать можно было кого угодно...

29 декабря 1975 года Андропов прислал Брежневу обширную записку о политических заключенных. За «антисоветскую агитацию и пропаганду» в течение первых восьми андроповских лет осудили 1583 человека.

Обвиняемых по 70-й и 190-й статьям чекисты посылали на экспертизу в Институт психиатрии имени В.П. Сербского. За двадцать пять лет на экспертизу попали триста семьдесят человек, которые обвинялись по этим двум статьям. Если врачи соглашались с представителями КГБ, то вместо суда обвиняемого отправляли на принудительное лечение. Условия содержания в таких медицинских учреждениях были столь же суровыми, как и в местах лишения свободы. Принудительные медицинские процедуры — мучительными и унизительными. А для КГБ было выгоднее объявить человека шизофреником, чем судить как врага советской власти.

Анатолий Прокопенко, бывший глава Особого архива, где хранились секретные документы, в интервью газете «Труд» рассказывал:

— В докладной записке в ЦК в 1967 году председатель КГБ Андропов, генеральный прокурор Руденко и министр внутренних дел Щелоков буквально потрясли воображение членов политбюро размахом дерзких общественно опасных проявлений, совершенных, разумеется, психически больными.

В записке приводились примеры «неслыханного» вызова советской власти: это — Крысенков, пожелавший взорвать себя с помощью самодельной бомбы на Красной площади: это — некто, проникший в Мавзолей и почти расколотивший саркофаг Ильича; это — Дедюк, одержимый поисками «правды» и совершивший акт самосожжения на площади перед зданием КГБ. Авторы записки доказывали, что на такое количество опасных психических больных граждан существующих психбольниц не хватает. Вскоре психиатрический ГУЛАГ расширился еще на пять больниц.

Полковник госбезопасности Михаил Любимов, резидент внешней разведки в Дании, слышал, как Андропов убежденно говорил своим подчиненным:

— Товарищи, почти все диссиденты — больные люди.

29 апреля 1969 года Андропов отправил в ЦК предложение об использовании психиатрии для борьбы с диссидентами, после чего появилось секретное постановление Совета министров. Врачам поручили составить перечень психических заболеваний, диагностирование которых позволяло бы признавать обвиняемых невменяемыми и отправлять их в спецбольницы Министерства внутренних дел.

В 1978 году высшее партийное руководство поручило комиссии во главе с председателем Совета министров Алексеем Николаевичем Косыгиным изучить психическое состояние советского общества. Комиссия пришла к выводу, что «за последние годы число психических больных увеличивается». Вывод: необходимо, кроме восьмидесяти обычных психиатрических больниц, построить еще восемь специальных.

Конец политической психиатрии наступил только при Горбачеве, в 1988 году, когда в ведение Министерства здравоохранения из МВД передали шестнадцать тюремных психбольниц, а пять вообще закрыли. С психиатрического учета спешно сняли около восьмисот тысяч пациентов...

При этом Юрий Владимирович отнюдь не хотел войти в историю душителем свободы, поэтому распространялись слухи о том, что Андропов в душе либерал и покровитель искусств.

— Как-то из ЦК пришло представление на награждение орденами группы актеров и режиссеров, — вспоминает его помощник Игорь Синицын. — В списке был и Юрий Петрович Любимов. Андропов написал против его фамилии — «нет». Я удивился и говорю: «Юрий Владимирович, ведь сразу же станет известно, что именно вы вычеркнули Любимова». Он сразу же зачеркнул свое «нет» и написал: «согласен».

7 января 1974 года на политбюро обсуждалась судьба писателя Александра Исаевича Солженицына. Работа над документальным исследованием «Архипелаг ГУЛАГ» — о системе террора в Советском Союзе — переполнила чащу терпения членов политбюро. Они больше не желали видеть Солженицына на свободе. Рассматривались два варианта — посадить или выслать из страны. Члены политбюро склонялись к первому варианту, но окончательное решение отложили. Брежнев с Андроповым пришли к выводу, что избавиться от писателя проще, чем его сажать.

7 февраля Андропов написал Брежневу:

«Если же по каким-либо причинам мероприятие по выдворению Солженицына сорвется, мне думается, что следовало бы не позднее 15 февраля возбудить против него уголовное дело (с арестом). Прокуратура к этому готова».

12 февраля Солженицына арестовали. Ему предъявили обвинение в измене родине. На следующий день его лишили советского гражданства и выслали в ФРГ.

Академику Чазову приятно возбужденный Андропов сказал:

— Вы знаете, у нас большая радость. Нам удалось отправить на Запад Солженицына. Спасибо немцам, они нам очень помогли.

Председатель КГБ радовался, а позор для страны был невероятный. Солженицын к тому времени превратился в самого знаменитого советского писателя.

Что касается академика Андрея Дмитриевича Сахарова, ставшего диссидентом, то Андропов в своем кругу говорил, что с удовольствием бы и от него отделался. Чазов писал, что предлагал выпустить Сахарова за границу лечиться.

Андропов раздраженно ответил:

— Это был бы лучший вариант для нас, для меня в первую очередь. Но есть официальное заключение министра среднего машиностроения Славского и президента Академии наук Александрова о том, что Сахаров продолжает оставаться носителем государственной тайны и его выезд за рубеж нежелателен. Переступить через эту бумагу никто не хочет и я не могу.

Академика Сахарова отправили в ссылку, где над ним измывались. А ведь этот человек один сделал для страны больше, чем вся армия чекистов и цекистов, которые преследовали его многие годы и укоротили его жизнь. Он всегда оставался патриотом и думал об интересах отчизны. Однажды на квартире Сахарова зашел разговор об атомных делах, вспоминал его коллега-физик Лев Владимирович Альтшулер. Когда-то они вместе работали над созданием ядерного оружия.

— Давайте отойдем от этой темы, — сказал Андрей Сахаров. — Я имею допуск к секретной информации. Вы тоже. Но те, кто нас сейчас подслушивает, не имеют. Будем говорить о другом.

Многие годы идет спор: кому же мы обязаны водородной бомбой? Андрею Дмитриевичу Сахарову? Или все же советской разведке, которая годами крала американские атомные секреты?

Первым о возможности создания термоядерного оружия еще в 1942 году заговорил бежавший из фашистской Италии в Америку нобелевский лауреат Энрико Ферми. Своей идеей он поделился с человеком, которому суждено было воплотить ее в жизнь, — американцем Эдвардом

Теллером. А в научной группе Теллера работал немецкий физик-коммунист Клаус Фукс, агент советской разведки.

Сведения о работах Теллера поступили в Москву. Изучение этих материалов было поручено Якову Борисовичу Зельдовичу, будущему академику и трижды Герою Социалистического Труда.

В чем принцип действия термоядерного оружия?

Атомная энергия освобождается при распаде составных частей атомного ядра. Для этого плутонию придавали форму шара и окружали химической взрывчаткой, которую взрывали одновременно в тридцати двух точках. Синхронизированный взрыв мгновенно сдавливал ядерные материалы, и начиналась цепная реакция распада атомных ядер.

В основе термоядерной или водородной бомбы лежит обратный процесс — синтез, образование ядер тяжелых элементов путем слияния ядер более легких элементов. При этом выделяется несравнимо большая энергия. Такой синтез происходит на Солнце — правда, при температурах в десятки миллионов градусов. Главная проблема состояла в том, как повторить такие условия на Земле. Эдвард Теллер первым пришел к мысли, что в качестве запала для водородной бомбы можно использовать энергию атомного взрыва.

Гигантские температуры, которые возникают при термоядерных реакциях, исключали возможность эксперимента. Это была работа для математиков. В Соединенных Штатах уже вовсю пользовались первыми компьютерами. В Советском Союзе кибернетика была признана буржуазной псевдонаукой, поэтому все расчеты делались на бумаге. Этой работой заняли чуть ли не всех советских математиков.

Расчеты показали Зельдовичу, что предложенная Эдвардом Теллером конструкция водородной бомбы не работает: не удавалось создать такую температуру и так сжать изотопы водорода, чтобы началась самопроизвольная реакция синтеза. На этом работы вполне могли прекратиться. Тем более что Клаус Фукс уже был арестован за шпионаж, и Москва лишилась информации о том, что же происходит у американцев.

Но тут в Арзамас-16 прислали молодого физика Андрея Дмитриевича Сахарова. Он и решил эту задачу. Такие озарения случаются только с гениями и только в молодом возрасте. Причем Сахаров не хотел заниматься ядерным оружием. Его интересовала только теоретическая физика. Андрей Сахаров с помощью еще одного будущего академика Виталия Гинзбурга придумал иную конструкцию водородной бомбы, которая вошла в историю науки как «сферическая слойка». У Сахарова изотоп водорода располагался не отдельно, а слоями внутри плутониевого заряда. Поэтому ядерный взрыв позволял достичь и температуры, и давления, необходимых для того, чтобы началась термоядерная реакция. Водородную бомбу испытали в августе 1953 года.

Взрыв получился и в самом деле куда сильнее атомного. Впечатление было страшным, разрушения чудовищными. Но сахаровская «слойка» была ограниченной по мощности. Поэтому вскоре Сахаров и Зельдович придумали новую бомбу.

Андрей Сахаров вооружил нашу страну самым разрушительным в человеческой истории оружием. Советский Союз превратился в супердержаву, а в мире установилось равновесие страха, которое спасло нас от третьей мировой войны. За свои заслуги Сахаров был избран в Академию наук. Он получил три «Звезды» Героя Социалистического Труда, Сталинскую и Ленинскую премии — по закрытому списку, разумеется. Дважды Герою полагалось ставить памятник на родине, трижды Герою еще и в Москве, но само его имя было большим секретом.

Он работал над созданием водородного оружия до тех пор, пока в этой сфере были задачи для физика его уровня. Но когда эти задачи были решены, его гениальный мозг занялся другими проблемами. После создания водородного оружия академик Сахаров оказался в узком кругу самых ценных для государства ученых. Этих имен было совсем немного — Курчатов, Харитон, Келдыш, Королев... Этим людям государство обеспечивало сказочную — по тем временам — жизнь, создавая все условия для плодотворной работы. С ними были вежливы, любезны и предупредительны высшие чиновники государства. Они могли запросто позвонить Хрущеву, а потом Брежневу и знали, что их внимательно выслушают, что к ним прислушаются. И все они осознавали свое уникальное положение, ценили не только материальные блага, но прежде всего возможность заниматься любимым делом, большой наукой, ценили то, что ради реализации их научных идей создавались целые научные учреждения и государство не жалело ни денег, ни ресурсов. Это ценили абсолютно все — кроме Сахарова.

Андрей Дмитриевич был поразительно равнодушен к материальным благам. Огромные — по тем понятиям — деньги, полученные в виде многочисленных премий, он передал — половину Красному Кресту, а половину — на строительство онкологического центра. Ему даже спасибо за это не сказали. Напротив, у начальства это вызвало непонимание и недовольство. Легко и просто Сахаров отказался от своего высокого положения, должности, машины с шофером, от поликлиники для начальства. Его совершенно не интересовали почести и слава, что так важно для всех остальных.

Его волновало другое. Он первым заговорил о том, какую опасность представляет созданное им оружие. Одни только испытания термоядерного оружия наносят непоправимый ущерб человечеству. А уже дальше он задумался над несправедливостью окружающего мира и понял, что он не может стоять в стороне, когда власть так цинично и равнодушно относится к собственному народу, а те, кто осмеливается протестовать, оказываются в тюрьме или в психиатрической клинике.

Он мог бы схитрить, как хитрили многие его коллеги, которые, как и он, возмущались тем, что видели, но не хотели ссориться с властью. И добивались своего лукавством, зная, как вести себя с начальством. Сахаров был человеком прямым и откровенным.

Целые подразделения КГБ отрядили сражаться с академиком. Они следили за каждым его шагом, записывали все его разговоры, окружили осведомителями, крали его рукописи. Работы не было, чекисты ее выдумывали, чтобы доказать начальству, какие они умелые и полезные и от какого опасного врага они защищают социалистическую родину. Сахаров писал письмо Брежневу, сдавал его в приемную президиума Верховного Совета, а Андропов докладывал в ЦК, что его чекисты сумели перехватить этот опасный документ...

Все поведение Сахарова оставалось непонятным для власти. И в ЦК, и в КГБ искренне полагали, что он, как незрелый подросток, попал под дурное влияние. И в рассекреченных документах КГБ это все написано. Чекисты во главе с Андроповым следили за Сахаровым многие годы, но так и не разобрались в нем, все валили на его жену — Елену Георгиевну Боннэр. Исходили из того, что без нее он бы ничем, кроме физики, не занимался. Его сослали в Горький, подальше от чужих глаз, и многие были бы рады, если бы он вообще оттуда не вернулся...

МАСОНЫ, ФАШИСТЫ И ГОСБЕЗОПАСНОСТЬ

«Сигналы о политически вредных либо «антисоветских проявлениях», как тогда говорили, имели в основном бытовую основу, — писал офицер А.Н. Симонов, работавший в ярославском областном управлении госбезопасности в пятом управлении. — А мне, как молодому оперативнику, хотелось почувствовать настоящего противника, увидеть его воочию. Поэтому на первых порах, освоив уйму литературы, я был в некоторой растерянности: где же он, этот самый идеологический диверсант, который подрывает наш строй?»

Обнаружить диверсантов ярославскому чекисту так и не удалось. Но опасных для общества людей он нашел.

«Наиболее серьезным делом, — рассказывал Симонов, — которое удалось реализовать нашему отделению, стала ликвидация так называемой РОНС — Рыбинской организации национал-социалистов.

В 1982 году среди рыбинской молодежи был зафиксирован повышенный интерес к идеям национал-социализма. Даже не столько к идеям, сколько к символике и некоторым наиболее одиозным стереотипам поведения: маршировке, фашистским приветствиям, написанию профашистских лозунгов, самодельным значкам. На стенах домов периодически появлялись профашистские надписи и свастика.

Через некоторое время удалось выявить молодежную профашистскую группу, которую возглавлял молодой парень, провалившийся на экзаменах в военное училище. Группа — около двадцати человек — находилась в стадии формирования, но увлечение фашистскими идеями, пусть даже в примитивном виде, становилось массовым...»

Появление фашистов в стране, которая в Великую Отечественную разгромила гитлеровскую Германию, казалось немыслимым. Но о создании группок молодых и не очень молодых фашистов сигнализировали не только ярославские чекисты.

Слепое подражание гитлеровцам — использование свастики, крики «Хайль Гитлер!» — было достаточно маргинальным. Зато распространение откровенно нацистских идей приняло достаточно серьезный и масштабный характер. Люди, которые придерживались таких взглядов, поначалу с возмущением отвергали любое сравнение с германским национальным социализмом. Позже они почувствовали себя увереннее и стали довольно откровенно говорить, что в конце концов Гитлер делал и кое-что разумное для своего народа, например, строил хорошие дороги и уничтожал евреев.

Фашистские книги, антисемитская литература стали проникать в нашу страну с середины шестидесятых годов, сначала считаными экземплярами, плохонькими ксероксами, и только потом хлынули мощным потоком. Идеологический и биологический антисемитизм находил «научную» основу и в самой России — сохранились же предреволюционные погромные книжки и брошюры. Но на них лежала печать глубокой старины. А новыми антисемитами становились достаточно молодые и образованные люди. Они жаждали современного слова. И нашли его за границей.

Определенная часть русской эмиграции все эти годы переводила на русский язык и издавала крохотными тиражами гигантскую библиотеку современной антисемитской литературы. В двадцатых годах именно русские эмигранты подарили немецкому национальному социализму «Протоколы сионских мудрецов» и всю идеологию насильственного решения «еврейского вопроса». Потом немцы с лихвой вернули этот долг. Но не только немцы. По всему миру существуют профессиональные антисемиты, которые в силу той или иной причины посвятили себя борьбе с евреями («мировым еврейским заговором», «сионистской опасностью» и так далее). Понемножку некоторые эмигранты переводили это богатство на русский язык. Когда советских людей стали пускать за границу, появились и читатели.

В стерильной атмосфере советского общества антисемитские книги производили сильное впечатление на тех, кто был предрасположен к такого рода мыслям. Помимо литературного, диссидентского самиздата в Советском Союзе образовался и антисемитский самиздат. Из его авторов и читателей и сформировалось сообщество, которое по-настоящему объединяло только одно — антисемитизм.

Появилась и окрепла группа, которую в служебных документах КГБ именовали «русской партией» или «руситами» (малообразованные сотрудники пятого управления, видимо, не подозревали, что руситы — научное понятие, обозначающее специалистов по русской литературе и языку). В «русскую партию» вошли люди, считавшие, что в Советском Союзе в угоду другим национальностям ущемляются права русских. В этой группе были люди, искренне переживавшие за Россию, ученые, писатели и художники, выступавшие против запретов в изучении отечественной истории и культуры. Но тон задавали партийные и комсомольские функционеры средней руки, которые считали себя обделенными в смысле постов и должностей. Они доказывали, что евреи и те, кто им покровительствует, занимают слишком заметное положение в обществе.

«До конца шестидесятых годов, — пишет философ и публицист Григорий Померанц, — я смотрел на новое почвенничество как на выдумку, спекуляцию, удачно найденную форму полунезависимости, полурептильности и дозволенной фронды в рамках черной полосы официального спектра».

К началу семидесятых годов в «русской партии» стали заметны последовательные антикоммунисты, те, кто отвергал не только Октябрьскую, но и Февральскую революцию. Они считали, что 1917 год устроило мировое еврейство, чтобы уничтожить Россию и русскую культуру. Многие активисты этого движения выросли на откровенно фашистской литературе, скажем на «Протоколах сионских мудрецов», которые были признаны фальшивкой повсюду, кроме нацистской Германии, где вошли в основной арсенал пропагандистской литературы. Через несколько десятилетий после разгрома нацистской Германии «Протоколы» начали активно распространяться в России.

Валерий Николаевич Ганичев, который руководил отделом культуры ЦК ВЛКСМ, а затем был назначен главным редактором «Комсомольской правды», рассказал, что «Протоколы сионских мудрецов» он получил от художника Ильи Глазунова. Заведующий отделом ЦК комсомола читал антисемитскую литературу, «и многое становилось ясным».

«В этот период, в 1962—1964 годы, — рассказывал Ганичев в газетном интервью, — фактически начинало утверждаться русское национальное мировоззрение. До этого оно удерживалось в рамках военно-патриотического движения. И вдруг осозналось шире, как государственное мировоззрение».

Активисты «русской партии» составляли списки евреев среди деятелей литературы и культуры. Причем они руководствовались нацистской методологией — «выявляли» и тех, у кого был лишь небольшой процент еврейской крови, и тех, кто был женат на еврейках. То, что на территории Европы после мая сорок пятого считалось преступным и немыслимым, пустило крепкие корни в советском обществе.

Русские националисты имели высоких покровителей и называли имена членов политбюро, которые им симпатизировали. Председателя КГБ они числили среди своих врагов.

«Для меня не ясна роль Суслова во всем этом движении, — говорит Ганичев. — Или он был чистый аппаратчик, и не более. Иные считают его масоном. Не знаю. Андропов ненавидел русскую партию и боялся ее... Особенно борьба обострилась с приходом к власти Юрия Андропова — яростного русофоба. Михаил Александрович Шолохов мне рассказывал, как написал записку в ЦК о положении русского народа, об отсутствии защитников его интересов в правительстве, в ЦК, в любых государственных структурах. Суслов и Андропов эту записку замотали...»

Русские националисты составили список претензий к председателю КГБ Андропову. Одна из них — снос Дома Ипатьева.

В самом центре Свердловска находился дом купца Ипатьева, в котором провели последние дни своей жизни отрекшийся от трона император Николай II и его семья. Здесь они и были расстреляны в июле 1918 года. Когда-то в этот дом водили на экскурсии пионеров и иностранных гостей — расстрелом врагов трудового народа гордились. Потом настроения в обществе поменялись, возник неподдельный интерес к старой России, к императорской семье. Идеологическое и чекистское начальство забеспокоилось: дом Ипатьева превращается в объект поклонения.

26 июля 1975 года председатель КГБ Юрий Андропов написал записку в ЦК КПСС:

«Антисоветскими кругами на Западе периодически инспирируются различного рода пропагандистские кампании вокруг царской семьи Романовых, и в этой связи нередко упоминается бывший особняк купца Ипатьева в городе Свердловске. Дом Ипатьева продолжает стоять в центре города...

Представляется целесообразным поручить Свердловскому обкому партии решить вопрос о сносе особняка в порядке плановой реконструкции города».

4 августа политбюро одобрило записку Андропова и поручило «Свердловскому обкому КПСС решить вопрос о сносе особняка Ипатьева в порядке плановой реконструкции города». Решение было исполнено только через два года. Предшественник Ельцина на посту первого секретаря Яков Петрович Рябов утверждает, что постановление политбюро давно было получено в обкоме, но он не спешил его выполнить, потому что краеведы хотели сохранить дом как памятник истории. А Ельцин, напротив, проявил инициативу и снес дом. Борис Николаевич потом рассказывал, что на него Москва сильно давила, что он дважды отказывался исполнить приказ о сносе Дома Ипатьева, а потом все-таки капитулировал.

Литературный критик Михаил Лобанов возненавидел Андропова за то, что по указанию председателя КГБ ему «устроили идеологическую порку с нешуточными политическими обвинениями».

«Андропов, — рассказывал Лобанов в газетном интервью, — будучи председателем КГБ, в своих донесениях в ЦК именовал нас «русистами», вкладывая в это слово нелестный для нас смысл. «Духовными аристократами» он называл, по словам Бурлацкого, своих советников, консультантов — того же Бурлацкого, Арбатова, Бовина и так далее. В глазах этой идеологической обслуги мы были, конечно, шовинистами, фашистами. Но сама их биография, их роль в разрушении государства показывает, что за «духовные аристократы» окружали Андропова...»

Лобанов имел в виду рассекреченную записку председателя КГБ.

28 марта 1981 года Андропов сообщал в ЦК:

«За последнее время в Москве и ряде других городов страны появилась новая тенденция в настроениях некоторой части научной и творческой интеллигенции, именующей себя «руситами». Под лозунгом защиты русских национальных традиций они по существу занимаются активной антисоветской деятельностью. Развитие этой тенденции активно подстрекается и поощряется зарубежными идеологическими центрами, антисоветскими эмигрантскими организациями и буржуазными средствами массовой информации...

Противник рассматривает этих лиц как силу, способную оживить антиобщественную деятельность в Советском Союзе на новой основе. Подчеркивается при этом, что указанная деятельность имеет место в иной, более важной среде, нежели потерпевшие разгром и дискредитировавшие себя в глазах общественного мнения так называемые «правозащитники».

Изучение обстановки среди «руситов» показывает, что круг их сторонников расширяется и, несмотря на неоднородность, обретает организационную форму... К «руситам» причисляют себя и разного рода карьеристы и неудачники, отдельные из которых нередко скатываются на путь антисоветской деятельности».

Последнее замечание было, надо понимать, самым неприятным для националистов. Меньше всего им хотелось, чтобы их называли карьеристами и неудачниками, хотя в данном случае офицеры пятого управления недалеки от истины.

«Руситы», говоря языком пятого управления, винили инородцев в бедственном положении России, но прежде всего заботились о собственной комфортной жизни.

В апреле 1969 года уже упоминавшийся Валерий Ганичев, поэт Владимир Фирсов, прозаик Владимир Чивилихин и директор одного болгарского издательства приехали в гости к Михаилу Шолохову.

«Стол был по-русски щедро завален едой, — записал в дневнике Чивилихин, — и все так вкусно, что я давно не едал ни такого поросенка, ни огурчиков, ни рыбца, ни холодца».

Пили патриотически настроенные писатели «Курвуазье» и «Мартель». Заговорили о сложной ситуации в стране, о бедственном положении людей. Шолохов сказал:

— С мясом плохо в стране, товарищи. Рассказывают, что народ по тарелкам ложками стучит в столовых рабочих кое-где. Это еще ничего! А вот если не по тарелкам да не ложками начнут стучать, тогда они, — он кивнул в потолок, — почувствуют.

И без перехода обратился к Фирсову и Чивилихину:

— Да вы пейте, пейте, это же французский коньяк, лучший. Вы это ведь, говорят, умеете делать.

Борьба с евреями стала методом завоевания места под солнцем. Главной целью было оттеснить конкурентов, захватить хлебные должности и распределять теплые местечки среди своих. Даже в своем кругу менее талантливые пытались утопить более талантливых.

Новый главный редактор «Молодой гвардии» Анатолий Степанович Иванов пришел к заместителю заведующего отделом культуры ЦК Альберту Андреевичу Беляеву с жалобой:

— Присудили Валентину Распутину Государственную премию. А разве надо было повесть о дезертире так поддерживать? На чем воспитывать патриотизм у молодежи будем? Разве дезертир может служить примером любви к родине?

Похоже, за этими рассуждениями о патриотизме стояла простая обида: почему премию дали ему, а не мне?

Известный литературный критик Игорь Александрович Дедков, который жил в Костроме, побывав в одном московском издательстве, записал в дневнике:

«Вот оно — русское, национальное издательство. Нигде в Москве (в редакциях) я не чувствовал себя так плохо, как у них. Они не умеют уважать людей и не хотят уважать их; они не скрывают своего безразличия к «чужим», они любят только «своих», и к этой любви примешана корысть. Вот и все принципы; им бы «кулачное право» вместо всех прочих прав, и тогда бы они навели порядок и выяснили бы ваш состав крови и наличие еврейской примеси».

И добавил с горечью: «Вся их пресловутая русская партия пронизана духом торгашества, то есть беспринципна, пронизана стремлением к должностям, карьере, заражена куплей-продажей, приятельством и прочим».

Расистские настроения охватили и партийный аппарат. Игоря Дедкова сватали на работу в журнал «Проблемы мира и социализма», который издавался коммунистическими партиями и выходил в Праге. Он записал в дневнике в январе 1979 года:

«Когда был в Цека на приеме у К. Зародова, шеф-редактора «Проблем мира и социализма», он спросил меня, кто по национальности моя жена?

— Кто вы, я вижу, — сказал он, — а кто она?

Пришлось рассказать и успокоить».

Упомянутый Дедковым Константин Иванович Зародов, крупный идеологический чиновник, кандидат в члены ЦК КПСС, до перевода в журнал был первым заместителем главного редактора «Правды».

Ненавидящие Запад русские антисемиты на самом деле страдают комплексом неполноценности по отношению ко всему иностранному. В советские времена столпы отечественного антизападничества всеми правдами и неправдами выбивали себе зарубежные командировки, ездили за границу с консервами и кипятильниками, варили суп в гостиничном умывальнике, чтобы не потратить зря ни одного драгоценного доллара, прикупить побольше того, что произведено на бездуховном Западе.

Они объединялись в тесные группы, создавая своеобразные масонские ложи, куда чужих не пускали. Такими масонскими ложами стали в семидесятых годах редакции некоторых литературных журналов и книжных издательств, где печатали и издавали только своих. Они ненавидели тех сотрудников аппарата ЦК и КГБ, которые не являлись их полными единомышленниками. И считали, что причина недоброжелательности Андропова лично к ним — его еврейское происхождение.

«10 ноября 1982 года умер Брежнев, — записал в дневнике Михаил Лобанов. — Через день я пришел в Литинститут, чтобы оттуда вместе с другими (обязаны!) идти в Колонный зал для прощания с покойным.

На кафедре творчества я увидел Валентина Сидорова, — как и я, он работал руководителем семинара. Он стоял у стола, более чем всегда ссутулившийся, отвислые губы подрагивали. «Пришел к власти сионист», — поглядывая на дверь, ведущую в коридор, вполголоса произнес он и добавил, что этого и надо было ожидать при вечной взаимной русской розни...

Андропов. Теперь Андропов! Что нас ждет? И что ждет меня после моей статьи, уже вышедшей в свет? Взгляд сквозь очки — строго испытующий, со зловещинкой».

Когда Андропов перешел в ЦК, на приеме у него побывал председатель Госкомитета по делам полиграфии, издательств и книжной торговли Борис Стукалин (вскоре его опять возьмут в ЦК).

«Сначала он слушал внимательно, — вспоминал Стукалин. — Но я ощущал на себе его прощупывающий, колючий взгляд, выражавший какое-то нетерпение».

Андропов резко и раздраженно высказался о книге Сергея Семанова, одного из тех, кого причисляли к «русской партии»:

— Книга антиисторична, опирается на ложные концепции. Автор с большой симпатией пишет о царе-батюшке.

«Юрий Владимирович, — писал Стукалин, — назвал поведение Семанова провокационным, возбуждающим антисемитские настроения. Вот в чем, оказывается, была истинная причина столь негативной оценки книги!..

Он очень остро, даже болезненно реагировал на проявления антисемитизма (хотя для этого серьезных оснований, на мой взгляд, не было), но я не слышал, чтобы даже в мягкой форме он осуждал просионистские, деструктивные по своей сути настроения известных деятелей литературы, науки, искусства».

Борис Иванович Стукалин, видимо, не имел возможности вникнуть в работу пятого управления КГБ, в состав которого входил целый отдел «по борьбе с сионизмом». Он напрасно подозревал Юрия Владимировича в защите «сионистов». Именно Андропов санкционировал распространение в стране националистических и черносотенных настроений, хотя не мог не понимать, что они подрывают официальную идеологию.

КГБ начал эту кампанию с помощью доктора исторических наук Николая Яковлева. В 1974 году в издательстве «Молодая гвардия» вышла его книжка «1 августа 1914 года». Историки-марксисты схватились за голову. В журнале «Вопросы истории КПСС» подготовили разгромную рецензию, где говорилось о «фальсификации ленинских взглядов». В последний момент пришло указание снять статью из готового номера. Историки не могли понять, кому же под силу опрокинуть советскую историческую науку?

«Появлением этой книги, — писал Николай Яковлев, — российская историческая наука обязана Ю.В. Андропову, начатым им и незавершенным политическим процессам».

Тут надо сделать небольшое отступление и рассказать историю самого Яковлева.

Постановлением Совета министров от 31 декабря 1951 года заместитель военного министра маршал артиллерии Николай Дмитриевич Яковлев был снят с должности. Вместе со своими подчиненными, ведавшими принятием на вооружение новых артиллерийских систем, он был обвинен в том, что закрыл глаза на недостатки новых 57-мм автоматических зенитных пушек.

В конце февраля 1952-го его арестовали.

Досталось и сыну маршала. Николай Яковлев-младший, который работал в отделе США Министерства иностранных дел, тоже был арестован и просидел около года. Смерть Сталина принесла свободу и отцу, и сыну. Одно из первых решений министра внутренних дел Берии — отпустить всех, кто был арестован по делу маршала Яковлева. Но страх остался. До самой смерти напуганный Сталиным главный артиллерист страны по-дружески советовал коллегам:

— Прежде чем подписать бумагу, убедись, что если из-за нее начнут сажать в тюрьму, то ты будешь в конце списка.

Арест не прошел для Яковлева-младшего бесследно. Николай Николаевич занимался историей, защитил докторскую диссертацию. Но считал, что ему не доверяют. Он обратился за помощью к человеку, который помнил его отца, — секретарю ЦК по военной промышленности Дмитрию Федоровичу Устинову. Тот переадресовал Яковлева к Андропову.

Председатель КГБ принял историка.

«Любезный и обходительный Андропов, — вспоминал Яковлев, — не стал слушать моих жалоб (эти пустяки отметем?!), а затеял разговор о жизни».

Потом переправил Яковлева начальнику пятого управления генералу Бобкову, который произвел на Николая Николаевича неизгладимое впечатление:

«Никогда не встречал лучше осведомленного человека, обладавшего такими громадными познаниями, невероятной, сказочной памятью. Его никогда нельзя было застать врасплох, на любой вопрос следовал четкий, исчерпывающий ответ».

И с той поры Яковлев стал захаживать на Лубянку, беседовать с Андроповым и Бобковым. Как человек, напуганный госбезопасностью и всю жизнь ожидавший нового ареста и обыска, он инстинктивно искал защиты у чекистов. Надеялся, что одни чекисты (умные и здравомыслящие) спасут его от других (костоломов).

О чем же беседовал с Яковлевым председатель КГБ?

«Юрий Владимирович, — писал Яковлев, — вывел, что извечная российская традиция — противостояние гражданского общества власти — в наши дни нарастает. Чем это обернулось к 1917 году для политической стабильности страны, не стоит объяснять.

С пятидесятых тот же процесс, но с иным знаком стремительно набирал силу. Объявились диссиденты. Андропов многократно повторял мне, что дело не в демократии, он первый стоит за нее, а в том, что позывы к демократии неизбежно вели к развалу традиционного российского государства. И не потому, что диссиденты были злодеями сами по себе, а потому, что в обстановке противостояния в мире они содействовали нашим недоброжелателям, открывая двери для вмешательства Запада во внутренние проблемы нашей страны».

Если бы профессор Яковлев изучал не американскую историю, а отечественную, он бы увидел, что такие же беседы российские жандармы вели с революционерами. Иногда они преуспевали — тогда революционер соглашался сотрудничать с полицией. Конечно, для этого нужна некая предрасположенность: не только страх перед властью, но ненависть и зависть к окружающим, комплекс недооцененности, желание занять место в первом ряду...

Судя по записям Яковлева, из Андропова, хоть он и дня не был на оперативной работе, мог бы получиться вполне успешный вербовщик.

«Председатель, посверкивая очками, — писал Яковлев, — в ослепительно-белоснежной рубашке, щегольских подтяжках много и со смаком говорил об идеологии. Он настаивал, что нужно остановить сползание к анархии в делах духовных, ибо за ним неизбежны раздоры в делах государственных. Причем делать это должны конкретные люди, а не путем публикации анонимных редакционных статей. Им не верят. Нужны книги, и книги должного направления, написанные достойными людьми».

Андропов, соблазняя Яковлева, рассказал, что Иван Тургенев работал на разведку, что политическим сыском занимались Виссарион Белинский и Федор Достоевский.

После долгих бесед с Андроповым и генералом Бобковым, начальником пятого управления КГБ, Яковлев написал книгу «1 августа 1914 года». В ней Февральская революция и свержение монархии изображались как заговор масонов, ненавидящих Россию и решивших погубить великую державу.

Все материалы о мнимых кознях масонов, в том числе фальсифицированные чекистами протоколы допросов бывших деятелей Временного правительства, автору вручил генерал Бобков. Вот таким образом КГБ осуществил идеологическую операцию, нацеленную на «укрепление мнимо-оппозиционной национал-коммунистической альтернативы диссидентству, пропагандировавшему демократические и общечеловеческие ценности» (см. журнал «Вопросы истории», 1998, № 11—12). Андропов, став главой партии и государства, распорядился издать книгу Яковлева огромными тиражами, в том числе перевести на языки союзных республик.

Книга Николая Яковлева была сигналом к тому, что можно смело винить во всех бедах России масонов и евреев и что такая трактовка поддерживается высшим начальством. Критиковать книгу Яковлева не позволялось. В обществе проснулся интерес к таинственным масонам. Конечно, не всякий историк мог позволить себе участвовать в столь низкопробной кампании и подыгрывать черносотенцам и антисемитам. Но желающие нашлись.

Цель, которую преследовали Андропов и Бобков, была достигнута: общество отвлеклось от обсуждения жизненно важных проблем страны, оказавшейся в бедственном положении, и занялось увлекательным делом: выяснением, кто из деятелей нашей истории был евреем и масоном. Попутно людям втолковывали, что диссидент, либерал, демократ, пацифист, еврей не может быть патриотом России.

Характерно, что Николай Яковлев так и остался невыездным. За границу руководитель КГБ его не пускал. Употребить свою власть на то, чтобы снять с историка нелепый навет, Андропов не захотел. Во-первых, чиновник в принципе не любит ничего разрешать. Это опасно. Во-вторых, с людьми, которые висят на крючке, проще работать.

Весной 1980 года вышло первое издание толстенной книги Яковлева «ЦРУ против СССР». Во втором издании автор добавил страницы о Сахарове и его жене, которые порядочные люди сочли гнусными. Надо иметь в виду, что Сахаров при всей своей интеллигентности и мягкости не был слюнтяем, а вполне мог дать сдачи и не прощал подлости. Когда Яковлев приехал в Горький и пришел к Сахарову, видимо, чтобы обогатить переиздание своей книги новыми деталями, то Андрей Дмитриевич дал ему звонкую пощечину и выставил из квартиры...

Замечательная писательница и очень честный человек Лидия Корнеевна Чуковская реагировала по-своему:

— Как мог Андрей Дмитриевич позволить себе дотронуться до него рукой?

В КГБ Андропову открылось множество проблем, скрытых от обычных граждан, в том числе национальных. Острота их была ему понятна.

«В 60—70-х годах, — пишет бывший сотрудник пятого управления Анатолий Ильич Шиверских, дослужившийся до генерала, — в национальных республиках вышло большое количество трудов по истории населявших их народов. Отличительной чертой данных изданий стало принижение или искажение истории соседей... В советское время страсти вокруг территориальных притязаний накалялись до такой степени, что порой могли вылиться в массовые беспорядки... Нам рекомендовалось искать «источники» в республиках из числа местных национальных авторитетных лиц. Если перевести сказанное на оперативный язык, значит приобретать «агентов влияния».

Однажды начальник разведки ГДР генерал-полковник Маркус Вольф прилетел в Москву за помощью. Он хотел вызволить из неволи своего агента Гюнтера Гийома, арестованного контрразведкой ФРГ. Западные страны готовы были на обмен заключенными, но требовали, чтобы Москва отпустила Анатолия Щаранского, физика, который упорно добивался выезда в Израиль. Но Щаранского чекисты обвинили в шпионаже и дали ему большой срок.

Маркус Вольф попытался убедить Андропова отпустить Щаранского, но председатель КГБ наотрез отказался это делать.

— Товарищ Вольф, — сказал Андропов, — разве вы не понимаете, что произойдет, если мы дадим такой сигнал? Этот человек шпион, но еще важнее то, что он еврей и выступает в защиту евреев. Если мы освободим Щаранского, борца за права евреев, то и другие народности могут последовать этому примеру. Кто будет следующим? Немцы Поволжья? Крымские татары? Калмыки? Чеченцы? Если мы откроем все клапаны и народ начнет вываливать все свои беды и претензии, нас захлестнет эта лавина и мы не сможем ее сдержать.

«Он сознавал, что любой национализм, — вспоминал его помощник Виктор Шарапов, — русский, украинский, казахский, киргизский, грузинский — представляет угрозу для единства нашего многонационального государства. Он исходил не из национального, а из общеполитического подхода — наносит это ущерб государству или нет, и для него было важно не кто, а что делает...»

В реальности Андропов и офицеры пятого управления чувствовали, что теряют контроль, и не только над либеральной частью общества, но и над противоположным флангом, который ненавидел режим за нарушение вековых традиций. Причем аппарат не знал, как быть с этим флангом. Критиковать не хотелось — вроде как свои.

По рукам били только тех, кто выходил за рамки, позволял себе то, что аппарат разрешать не хотел. Наказывали тех, кто пытался создать нечто вроде организации, и тех, кто говорил, что Брежнева нужно убрать из Кремля, потому что «у него жена еврейка». Нападки на генерального секретаря не прощались. Тут Андропов был непреклонен.

Все остальное дозволялось.

«Отмечали в Вологде юбилей Василия Ивановича Белова — его пятидесятилетие, — рассказывал литературный критик Олег Михайлов. — После торжественной части в областном театре, застолья в каком-то большом помещении (кажется, в обкомовской столовой) собрались на другой день у него дома. Тосты. Разговоры.

Владимир Солоухин рассказывал, как во времена, когда он служил в охране Кремля, готовились снимать с кремлевских башен звезды и вместо них устанавливать орлов.

— Сталин хотел объявить себя императором, уже все было готово, — плыл над столом солидный окающий голос.

Кто-то выкрикнул «Многая лета!», подхваченное тут же рассказчиком и умноженное монархической здравицей, кажется, к неудовольствию сидевшего рядом с Беловым председателя облисполкома».

Если областной чиновник и был недоволен, это никак не повредило монархистам с партийными билетами.

— Почему меня не посадили? — удивлялся много позже Владимир Солоухин в интервью, опубликованном в «Комсомольской правде». — По-моему, ко мне хорошо относился Андропов. Мы встретились в Венгрии в пятидесятых. Я — молодой журналист. Он — молодой дипломат. Познакомились, выпили. Я сам замечал здесь не раз: обкладывали агентурой, стучали и сами удивлялись, почему не берут Солоухина. Видно, Андропов глушил.

Советский Союз разрушался, и отнюдь не усилиями либерально настроенных диссидентов. Многонациональное государство подрывали крайние националисты, занимавшие все большие посты в партийно-государственном аппарате. Ведь в союзных и автономных республиках внимательно следили за тем, что происходит в Москве. Если одним можно прославлять величие своего народа, своего языка и своей культуры, то и другие не отстанут.

— Наверняка вы мечтали оказаться на месте Гагарина? — спросили однажды космонавта Андрияна Григорьевича Николаева, дважды Героя Советского Союза, на редкость скромного человека.

— Каждый хотел, — с горечью ответил Николаев. — Но я заранее знал, что меня никогда не пошлют первым, хотя физически я не уступал Гагарину. Почему? Потому что наше великое государство первым запустило бы в космос только русского человека. Я по национальности чуваш. Разве представителю маленькой нации могли доверить совершить такой подвиг?

Эти настроения подтачивали единство государства. Откровенный национализм в конце концов погубил Советский Союз.

СПЕЦОПЕРАЦИЯ В ЧЕХОСЛОВАКИИ

Для Андропова события в Чехословакии в 1968 году были боевым крещением на посту руководителя госбезопасности. Брежнев убедился в том, что новый председатель КГБ грязной работы не боится. Комитет государственной безопасности сыграл важнейшую роль в подготовке ввода советских войск и в ликвидации Пражской весны.

После смерти создателя советской Чехословакии Клемента Готвальда руководителем компартии стал Антонин Новотный, член партии с момента ее основания в 1921 году. В сентябре 1958 года он назначил себя еще и президентом республики. При немцах Новотный четыре года провел в Маутхаузене. Этот трагический опыт не сделал его мудрее и терпимее. Во время позорных процессов в Чехословакии в пятидесятых годах судили и расстреляли многих его товарищей, руководителей партии и страны. Новотный вместе с женой за бесценок скупали вещи, оставшиеся после расстрелянных чекистами соратников.

Сменивший его Александр Дубчек был совсем другим человеком. Он родился в семье коммунистов. После Октябрьской революции его родители решили ехать работать в Советский Союз. Вместе с другими поклонниками Октябрьской революции собрали деньги, купили на эти деньги локомотив, электрогенератор, грузовик, трактор. В марте 1925 года триста человек переехали в Советский Союз. Направили их в Киргизию. Работящие люди, они быстро обустроились на новом месте. Словацкий кооператив работал до декабря 1943 года, когда его распустили, а все

В апреле 1965 года Новотный приехал в Братиславу, где отмечалось двадцатилетие освобождения города войсками Красной армии. Во время застолья Дубчек с изумлением отметил, что руководитель партии и государства не пьет из стакана, который ставили перед ним, а ловко забирает чужой, у соседа. Видимо, Новотный полагал, что словаки способны его отравить. Подозрения были взаимными. Сам Дубчек не сомневался, что за ним следят чехословацкие чекисты. Службой госбезопасности управлял человек Новотного — руководитель восьмого отдела (административных органов) ЦК Миролав Мамула.

В борьбе с Новотным Дубчек проявил качества умелого аппаратного борца. Он обнаружил слабые звенья в команде своего оппонента. В окружении Новотного нашлись люди, которые хотели избавиться от первого секретаря, рассчитывая занять его место. В первую очередь это был влиятельный член президиума и секретарь ЦК по идеологии Иржи Гендрих. Они с Новотным вместе сидели в концлагере Маутхаузен. Гендрих был правой рукой Новотного, его главным советником и считался вторым человеком в партии.

Дискуссии об экономической реформе в Чехословакии, которая буксовала, о месте и роли партии начались еще до избрания Дубчека первым секретарем ЦК. Критика адресовалась его предшественнику Новотному, который совмещал два поста — руководителя партии и президента страны.

Его критики ловко опирались на советский опыт. Отправляя Хрущева в отставку, московские вожди говорили, что совмещение крупных постов невозможно. Пройдет несколько лет, и генеральный секретарь Леонид Ильич Брежнев сделает себя еще и председателем президиума Верховного Совета СССР. Но в 1967 году можно было смело опираться на заветы советских товарищей.

В ноябре 1967 года Новотный уехал в Москву на празднование пятидесятилетия Октябрьской революции и долго не возвращался. Объявили, что он простудился. Но тут же распространился слух, что руководитель Чехословакии ждет аудиенции у Брежнева и надеется заручиться его поддержкой. Пока он отсутствовал, в Праге объединились его противники. Они руководствовались разными целями, но все пришли к выводу, что Новотный должен уйти.

8 декабря Брежнев прилетел в Прагу разбираться.

Целый день он вел беседы с членами президиума ЦК КПЧ, стараясь разобраться в ситуации и решить, кто сменит Новотного. У Дубчека, с которым Леонид Ильич тоже беседовал, создалось впечатление, что Брежневу неохота было заниматься этими делами. Он исполнял свои обязанности, не больше того. Брежнев поразил Дубчека привычкой к поцелуям. Они встретились впервые, но Брежнев сердечно его расцеловал.

Первым в его списке значился Иржи Гендрих, который откровенно сказал, что желает занять пост первого секретаря. Этот разговор все решил. Леонид Ильич понял, что если самый верный сторонник Новотного уже примеряется к его креслу, то перемены неизбежны. Новотного Брежнев ценил невысоко, считал кабинетным работником, пережитком хрущевской эпохи, который слишком долго занимает свой пост. Поэтому Леонид Ильич спокойно отнесся к смене руководства в Праге.

Вернувшись в Москву, он поделился с соратниками:

— Первый секретарь Новотный жалуется на членов президиума, те норовят отозвать меня в сторонку, напрашиваются на разговор чуть не ночью, кроют первого секретаря. Каждый тянет меня в свою сторону, завлекает в союзники. Зачем мне это? Не хватало в их внутреннюю склоку лезть. Пусть сами разбираются.

21 декабря 1967 года президиум ЦК компартии Чехословакии высказался за разделение высших постов в партии и государстве. Антонин Новотный вынужден был сказать, что он останется президентом, а первым секретарем ЦК надо избрать кого-то другого. Верные соратники Новотного пытались в последний момент сохранить его у власти. Сотрудники госбезопасности, близкие к заведующему восьмым отделом ЦК Мамуле, подготовили список врагов Новотного, которых собирались арестовать.

Секретарь парткома министерства обороны генерал Ян Сейна уговаривал нескольких генералов ввести в Прагу войска и поддержать Новотного. Генерал Сейна был ставленником Новотного и другом его сына. В феврале 1968 года генерал бежал вместе с любовницей на Запад, когда прокуратура выяснила, что он занимался незаконными коммерческими операциями...

5 января 1968 года на заседании президиума ЦК из двух кандидатур — Дубчека и Ленарта — избрали Дубчека. Ему предстояло руководить страной всего лишь восемь месяцев. Появление Дубчека в роли руководителя Чехословакии воспринималось как компромисс. Он, возможно, не так уж сильно хотел стать главой партии. Но в тот момент он решительно всех устраивал. После избрания новый первый секретарь запросто заглянул в советское посольство в Праге. Посол Степан Васильевич Червоненко приказал достать шампанское, и советские дипломаты от души выпили за успех «нашего Александра Степановича».

Мало кто в тот момент обратил внимание на то, что он абсолютно не был похож на обычного партработника. Он был честным и простым человеком, начисто лишен авторитарности и хорошо относился к людям. Впоследствии одни упрекали Дубчека, что он слишком торопился с реформами. Другие — что он преступно медлил и упустил исторический шанс преобразовать страну. Сам он считал, что его главная проблема состояла в другом — он не мог предвидеть ввода советских войск в Чехословакию.

Через несколько дней после избрания Дубчека, 10 января 1968 года, его посетил советский посол и принес приглашение от Брежнева. 29 января Дубчек прилетел в Москву. Посмотреть на нового руководителя соседней Чехословакии собралось все политбюро. На него смотрели изучающе. Дубчек рассказывал о своих планах очень осторожно. Зная аллергию советских руководителей на слово «реформа», он говорил только об обновлении.

В пользу Дубчека свидетельствовало то, что он прекрасно владел русским, жил и учился в Советском Союзе. Но члены советского политбюро не увидели в нем привычной жесткости и твердости.

«Высокий, с интеллигентным лицом и фигурой царевича Алексея, нервный, подвижный, не то неуверенный в себе, не то с особой манерой обращения», — таким в марте 1968 года увидел руководителя Чехословакии заместитель министра иностранных дел Владимир Семенов.

Александр Дубчек делал то, что он считал нужным, и искренне не мог понять, почему в Москве почти сразу насторожились. Он отменил цензуру и требовал, чтобы партийные органы информировали страну о том, чем они занимаются. Все это были удивительные новшества, которые все меньше нравились советскому посольству. В Москве обратили внимание на то, что Дубчек проводит смену кадров, не спрашивая совета. Более того, теряют посты те, кто считался советским ставленником.

21 февраля 1968 года делегация КПСС во главе с Брежневым вылетела в Прагу — отмечать двадцатилетие республики. На следующий день, 22 февраля, Леонид Ильич улетел, объяснив, что вечером ему необходимо быть в Москве на праздновании Дня Советской армии. Руководителем делегации остался первый секретарь ЦК компартии Украины Петр Ефимович Шелест, человек крайне жесткий и абсолютный догматик. Он сразу почувствовал, что в Чехословакии идет «ползучая контрреволюция», которая не получает отпора.

«Действовали скрытные силы, завладевшие всеми средствами массовой информации, всякого рода клубы и общества, — записывал в дневнике Шелест. — Проходит большая атака на КПЧ, органы безопасности, экономическую политику страны. Весь ход действий, чувствовалось, направляли опытная рука ЦРУ и разведорганы ФРГ. К сожалению, наша разведка была слабо внедрена».

Петр Шелест напрасно преувеличивал успехи западных спецслужб и неудачи КГБ. В Чехословакии находилось представительство КГБ с большим штатом, которое присматривало за всем, что происходило в стране. Первым главным управлением (политической разведкой) КГБ руководил генерал-лейтенант Александр Михайлович Сахаровский. Работу советников в социалистических странах он хорошо знал. В сталинские времена Сахаровский был советником при румынской госбезопасности, которая, как и в других соцстранах, проводила кампанию репрессий.

В штате представительства были не только разведчики, но и сотрудники других управлений КГБ. Вербовать агентуру в социалистических странах оперативным работникам КГБ запрещалось. То есть нельзя было оформлять отношения, брать подписку о готовности сотрудничать, заводить личное и рабочее дело и присваивать псевдоним. Но в этом и не было нужды. Чешские и словацкие чиновники охотно шли на контакт с советскими представителями, были с ними необыкновенно откровенны и рассказывали все, что знали. Добрые отношения с влиятельными советскими чиновниками были залогом успешной карьеры. Так что проблема состояла не в получении информации, команда Дубчека вообще все делала гласно, а в понимании, в оценках и выводах.

Посольство и представительство КГБ трактовали происходящее в Чехословакии как процесс, опасный для социализма и интересов Советского Союза. Советским дипломатам и чекистам не нравилось ни то, что делает Дубчек, ни те люди, которых он выдвигал на важнейшие посты. Спецсообщения, которые Андропов отправлял в ЦК, оценивали происходящее в Чехословакии как враждебные делу социализма.

Особое возмущение в Москве вызывал известный экономист Ота Шик. Советских руководителей не интересовало то, что Шик вступил в компартию в 1940 году, когда страна была оккупирована немецкими войсками и партия запрещена, что в 1941 году его арестовали и отправили в концлагерь Маутхаузен. В 1961 году Ота Шик стал директором Института экономики Академии наук. Он вместе с другими экономистами предложил реформы, которые бы привели к сочетанию рыночных механизмов и централизованного планирования. Его называли отцом экономической реформы. Разработанная им программа была одобрена на пленуме ЦК в январе 1965 года. Практически в это же время сходная экономическая реформа началась в Советском Союзе, ее называли косыгинской — по имени главы правительства.

Александр Дубчек проникся идеями профессора Шика о необходимости децентрализации планирования и управления экономикой. Эти идеи, тоже навеянные хрущевскими преобразованиями, особенно нравились словакам, желавшим самостоятельности. Дубчек добивался больших капиталовложений в Словакии, доказывая, что республика отстает от Чехии.

Выступая перед пражскими студентами в марте 1968 года, Ота Шик, назначенный заместителем председателя правительства, говорил:

— Для осуществления больших перемен в развитии общества, которые можно назвать попыткой демократизировать социализм, потребовалось, как вам хорошо известно, преодолеть сопротивление догматиков и консерваторов, которые очень искусно использовали все формы недемократического подавления и зажима прогрессивных идей. Одолеть эти силы было непросто, и бой еще окончательно не завершен...

Брежнев долго не мог сформулировать своего отношения к Пражской весне. Он был растерян, столкнувшись с непонятным ему явлением.

Хрущев не зря вспоминал, как во время разговора в Крыму Сталин спросил тогдашнего руководителя страны Клемента Готвальда, не ввести ли в Чехословакию советские войска.

— Товарищ Сталин, ни в коем случае нельзя вводить войска СССР в Чехословакию, — убежденно ответил Готвальд, — потому что это испортит всю «кашу» и создаст невероятные трудности для нашей коммунистической партии. Сейчас отношение к Советскому Союзу у чехов и словаков очень хорошее. Если будут введены войска, возникнет новое положение: мы как бы перестанем являться независимым государством. Ранее мы зависели от немцев, будучи в составе Австро-Венгрии и Германии. И опять утрата свободы? Я очень прошу не делать этого. Вот если будут нарушены американцами наши границы, тогда другой вопрос. Пока же этого нет, прошу войска не вводить.

Сталин согласился с Готвальдом...

По мнению Анатолия Черняева, тогда заместителя заведующего международным отделом ЦК, на Брежнева сильно влияла тенденциозная информация, поступавшая из Праги — от дипломатов и разведчиков.

На заседаниях Брежнев постоянно зачитывал шифровки представительства КГБ из Праги, которые передавал генеральному секретарю Андропов. Это был главный источник информации. Массированно и во все возрастающем масштабе создавалось впечатление, что в Чехословакии зреет предательство социализма...

Посол Степан Васильевич Червоненко считал происходящее в стране контрреволюцией. До войны он был директором средней школы на Украине, ушел на фронт и был тяжело ранен при форсировании Днепра. В 1949 году окончил в Москве Академию общественных наук при ЦК партии. В Киеве новоиспеченного кандидата наук принял хозяин Украины Никита Сергеевич Хрущев и предложил должность заведующего отделом науки и вузов республиканского ЦК. Летом 1956 года Червоненко избрали секретарем ЦК компартии Украины, в октябре 1959 года отправили послом в Китай.

Степан Васильевич попал в Пекин в трудные годы, когда стремительно ухудшались отношения с Китаем и к советским дипломатам стали относиться враждебно. В марте 1965 года в порядке компенсации за пекинские переживания он получил назначение в спокойную и комфортную Прагу...

Еще более радикальную позицию занимал второй человек в посольстве советник-посланник Иван Иванович Удальцов, бывший подчиненный Андропова в отделе ЦК. Потом Удальцов стал заместителем заведующего единым идеологическим отделом ЦК. По словам одного из его коллег, «Иван Иванович был не просто ретроград, но воинствующий, стремившийся довести свои убеждения до каждого».

Удальцов очень быстро стал настаивать на вводе советских войск в Чехословакию — в отличие от Червоненко. Посол на заседании политбюро весной 1968 года говорил:

— Если мы пойдем на такую меру, как ввод войск, без должной политической подготовки, то чехословаки будут сопротивляться и прольется кровь.

В перерыве Брежнев подсел к Червоненко и сказал:

— Если мы потеряем Чехословакию, я уйду с поста генерального секретаря!

После ввода войск руководители посольства были вознаграждены за идеологическую бдительность. Степан Червоненко поехал послом во Францию, а в 1982 году член политбюро и секретарь ЦК КПСС Андропов предложит ему должность заведующего отделом ЦК по работе с заграничными кадрами и выездам за границу. Ивана Удальцова назначили председателем правления Агентства печати «Новости», избрали кандидатом в члены ЦК...

23 марта 1968 года Дубчека пригласили на встречу руководителей компартий социалистических стран в Дрездене. Он говорил потом, что Брежнев его обманул. Сказал: будем обсуждать экономическое сотрудничество. На самом деле чехословацкой делегации устроили проработку. Причем представителей Румынии и Югославии не пригласили,

понимая, что они не станут критиковать Чехословакию за самостоятельность.

Больше всего Дубчеку досталось за свободу прессы. От него требовали заткнуть рот средствам массовой информации. Он объяснял, что в его стране цензура отменена, поэтому руководство партии и страны не может приказывать журналистам, что им делать. Руководители соседних стран смотрели на него с изумлением и возмущением. Они, наверное, думали, что Дубчек их разыгрывает. Отказ от цензуры более всего не устраивал советских руководителей.

5 апреля 1968 года пленум ЦК компартии Чехословакии одобрил «Программу действий КПЧ». Партия ставила перед собой задачу интенсифицировать экономические реформы и провести федерализацию страны, чтобы уравнять в правах Чехию и Словакию. Для этого предстояло изменить конституцию 1960 года. Радован Рихта придумал формулу — «социализм с человеческим лицом». Он включил ее в одну из речей, написанных для Дубчека, и она вошла в «Программу действий КПЧ». Эта привлекательная формула стала символом обновления, которое пытались осуществить Дубчек и его команда.

Надо отметить, что эта программа готовилась до избрания Дубчека. Он взялся ее исполнять. Причем он сам никогда не сомневался в правоте социалистических идей, искренне отстаивал социалистические идеалы и был уверен, что его реформы служат социализму. Пражская весна избавила страну от страха. Люди получили право свободно высказываться, исчезла цензура, и страна изменилась. Народ поверил Дубчеку. Впервые лидер компартии стал народным лидером.

В апреле в Прагу прибыл маршал Иван Игнатьевич Якубовский. С июня 1967 года он стал главнокомандующим Объединенными вооруженными силами стран Варшавского договора. 14 мая 1955 года в Варшаве Албания, Болгария, Венгрия, ГДР, Польша, Румыния, СССР и Чехословакия подписали договор о дружбе, сотрудничестве и взаимной помощи. В соответствии с договором было создано Объединенное командование, в распоряжение которого страны-участницы выделяли вооруженные силы.

На сентябрь 1968 года были намечены большие маневры войск Варшавского договора на территории Чехословакии.

Маршал Якубовский сказал руководителям Чехословакии, что учения придется провести пораньше, в июне. Дубчек возразил: военные учения в нынешней ситуации вызовут в обществе напряженность. Якубовский настаивал. Первый секретарь ЦК твердо повторил, что это невозможно. Тогда советский маршал попросил разрешения провести небольшие штабные учения. Возразить было нечего.

На территорию страны было введено двадцать семь тысяч солдат и офицеров. Июльские учения войск Варшавского договора были репетицией использования силы для подавления Пражской весны. Руководители Чехословакии вскоре убедились, что маневры закончились, но уходить войска не собираются.

В своих записных книжках Брежнев называл подготовку к подавлению Чехословакии «операцией «Опухоль» (см. книгу Дмитрия Волкогонова «Семь вождей»). В Прагу отправили министра обороны маршала Андрея Антоновича Гречко. Во главе военной делегации он находился в Чехословакии с 17 по 22 мая. Вернувшись, 23 мая Гречко на политбюро доложил об итогах поездки в самых мрачных тонах.

— И армию разложили, — констатировал Брежнев, выслушав своего министра. — А либерализация и демократизация — это по сути контрреволюция.

С 17 по 25 мая в Карловых Варах, на знаменитом курорте с целебными источниками, находился глава советского правительства Алексей Николаевич Косыгин. О нем принято говорить с восхищением, дескать, задуманная им реформа изменила бы экономику страны. Но к 1968 году запланированные им перемены в экономическом механизме стали затухать, а в Чехословакии преобразования шли успешно. Косыгин не поддержал более успешных коллег-реформаторов. Он оставался приверженцем системы, при которой решительно всем управляют из центра. Особенно жесткий в идеологических вопросах, он решительно не принимал либерализма Пражской весны.

К нему в Карловы Вары приехали местные журналисты. Они вели себя свободно, задавали откровенные вопросы, и Алексея Николаевича это возмутило. Еще меньше ему понравилось, что телевидение без купюр показало, как советский премьер-министр уклоняется от неприятных вопросов. 27 мая на политбюро Косыгин рассказал о поездке.

Брежнев спросил Гречко:

— Как идет подготовка к учениям?

— Уже сорок ответственных работников в Праге, — доложил министр. — Готовимся.

27 июня сразу в нескольких чехословацких газетах появился манифест реформистских сил «Две тысячи слов», подготовленный писателем Людвиком Вацуликом. Вслед за ним свои подписи под манифестом поставили многие представители интеллигенции, они призывали к продолжению политических реформ в стране. В Москве появление этого документа, отражавшего мнение интеллигенции, восприняли как вызов.

2 июля министр обороны Гречко предложил создать на границе сильную группировку и держать ее в полной готовности. 3 июля на политбюро решили использовать для вещания на Чехословакию армейские подвижные радиостанции.

5 июля Брежнев говорил товарищам по политбюро:

— Правые антисоциалистические элементы и контрреволюционные силы стремятся ликвидировать социалистические завоевания чехословацкого народа. Мы должны быть готовы дать ответ на возможные нападки на нас за то, что мы якобы без причин вмешиваемся в чехословацкие дела. Но наш долг помочь чехословацкому народу навести порядок в стране.

6 июля советский посол в Праге получил срочную шифротелеграмму, подписанную Брежневым, с поручением посетить Дубчека и передать ему приглашение на «товарищескую встречу на высшем уровне для осуждения положения, сложившегося в ЧССР».

Руководители Чехословакии ехать в Варшаву на экзекуцию не хотели.

11 июля советскому послу была отправлена шифротелеграмма с приказом срочно посетить Дубчека и передать ему повторное приглашение, в котором уже звучала скрытая угроза:

«Мы по-прежнему считаем, что такая встреча с вашим участием необходима. Есть большие вопросы, представляющие общий интерес. Следовало бы взаимно обменяться информацией о положении наших партий и стран, в ходе такого обмена мы охотно заслушали бы вашу информацию по поводу интересующего и затрагивающего нас положения в Чехословакии. Встреча представителей наших партий в любом случае необходима, тем более что наряду с обстановкой в Чехословакии есть ряд вопросов, требующих совместного обсуждения, и поэтому мы будем вынуждены провести коллективную встречу представителей наших партий».

13 июля советская делегация приехала в Варшаву. Первый секретарь ЦК Польской объединенной рабочей партии Владислав Гомулка высказал гостям из Москвы претензии:

— Вы, товарищ Брежнев, верите в разные небылицы и обман со стороны Дубчека. Он просто водит вас за нос, а вы нас успокаивали, хотя знали истинное положение дел в Чехословакии.

Брежнев растерялся, он не ожидал таких обвинений.

— Почему вы до сих пор не ставите вопрос о вводе войск в Чехословакию? — настаивал Гомулка. — Почему до сих пор в Чехословакии активно не поддерживают здоровые силы и из них не сформирована солидная группа, которая бы обратилась с просьбой оказать стране, партии помощь? Это давно следовало сделать, а чтобы этих людей не подвергать опасности, надо бы их вывести из Чехословакии.

После совещания руководителей соцстран, 17 июля в Москве был собран пленум ЦК. Брежнев выступил с докладом «Об итогах варшавского совещания пяти социалистических стран» — Советского Союза, Польши, Венгрии, Болгарии, ГДР. О вводе войск в Чехословакию не было сказано ни слова. Члены ЦК потом обижались на Брежнева — почему даже их не сочли возможным предупредить?

В подготовке вторжения особую роль сыграл комитет госбезопасности. В Праге активно действовали офицеры КГБ, которые следили за каждым шагом чехословацких лидеров, подслушивали их разговоры и вербовали осведомителей.

В середине июля по анонимному письму чехословацкая полиция обнаружила пять ящиков с американскими автоматами времен Второй мировой войны. В советской прессе тут же появились сообщения о том, что Соединенные Штаты снабжают контрреволюцию оружием. Министр внутренних дел Йозеф Павел доложил Дубчеку: это оружие хранилось на складах советской группы войск в ГДР.

Видимо, это совместная операция КГБ и восточногерманского министерства госбезопасности.

Вдруг в Чехословакии началась неизвестно кем организованная кампания по сбору подписей с требованием распустить рабочую милицию. Министр внутренних дел Йозеф Павел приказал найти инициаторов. Ему доложили, что занимаются этим пятьдесят сотрудников ведомства госбезопасности, которое подчинялось ему чисто формально. Чехословацкие чекисты исполняли команды его заместителя Вилиама Шалговича, давно связанного с ведомством Андропова.

Министр внутренних дел Йозеф Павел был на стороне Дубчека. Он вступил в партию еще до войны, воевал в Испании; когда страну оккупировали немцы, уехал и служил в чехословацких частях, подчинявшихся эмигрантскому правительству. После войны Павел руководил отделом безопасности ЦК и был заместителем министра внутренних дел. В 1951 году, в разгар репрессий, его самого арестовали. Его избивали, но он ничего не подписал и просидел за решеткой семь лет.

Его предложил на пост министра Любомир Штроугал, будущий премьер-министр. Он пришел к главе правительства Чернику и, опасаясь тайных микрофонов, предложил прогуляться. Там, на улице, предложил отправить в МВД Павела — он позволит госбезопасности следить за правительством. Так и произошло. Йозеф Павел заявил, что его министерство выполняет приказы правительства, а не партии. Он уволил нескольких одиозных фигур из ведомства госбезопасности, немало разозлив московских советников. Среди прочего министр готовил реабилитацию всех жертв сталинских репрессий. Но не успел. После подавления Пражской весны танками новые руководители уже не заговаривали о реабилитации.

В первых числах августа, когда отношения с советским руководством резко ухудшились, глава правительства Олдржих Черник по телефону приказал Павелу конфисковать свежий номер журнала «Репортер», где была карикатура на Брежнева. Министр внутренних дел отказался выполнить указание, поскольку закон не позволял ему так поступить. Олдржих Черник на повышенных тонах потребовал выполнить приказ.

— Тогда, товарищ председатель, — ответил Йозеф Павел, — тебе придется найти другого министра внутренних дел.

Секретарь ЦК по идеологии Зденек Млынарж заметил Павелу, что в создавшейся ситуации вообще-то можно было и конфисковать журнал, чтобы не злить Москву.

— Если я уступлю раз, — сказал Павел, — уступлю другой, то мы вернемся к тому, что уже было. Тогда тоже все начиналось «в виде исключения», а потом стало нормой.

Его заместитель Вилиам Шалгович, руководивший госбезопасностью и разведкой, был с министром на ножах. Впрочем, приехавшему из Восточного Берлина генералу Маркусу Вольфу Шалгович уныло сказал, что на ближайшем съезде у сторонников его линии нет никаких шансов.

В Чехословакию, пишут историки разведки, впервые были отправлены советские нелегалы. Обычно разведчики-нелегалы внедрялись на Запад. А в шестьдесят восьмом их перебросили в Прагу с паспортами различных западных стран. Перед ними ставились две задачи — проникать в «антисоциалистические круги» и участвовать в активных мероприятиях. Исследователи пишут о нескольких операциях, которые должны были обезглавить Пражскую весну, — видных чехословацких интеллектуалов, таких как Ян Прохазка, убеждали бежать из страны на Запад, потому что им грозит смертельная опасность. Имелось в виду доставить их на территорию ГДР и интернировать. Но они не согласись покинуть родину.

Нелегалы КГБ, выдававшие себя за западных туристов, расклеивали в Праге подстрекательские листовки. Советские спецслужбы были причастны к закладке тайников с оружием, которые выдавались за свидетельство подготовки вооруженного заговора.

Существовавшая в КГБ служба «А» — активные действия, то есть служба дезинформации, сфабриковала план идеологических диверсий в Чехословакии, будто бы разработанный ЦРУ. План опубликовала «Правда».

Подчиненные Андропова старались, как могли: доложили о складах оружия, тайно доставленного из ФРГ. Оказалось, это оружие принадлежит народной милиции. Сообщили о подпольных радиостанциях, заброшенных врагами. Выяснилось, что это радиостанции, приготовленные на случай войны. И так далее...

В борьбе против Пражской весны КГБ тесно сотрудничал с министерством госбезопасности ГДР. В мае 1968 года в газете «Берлинер цайтунг» появилось сообщение о том, что в Праге обнаружены восемь американских танков.

«Это «сообщение», — писал тогдашний начальник разведки ГДР генерал Маркус Вольф, — было подсунуто редакции советской стороной без нашего ведома. В действительности в Праге проводились натурные съемки фильма «Ремагенский мост». Танков не было, была кучка статистов в американской форме.

Тогда я интерпретировал столь несерьезную акцию как признак неуверенности Москвы. Некоторые собеседники спрашивали меня напрямик: не следует ли предположить, что «утка» с танками задумана как алиби на случай советской интервенции? Такую возможность я посчитал абсурдом, ребячеством».

История с мнимыми американскими танками — лишь один пример неуклюжей работы службы дезинформации КГБ, которая пыталась доказать, что происходящее в Чехословакии — это результат действий западных спецслужб и что армии НАТО уже готовы войти на территорию страны.

Люди Андропова добивались, чтобы промосковские члены президиума ЦК компартии Чехословакии написали письмо с просьбой ввести советские войска. Брежнев нуждался в таком письме как оправдании. Письмо должен был подготовить член президиума ЦК компартии Чехословакии Васил Биляк. Занимались этим чекисты.

В конце апреля 1968 года первый секретарь Закарпатского обкома Юрий Васильевич Ильницкий и председатель республиканского КГБ Виталий Федотович Никитченко сообщили Шелесту, что с ним желает тайно поговорить руководитель Словакии Васил Биляк. В январе 1968 года он занял место Дубчека в руководстве словацкой компартии. Биляк жил в убеждении, что Чехословакия должна следовать советскому примеру, что Советский Союз является образцом решительно во всем. Сомнения в правоте Москвы исключены.

Встреча — с санкции Брежнева — состоялась через месяц. Шелест вечером 22 мая отправился в Ужгород на митинг, посвященный передаче эстафеты дружбы на границе с Чехословакией.

Сотрудник управления КГБ по Закарпатской области Иосиф Леган вспоминал, как получил указание от начальника управления выехать на правительственную дачу в село Каманица Ужгородского района и организовать питание для хозяина Украины. На дачу, где должен был остановиться Шелест, доставили шеф-повара ресторана «Верховина», официанта из ресторана «Киев», официантку из столовой облисполкома и врача из санитарно-эпидемиологической станции, хотя все продукты поступали только из спеццехов. Красную рыбу и икру Шелесту доставляли из Астрахани и с Дальнего Востока, колбасы и мясо из Москвы и Ужгорода, пиво — из Львова, вина из Закарпатья. Живых раков самолетом привезли из Николаевской области.

Отдыхом ведал лично начальник девятого управления КГБ Украины. Один из охранников отвечал за гардероб Шелеста, следил, чтобы все было вовремя постирано и выглажено.

Рядом с двухэтажной дачей были теннисные корты, волейбольная площадка и бассейн, в котором разводили форель. Обычно ее обильно кормили. А когда приезжало высокое начальство, кормить переставали, поэтому ловилась форель бесподобно. Рыбалку организовывали секретари обкома. Шелесту вручали удочку, областной секретарь насаживал на крючок червя, после чего Петр Ефимович забрасывал крючок в бассейн. Рыба клевала мгновенно, Шелест тянул удочку. Тот же секретарь обкома, не жалея выходного костюма, бросался за рыбой, снимал с крючка и восхищенно говорил:

— Петро Юхимович, вы першим пиймали рыбу, якый вы професийный рыбак! Дывиться, вона важить не менше двух килограмив...

У остальных почему-то не клевало, так что Шелест был доволен вдвойне.

Ночью в домике в Карпатах руководитель Украины тайно беседовал с Биляком. Встреча, продолжавшаяся до утра, была организована с помощью КГБ. Утром Шелест долго говорил по ВЧ с Москвой. Потом он еще раз встретился Биляком уже официально — в Ужгороде в здании обкома партии.

Биляк сразу предложил рецепт решения проблемы:

— Для охлаждения горячих голов надо срочно проводить маневры ваших войск на территории Чехословакии. При появлении русского солдата все эти политические крысы попрячутся в своих щелях. Появление одного вашего маршала Якубовского многим охладит головы.

Причем Васил Биляк сразу отделил себя от чешского руководства:

— Мы, словаки, в борьбе за марксистско-ленинскую линию в партии будем бороться до конца, не отступим ни на шаг. Очевидно, нам, словакам, вместе с вами снова освобождать чехов. Я разговариваю много с Дубчеком, говорю ему: «Саша (а сам плачу), вернись ты в Братиславу, не за то ты взялся». Дубчек растерялся и не способен противостоять правым. Если за месяц не овладеем положением, то погибнет Дубчек и мы вместе с ним. Потерять Чехословакию — это равнозначно потере завоеваний в Великой Отечественной войне. Вы наши друзья, и вы этого не допустите.

Обе беседы были записаны техниками местного КГБ для подробного отчета перед Москвой.

Что двигало Биляком? Страх за свою судьбу. Он видел, что в новой политической ситуации он скоро утратит свое завидное положение.

Тогда же, в мае, помощник генерального секретаря по международным делам Александров-Агентов сказал заместителю заведующего международным отделом ЦК Анатолию Черняеву:

— А что, Анатолий Сергеевич, может, и войска придется вводить!

Черняев опешил:

— Да вы что? Соображаете, что говорите? Это же кошмар! Это же гибель всех отношений с друзьями, с компартиями. А что скажет весь мир?

Александров-Агентов побелел и буквально завизжал:

— Вы предлагаете отдать Чехословакию империализму?! И вас устраивает, как там всякие подлецы поносят Советский Союз и социализм? Вы предлагаете терпеть и утираться. Я удивляюсь, как такие люди находятся здесь, среди нас, возле генерального секретаря. Таких к политике на пушечный выстрел подпускать нельзя...

В те дни маршал Гречко почти каждый день приезжал к Брежневу. Министр обороны втолковывал членам политбюро:

— Наша армия парализует контрреволюцию, обезопасит от ухода Чехословакии на Запад. Но главную роль должны сыграть политики. Опасно выглядеть оккупантами. Чехословаки должны нас позвать.

20 июля Шелесту позвонил Брежнев и просил немедленно вылететь в Будапешт. Ему предстоит сначала встретиться с Яношем Кадаром, а затем поехать на Балатон, где отдыхает Васил Биляк.

— Надо там вести себя осторожно, незаметно, чтобы не привлечь внимания остальных чехословаков, — напутствовал Шелеста Леонид Ильич. — При встрече с Биляком действуй самостоятельно, ориентируйся по обстановке.

В час дня из Москвы в Киев вылетел специальный самолет военно-транспортной авиации. В помощь Шелесту Андропов отправил оперативных работников КГБ и технического сотрудника с приборами скрытой записи. Приняв на борт Шелеста, самолет взлетел из Бориспольского аэропорта в пять вечера. В Венгрии самолет сел на военном аэродроме Южной группы войск. С аэродрома поехали в город на венгерской машине, чтобы не привлекать внимания.

Вечером после протокольного разговора с Кадаром и посещения советского посольства Шелест приехал на Балатон. Его разместили в небольшом двухэтажном домике Кадара на берегу озера. Погода была плохая, дул ветер. Шелест пошел к озеру погулять в надежде встретить Биляка. Но не встретил. Выяснилось, что Биляк сидит в клубе в большой компании. Послали за ним венгра, командированного Кадаром. Беседовали через посредников. Шелест предложил поговорить в доме. Осторожный Биляк предпочел погулять вокруг озера. Договорились о встрече в десять вечера. Сначала появился человек, отправленный Биляком на разведку, а потом и он сам.

Шелест все-таки уговорил Биляка посидеть в гостевом домике. Ему важно было записать беседу. Они разговаривали с одиннадцати вечера до пяти утра. Шелест просил перечислить тех, кто в президиуме ЦК КПЧ стоит на правильных позициях. Биляк назвал имена.

Шелест спросил:

— Так почему же вы активно не действуете?

— Мы боимся, что нас могут обвинить в измене родине, — ответил Биляк. — Мы готовы вас поддержать, но не знаем, что нам делать.

— Нам от вас нужно письмо, — объяснил Шелест, — в котором была бы изложена ваша просьба о помощи. Мы даем полную гарантию, что письмо не будет обнародовано, так же как и имена авторов.

— Вы поймите нас, — стал выкручиваться Биляк, — нам стыдно. Не сделав ничего в своей стране, обращаемся к вам за помощью...

Шелест нажал на Биляка:

— Ваша просьба о помощи может опоздать, нам обращение нужно сегодня.

Биляк промолчал.

Шелест отдохнул, поехал в Будапешт, пересказал беседу Кадару и вылетел в Москву. В шесть вечера он был в столице. Его отвезли на квартиру Леонида Ильича на Кутузовском проспекте. Брежнев выслушал Шелеста очень внимательно, угостил коньяком, похвалил:

— Ты, Петро, настоящий друг и товарищ.

22 июля на политбюро было решено вывезти из Чехословакии всех советских граждан, исключая дипломатов. Под надуманным предлогом — будто советские туристы подвергаются оскорблениям.

Через несколько дней, с 28 июля по 1 августа, в здании железнодорожного клуба чехословацкой пограничной станции Чиерна-над-Тисой проходили переговоры политбюро КПСС и КПЧ. 27 июля члены советского политбюро тремя самолетами Ил-18 прилетели на военный аэродром в Мукачеве. Оттуда машинами доехали до Чопа, где разместились в вагонах спецпоезда. Утром состав пересекал границу на станции Чиерна. Во время перерыва на обед поезд возвращался на советскую территорию. Потом вновь пересекали границу. Ночевали у себя.

Когда утром советский поезд в первый раз пересек границу и прибыл на станцию Чиерна-над-Тисой, собравшиеся на вокзале люди кричали:

— Берегите Дубчека! Берегите Дубчека!

Первый день совещания был крайне неприятным для советской делегации. Руководители Чехословакии отстаивали право проводить свою линию, которая поддерживается народом, и выражали недоумение тем, что Москва позволяет себе вмешиваться во внутренние дела другого государства.

— Вы односторонне оцениваете наше положение, не считаетесь с мнением народа, — отвечал Дубчек на предъявленные ему обвинения. — Мы пробуем идти своим путем, а вы другим. Что же, у вас нет трудностей и ошибок? Но вы о них умалчиваете, не обнажаете, а мы не боимся сказать правду своему народу.

Ему вторил глава правительства Олдржих Черник:

— Мы не понимаем, в чем вы нас обвиняете. Мы ведем курс правильно. Мы все делаем для истинного доверия к КПЧ среди народа, мы хотим, чтобы в стране была свобода слова, печати. Мы не имеем ни права, ни возможности принять незаконные меры против людей, по-иному мыслящих. Сегодняшнее руководство пользуется в партии и в народе авторитетом, какого никогда не было. Нашей партии не угрожает никакая опасность, пока она с народом. С вашими военными учениями получилось неудачно. Вы объявляете одно, а делаете другое. Без всяких на то оснований ваши военные задерживаются на нашей территории. Как я, как глава правительства, могу объяснить это народу? А к нам идут запросы: кто же мы в собственной стране — правительство или кто?

Черник, прежде секретарь обкома в Остраве, металлургическом центре Северной Моравии, был очень умелым администратором и прекрасно руководил правительством. Он стал союзником Дубчека в проведении экономических реформ.

В двенадцать ночи поезд с советской делегацией вернулся на свою территорию. Все собрались в вагоне генерального секретаря. Натолкнувшись на сопротивление чехословацкого руководства, члены политбюро растерялись.

«Брежнев до крайности нервничает, теряется, его бьет лихорадка, — записал в дневнике Шелест. — Он жалуется на сильную головную боль и рези в животе».

Разошлись в четвертом часу ночи, ничего не решив. Советскую делегацию безумно раздражал энтузиазм, с которым чехи и словаки, собравшиеся на улице, приветствовали Дубчека. Брежнев чувствовал себя совсем плохо, на второй день в переговорах не участвовал, послал вместо себя Суслова.

Шелест пометил в дневнике: «Брежнев разбитый, немощный, растерянный. Плохо собой владел». Шелест предложил Леониду Ильичу половить рыбу, развеяться. Брежнев отказался — «он был совсем подавлен, жаловался на головную боль, глотал непрерывно какие-то таблетки и, сославшись на усталость, поехать отказался».

Шелест в своих воспоминаниях часто акцентирует внимание на слабости нервной системы Брежнева. Петр Ефимович действительно держался жестче Леонида Ильича. Шелест отличился на совещании, обвинив Дубчека со товарищи в том, что они собираются оторвать от Советского Союза Закарпатскую Украину. Косыгин с отвращением заявил, что с «галицийским евреем Кригелем» ему вовсе не о чем говорить.

Возмущенный этими словами Дубчек вышел из зала заседаний. Советской делегации пришлось извиниться. Франтишек Кригель был опытным партийным работником. В 1968 году он стал членом президиума ЦК и председателем Национального фронта, объединявшего все политические партии. В условиях монополии компартии на власть это был безвластный пост.

После встречи в Чиерне-над-Тисой руководители обеих партий поехали в Братиславу. Там открылось совещание представителей шести социалистических стран. Дубчек встречал Брежнева в аэропорту. Зная его любовь к мужским поцелуям, Дубчек запасся большим букетом цветов. Он так ловко им маневрировал, что поцелуй не удался. Удовлетворились рукопожатием.

Руководители ГДР и Польши Вальтер Ульбрихт и Владислав Гомулка, по словам секретаря ЦК Млынаржа, оказались просто злобными, тщеславными и выжившими из ума стариками. Они до смерти боялись, что нечто подобное Пражской весне повторится у них дома, и требовали задавить смутьянов.

В Братиславе поздно вечером Шелест вновь встретился с Биляком, напомнил, что от него ждут обещанного письма. Васил Биляк от своего обещания не отказывался, но просил повременить до следующего дня. Шелест посоветовался с приставленным к нему оперативным сотрудником КГБ. Решили не давить на Биляка, дать ему время.

На следующий день, 3 августа вечером, Биляк сказал Шелесту, что передаст письмо вечером в туалете. В восемь вечера они все одновременно оказались в туалете. Биляк отдал письмо сотруднику КГБ, тот так же незаметно передал его Шелесту. В письме содержалась просьба ввести войска.

По словам Шелеста, письмо подписали: Индра, Биляк, Кольдер, Барбирек, Капек, Риго, Пилер, Швестка, Кофман, Ленарт, Штроугал. По другим данным, подписали документ сам Васил Биляк, Алоиз Индра, Драгомир Кольдер, Антонин Капек, Олдржих Швестка. Список держался в величайшем секрете, потому что эти люди не хотели, чтобы вся страна называла их предателями.

Шелест подошел к Брежневу:

— Леонид Ильич, у меня хорошие новости.

Брежнев настороженно посмотрел на украинского секретаря. Тот протянул письмо Биляка. Леонид Ильич, взбудораженный переговорами, взял письмо трясущимися руками, сказал:

— Спасибо тебе, Петро, мы этого не забудем.

Из Мукачева Шелест улетел в Киев на военном самолете. Председатель КГБ Виталий Федорович Никитченко, вспоминает Легран, попросил Шелеста взять его с собой. Никитченко не был профессиональным чекистом. Он прежде заведовал отделом связи и транспорта ЦК компартии Украины. С этой должности его сделали председателем КГБ Украины. В 1954 году он получил генеральские погоны.

Шелест недовольно спросил:

— Вам не на чем добраться до Киева?

Генерал Никитченко осекся.

Перемены в стране вскружили голову либеральной чешской интеллигенции. Вместо того чтобы идти медленно, шаг за шагом, постепенно и осторожно, не давая Москве повода вмешаться, чехи словно нарывались на неприятности. Они были опьянены воздухом свободы. А пражские лидеры считали, что не делают ничего, что идет во вред советским интересам. Всего лишь отменили цензуру, разрешили людям говорить и писать то, что они хотят. Отказались от всевластия компартии и говорили о возможности многопартийных и свободных выборов.

Когда восставали восточные немцы, венгры или поляки, они ненавидели свою власть. А в Чехословакии власть и народ были заодно. Выяснилось, что восемьдесят процентов населения поддерживают новую политику коммунистической партии и безоговорочно высказываются за социализм. От этого московских лидеров просто оторопь брала.

За три дня до ввода войск чехословацкое руководство устроило большой прием. После официальной части Александр Дубчек отвел корреспондента «Известий» Владлена Кривошеева в сторону и стал жаловаться на то, что ему Москва не доверяет:

— Ведь я семнадцать лет прожил в Союзе! Я там учился! Я искренен и честен в отношениях с Союзом!

Собственные корреспонденты «Правды», «Известий» и «Труда» в Праге, понимая, к чему идет, обратились к своим главным редакторам, полагая, что в Москве просто не знают истинного положения дел.

Главный редактор «Правды» Михаил Васильевич Зимянин, который был послом в Праге до Червоненко, отказался слушать, буркнул:

— Нам все доподлинно известно.

Главный редактор «Известий» Лев Николаевич Толкунов собрал редколлегию, которая мрачно выслушала своего корреспондента и разошлась.

17 августа венгерский лидер Янош Кадар предложил Дубчеку встретиться. Они разговаривали на границе. Кадар, переживший восстание 1956 года, смотрел на руководителя Чехословакии с удивлением. При личной встрече Кадар пытался объяснить Дубчеку: либо он сам жесткой рукой наведет порядок в стране, либо вторжение неминуемо. Дубчек не верил, что Москва введет войска. Кадар с нотками отчаяния в голосе спросил:

— Вы правда не понимаете, с кем имеете дело?

18 августа в Москву приехали делегации социалистических стран. Все захотели участвовать в военной операции, особенно этого добивался руководитель ГДР Вальтер Ульбрихт:

— Ведь мы тоже входим в Варшавский договор.

Пускать немецких солдат в Чехословакию с учетом трагического опыта Второй мировой войны не хотелось, но вовсе отказать Ульбрихту было невозможно, поэтому в состав оккупационных войск включили небольшой контингент Национальной народной армии ГДР.

18 августа ранним утром на втором этаже старого здания Министерства обороны маршал Гречко провел последнее совещание перед вводом войск (см.: *Майоров А.* Вторжение. Чехословакия. 1968). Список участников совещания был утвержден самим министром. Без десяти девять появился начальник Генерального штаба, и всем разрешили войти в зал заседаний. В девять появился Гречко. Он занял свое место. Все надели очки и раскрыли свои тетради.

— Что-либо записывать запрещаю.

Тетради закрыли. Очки сняли — за ненужностью.

Генерал Майоров уже много позже вспомнил, что тогда говорил министр обороны.

— Я только что вернулся с заседания политбюро, — сказал Гречко. — Принято решение на ввод войск стран Варшавского договора в Чехословакию. Это решение будет осуществлено, даже если оно приведет к третьей мировой войне. А теперь я послушаю, как вы готовы к выполнению этой задачи.

Маршал Захаров нажал кнопку, и на стене появилась огромная карта. На территорию Чехословакии вводились три армии — 1-я танковая, 20-я и 38-я общевойсковые. Гречко одного за другим поднял командармов, которые доложили, что войска готовы к выполнению боевой задачи.

— А теперь я обращаюсь ко всем. — Гречко посмотрел на участников совещания. — В первые трое—пятеро суток я, Генеральный штаб и все вы работаем на них, — он показал на троих командиров. — От стремительных действий их армий зависит, как вы понимаете, слишком многое. Возможно, судьба Европы. А значит, и мировой расклад сил.

Он скомандовал:

— Садитесь, командармы.

На всякий случай вооруженные силы готовились к большой войне с применением ядерного оружия. Как обычно, отличился командующий воздушно-десантными войсками генерал-полковник Василий Маргелов.

— Товарищ министр, — выпалил он, — все семь дивизий готовы разнести в клочья любого противника!

— Спокойно, генерал, — заметил Гречко.

Когда совещание закончилось, главный десантник Маргелов остановил в дверях командующего 38-й армией генерала Майорова.

— Ну что, понял, Саша?

— Так точно, Василий Филиппович.

— А что понял?

— Действовать надо решительно и твердо управлять войсками.

— Е...ть надо и фамилию не спрашивать — вот что надо! — весело сказал командующий десантными войсками.

Генерал Майоров остолбенел.

19 августа, в десять утра, в Москве началось заседание политбюро, на которое пригласили руководителей всех союзных республик. Им сообщили, что политическая ситуация в Чехословакии требует решительных мер. Потом, когда остались только члены политбюро, военные развесили карты, и министр обороны маршал Гречко и начальник Генштаба маршал Захаров детально изложили план операции.

Гречко сообщил, что разговаривал с министром обороны Чехословакии генералом Дзуром. Андрей Антонович предупредил его, что если со стороны чехословацкой армии прозвучит хотя бы один выстрел, то Дзур будет повешен на первом же дереве.

Брежнев позвонил президенту страны Людвику Свободе и просил с пониманием отнестись к вводу войск. Больше никого из руководителей Чехословакии о вводе войск в их страну не предупредили.

19 августа составили обращение к Чехословацкой народной армии:

«Дорогие братья по оружию!

Верные делу социализма, жизненным интересам своих народов, руководители Коммунистической партии и правительства Чехословакии, перед лицом усилившихся действий контрреволюционных сил, призвали нас на помощь.

Откликаясь на эту просьбу, мы идем к вам, чтобы оказать братскую помощь и совместными усилиями защитить дело социализма в Чехословакии...»

Ночь ввода войск с 20 на 21 августа Брежнев, Подгорный и Косыгин провели на центральном командном пункте Генерального штаба.

Президент страны Людвик Свобода и министр обороны Мартин Дзур всерьез отнеслись к тому, что им сказали Брежнев и Гречко, и приказали своей армии не сопротивляться, поэтому военная часть операции прошла успешно. Из военных деятелей на стороне Дубчека был, пожалуй, только начальник политуправления чехословацкой армии генерал Вацлав Прхлик. В январе 1968 года он возглавил военный отдел ЦК. Прхлик добивался хотя бы минимальной независимости вооруженных сил Чехословакии, что вызвало резкое возмущение советских генералов. Дубчек расформировал отдел ЦК. Прхлик вернулся к своим обязанностям в армии. Но власти над вооруженными силами у него не было.

20 августа в четыре часа вечера Вилиам Шалгович собрал руководителей ведомства госбезопасности, в том числе тех, кого уволил министр Павел, и предупредил, что идут советские войска, которым надо помочь.

В Праге тем временем заседал президиум ЦК компартии Чехословакии. Около полуночи председателя правительства Черника пригласили к телефону. Министр обороны Дзур, в кабинете которого уже находились сторожившие его советские офицеры, доложил, что войска стран Варшавского договора вошли на территорию страны.

Позвонили президенту Свободе. Он приехал через сорок минут. У него уже побывал советский посол Червоненко.

Большинство членов президиума ЦК осудили ввод войск и приняли резолюцию: «Президиум ЦК КПЧ считает этот акт противоречащим не только всем принципам отношений между социалистическими государствами, но и попирающим фундаментальные нормы международного права».

Против проголосовали Васил Биляк и еще трое его единомышленников. Президиум ЦК призывал к спокойствию — не оказывать сопротивления. Исчезла «законная» база под вторжением. Пленум ЦК, Национальное собрание, правительство — решительно все выступили против военной оккупации страны.

Чехи оказали пассивное сопротивление: убирали указатели населенных пунктов, чтобы запутать советских солдат, писали на стенах домов «Отец — освободитель. Сын — оккупант». В некоторых населенных пунктах в проезжающие танки и бронетранспортеры бросали камнями или цветочными горшками.

Тем не менее кровь пролилась.

Чешские власти считают, что во время вторжения и в течение последующих месяцев погибло семьдесят с лишним человек и около семисот получили ранения.

Когда весть об оккупации страны разнеслась по Праге, у здания ЦК собрались несколько тысяч человек, в основном молодежь с национальными флагами. Они пели государственный гимн и «Интернационал».

В два часа ночи президент Свобода уехал в свою резиденцию. Черник вернулся в здание правительства. Около четырех утра 21 августа здание ЦК окружили советские бронетранспортеры и танки. В здание ворвались десантники. Несколько советских солдат вошли в кабинет Дубчека, где заседал президиум ЦК. Они перерезали телефонные провода, закрыли окна и стали составлять список присутствующих.

Редкое мужество проявил Франтишек Кригель. Военный врач, он воевал в Испании и Китае. Всегда держался независимо.

— Я думаю, что до восьми ничего особенного не произойдет, — сказал он товарищам. — Никто из нас не спал, и я советую немного вздремнуть. Всем понадобятся свежие головы.

Кригель лег на ковер, подложив под голову портфель, и действительно заснул. Как он и предсказывал, события стали разворачиваться около девяти. Появились сотрудники чехословацкой госбезопасности. Они приказали Дубчеку, Кригелю, председателю Национального собрания Йозефу Смрковскому и Йозефу Шпачеку, партийному секретарю в Южной Моравии, следовать за ними. Все четверо были сторонниками реформ в стране.

— На каком основании? — спросил Дубчек.

— Я действую именем рабоче-крестьянского правительства во главе с товарищем Алоизом Индрой, — гордо ответил чекист. — Через два часа вы предстанете перед революционным трибуналом. Им тоже руководит товарищ Индра.

Дубчека и его товарищей советские солдаты повезли в аэропорт. Несколько часов они ждали, потом их погрузили в самолет. Александр Дубчек понял, что первоначальные планы Москвы рухнули. Сопровождавшие его лица просто не знали, что с ним делать...

Тем временем из его кабинета в здании ЦК увели еще троих. Остальные ждали — не в лучшем расположении духа. Около десяти вечера что-то изменилось. Вновь появился советский полковник, который на сей раз улыбался. Он сказал, что намечена встреча на высшем уровне, в которой примет участие товарищ Дубчек. Так что все могут расходиться, а завтра приступить к нормальной работе. И всех отпустили.

Когда советские солдаты в августе 1968-го с оружием в руках вошли в здание ЦК компартии Чехословакии, один из соратников Дубчека с ужасом подумал: да это же те самые солдаты, которых ты с восторгом встречал в мае сорок пятого! Это они сейчас нацелят на тебя свои автоматы. В памяти его возникла картина: во время немецкой оккупации Чехословакии патрули вермахта прочесывают Прагу. И с этой минуты для него исчезла разница между теми и этими солдатами — все они были оккупантами...

Чехословацкий физик-теоретик Франтишек Яноух рассказывал, что, когда в ларьке он попросил советскую газету, продавцы посмотрели на него с отвращением. Одна знакомая продавщица не выдержала и с упреком сказал:

— А я-то думала, что вы нормальный, приличный человек.

Когда заместитель начальника управления правительственной связи КГБ Николай Александович Брусницын добрался до Праги, советское посольство было забито военными и чекистами. Но в посольстве не было закрытой связи (обычные телефоны работали), не было ни света, ни воды. Электричество дали, когда завели мобильную станцию ВЧ-связи, которую подтянули к посольству.

В посольстве находились член политбюро и первый заместитель главы советского правительства Кирилл Трофимович Мазуров и начальник второго главного управления (контрразведка) КГБ Георгий Карпович Цинев. Мазуров воевал, был секретарем подпольного ЦК комсомола Белоруссии, в Москве решили, что его боевой опыт может пригодиться. Его задача состояла в том, чтобы создать в Праге рабоче-крестьянское правительство во главе с секретарем ЦК Алоизом Индрой, которому в Москве доверяли больше всех.

Генерал Цинев возглавил оперативную группу КГБ. Он постоянно разговаривал с Андроповым по ВЧ — узел правительственной междугородней связи оперативно развернули в посольском подвале.

22 августа в посольстве собрались некоторые члены руководства Чехословакии. С ними вел переговоры Червоненко. Выяснилось, что сформировать новое правительство не удается. Даже промосковские члены президиума не спешили публично проявить свой коллаборационизм. Поехали к президенту Людвику Свободе в его резиденцию в Граде.

Он наотрез отказался сформировать новое правительство:

— Если я это сделаю, народ выгонит меня из Пражского Града как паршивую собаку!

Свобода сказал, что должен лететь в Москву. Главное — убедить Брежнева освободить арестованного Дубчека и остальных руководителей партии. В глупом положении оказались Васил Биляк и его товарищи. Они не знали, что делать. Их охватил страх — а вдруг все провалится, люди узнают, что это они обратились за поддержкой к советским войскам... И что с ними будет?

Руководитель отдела пропаганды ЦК КПСС Александр Яковлев прилетел в Прагу с группой журналистов. Мазуров огорченно сказал Яковлеву:

— Ты знаешь, дело сорвалось. Президент Свобода отказался утвердить временное правительство во главе с Индрой.

Московские советники сложно относились к генералу Людвику Свободе. В 1948 году он, будучи министром обороны, не приветствовал коммунистический переворот. В апреле 1950 года Сталин отправил Готвальду письмо, в котором говорилось: «Наши военные специалисты считают генерала Свободу не заслуживающим доверия и не будут с ним откровенно делить военные секреты СССР».

Сталинское указание исполнили незамедлительно. Свободу сместили с поста министра. Зато репутация у него была хорошая. В марте 1968 года Антонин Новотный окончательно ушел в отставку. Стали искать уважаемую в обществе фигуру, которая могла бы занять этот пост. Вспомнили о генерале. Ему было семьдесят три года. 30 марта 1968 года Национальное собрание избрало президентом генерала Свободу. Прежде всего он возложил цветы на могилу первого президента страны Томаша Масарика, что в коммунистической стране считалось немыслимым.

К тому же у самого Алоиза Индры, на которого рассчитывали в Москве, произошел нервный срыв.

Утром 22 августа в столовой одного из пражских заводов в районе Высочаны открылся чрезвычайный XIV съезд партии, он собрался на три недели раньше ожидаемого. Инициатором был пражский горком. Съезд был назначен на 9 сентября, и все делегаты были избраны. Съезд избрал новое руководство партии. Оно разместилось на заводе под охраной вооруженных рабочих из народной милиции. Съезд потребовал вывести иностранные войска из Чехословакии и вернуть законно избранным руководителям страны возможность исполнять свои обязанности.

Национальное собрание и правительство заявили, что признают решения партийного съезда. На несколько дней создалось ощущение полной победы реформаторских сил.

«Почти катастрофическое положение, — записал в дневнике Шелест. — Наши войска в Чехословакии, а порядки там правых, антисоциалистических, антисоветских элементов.

ЦК, правительство, Национальное собрание выступают против нас, наших действий, требуют немедленного вывода наших войск из страны. Подавлять все силой — чревато опасностью вызвать в стране гражданскую войну и возможное вмешательство войск НАТО. Оставаться там и бездействовать — значит обречь себя на позор, презрение, показать наше бессилие...

Это результат мягкотелого, неорганизованного действия, и в этом прежде всего был виноват Брежнев. Наша разведка и военные не могут определить, где собирается чрезвычайный съезд КПЧ, а следовательно, предпринять меры к его срыву».

Для председателя КГБ Андропова Пражская весна — попытка чехов и словаков построить «социализм с человеческим лицом» — была повторением венгерских событий. Поэтому действовать следовало быстро и жестко. Андропов был инициатором самых жестких и репрессивных мер, писал помощник генерального секретаря Александров-Агентов. В Чехословакии Андропов сделал ставку на быстрый шоковый эффект, надеясь испугать чехов, но промахнулся: ввод войск ничего не решил. Народ — за малым исключением — не оказал вооруженного сопротивления, но и не захотел сотрудничать с оккупационными войсками. Пришлось идти на переговоры с Александром Дубчеком и другими лидерами Пражской весны и постепенно закручивать гайки.

Брежнев приказал вывезти из Праги руководителей компартии Чехословакии. Председатель КГБ Украины Никитченко получил указание изолировать их на территории республики, но не в тюрьме, обеспечить охрану и питание. Посоветовался с Шелестом. Петр Ефимович рекомендовал разместить их в особняках особого назначения в горах под Ужгородом. Вывезенных из страны руководителей Чехословакии доставили на бронетранспортерах.

«Дубчек и Черник, — записал в дневнике Шелест, — во время «транспортировки» вели себя чрезвычайно нервозно, требовали объяснения, что с ними будет. Но кто и что мог им сказать? Смрковский и Кригель вели себя почти дерзко, вызывающе, заявляли протесты. Шпачек и Шимон — безразлично, испуганно, но держались с достоинством».

Сотрудник управления КГБ Украины по Закарпатской области Иосиф Леган вспоминал, как 21 августа начальник управления приказал ему позвонить первому секретарю обкома Юрию Васильевичу Ильницкому. Руководитель области работал в партийном аппарате с 1945 года, начинал пропагандистом в окружкоме, закончил Высшую партшколу при ЦК компартии Украины и меньше чем за двадцать лет добрался до поста первого секретаря обкома. Ильницкий предупредил, что вечером предстоит встретить гостей из Чехословакии — одну группу разместят на правительственной даче в Камянице, другую — в доме лесника «Дубки», в нескольких километрах от Ужгорода. Это отдаленное место, где редко бывали высокопоставленные гости, хотя к «Дубкам» через лес проложили заасфальтированную дорогу.

Легану поручалось организовать питание.

— Как кормить? — поинтересовался он.

— Как хочешь.

Ответ первого секретаря обкома оставил чекиста в недоумении. Высоких гостей надо кормить по высшему разряду, но для этого нужны соответствующие продукты, хороший повар. А ему прислали в качестве повара старшину-пограничника из 27-го пограничного отряда и машину самой простой еды из столовой облисполкома.

Вокруг обеих госдач были установлены два кольца охраны, внешнее обеспечивали пограничники, внутреннее — сотрудники управления госбезопасности. Примерно в пять вечера в Камянице появились две черные «Волги». Из них вывели Александра Дубчека и секретаря пражского горкома Богумила Шимона.

В машинах остались Олдржих Черник и Йозеф Смрковский, их отвез в «Дубки» начальник отдела второго главного управления КГБ полковник Николай Ефимович Челноков, который со временем станет завсектором в отделе административных органов ЦК КПСС, а затем начальником московского управления госбезопасности.

Дубчека разместили на втором этаже, Шимона — на первом. Чекисты боялись, что Дубчек может выпрыгнуть со второго этажа, поэтому охрана не спускала глаз с окон. Руководитель Чехословакии не покидал своей комнаты и ничего не ел. Его пригласили спуститься в столовую. Он отказался. Ему приносили еду, но он ни до чего не дотрагивался. Не попробовал даже свежие фрукты.

«Мне показалось, — вспоминал Иосиф Леган, — что он боится быть отравленным. Чтобы снять такое подозрение, я ему сказал, что фрукты свежие, и съел несколько виноградин и слив. Он внимательно посмотрел на меня, но так и не стал есть фрукты...

Он ходил с утра до вечера по гостиной, как затравленный волк. Если быть точным, метался. Периодически останавливался и о чем-то глубоко задумывался. Стоял в оцепенении минут пять, а затем приходил в себя. В потухших глазах читалось сострадание к себе самому и безысходность...»

Секретарь пражского комитета Богумил Шимон, напротив, оказался словоохотливым человеком и долго беседовал с советскими чекистами за ужином, состоявшим из салата и колбасы.

На другой даче глава правительства Черник, подобно Дубчеку, уединился. Смрковский, напротив, откровенно говорил все, что он думает. Смрковский был необыкновенно популярен в стране. В войну он был активным участником антифашистского подполья. В пятидесятых годах он тоже стал жертвой политических репрессий. В шестидесятых его назначили министром. Он поддержал экономические и политические реформы, был верным соратником Александра Дубчека.

Утром 22 августа Легана соединили с первым секретарем обкома. Ильницкий приказал кормить гостей хорошо. Из Ужгорода доставили коньяк, водку, вина, деликатесы.

Ситуация изменилась.

Советник министра иностранных дел Валентин Михайлович Фалин ночь ввода войск провел в министерстве. Министр Андрей Андреевич Громыко, который сам ночевал на работе, поручил ему следить за происходящим.

Начальник политической разведки Сахаровский тоже остался в Москве. Всю ночь, пока шел ввод войск, он находился в своем кабинете на Лубянке.

— Можно ли считать, что первоначальный сценарий отпал? — спросил его по телефону Валентин Фалин, которому Громыко поручил следить за развитием событий.

— Если не обманываться, то надо исходить из самого неблагоприятного допущения, — честно ответил Сахаровский. — Весьма осложняется проведение плана операции в самой Чехословакии. Черник и Дубчек, не говоря о уже о Смрковском, не пойдут на сотрудничество.

В два часа ночи Фалин разбудил Громыко — министр иностранных дел тоже не поехал домой, а вздремнул в комнате отдыха. Фалин изложил услышанное от Сахаровского.

— Гладко было на бумаге, — буркнул министр. — Известил комитет высшее руководство?

— Этого аспекта Сахаровский не касался. Надо полагать, известил...

Первоначальный план — полностью сменить руководство и перетянуть страну на свою сторону — не удался.

Мазуров прислал из Праги шифровку: надо немедленно вернуть Дубчека, иначе страна взорвется.

«Не только Александра Дубчека и Олдржиха Черника везли на поклон грубой державной мощи, — писал Валентин Фалин, — сама эта мощь была вынуждена пятиться, столкнувшись с силой духа. Дубчек и Черник — воплощение «ревизионизма» и «отступничества» — остались на своих постах. Их сторонники составляют большинство во всех звеньях руководства, не говоря об общественном мнении».

Советское руководство оказалось в безвыходном положении. Промосковские ставленники расписались в полной неспособности что-то либо организовать. В Праге в здании ЦК остались всего два десятка человек, которые сотрудничали с советским военным руководством. Семью Биляка вывезли в Киев. Он смертельно боялся, что станет известно, что это он подписал письмо с просьбой ввести войска.

Боялся не зря. Прошло тридцать с лишним лет. Социалистический режим в Чехословакии рухнул. И в марте 2000 года бывший член президиума ЦК КПЧ, секретарь по идеологии Васил Биляк был обвинен прокуратурой республики в государственной измене, в «активном содействии оккупации Чехословакии в 1968 году, организации массовых преследований инакомыслящих при тоталитарном режиме, проведении политики, направленной против интересов чешского и словацкого народов»...

А тогда в стране распространялись советские пропагандистские издания, с территории ГДР на чешском языке вещала радиостанция «Влтава», но эта продукция успеха не имела.

Свободная чехословацкая пресса продолжала выходить, читали именно ее. Пассивное сопротивление продолжалось. Оккупационные власти были бессильны. С ними никто не желал иметь дело.

Брежневу не оставалось ничего иного, кроме как вступать в переговоры с Дубчеком. Задача номер один состояла в том, чтобы заставить чехословацкое руководство «узаконить» пребывание советских войск.

Вечером Дубчека соединили по телефону с председателем президиума Верховного Совета СССР Подгорным.

— Нам надо поговорить, — сказал Николай Викторович.

— О чем и где? — спросил Дубчек.

— В Москве, — ответил Подгорный.

— В каком качестве туда буду доставлен? В качестве арестованного? Прежде всего я хочу знать, где находятся мои товарищи. До того как мы все будем вместе, я не стану с вами говорить.

Подгорный успокаивающе ответил, что скоро все уладится.

На следующий день, поздно вечером 23 августа, Дубчека доставили в Москву.

«Известия» располагали в Праге двумя журналистами. Там находился собственный корреспондент Владлен Кривошеев. Когда ввели войска, ему на помощь отправили спецкора — Бориса Орлова. Оба были настолько потрясены происходившим, что не написали ни строчки. От главного редактора газеты Льва Толкунова требовали их наказать.

Толкунов, вспоминал один из ветеранов «Известий», сказал об Орлове:

— События настолько неординарны, что можно понять — или, по крайней мере, постараться это сделать — человека, который не смог преодолеть возникший внутри себя психологический кризис. Но не ломать же ему судьбу. У меня с ним был разговор. Он сам пришел к решению уйти из газеты и заняться наукой. Наверное, не стоит этому мешать...

Кривошеева главный редактор хотел сохранить в «Известиях», но более бдительные коллеги потребовали убрать идеологического отступника.

23 августа в Москве начались переговоры.

«Мы с Фалиным писали разные проекты, — пометил в дневнике заместитель министра иностранных дел Владимир Семенов. — Потом меня вызвали на Старую площадь. Обсуждение было кратким и деловым, день был расписан до мгновения. Еще не было ясно, чем кончится дело, а потому мы имели про запас варианты среднего и крайнего порядка. Потом перебазировались в Кремль.

Наши партнеры изучали переданные им проекты и прибыли около 19.00. Дубчек был похудевший, и губы его кривились в однобокой улыбке. Казалось, он шатается от дуновения воздуха, но при обсуждении именно он до последнего момента маневрировал, вилял, стремясь оставить за собой варианты контрударов».

25 августа из Праги привезли еще одну группу чехословацких руководителей. Разместили их в особняках на Ленинских горах. Переговоры шли в Кремле. По словам Зденека Млынаржа, Александр Дубчек чувствовал себя очень плохо. Он не мог оправиться от пережитого.

«Дубчек, раздетый до пояса, был вялый, видимо под действием успокоительного, — таким увидел его Млынарж. — С небольшой заклеенной пластырем ранкой на лбу он производил впечатление отрешенного, одурманенного наркотиками человека.

Но когда я вошел, Дубчек как бы пришел в себя, приоткрыл глаза и улыбнулся. В это мгновение я мысленно представил себе святого Себастьяна, улыбающегося под пытками. У Дубчека было такое же мученическое выражение лица...»

Советские руководители вели себя крайне агрессивно. По словам Дубчека, особенно отличился Косыгин, не скрывавший своей ненависти к евреям Шику и Кригелю. Досталось и секретарю пражского горкома Богумилу Шимону, которого советские руководители тоже приняли за еврея. Дубчек был потрясен их откровенно антисемитскими заявлениями. Он пытался отстаивать свои позиции, но чехословацкие руководители, от которых страна ждала твердости, все же уступили.

Чехословацкая делегация не была единой. В ее состав входили и те, кто требовал ввода советских войск, и те, кто считал, что Советский Союз всегда прав, и те, кто увидел в новой политической ситуации возможность продвинуться. Генерал Людвик Свобода вообще не знал сомнений. Для него лозунг «С Советским Союзом — на вечные времена» был принципом жизни. Свобода в Москве просто кричал на членов президиума ЦК КПЧ, требуя, чтобы они подписали все документы, составленные советскими товарищами, а потом ушли в отставку, раз они довели страну до такого позора.

Дубчек с изумлением смотрел на генерала — до ввода войск Свобода, сам настрадавшийся в сталинские времена, поддерживал все политические реформы. Новый руководитель Словакии Густав Гусак сразу понял, что смена руководства страны неминуема. И реформисты, отцы Пражской весны, и промосковские ставленники не могут рассчитывать на первые места. Значит, руководителем партии вполне может стать именно он.

Советские политики больше всего и рассчитывали на Свободу и Гусака. Косыгин сказал:

— Товарищ Гусак — такой способный политик, замечательный коммунист. Мы его раньше не знали, но он произвел на нас очень хорошее впечатление.

В августе 1944 года Густав Гусак активно участвовал в подготовке словацкого национального восстания. После войны он предложил присоединить Словакию к Советскому Союзу, но руководство Чехословакии его не поддержало.

Еще в сентябре 1948 года руководитель Венгрии Матьяш Ракоши доносил Сталину, что компартия Словакии распалась на фракции: «Одну из фракций возглавляет председатель Словацкого Совета уполномоченных Г. Гусак. В эту фракцию входят Клементис, Новомеский и вообще словацкая интеллигенция и студенчество. Фракция имеет резко националистический, антисемитский, антивенгерский характер».

Владо Клементис был министром иностранных дел Чехословакии, известный словацкий поэт Лацо Новомеский был с 1945 года министром просвещения и культуры Словакии. Словацкими «буржуазными националистами» заинтересовались советники из Министерства госбезопасности СССР. В марте 1950 года советские чекисты докладывали из Праги: «В результате тщательно организованного при нашем участии следствия по делам арестованных получены важные показания об активной вражеской работе ряда лиц, занимающих ответственное положение в чехословацком государственном аппарате».

В списке значился и Гусак, и Клементис, и Новомеский. Разумеется, сыграли свою роль и внутренние склоки и противоречия в руководстве республики. Профессиональный юрист, Гусак своими манерами и образованностью отличался от малограмотных аппаратчиков. Они презрительно именовали его «барином».

Густав Гусак боролся за власть с другим выходцем из Словакии — Вилемом Широким, который стал главой правительства. В этой борьбе Гусак потерпел поражение. Поначалу глава Чехословакии Клемент Готвальд защищал Гусака и Владо Клементиса. Но советские чекисты представили фальсифицированные материалы, из которых следовало, что Клементис и Гусак готовили покушение на Готвальда.

По спискам, составленным с помощью советских чекистов, в 1951 году в Словакии арестовали несколько десятков человек, в том числе Гусака. В апреле 1954 года он был приговорен к пожизненному заключению на процессе по делу «словацких буржуазных националистов».

Пересмотр кампании репрессий в Чехословакии начался значительно позже, чем в Советском Союзе. Только в мае 1960 года Гусака амнистировали и освободили. Но в политику дорога ему была закрыта.

«В каком-то разговоре, — вспоминал Хрущев, — Новотный упоминал его фамилию, рассказывая о том, что в Словакии многие люди настроены националистически, что словаки вообще большие националисты и с ними очень трудно договариваться. Дескать, Гусак тоже вел упорную и активную националистическую пропаганду и организационную работу против руководства тогдашней Чехословакии. Так ли это? Впрочем, словацкий национализм не мешал любви к СССР».

Дубчек добился реабилитации Гусака. В 1964 году его восстановили в партии. В Словакии он был популярен, потому что отстаивал интересы своего народа. Новотный велел предложить ему пост заместителя министра юстиции. Дубчек пригласил Гусака. Тот чувствовал себя очень уверенно и от должности отказался. Для него пост замминистра был слишком мал. Он решил подождать.

Когда Дубчек стал руководителем страны, Гусак прислал ему письмо с поздравлениями, в котором писал, что готов вернуться в политическую жизнь. Дубчек попросил Биляка спросить Гусака, кем он хотел бы быть. Тот ответил, что готов занять любую должность, в том числе и переехать в Прагу. В апреле Гусак получил должность заместителя главы правительства.

21 августа, когда в Братиславе уже грохотали советские танки, он уверенно сказал одному из коллег:

— Я выведу народ из этой катастрофы.

Сразу после встречи в Москве Гусака избрали вместо Биляка руководителем компартии Словакии, хотя многие советские дипломаты и советники считали его словацким националистом. Словаки голосовали за него как за сторонника Пражской весны. Он автоматически вошел в состав президиума ЦК КПЧ. Андропов распорядился установить Гусаку аппарат ВЧ-связи. В Братиславу отправили полевую ВЧ-станцию.

«Мы были обескуражены тем, что советское политбюро повело себя как банда гангстеров», — вспоминал секретарь ЦК компартии Чехословакии Зденек Млынарж. Но все лидеры Пражской весны, включая Дубчека, продолжали верить в коммунизм и не могли порвать с Советским Союзом. Они уговаривали себя, что еще не все потеряно. Компромисс с Москвой позволит продолжить реформы в Чехословакии. Надеялись, добавим, что и сами смогут сохранить свои должности.

Один только Франтишек Кригель, с редким безразличием относясь к собственной судьбе, вел себя мужественно. Он отказался идти против своей совести и подписывать документы, которые считал позорными. Все старались его переубедить. Кригель, прошедший две войны, оборвал президента Свободу, рассуждавшего о политических компромиссах:

— Что они могут со мной сделать? Сослать в Сибирь? Расстрелять? Я к этому готов.

Чекисты его изолировали. Потом его все же пришлось отправить в Прагу вместе с другими руководителями страны.

«Допустим, что Дубчек, Черник, Гусак и другие повели бы себя как Кригель? Что случилось бы тогда? — задавался вопросом Фалин. И констатировал: — Поражение Пражской весны остановило десталинизацию в Советском Союзе, во всем сообществе, именовавшем себя социалистическим, и продлило на два десятилетия существование сталинского по устройству, по разрыву слова и дела, человека и власти режима»...

Советским солдатам объясняли, что «войска НАТО угрожают захватить Чехословакию и свергнуть народную власть». Но московские лидеры собственную пропаганду никогда не принимали всерьез. Сейчас, когда открылись документы политбюро, видно, что в своем кругу партийные лидеры не говорили, что это дело рук Запада. Нет, они прекрасно понимали, что против социалистической власти восстал народ.

В Кремле, чтобы заставить Дубчека и других чехословацких лидеров подчиниться, Брежнев говорил с ними откровенно. Он не произнес ни слова ни о социализме, ни о вмешательстве Запада, ни о внутренней и внешней реакции.

Брежнев сказал:

— Во внутренней политике вы делаете то, что вам заблагорассудится, не обращая внимания на то, нравится нам это или нет. Нас это не устраивает. Чехословакия находится в пределах тех территорий, которые в годы Второй мировой войны освободил советский солдат. Границы этих территорий — это наши границы. Мы имеем право направить в вашу страну войска, чтобы чувствовать себя в безопасности в наших общих границах. Тут дело принципа. И так будет всегда...

Брежнев и его политбюро были реалистичнее Дубчека и его соратников, веривших в социализм с человеческим лицом. В Москве ясно понимали, что любая реформация социализма ведет к его крушению. И были правы. На венгерском опыте Москва уже знала, что отмена цензуры, свободные выборы, отказ от всевластия партии ведет к разрушению реального социализма. А следующим шагом станет выход из Варшавского договора. Москву не интересовала судьба социализма. Советские лидеры хотели сохранить контроль над Восточной Европой.

В марте 1969 года чехословацкие хоккеисты на чемпионате в Стокгольме обыграли советскую команду. Победа стала поводом для антисоветских демонстраций. В Прагу отправили министра обороны Гречко, ему в помощь дали заместителя министра иностранных дел Семенова.

В резком заявлении ЦК КПСС и Совета министров говорилось, что в случае повторения беспорядков будут приняты меры. Гречко на переговорах с чехословацким руководством говорил еще жестче, предупредил, что разрешит своим солдатам открыть огонь при столкновении с «хулиганами».

— В стране действуют центры контрреволюции, — сказал Семенов.

— Они нам неизвестны, — парировал Дубчек.

— Я не могу поверить, что вы знаете об этом меньше, чем известно нам, — отрезал Семенов.

«Беседы с членами исполкома ЦК КПЧ, секретарями ЦК и другими показывали, что центр сопротивления находится именно в кабинете Дубчека, — записал в дневнике заместитель министра Семенов. — Было ясно, что никакие частные отставки или поправки не могут внести ничего существенного, что надо менять Дубчека».

Александра Дубчека сменили на Густава Гусака.

Гусак, который в документах советской госбезопасности в начале пятидесятых фигурировал как откровенный враг, был напуган на всю жизнь. С ним у советского руководства проблем не возникало. Густав Гусак провел массовую чистку — прежде всего среди интеллигенции и студенчества. В определенном смысле страна стала стерильной, всякая живая мысль была уничтожена. Из компартии исключили полмиллиона человек. С семьями это составляло полтора миллиона человек, десять процентов населения. Их всех на двадцать лет вычеркнули из жизни. Исключенные из партии — все это были искренние сторонники социализма, те, кто действительно верил в социализм.

«Чехословацкие реформы, пражскую весну, испугавшись, решили задавить вводом наших войск, — писал крупный партийный работник профессор Вадим Александрович Печенев, — а задавили последнюю серьезную попытку реформировать социалистическую систему у нас, в Советском Союзе. В принципе реформы на «китайский манер» были возможны, но до августа 1968 года, а после — вряд ли».

Что касается нашего героя, то Андропов убедился в том, что совместные усилия силовых ведомств позволяют подавить любые антисоветские выступления. Но его задача как председателя КГБ — давить любые диссидентские движения в зародыше.

ОРУЖИЕ — ТЕРРОРИСТАМ, ДЕНЬГИ — ДЕПУТАТАМ

В штаб-квартире первого главного управления КГБ в Ясеневе Андропову оборудовали собственный кабинет. И в те годы он пару дней в неделю проводил в первом главке, вникая в разведывательные дела. Юрий Владимировичсобирал у себя и начальников отделов, и их заместителей — получить информацию из первых рук и заодно присмотреться к людям: все это будущие резиденты в важнейших странах. Он вовлекал в разговор всех приглашенных на совещание, не любил, если кто-то отмалчивался. Юрий Владимирович стал, возможно, первым руководителем госбезопасности, который реально интересовался разведывательной работой, вникал в нее, старался разобраться и повысить ее эффективность.

Андропов даже состоял на учете в партийной организации управления нелегальной разведки. Это направление он особо выделял, верил в возможности нелегалов. Он видел, что его подчиненные, работающие под легальным прикрытием, связаны по рукам и ногам. За ними следят контрразведка и полиция. Они даже посольство покинуть незамеченными не могут. Каждую встречу с агентом приходится проводить как военную операцию, вовлекая в нее чуть не все наличные силы резидентуры. Поэтому председатель КГБ требовал сконцентрироваться на работе с нелегальной агентурой. Это отнюдь не радовало его подчиненных. Разведчика с дипломатическим паспортом просто вышлют. Нелегала упрячут за решетку на долгие годы.

«Андропов, — пишет тогдашний начальник информационного управления разведки генерал Николай Сергеевич Леонов, — очень уважительно относился к информационно-аналитической работе, с большой заинтересованностью и неподдельным вниманием выслушивал личные доклады начальника разведки, руководителей управления анализа и прогноза, мог изменить или даже полностью отказаться от своих взглядов на тот или иной вопрос под воздействием информации и аналитических выкладок.

Человек с ученой степенью не вызывал у него аллергии, как это было в прежние времена в Комитете госбезопасности. Кстати, до прихода Андропова в разведке отношение к ученым было также более чем прохладное».

Сам Николай Леонов был назначен начальником информационного управления разведки в сорок четыре года, уже будучи доктором исторических наук.

Андропов говорил аналитикам разведки:

— Никогда не пишите неправду! Я не заставляю вас подделываться под заранее данные оценки.

Но почему же страна совершала такие ошибки, как ввод войск в Афганистан или установка ракет средней дальности в Европе?

«В 1975 году, — писал генерал Леонов, — в информационно-аналитическом управлении разведки был подготовлен и представлен на доклад Андропову документ о перспективах нашей политики в «третьем мире».

Стержневая мысль документа заключалась в том, что СССР не может позволить себе роскошь разбрасывать средства и усилия по безмерному пространству трех материков: Азии, Африки и Латинской Америки.

На Ближнем Востоке наша широкозахватная политика ведет к огромным затратам технических и денежных ресурсов, не давая и не суля в будущем ни политических, ни стратегических преимуществ. Мы напоминали о том, что ни Египет, ни Сирия, ни Ирак не собираются ни платить свои долги, ни выстраиваться в кильватерную колонну вслед за нами в мировом сообществе, ни представлять нам военно-стратегические возможности. Вся многолетняя игра вряд ли стоит свеч».

Разведка предлагала выбрать одну важную для советских интересов страну и ей помогать. Предложили Южный Йемен, потому что там можно было устроить военно-морские базы. Но выбор был неудачным. Руководители Южного Йемена убивали друг друга, а соединившись с Северным Йеменом, забыли о Советском Союзе. Может быть, по этой причине Андропов к разведке не прислушался.

Зато он умело использовал ее для других дел. По средам членам политбюро рассылалась повестка завтрашнего заседания политбюро. Из секретариата Андропова бумаги пересылали в аналитическое управление разведки — подготовить материалы, чтобы Юрий Владимирович по любому вопросу мог высказать компетентное мнение. Другие члены политбюро не располагали такими возможностями.

Разведка занималась отнюдь не только сбором важной для государства информации.

В 1969 году в Иерусалиме загорелась мусульманская мечеть Аль-Акса. В мусульманском мире вину возложили на Израиль, советская пропаганда рада была помочь в обличении «преступлений сионистского режима».

Андропов написал Брежневу:

«Резидентура КГБ в Индии располагает возможностями организовать в этой связи демонстрацию протеста перед зданием посольства США в Индии. Расходы на проведение демонстрации составят 5 тысяч индийских рупий и будут покрыты за счет средств, выделенных ЦК КПСС на проведение спецмероприятий в Индии в 1969—1971 годах.

Просим рассмотреть».

Брежнев написал: «Согласиться».

Бывший руководитель румынской разведки генерал-лейтенант Ион Михай Пацепа, бежавший на Запад, утверждал, что после поражения арабских армий в шестидневной войне 1967 года в Румынию приехал начальник первого главного управления КГБ Александр Сахаровский. Он внушал румынским коллегам, что палестинцам нужно помочь организовать террористические операции, которые унизят Израиль и восстановят престиж «наших арабских друзей». Сахаровский просил румынских коллег переправить людей Ясира Арафата через свою территорию в Советский Союз, чтобы они прошли необходимую боевую подготовку.

По подсчетам специалистов, с 1973 года примерно три тысячи палестинцев с помощью КГБ и Министерства обороны прошли военно-диверсионное обучение в Советском Союзе — в Баку, Ташкенте, Симферополе и Одессе. Такие же группы палестинских боевиков обучались в восточноевропейских государствах.

Между Симферополем и Алуштой с 1965 года находился 165-й учебный центр по подготовке иностранных военнослужащих при Министерстве обороны. В 1980-м учебный центр переименовали в Симферопольское военное объединенное училище. Через него прошли восемнадцать тысяч боевиков из развивающихся стран. Учили здесь разведывательно-диверсионной работе — захватывать склады оружия, подкладывать взрывные устройства, сбивать самолеты...

В брошенной палестинской канцелярии в Ливане израильтяне нашли один из отчетов палестинской военной миссии о поездке в СССР, датированный 22 января 1981 года. В отчете о поездке в Советский Союз отмечалось, что часть прибывших на учебу палестинских курсантов пришлось отправить назад, потому что они торговали валютой, напивались, отказывались подчиняться советским инструкторам и не хотели изучать то, что полагалось по программе.

Палестинцы, в свою очередь, жаловались на то, что было слишком много политинформаций и слишком мало практических занятий.

Отчет палестинцев содержит любопытную информацию: «Наша группа прибыла в Симферополь. В группе 194 бойца. Представлены следующие фракции: ФАТХ, Армия освобождения Палестины, Народный фронт освобождения Палестины, Демократический фронт освобождения Палестины — Главное командование, Фронт освобождения Палестины...»

Московские политики и их союзники всегда утверждали, что Организация освобождения Палестины занимается чистой политикой, террор — дело рук каких-то других, «раскольнических» групп, не контролируемых Арафатом. Но в советских учебных центрах палестинцев учили именно диверсионно-террористической деятельности. Интересно, что Москва принимала на учебу и террористов из Демократического фронта освобождения Палестины — Главное командование, хотя публично жестокие акции этой группы осуждались.

Впрочем, Армия освобождения Палестины, действующая под руководством сирийского Генерального штаба, тоже принадлежит к числу самых непримиримых и жестоких отрядов палестинского движения. Равно как и Народный фронт освобождения Палестины, созданный Жоржем Хаббашем и Вади Хаддадом. Это они организовали большинство угонов самолетов и участвовали в самых кровавых акциях, начиная с расстрела пассажиров в аэропорту Тель-Авива.

23 апреля 1974 года Андропов обратился к генеральному секретарю ЦК КПСС Леониду Ильичу Брежневу:

«Комитет госбезопасности с 1968 года поддерживает деловой конспиративный контакт с членом политбюро Народного фронта освобождения Палестины (НФОП), руководителем отдела внешних операций НФОП Вади Хаддадом.

На встрече с резидентом КГБ в Ливане, состоявшейся в апреле с. г., Хаддад в доверительной беседе изложил перспективную программу диверсионно-террористической деятельности НФОП... В настоящее время НФОП ведет подготовку ряда специальных операций, в том числе нанесение ударов по крупным нефтехранилищам в различных районах мира (Саудовская Аравия, Персидский залив, Гонконг и др.), уничтожение танкеров и супертанкеров, акции против американских и израильских представителей в Иране, Греции, Эфиопии, Кении, налет на здание алмазного центра в Тель-Авиве и др.

Хаддад обратился к нам с просьбой оказать помощь его организации в получении некоторых видов специальных технических средств, необходимых для проведения отдельных диверсионных операций...

Характер отношений с Хаддадом позволяет нам в определенной степени контролировать деятельность отдела внешних операций НФОП, оказывать на нее выгодное Советскому Союзу влияние, а также осуществлять в наших интересах силами его организации активные мероприятия при соблюдении необходимой конспирации.

С учетом изложенного полагали бы целесообразным на очередной встрече в целом положительно отнестись к просьбе Вади Хаддада об оказании Народному фронту освобождения Палестины помощи в специальных средствах... Просим согласия».

Согласие было дано. Таким образом, высшее советское руководство стало соучастником уголовных преступлений. Хаббаш и Хаддад были одновременно и террористами, и самыми обычными уголовными преступниками. Они совершили несколько крупных ограблений и краж в Ливане, где они обосновались, как у себя дома, и обзавелись крупной коллекцией бесценных памятников искусства. Когда Вади Хаддад умер, Жорж Хаббаш не знал, что делать со своим богатством. О продаже награбленного где-то на аукционе не могло быть и речи. Даже частные коллекционеры не взяли бы ворованное.

Тогда Хаббаш предложил Москве выгодную сделку: он отдает Советскому Союзу эти драгоценности, древние монеты, статуэтки, которые специалисты оценивают в несколько миллиардов долларов, а взамен получает оружие и взрывчатку на сумму в восемнадцать миллионов долларов.

Предложение было принято на заседании политбюро 27 ноября 1984 года. В документе, помеченном грифом «Особая папка. Особой важности», говорится:

«1. Согласиться с предложениями Министерства обороны и Комитета государственной безопасности СССР, изложенными в записке от 26 ноября 1984 г.

2. Поручить КГБ СССР:

а) информировать руководство Демократического фронта освобождения Палестины (ДФОП) о принципиальном согласии советской стороны поставить ДФОП специмущество на сумму в 15 миллионов рублей в обмен на коллекцию памятников искусства Древнего Мира;

б) принимать от ДФОП заявки на поставку специмущества в пределах названной суммы;

в) совместно с Минкультуры СССР осуществить мероприятия, касающиеся юридической стороны приобретения коллекции.

3. Поручить ГКЭС и Минобороны рассматривать заявки Демократического фронта освобождения Палестины на специмущество на общую сумму в 15 миллионов рублей (в объеме номенклатуры, разрешенной для поставок национально-освободительным движениям), переданные через КГБ СССР, и предложения по их удовлетворению, согласованные с КГБ СССР, вносить в установленном порядке.

4. Поручить Минкультуры СССР:

а) принять от КГБ СССР по особому перечню коллекцию памятников искусства Древнего Мира;

б) определить по согласованию с КГБ СССР место и условия специального хранения коллекции («золотая кладовая»), ее закрытой научной разработки и экспонирования в будущем. Совместно с Минфином СССР внести в установленном порядке предложения относительно необходимых для этого ассигнований;

в) решать вопросы экспонирования отдельных предметов и разделов коллекции по согласованию с КГБ».

Внешней разведкой много лет руководил Александр Михайлович Сахаровский. На службу в НКВД он попал в 1939 году по партийному набору, служил в ленинградском областном управлении, в отделе, который занимался вербовкой моряков загранплавания. Сам плавал на пассажирском судне в должности помощника капитана по политической части, то есть следил за благонадежностью команды. Во время войны возглавил разведывательный отдел ленинградского управления НКВД, то есть занимался борьбой с немецкими диверсантами и подготовкой разведывательно-диверсионных групп.

После войны Сахаровского командировали в Бухарест советником при румынской госбезопасности. Это его единственный опыт загранработы. Когда вернулся, то стал заместителем начальника внешней разведки, а вскоре возглавил ее. Сахаровский был суровым и требовательным руководителем. Много работал, но не обрел качеств царедворца. Ему не хватало образования, знания языков, понимания заграничной обстановки. Он представлял себе только жизнь в социалистических странах. В несоциалистической стране он побывал один-единственный раз — в марте 1970 года приехал в Египет. Грустно сказал сопровождавшему его оперативному сотруднику:

— Да, поздновато я начал ездить по заграницам!

Андропов довольно быстро пришел к выводу, что на посту начальника первого главного управления ему нужен другой человек. Он убрал Сахаровского из разведки, воспользовавшись громким провалом его службы, когда сотрудник лондонской резидентуры Олег Лялин ушел к англичанам. Майор Лялин отвечал за подбор объектов для проведения диверсий на случай войны с Англией.

После бегства Лялина Андропов потребовал разработать ответную программу переманивания сотрудников иностранных спецслужб с тем, чтобы они не только передавали в Москву секретную информацию, но и перебирались потом в Советский Союз. Андропов был готов выделять перебежчикам дачи, квартиры и большие деньги. Ему нужен был сильный пропагандистский ответ на постоянные побеги офицеров КГБ. На Запад убегали самые надежные, самые проверенные чекисты.

В июле 1971 года Сахаровского освободили от должности. Разведку возглавил его первый заместитель Федор Константинович Мортин. В первом главном управлении он служил с 1954 года. Когда Мортин возглавил первое главное управление, разведка переехала с Лубянки в Ясенево. Федор Константинович приказал в целях конспирации повесить на караульной будке табличку «Научный центр исследований». Название прижилось.

При Мортине разведка приняла участие в растянувшейся на несколько лет операции, которая способствовала сближению Советского Союза и Западной Германии.

В 1970 году в Федеративной Республике Германия пришло к власти правительство, сформированное социал-демократами и свободными демократами. Правые, христианские демократы, потеряли власть впервые за все послевоенное время. Новое правительство возглавил социал-демократ Вилли Брандт. В отличие от своих предшественников на посту канцлера Брандт был известным антифашистом. Он бежал из нацистской Германии и провел войну в эмиграции, в Норвегии.

У Вилли Брандта была чудесная, обаятельная улыбка. Он всю жизнь провел в политике и тем не менее остался порядочным, открытым человеком, которому был чужд цинизм. Он даже сохранил в себе некий идеализм. Брандт сделал то, чего не хотели делать его предшественники. Он поехал в Польшу, чтобы подвести черту под Второй мировой войной. Брандт признал существование второго немецкого государства — Германской Демократической Республики. Это привело к разрядке напряженности на Европейском континенте. Вот поэтому в 1971 году Брандт был удостоен Нобелевской премии мира.

Люди в разных странах были потрясены, когда во время визита в Варшаву он вдруг опустился на колени перед памятником Варшавскому гетто. Это не был запланированный жест. Это было движение души. «Перед пропастью немецкой истории и под тяжестью памяти о миллионах убитых я сделал то, что делают люди, когда им не хватает слов», — напишет он потом. Ему лично незачем было извиняться. Брандт сделал это за тех, кто должен был извиниться, но не захотел.

По некоторым признакам можно было понять, что Брандт намерен улучшить отношения с Советским Союзом. Он написал письмо своему формальному партнеру — главе советского правительства Косыгину. Брандт в дипломатичной форме намекнул, что хотел бы установить контакты с Москвой.

А дальше начинается самое интересное.

Некоторое время назад бывшие офицеры советской внешней разведки раскрыли тайную сторону восточной политики. Главный рассказчик — бывший генерал КГБ Вячеслав Ервандович Кеворков, написавший книгу под названием «Тайный канал. Москва, КГБ и восточная политика Бонна». Генерал Кеворков — человек известный в журналистской Москве. Он долгие годы работал во втором главном управлении КГБ (контрразведка), затем в пятом управлении, руководил отделом, который следил за работой иностранных корреспондентов в Советском Союзе.

Человек живой, контактный, Кеворков был в добрых отношениях со многими пишущими людьми. Например, дружил с писателем Юлианом Семеновым. Семенов даже вывел его в романе «ТАСС уполномочен заявить» в качестве одного из героев. Генерал Славин — и в книге, и в фильме, поставленном по роману, — это и есть Слава, Вячеслав Кеворков.

Кеворков жил в писательском поселке в подмосковном Переделкине, где купил половину большой дачи. Вторая половина принадлежала его другу — фотокорреспонденту Юрию Королеву, который в 1995 году был ограблен и убит как раз на пути в Переделкино.

Неподалеку от дачи Кеворкова обитал еще один его друг — Валерий Леднев со своей женой, которая играла в Театре сатиры и в знаменитом телевизионном «Кабачке 13 стульев». Валерий Леднев был редактором международного отдела газеты «Советская культура». Эта газета не принадлежала к числу ведущих, международный отдел не был в газете главным, и коллеги удивлялись, как Ледневу удается постоянно ездить в Германию, что было по тем временам большой редкостью. Леднев и Кеворков ездили в Германию по делам разведки.

По словам генерала Кеворкова, председатель КГБ Юрий Андропов сразу же после прихода Вилли Брандта к власти приказал своим чекистам установить с Бонном тайный канал связи. С немецкой стороны партнером стал ближайший сотрудник Вилли Брандта, статс-секретарь в ведомстве федерального канцлера Эгон Бар. С московской стороны связными были Вячеслав Кеворков и Валерий Леднев.

В принципе ничего особенного в этом нет. Иногда политикам не нравится протокольное общение через чопорных и медлительных дипломатов, они хотят ускорить дело, напрямую связаться друг с другом и тогда обращаются за помощью к разведчикам. По словам генерала Кеворкова, всю работу по сближению Советского Союза и Западной Германии выполнил КГБ. Министерство иностранных дел и главный советский дипломат Громыко только мешали разведчикам...

Советские дипломаты, которые ведали отношениями с Западной Германией, иронически воспринимают сенсационные признания бывших разведчиков. Дипломаты говорят, что вся работа по установлению отношений с Вилли Брандтом, по подготовке договора с ФРГ была проделана все-таки не разведчиками, а сотрудниками Министерства иностранных дел. Громыко сам пятнадцать раз встречался с внешнеполитическим советником Брандта Эгоном Баром и столько же раз с министром иностранных дел Вальтером Шеелем.

Самое забавное состояло в том, что разговоры Эгона Бара с советскими разведчиками тщательно записывались. Занималась этим разведка ГДР.

«Я был полностью в курсе переговоров, — вспоминал начальник главного управления разведки МГБ ГДР генерал-полковник Маркус Вольф. — Подчас даже раньше федерального канцлера я узнавал, с каким искусством переговорщики продвигали свое дело по конспиративным каналам».

Вдруг микрофоны в доме Эгона Бара разом замолкли. Генерал Вольф не сомневался в том, что «наши советские друзья что-то заметили и предупредили Эгона Бара, так как Москву не устраивало, чтобы руководители ГДР узнали слишком много о сближении между СССР и Бонном».

Вилли Брандт поставил на карту свою политическую карьеру ради того, чтобы установить новые отношения между немцами и русскими, между немцами и славянами, между немцами и Восточной Европой. Несмотря на проклятия многих своих соотечественников, он приехал в Москву, чтобы в письменной форме подтвердить: итоги войны неизменны, и немцы не будут претендовать на территории, которых они лишились в 1945 году. 12 августа 1970 года Вилли Брандт подписал с Косыгиным Московский договор. ФРГ и Советский Союз признали нерушимость послевоенных границ и договорились решать спорные вопросы только мирным путем.

Послевоенная Европа жила в страхе перед советскими танками. Московский договор, подписанный Брандтом, успокоил европейцев. И Москва несколько успокоилась, убедившись в том, что Федеративная республика не готовится к военному реваншу. Восточная политика Брандта сделала жизнь в Европе более спокойной и разумной.

А в Западной Германии сплотились силы, которые пытались торпедирировать договор.

Весной 1972 года Москва замерла в ожидании: удастся ли Брандту добиться в бундестаге ратификации Московского договора — у социал-демократов не хватало голосов.

Генерал Кеворков пишет, что получил в резидентуре советской разведки чемоданчик с большой суммой в немецких марках с заданием передать деньги Эгону Бару — для подкупа депутатов от оппозиции. Кеворков пишет, что передать деньги ему не удалось, и он отвез чемоданчик назад в резидентуру. Но один депутат от оппозиции все-таки проголосовал за Московский договор. Утверждают, что он действительно был подкуплен. От исхода голосования в Бонне многое зависело. Оно происходило накануне пленума ЦК КПСС по международным делам. В Москве нервничали. Брежнев понимал, что если немцы отвергнут договор, то кто-то на пленуме скажет: зачем нам нужна эта разрядка, если империалисты обманывают нас на каждом шагу? И все усилия Брежнева и Громыко пойдут насмарку...

По страшной иронии судьбы политическую карьеру Вилли Брандта сломали те, кто был ему столь многим обязан. Он вынужден был уйти в отставку с поста канцлера, когда выяснилось, что его личный референт Гюнтер Гийом работал на разведку ГДР.

Разведчики любят рассказывать о всемогуществе своей организации и о тех благих делах, которые совершает разведка. Как показывает мировой опыт, разведка может быть лишь вспомогательным средством дипломатии, и не более того. А иногда, как в случае с Брандтом, самые большие успехи разведки наносят ущерб государству.

Когда Вилли Брандт зачитывал в бундестаге заявление об уходе в отставку — из-за истории со шпионом Гийомом, — Эгон Бар заплакал. Он плакал, не стесняясь окружающих и фотокорреспондентов. Он сожалел не о том, что и ему придется покинуть правительство. Он сожалел о том, что из активной политики уходит Вилли Брандт, человек, рожденный для того, чтобы находиться на посту канцлера.

Восточные немцы неофициально извинились перед Брандтом: это не мы, а русские заставляли держать возле вас агента. Москва тоже нашла способ принести извинения: мы бы никогда такого не сделали, это все восточные немцы...

В аппарате КГБ не раз предпринимали попытки самостоятельно, в обход Министерства иностранных дел, играть в политику. Георгий Маркович Корниенко, который многие годы был первым заместителем министра иностранных дел, хорошо знал Андропова. Корниенко считает, что одно важное положительное качество Юрия Владимировича часто оборачивалось против него. Он доверял своим подчиненным. Но иногда, идя на поводу у своего аппарата, принимал ошибочные решения.

«Мне известны десятки случаев, — вспоминал Корниенко, — когда его собственные подчиненные просто-таки нагло обманывали Юрия Владимировича».

Однажды посол в Соединенных Штатах Анатолий Федорович Добрынин прислал личную шифровку министру Громыко. Советник американского президента по национальной безопасности Генри Киссинджер сказал Добрынину, что в Вашингтон из Москвы прилетает некий представитель советского руководства, которому поручено установить с ним, Киссинджером, особый канал.

Советский посол был весьма раздражен чьим-то вмешательством в его дела. Сама возможность появления новой фигуры подрывала его позиции в сложной дипломатической игре с американцами. Но вопрос министру Добрынин задавал не от себя, а от имени Киссинджера, который ехидно интересовался, зачем Москве еще один конфиденциальный канал связи. Такой канал, по предложению американского президента Ричарда Никсона, давно был установлен между Киссинджером и Добрыниным — для предварительного обсуждения самых важных вопросов и обмена срочной информацией.

Удивленный Громыко призвал Корниенко и показал ему телеграмму Добрынина. В Вашингтон с тайной миссией собирались командировать некоего Виктора Луи, советского гражданина, которому позволялось то, что смертельно опасно для других. В узком кругу его называли «Луй».

«За столом у Виктора Луи все было иностранное, — вспоминал прозаик Анатолий Гладилин, случайно попавший к нему в гости, — и посуда, и рюмки, и бутылки, и еда. Причем не из «Березки», а прямиком из загнивающей Европы... Виктор Луи пригласил спуститься в библиотеку. Подвальная комната, очень ухоженная, оборудованная в книжный зал. Я шарил глазами по полкам и тихо ахал. Весь «самиздат»! Весь «тамиздат»! Полное собрание всей антисоветской литературы. Этих книг хватило бы, чтобы намотать полный срок не одному или двум диссидентам, а целому пехотному батальону».

Он предпочитал жить на даче в Баковке, в старом генеральском поселке, куда приглашал интересовавших его (и, видимо, его работодателей) людей.

«Виктор Луи слыл могущественным и загадочным человеком с замашками сибарита, — писал о нем литературовед Давид Маркиш. — Знакомство с ним, от греха подальше, творческие интеллигенты не афишировали — но бывать у него на даче бывали, и охотно.

А Виктор Евгеньевич принимал хлебосольно, показывал картины, коллекционную бронзу, скульптуры Эрнста Неизвестного в саду, шесть или семь роскошных автомобилей в гараже: «порше», «бентли», «вольво». С затаенной гордостью коллекционера демонстрировал машины и ронял как бы невзначай:

— У меня их больше, чем у Брежнева.

И от такого признания озноб пробирал визитера».

Значительно лучше этого загадочного человека знал сын Хрущева Сергей Никитович. Он пишет, что особое положение Луи объяснялось его сотрудничеством с КГБ.

«Меня познакомили с Виталием Евгеньевичем Луи, — вспоминает Сергей Хрущев. — Многие почему-то звали его Виктором. Отсидев десять лет по обычному в сталинское время вздорному обвинению, Луи вышел из тюрьмы после XX съезда...

Виталий Евгеньевич устроился работать московским корреспондентом в одну английскую газету, что обеспечивало ему несравненную с обычными советскими гражданами свободу выездов и контактов. После женитьбы на работавшей в Москве англичанке (ее звали Дженифер) его положение еще больше упрочилось.

Конечно, за разрешение работать на англичан госбезопасность потребовала от Луи кое-какие услуги. После недолгих переговоров поладили, и вскоре Виталий Евгеньевич стал неофициальным связным между компетентными лицами у нас в стране и соответствующими кругами за рубежом. Он стал выполнять деликатные поручения на все более высоком уровне, начал общаться даже с руководителями государств...»

Виктор Луи, как выяснил Хрущев-младший, переправлял на Запад запрещенные в Советском Союзе рукописи. Он начал с книги участника войны и писателя Валерия Яковлевича Тарсиса. В 1962 году его произведения были изданы на Западе, после чего сам Тарсис был помещен в психиатрическую больницу имени Кащенко.

История публикации за границей книги Тарсиса похожа на обычную полицейскую провокацию. Толкнуть с помощью собственного агента-провокатора человека на поступок, считавшийся тогда противоправным, а потом его за это наказать...

Луи привлекали и к более важным акциям.

Бежав на Запад, дочь Сталина Светлана Аллилуева засела за книгу воспоминаний «Двадцать писем к другу». Информацию о подготовке книги в советском руководстве восприняли крайне болезненно. Тем более что записки дочери Сталина должны были появиться в октябре 1967 года — накануне празднования 50-летия социалистической революции. Чего испугались в Москве — понятно.

Александр Твардовский, слушая отрывки из книги по западному радио, записал в дневнике свои впечатления:

«Содержание малое, детское, но в этом же и какой-то невероятный, немыслимый ужас этого кремлевского детства и взаимоотношений с отцом, по-видимому, привязанным к ней, но и заметно игравшим доброго отца для истории, игравшим в такие годы, когда у него руки были уже в крови до плеч».

Вот этого рассказа о крови на руках Сталина и хотели избежать в политбюро, где к тому времени, отказываясь от хрущевского наследства, вновь с восхищением заговорили о вожде. Но помешать появлению воспоминаний Светланы Аллилуевой не удавалось. Пытались дипломатическими и недипломатическими путями хотя бы отсрочить их выход. Западные издатели, естественно, спешили поскорее выбросить книгу на рынок, предчувствуя широкий читательский интерес.

Выход, по словам Сергея Хрущева, нашел Луи:

«Он предложил на свой страх и риск, как частное лицо, сделать в книге купюры, изъять моменты, вызывающие наибольшее беспокойство Кремля, и издать эту книгу на несколько месяцев раньше официального срока.

Условия он поставил следующие: нужна рукопись, купюры не должны искажать смысл книги и остаться незамеченными для читателя, доходы от издания, наравне с неизбежными неприятностями, отдаются на откуп исключительно Луи.

Условия приняли. Виталию Евгеньевичу предоставили копию рукописи, хранившуюся у Светланиных детей. Операция удалась: издательство, согласное на пиратскую акцию, нашлось без труда. Книга вышла летом 1967 года и до какой-то степени сбила нараставший ажиотаж. Виталий Евгеньевич получил немалый гонорар и повестку в канадский суд. Авторитет Луи в глазах советской власти вырос...»

Луи рассказывал Сергею Хрущеву, что у него установились доверительные отношения с самим Андроповым. Они встречались, но не в служебном кабинете председателя КГБ, а в неформальной обстановке.

Виктор Луи провернул и комбинацию с отправкой за границу мемуаров Никиты Сергеевича Хрущева.

«Луи, — пишет Сергей Хрущев, — предложил изъять из текста упоминания, способные вызвать слишком большое раздражение у Брежнева или других членов политбюро. Это в основном касалось крайне редких упоминаний о них самих и некоторых одиозных фактов — таких, как помощь супругов Розенберг в овладении американскими атомными секретами, кое-какие «секреты», касающиеся ракет...»

Сергею Хрущеву Луи сказал, что заручился согласием Андропова — во время одной из встреч рассказал ему свой план. Председатель КГБ идею одобрил. Забавная деталь. Луи предложил Андропову прочитать записки Хрущева, уверенный в том, что тот заинтересуется. Но Андропов, улыбнувшись, отказался.

Юрий Владимирович разыгрывал свою комбинацию. Он, видимо, понял, что помешать выходу хрущевских воспоминаний на Западе невозможно, поэтому принял предложение Луи повторить историю с книгой Светланы Аллилуевой. Но не хотел быть напрямую причастным к этой истории.

25 марта 1970 года Юрий Андропов отправил в политбюро записку:

«В последнее время Н.С. Хрущев активизировал работу по подготовке воспоминаний о том периоде своей жизни, когда он занимал ответственные партийные и государственные посты. В продиктованных воспоминаниях подробно излагаются сведения, составляющие исключительно партийную и государственную тайну... Раскрывается практика обсуждения вопросов на закрытых заседаниях политбюро ЦК КПСС.

При таком положении крайне необходимо принять срочные меры оперативного порядка, которые позволяли бы контролировать работу Н.С. Хрущева над воспоминаниями и предупредить вполне вероятную утечку партийных и государственных секретов за границу. В связи с этим полагали бы целесообразным установить оперативный негласный контроль над Н.С. Хрущевым и его сыном Сергеем Хрущевым...

Вместе с тем было бы желательно, по нашему мнению, еще раз вызвать Н.С. Хрущева в ЦК КПСС и предупредить об ответственности за разглашение и утечку партийных и государственных секретов и потребовать от него сделать в связи с этим необходимые выводы...»

За Хрущевым и его сыном следили постоянно. Все разговоры Никиты Сергеевича записывались. Сотрудники КГБ взялись за Сергея Хрущева, требуя отдать им все экземпляры отцовских воспоминаний. В общении с чекистами ему пришлось пережить немало неприятных минут. А рукопись тем временем отправилась за океан. Луи сам подписал договор с американским издательством. Ему же причитался и гонорар.

Над переводом рукописи Хрущева на английский язык работал молодой советолог Строуб Тэлбот, друг Билла Клинтона и будущий первый заместитель Государственного секретаря Соединенных Штатов. После выхода мемуаров Хрущева чекисты опять взялись за Сергея. А от Никиты Сергеевича потребовали объяснений в ЦК. Разговор на повышенных тонах ускорил его кончину.

И только Луи наслаждался жизнью...

Громыко ничего этого не знал. Корниенко объяснил министру, что за человек Виктор Луи, и предположил, что кто-то в КГБ действительно пытается обзавестись собственным каналом связи с Белым домом — «в порядке конкуренции» с Министерством иностранных дел. Андрей Андреевич конкуренции на своем поле не терпел. Он позвонил Андропову и зачитал ему телеграмму посла Добрынина, раздраженного намерением КГБ прислать в Вашингтон какого-то «теневого посла».

Юрий Владимирович тут же устроил показательную разборку. Соединился с начальником разведки Крючковым. Тот поклялся, что первое главное управление не использует Виктора Луи.

Опытный Корниенко шепнул министру, что с Луи работает не разведка, а контрразведка. Громыко попросил Андропова задать тот же вопрос второму главку. Начальника управления не оказалось на месте. Его заместитель уверенно доложил председателю КГБ, что контрразведчики к этому не причастны. При этом проявил детальное знание предмета, сообщив, что у Виктора Луи сломана нога и он вообще никуда лететь не может.

На этом разговор закончился. Громыко распорядился отправить Добрынину телеграмму с просьбой информировать Киссинджера, что его ввели в заблуждение: никакого специального посланника в Вашингтон отправлять не станут. Тем временем дотошный Корниенко позвонил начальнику консульского управления МИД и поинтересовался, не запрашивалась ли американская виза для Виктора Луи? Тот проверил и доложил, что паспорт Виктора Луи действительно был отправлен в посольство США с просьбой выдать визу. Распорядился об этом заместитель начальника консульского управления, представлявший в министерстве интересы КГБ. А буквально пару минут назад он же приказал позвонить в американское посольство с просьбой немедленно вернуть паспорт без визы. Иначе говоря, председателя КГБ просто обманули.

Мортин не принадлежал к числу любимцев Андропова. В ноябре 1974 года Федора Константиновича освободили от обязанностей руководителя первого главного управления «по состоянию здоровья и личной просьбе». Начальником разведки стал его первый заместитель Владимир Александрович Крючков, ближайший помощник Андропова.

Начальником контрразведки тоже был человек, которого Андропов давно и хорошо знал, — это Григорий Федорович Григоренко. Когда Юрий Владимирович был послом в Будапеште, заместителем старшего советника КГБ в Венгрии служил полковник Григоренко.

Григоренко начал службу в НКВД еще до войны — оперуполномоченным особого отдела стрелковой дивизии. Во время войны — в главном управлении контрразведки Смерш. В Венгрии Григоренко был ранен — получил пулю в голову. В 1959 году его перевели в разведку — заместителем начальника отдела «Д» (изготовление оперативных документов прикрытия). Затем он возглавил службу внешней контрразведки.

— Главная задача управления «К», — говорил председатель КГБ, — это проникновение в спецслужбы противника с тем, чтобы обеспечить безопасность нашей разведки.

Внешняя контрразведка присматривала за разведчиками, а в зарубежных представительствах — и за всей советской колонией. Один начинающий посол с удивлением обнаружил, что не он, а офицеры КГБ, прежде всего из внешней контрразведки, реальные хозяева посольства:

— Посол ничего не может. Закончился срок командировки — уезжай. А пока срок не кончился, посол тебя домой не отправит. А офицер безопасности любого может досрочно вернуть домой. Вот их все и боялись.

При Андропове карьера Григория Федоровича круто пошла вверх. В 1970 году Юрий Владимирович сделал генерал-майора Григоренко начальником второго главного управления (контрразведка), в 1978-м — заместителем председателя КГБ.

Григоренко и Крючков друг друга не любили, что Андропова вполне устраивало.

Вспоминая свою жизнь, один генерал КГБ обмолвился:

— Я принадлежал к другой группировке...

— А сколько же было группировок внутри комитета? — поинтересовался я.

— Основных три, остальные мелкие. Каждый из заместителей председателя КГБ продвигал своих, верных, близких ему людей. Все группы между собой враждовали.

— Андропов об этом знал?

— Конечно. Знал и позволял им сохраняться. Да он специально оставлял внутри комитета враждующие группировки! Заставлял их конкурировать, что давало ему возможность лучше управлять ситуацией...

Григоренко сманил к себе из разведки генерала Виталия Константиновича Боярова, сына погибшего в войну сотрудника НКВД и зятя министра сельского хозяйства СССР. Высокий, красивый, располагающий к себе парень, Бояров начинал в украинском КГБ комсомольским секретарем, потом возглавил отдел в управлении контрразведки. Он женился на дочери Владимира Владимировича Мацкевича, министра сельского хозяйства СССР. Боярова внезапно перевели в разведку. Очень молодым он поехал в Лондон заместителем резидента, но англичане его выслали. Оперативная работа за границей была для него закрыта, и Боярова взяли во внешнюю контрразведку.

В ноябре 1969 года Григоренко перешел первым заместителем во второе главное управление. Во внешней контрразведке его сменил Бояров. Заместителем он взял себе Олега Даниловича Калугина. Андропову Калугин тоже нравился, поэтому Олег Данилович стал самым молодым в КГБ генералом.

Когда Григоренко возглавил второй главк, он попросил Боярова к себе первым замом. Бояров не ладил с Крючковым и в марте 1973 года охотно ушел в контрразведку. Как писал другой генерал КГБ Вячеслав Кеворков, Бояров радовался тому, что «вышел из сферы подчинения непрофессиональному руководителю, который управлял сложнейшей государственной машиной, о функционировании которой имел чисто визуальное или, позже стало можно говорить, виртуальное представление». По словам генерала Кеворкова, Крючков — полководец, проигравший все сражения, в которые ввязывался. От своего шефа, Андропова, он не перенял ни одного положительного качества.

Бывший начальник разведки ГДР генерал Маркус Вольф считает, что назначение Крючкова начальником разведки было логичным, но не очень мудрым. С его точки зрения, Крючкову не хватало не столько профессионального опыта, сколько глубины понимания происходящего, да и по натуре он не был лидером. Без непосредственных указаний своего наставника Андропова он терялся.

«Однажды за ужином, — вспоминал Вольф, — Крючков прочел наизусть несколько стихотворений Андропова. Я впервые узнал, что тот писал стихи... Это еще больше подняло Андропова в моих глазах, но тогда я поймал себя на иронической мысли, что сменивший его на посту руководителя КГБ Крючков находит время учить наизусть лирические стихи Андропова»...

Как и весь КГБ при Андропове, внешняя разведка при Крючкове достигла в определенном смысле расцвета. Резидентуры по всему миру, большие штаты, большие агентурные сети, солидный бюджет, новая оперативная техника и конечно же особое положение разведки внутри КГБ: разведчики ощущали особое расположение Андропова.

Потом, правда, Крючкова упрекали за то, что он увлекался большими цифрами. Разведка старалась собрать максимум информации по всем странам. Реальной пользы от этого было немного, но создавалось приятное ощущение полного контроля над миром.

Однажды во время командировки в Кабул, поздно вечером, Крючков спросил начальника нелегальной разведки генерала Юрия Ивановича Дроздова:

— А сколько вообще нужно иметь агентуры, чтобы знать, что происходит в мире?

— Не так много, — ответил Дроздов, — пять-шесть человек, а вся остальная агентурная сеть должна их обеспечивать, отвлекать от них внимание.

Крючков с интересом выслушал Дроздова, но остался при своем мнении.

Опытный оперативник исходит из того, что надо иметь не много агентов, но дающих ценную информацию. Крючков требовал от резидентур увеличить темпы вербовки.

Брали количеством. В первую очередь по всему миру пытались вербовать американцев.

В своем первом отчете за 1967 год Андропов сообщил Брежневу, что удалось «завербовать 218 иностранцев, из которых 64 имеют оперативные возможности для работы против США». Удалось раздобыть шифры нескольких капиталистических стран, направить в ЦК и министерство обороны девять тысяч разведывательных информаций и образцы военной техники.

Во всех резидентурах были оперативные работники, занимающиеся ГП — главным противником. Сидел наш разведчик, например, в Новой Зеландии, а работал на самом деле против американцев, то есть старался завербовать кого-то из американских дипломатов или корреспондентов. Старательнее всего искали возможности завербовать сотрудников местной резидентуры ЦРУ. Это считалось высшим достижением. За вербовку американца давали орден. Правда, вербовка — редкая удача. За всю жизнь можно завербовать одного-двух человек, которые будут работать достаточно долго.

Работу разведки оценивают с точки зрения приносимой ею пользы. В какой степени деятельность генерала Крючкова помогала руководству страны правильно оценивать происходящие в мире события, политику других стран?

24 января 1977 года Андропов отправил в ЦК обширную записку «О планах ЦРУ по приобретению агентуры влияния среди советских граждан».

Андропов писал:

«По достоверным данным, полученным Комитетом государственной безопасности, в последнее время ЦРУ США на основе анализа и прогноза своих специалистов о дальнейших путях развития СССР разрабатывает планы по активизации враждебной деятельности, направленной на разложение советского общества и дезориентацию социалистической экономики. В этих целях американская разведка ставит задачу: осуществлять вербовку агентуры влияния из числа советских граждан, проводить их обучение и в дальнейшем продвигать в сферы управления политикой, экономикой и наукой Советского Союза.

ЦРУ разработало программу индивидуальной подготовки агентов влияния, предусматривающую приобретение ими навыков шпионской деятельности, а также их концентрированную политическую и идеологическую обработку. Кроме того, одним из важнейших аспектов подготовки такой агентуры является преподавание методов управления в руководящем звене народного хозяйства. Руководство американской разведки планирует целенаправленно и настойчиво, не считаясь с затратами, вести поиск лиц, способных по своим деловым качествам в перспективе занять административные должности в аппарате управления и выполнять сформулированные противником задачи.

При этом ЦРУ исходит из того, что деятельность отдельных, не связанных между собой агентов влияния, проводящих в жизнь политику саботажа в народном хозяйстве, будет координироваться из единого центра, созданного в рамках американской разведки.

По замыслу ЦРУ, целенаправленная деятельность агентуры влияния будет способствовать созданию определенных трудностей внутриполитического характера в Советском Союзе, заденет развитие нашей экономики, будет вести научные изыскания в Советском Союзе по тупиковым направлениям.

При выработке указанных планов американская разведка исходит из того, что возрастающие контакты Советского Союза с Западом создают благоприятные предпосылки для их реализации в современных условиях.

По заявлению американских разведчиков, призванных непосредственно заниматься работой с такой агентурой из числа советских граждан, осуществляемые в настоящее время американскими спецслужбами программы будут способствовать качественным изменениям в различных сферах жизни нашего общества, прежде всего в экономике, и приведут к принятию Советским Союзом новых западных идеалов.

Комитет государственной безопасности учитывает полученную информацию при организации мероприятий по вскрытию и пресечению планов американской разведки».

В чем смысл этого документа, который, судя по всему, был составлен разведкой, изучавшей работу противников из ЦРУ?

Во-первых, это одно из множества андроповских посланий, направленных на ограничение всяческих контактов с Западом, в первую очередь с США. Записка написана в январе 1977 года. Разрядка едва жива, но еще дышит.

КГБ действует в своем духе: надо еще немного закрутить гайки. Характерно упоминание о желании американцев «преподавать нам методы управления народным хозяйством». На волне разрядки стали выходить книги о современных методах управления, приглашали американских профессоров, сами ездили смотреть, как это делается в крупных компаниях, пытались чему-то научить своих директоров. КГБ и в этом усмотрел ересь.

Во-вторых, этот документ помогает объяснять неудачи в советской экономике как результат саботажа со стороны американских агентов. Такие документы ведомство госбезопасности, меняя стиль и реалии, всегда посылало в ЦК. В случае необходимости они создавали идеологический фон для репрессий.

В-третьих, это саморазоблачительный документ, обидно подчеркивающий невысокий уровень аналитики в первом главном управлении. Как теперь уже стало известно, не было такой программы ЦРУ, не было таких американских разведчиков, которые что-то заявляли агентам КГБ, и не было единого центра, будто бы созданного для руководства агентами влияния.

А что же было? Было желание КГБ доказать свою осведомленность в американских секретах, лишний раз подчеркнуть свою нужность: кто же будет сражаться с агентами влияния, как не КГБ? И были многочисленные — и совершенно открытые, публикуемые в печати! — заявления американских политиков и ученых, в которых выражалась надежда, что знакомство нового поколения советских людей с современным уровнем развития западного общества приведет к переменам в советском обществе.

Но для этого не надо было держать мощный аппарат легальной и нелегальной разведки в Соединенных Штатах. Это все можно было прочитать в американских газетах.

Агентура влияния — такой терминологией американская разведка не пользуется. Это как раз советское изобретение. Именно советская разведка годами, десятилетиями пыталась приобрести в разных странах агентов влияния — людей, способствующих советским интересам. Но успехи были невелики. Развалить Соединенные Штаты или какое-либо другое западное государство подчиненным Андропова не удалось...

ПОГРАНИЧНАЯ ВОЙНА

В 1969 году вражда между Советским Союзом и Китаем приобрела зловещий военный аспект. Поводом стали пограничные споры. Границы на реках проводятся обычно по главному фарватеру. Царское правительство заставило Китай согласиться на границу по урезу воды вдоль китайского берега (см.: Вопросы истории. 2004. № 5), иначе говоря, река Уссури со всеми островами оказалась российской.

В пятидесятых годах китайские руководители заговорили о том, что пора бы провести более справедливую границу. Но конфронтация между двумя странами сделала переговоры невозможными. Китайцы откровенно претендовали на советские острова. Сначала приходили рыбаки, обычные китайцы с плакатами, потом появились люди с оружием.

Пограничные заставы появились здесь лишь недавно, и пограничников явно не хватало на огромный участок необорудованной границы. 57-й пограничный отряд находился в стадии формирования, командовал им полковник Демократ Владимирович Леонов. Условия службы были тяжелые. Не хватало офицеров, старшин. Трудно было со связью.

Перед пограничниками стояла практически невыполнимая задача — малыми силами, не применяя оружия, раз за разом вытеснять китайцев с советской территории. Эти столкновения быстро перерастали в драки, в ход шли палки, колья, ломы. Пограничники обзавелись рогатинами и дубинами, обливали китайцев из огнетушителей. Потом обзавелись пожарной машиной — мощная стена воды сметала китайцев. Постепенно схватки приобрели массовый, ожесточенный характер, запрещено было только одно — стрельба.

От советского берега до острова Даманский — полкилометра, от китайского меньше — в разное время года от трехсот до семидесяти метров. Остров необитаемый, весной его практически полностью заливает река. Китайские солдаты несколько раз пытались его захватить. Однажды был настоящий штыковой бой. Начальство требовало одного — не открывать огонь. За месяц до кровавых событий на Даманском с бронетранспортеров сняли боекомплект, опечатали и отправили на склад.

В феврале 1969 года все успокоилось. В Москве решили, что острый период миновал. Резервные группы вернулись в отряд. Остался только личный состав погранзастав. Командиры 1-й и 2-й застав не верили, что китайцы оставят их в покое. Нарушив приказ, на свой страх и риск они вернули боезапас в бронетранспортеры.

В ночь на 2 марта 1969 года на остров Даманский скрытно проникли и замаскировались несколько сот бойцов Народной освободительной армии Китая. Пограничники этого не заметили и не подозревали, что им устроена засада.

Утром 2 марта пограничники засекли появление группы вооруженных китайцев, продвигавшихся к острову. Начальник 2-й заставы старший лейтенант Стрельников поднял личный состав и на трех машинах выехал на остров. Иван Иванович Стрельников закончил курсы младших лейтенантов и сам построил эту заставу в рыбацком поселке Нижне-Михайловка.

Стрельников, как положено, потребовал от китайцев покинуть остров. Вместо ответа, китайцы открыли огонь. Они практически в упор уничтожили две группы пограничников. И только третья группа, задержавшаяся в пути — подвела машина, под командованием младшего сержанта Юрия Бабанского вступила в бой. Они бы тоже погибли, но подоспел с двадцатью двумя бойцами начальник соседней заставы — старший лейтенант Бубенин.

Виталий Дмитриевич Бубенин, закончив Алма-Атинское пограничилище, прибыл на Дальний Восток летом 1966 года. Сначала он был заместителем у Стрельникова. А на следующий год командующий Тихоокеанским пограничным округом отвез молодого офицера на вертолете на Кулебякины сопки и показал:

— Запомните, лейтенант, здесь будет пограничная застава. Построите ее к 7 ноября — будете ее начальником.

Когда подоспел Виталий Бубенин, двадцать два советских пограничника были убиты, один, тяжело раненный, попал в плен. Вернут его китайцы мертвым...

Командование отряда находилось на учениях и не подозревало, что рядом идет настоящий бой. Пограничникам не разрешалось брать с собой больше двух магазинов к автомату, то есть они должны были отстреливаться, экономя патроны. К исходу первого часа боя Бубенин был ранен и контужен при разрыве мины, но из боя не вышел.

Старший лейтенант отвел своих людей, а сам на бронетранспортере поехал вдоль острова и, ведя огонь из двух крупнокалиберных пулеметов, оказался у китайцев в тылу. Он вел огонь, пока бронетранспортер не подбили китайские артиллеристы. При абсолютном численном превосходстве китайцы ничего не смогли сделать с небольшой группой советских пограничников. Ни один из наших солдат не сплоховал, ни один не поддался панике, ни один не отступил, хотя шанс выжить был минимальным.

На помощь подъехала резервная группа с заставы Бубенина. Она доставила весь остававшийся боезапас, пулеметы и гранатомет. Старший лейтенант (раненный и контуженный!) Бубенин пересел в бронетранспортер Стрельникова и опять двинулся в сторону китайцев. Бубенин ворвался в их расположение с фланга. Появление бронетранспортера было неожиданностью для китайцев. Безостановочно работавший крупнокалиберный пулемет рассекал китайские цепи.

Бубенину повезло — он выскочил прямо на командный пункт китайцев и расстрелял его в упор. Оставшись без командования, китайцы поддались панике и побежали. Уже в последний момент бронетранспортер подбили, и Бубенин вторично был контужен.

Только потом на вертолете появилось командование погранотряда, перебросили подкрепление с 3-й заставы. В бою погибли тридцать два советских пограничника.

На следующий день из Москвы прилетела комиссия, которую возглавлял первый заместитель председателя КГБ генерал-полковник Николай Степанович Захаров.

«В Имане (нынешнем Дальнереченске), где квартировало командование погранотряда, прошли первые похороны, — вспоминал собственный корреспондент «Известий» по Дальнему Востоку Павел Демидов. — Собрался чуть не весь город. Выступает начальник Иманского погранотряда полковник Демократ Леонов. Говорит хрипло, простуженно. Через несколько дней Демократ Владимирович погибнет, как и его соратники, с которыми он прощается сейчас. Оркестр исполняет Гимн Советского Союза, на этом фоне слышен стук молотков — забивают гвозди в крышки гробов. И вдруг, перекрывая все звуки, раздается пронзительный детский крик: «Па-а-па-а!»

На всем участке 57-го погранотряда перешли на усиленный режим охраны границы. Командир расквартированной по соседству 135-й мотострелковой дивизии получил приказ наметить маршруты выдвижения войск и артиллерии, если придется вступать в бой. Но вводить в действие армейские части не хотели, и пока что на помощь малочисленным пограничникам выдвинули всего две мотострелковые роты и два танковых взвода. Почему-то в Москве рассчитывали на то, что китайцы больше не полезут. И допустили непростительную ошибку, за которую опять пришлось заплатить кровью наших пограничников. Меньше чем через две недели вновь вспыхнули бои.

15 марта 1969 года заместитель министра иностранных дел Владимир Семенов записал в дневник: «В восемь часов утра позвонил Ю.В. Андропов и сообщил о новых осложнениях на советско-китайской границе (у острова Даманского). Несмотря на субботу, было заседание политбюро. Приняли текст заявления Советского правительства. Внутри МИДа создал оперативную группу, ввел круглосуточное дежурство, вертелся у телефонов, как пляшущий человечек».

Китайцы наступали с самого утра при поддержке артиллерийского и минометного огня. Противостояла им маневренная группа погранотряда, не имевшая тяжелого оружия. Пограничники просили военных о поддержке — рядом стояла минометная батарея, но ей запретили открывать огонь. Под напором превосходящих сил пограничники отошли. Китайцы заняли остров. Но пограничники не сдавались, хотя не располагали силами и средствами для общевойскового боя. На бронетранспортерах они пошли в контратаку, но китайская артиллерия жгла боевые машины.

Командир погранотряда полковник Леонов, не выдержав, буквально заставил четыре танка, не имевшие приказа действовать, двинуться вперед. Он сел в головной танк, который подбили. Полковник Леонов выбрался из горящей машины, но китайцы забросали его гранатами.

Генерал армии Вадим Александрович Матросов был тогда начальником штаба пограничных войск. Через много лет он рассказывал в интервью, как в тот день ему позвонил домой сам Брежнев:

— Что там происходит? Это война?

Генерал Матросов на следующий день должен был вылететь на место событий. Он просил дать ему время разобраться — тогда будет ясно. Брежнев требовал ответа немедленно:

— Мне из Генштаба докладывают, что там уже все признаки настоящей войны.

Матросов ответил, что, по данным разведки, китайцы своих войск к границе не придвинули. Так что пока это еще не война. Леонид Ильич несколько успокоился.

«Наверное, можно было бы и избежать такого обострения, — говорил Матросов, — в чем-то уступить, но наши политики тогда на компромисс не пошли. В итоге мы получили на границе протяженностью в семь с половиной тысяч километров адскую обстановку. Люди находились в постоянном напряжении».

Генерал Матросов не мог понять логики высшей власти. Если не хотели пускать китайцев на Даманский, надо было сразу перебрасывать туда соответствующие силы и дать достойный ответ. Если, напротив, не хотели ничего затевать, зачем подставили пограничников, обрекли их на смерть?

Пограничники жаловались, что командование Дальневосточного военного округа не желало вмешиваться и им помогать: это ваше дело, а не армии. К Даманскому вела всего одна дорога — развернуть войска было невозможно. Да и не хотели этого в Москве. Перестрелка между пограничниками — это инцидент на границе. Использование вооруженных сил — это уже война.

Только поздно вечером, после целого дня боев, пограничникам разрешили использовать четыре дивизиона ракетных установок залпового огня «Град». Брежнев дал согласие. После десятиминутной обработки острова ракетами, артиллерией и минометами китайцы отошли.

«Два залпа нашей ракетной установки «Град», наконец, поставили точку в кровавом конфликте: противника как ветром сдуло, — писал Павел Демидов. — Но к тому времени — к 16 марта — наши потери уже составили пятьдесят восемь человек убитыми и девяносто четыре тяжелоранеными...

Остров Даманский — тысяча семьсот метров в длину и пятьсот в ширину. Весной его заливало с макушкой, летом и осенью там косили траву для скота, а зимой — белое безмолвие... Через полгода было решено отдать Даманский Китаю. Соседи быстренько засыпали протоку между берегом и островом, и теперь о тех событиях напоминают могилы в центре Имана да детский вопль на пленке моего диктофона, перекрывающий стук молотков».

Во время событий на острове Даманском в марте 1969 года у Андропова было совещание. Что делать? Как реагировать? Горячо выступали сторонники мощного удара по китайцам. Андропов был против, и его поддержал Брежнев. Обошлись без войны с Китаем, и конфликт постепенно угас.

16 и 17 апреля столкновения между советскими и китайскими пограничниками произошли на границе между Синьцзяном и Казахстаном, стычки вспыхнули вновь 25 апреля и 2 мая. 9 мая в приказе министра обороны маршала Гречко по случаю победы в Великой Отечественной войне Китай впервые вместе с Соединенными Штатами и Федеративной Республикой был назван основным врагом Советского Союза.

В мае и в начале июня продолжались столкновения по всему Амуру. 8 августа произошли новые стычки. Китайское информационное агентство Синьхуа обвинило Советский Союз в подготовке войны против Китая. Критические ситуации на китайской границе возникали и позже, но таких потерь, как на Даманском, уже не было.

В декабре 1972 года Андропов отправил в отставку командующего пограничными войсками генерал-полковника Павла Ивановича Зырянова. Ему исполнилось шестьдесят пять лет. Он командовал пограничниками двадцать лет — принял войска в 1952 году! Андропов хотел кого-нибудь помоложе. Начальником главного управления пограничных войск КГБ назначили Матросова. Андропов ценил Вадима Александровича, сделал его заместителем председателя комитета. Такого раньше не было, чтобы начальник пограничников получал полководческое звание генерала армии — по штатной должности он мог быть генерал-полковником. В феврале 1982 года добился присвоения Матросову звания Герой Советского Союза.

Они были единомышленниками: выступали за восстановление режима постоянной охраны границы. Прежний начальник погранвойск генерал Павел Иванович Зырянов предложил сократить численность личного состава, отказаться от застав там, где нет в этом необходимости, неопасные участки границы охранять маневренными группами, считал правильным больше денег вкладывать в инженерно-техническое оборудование границ.

Матросов в 1974 году предложил вернуться к прежней практике — ставить заставы везде, где есть граница, даже на прежде не охранявшихся участках Охотского моря и на необитаемых островах, хотя оборудование и содержание этих застав стоило огромных денег. Он нашел полное понимание и поддержку у Андропова. Юрий Владимирович, в свою очередь, не знал отказа, когда обращался к Брежневу за деньгами.

Стараниями Андропова пограничники увеличили свой арсенал, получили собственную авиацию, бронетанковую технику. Хотя военные недоумевали — зачем создавать параллельную армию. Но председатель КГБ брал верх в такого рода ведомственных спорах. Вооруженный конфликт на границе имел серьезные геополитические последствия — началось осторожное сближение Китая и Соединенных Штатов.

Когда произошли столкновения советских и китайских войск на берегах реки, о которой раньше никто в Америке и не слыхал, архитектор американской внешней политики Генри Киссинджер без колебаний повернул дипломатию в сторону Китая. Он был советником президента Ричарда Никсона по национальной безопасности. Никсон не упустил возможности войти в историю как политик, который восстановил отношения с Пекином.

Москва хотела, чтобы Соединенные Штаты оставались нейтральными в этом столкновении. Американцам казалось, что Москва может нанести упреждающий ядерный удар по Китаю. Генри Киссинджер был убежден, что нельзя допустить поражения Китая в войне с Советским Союзом.

Потому что после этого вся военная мощь СССР была бы повернута против Запада.

Главный орган китайской компартии газета «Жэньминь жибао» писала тогда: «Американский империализм находится при последнем издыхании. Хотя он дошел уже до своего конца, Никсон имеет наглость говорить о будущем. Человек, стоящий одной ногой в могиле, пытается утешиться мечтами о рае».

В реальности китайские руководители были готовы к контактам с Вашингтоном. Китайцы хотели избавиться от угрозы войны на два фронта — и против СССР, и против США, выйти из международной изоляции и продемонстрировать всему миру свой престиж и значимость. Так начался сложный менуэт между американцами и китайцами, настолько тонко организованный, что обе стороны всегда могли утверждать, что между ними нет контакта. Американский посол в Польше увидел китайского дипломата на выставке и буквально подбежал к нему, чтобы передать послание из Вашингтона: американцы готовы к серьезным переговорам. У китайского дипломата едва не начался сердечный приступ, он не знал, что ответить, и просто убежал. Контакты налаживали через румын и пакистанцев.

Многие американские дипломаты говорили, что сближение с Китаем подорвет отношения с Советским Союзом. Киссинджер, напротив, считал, что это заставит Москву искать взаимопонимания с американцами. Реакция Советского Союза была такой, какой ее ожидал увидеть Киссинджер. Москва спешила показать, что с ней можно иметь более серьезные дела, чем с китайцами.

Тайная поездка Киссинджера в Китай состоялась в июле 1971 года. До этого Москва не горела желанием организовать встречу Никсона и Брежнева. После поездки позиция Москвы резко переменилась. Сближение Соединенных Штатов и Китая было воспринято как поражение, как неудача советской политики. В реальности это был путь к стабилизации ситуации. Китай переставал быть непредсказуемым, опасным соседом, от которого можно было ждать всякого. С точки зрения геополитики он начал превращаться в нормального игрока, который подчиняется определенным правилам. Уже в перестроечные времена переговоры с Китаем привели к изменению линии границы. Остров Даманский отошел к Китаю и получил название Чжэньбаодао.

Китайское руководство, видимо, действительно не хотело тогда большой войны. Но если бы лейтенанты Стрельников и Бубенин, сержант Бабанский и другие пограничники, сражавшиеся в марте 1969 года на острове Даманский, не проявили поразительного мужества, стойкости, готовности сражаться и, если надо, умереть в бою, у китайских руководителей, пожалуй, могло возникнуть желание вновь и вновь проверять прочность советских границ штыком.

ОТРЕЗАННАЯ ГОЛОВА АМИНА

Сама должность заставляла председателя комитета госбезопасности Андропова быть ястребом во внешней политике, подозревать окружающий мир во враждебных намерениях. В служебных документах комитета Соединенные Штаты откровенно именовались «главным противником». КГБ находился в состоянии перманентной войны с США и с Западом в целом. Пока Брежнев был здоров, это уравновешивалось его стремлением к разрядке, к нормальным отношениям с Западом. Когда Брежнев тяжело заболел, выпустил вожжи из рук, внешнюю и военную политику стала определять тройка — председатель КГБ Андропов, министр обороны Дмитрий Федорович Устинов и министр иностранных дел Андрей Андреевич Громыко.

Как ни странно, власть триумвирата была хуже, чем единоличное правление Брежнева. Уверенный в себе лидер способен пойти на уступки и компромиссы. А тут каждый из тройки стремился продемонстрировать свою непоколебимость, стойкость. Они загнали страну в жесткую конфронтацию с внешним миром.

Даже на заседаниях политбюро они сидели рядом: Андропов между Громыко и Устиновым. Андропов особенно сблизился с Устиновым, обращался к нему на «ты» и называл Митей. Председатель КГБ своими сообщениями об агрессивных замыслах империализма помогал Устинову перекачивать в военное производство все большую часть бюджета. Когда Юрий Владимирович станет генеральным секретарем, отношения с Западом настолько ухудшатся, что заговорят об угрозе новой войны... Андропов, Устинов и примкнувший к ним Громыко и затеяли афганскую авантюру.

Даже сейчас трудно сказать, зачем они это сделали. Несколько очень немолодых, не очень здоровых людей, давно оторвавшихся от реальности. Жизнь советского народа становилась все более скудной, а у них было ощущение нарастающего могущества — от обилия вооружений и всевластия спецслужб.

В Москве не ценили хорошие отношения с прежним Афганистаном. Заместитель заведующего отделом стран Среднего Востока Министерства иностранных дел Иван Степанович Спицкий рассказал, как в апреле 1977 года в Москву приехал президент страны Мохаммед Дауд. Переговоры с ним вели Брежнев, Подгорный, Косыгин, Громыко.

Президент Дауд попросил о личной встрече с Брежневым. За пятнадцать минут до начала официальных переговоров Подгорный сказал об этом Брежневу. Присутствовавшие высказались за то, что афганскому президенту нужно дать такую возможность.

— А когда? — спросил Брежнев.

— Вслед за переговорами в расширенном составе, — пояснил Подгорный.

— А когда я отдыхать буду? — вопросом на вопрос ответил недовольный Брежнев.

Когда переговоры подошли к концу, Дауд осведомился, будет ли отдельная встреча с Брежневым. Услышав, что ему в беседе отказано, афганский президент встал и, не попрощавшись, пошел к выходу. Подгорный побежал его успокаивать.

Мрачный и раздраженный Дауд говорил потом, что хотел обсудить особо важные вопросы. Ему нужен был заем (такой кредит обошелся бы нашей стране дешевле, чем афганская война!). И его тревожило укрепление оппозиции. С одной стороны, режиму угрожали активные исламисты, с другой — молодые офицеры, учившиеся в Советском Союзе и вернувшиеся в Афганистан с вульгарными марксистскими идеями. Офицеров-марксистов советские спецслужбы вполне могли бы попридержать. Но с Даудом даже не захотели разговаривать...

Через год, 27 апреля 1978 года, просоветски настроенные офицеры совершили государственный переворот. Президента Дауда и его семью расстреляли. 30 апреля Советский Союз признал новую власть.

В июне 1978 года начальник разведки генерал Крючков во главе делегации КГБ впервые приехал в Афганистан. Он сыграл активную роль в Афганской кампании. Потом, когда пытались установить, кто же принял решение ввести войска в Афганистан, все отказывались, и получилось, что это произошло вроде как само собой. В реальности разведка своими сообщениями из Кабула, своими оценочными материалами и прогнозами способствовала принятию решения о вторжении.

Сообщения о том, что американцы намерены проникнуть в Афганистан и превратить его в форпост против Советского Союза, версия о том, что лидер Афганистана Хафизулла Амин — скрытый американский шпион, — все это работа разведки. Однако предугадать подъем народного возмущения против советских войск разведка не смогла. Хотя сам Крючков потом уже признал, что в апреле 1978 года в Афганистане произошел всего лишь дворцовый переворот, а вовсе не народная революция, выражающая интересы широких масс трудящихся.

Народно-демократическая партия Афганистана (НДПА) была расколота на две фракции — «Хальк» («Народ») и «Парчам» («Знамя»). Обе фракции ненавидели друг друга. Эта вражда в значительной степени была порождена личным соперничеством между двумя вождями — Нур Мохаммедом Тараки («Хальк») и Бабраком Кармалем («Парчам»). Резидентура внешней разведки в Афганистане поддерживала отношения с группой «Парчам». Вот один из немногих рассекреченных документов того времени.

В мае 1974 года (за четыре года до переворота в Кабуле) заместитель заведующего международным отделом ЦК КПСС Ростислав Александрович Ульяновский направил своему начальству секретную записку:

«Лидер группы «Парчам» Народно-демократической партии Афганистана Кармаль Бобрак (так писали в те годы. — *Л. М.*) обратился к сотруднику резидентуры Комитета госбезопасности при Совете Министров СССР в Кабуле, с которым он поддерживает неофициальные связи, с просьбой оказать содействие в поездке в Москву на лечение жены его брата — Джамили Наит Барлай (шифротелеграмма из Кабула, спец. КГБ № 349 от 13 мая 1974 года).

Д.Н. Барлай, афганка, 26 лет, дочь члена ЦК группы «Парчам» Анахиты, активного сторонника дружбы и тесного сотрудничества Афганистана с Советским Союзом.

Считали бы возможным удовлетворить просьбу К. Бобрака.

Прием, обслуживание и лечение Д.Н. Барлай можно было бы возложить на IV Главное управление при Минздраве СССР. Расходы по приобретению билета на самолет туристским классом от Кабула до Москвы можно было бы отнести за счет сметы по приему зарубежных партработников».

К решению секретариата ЦК было приколото приложение — телеграмма резиденту:

«Шифром КГБ

Кабул

Резиденту КГБ

Передайте лидеру группы «Парчам» Народно-демократической партии Афганистана К. Бобраку, что его просьба о поездке в Москву на лечение жены его брата Д.Н. Барлай удовлетворена. Оплатите стоимость авиабилета на самолете Аэрофлота туристским классом за счет сумм центра.

О выезде Д.Н. Барлай в Москву информируйте».

В 1991 году ко мне в редакцию журнала «Новое время» пришел полковник Александр Викторович Морозов. В 1975—1979 годах он был заместителем резидента внешней разведки в Кабуле. Резидентом был Вилен Осадчий. Полковник Морозов рассказывал мне, как действовала разведка в Афганистане, какую роль в этих событиях сыграл Крючков. Его рассказы воплотились в серию статей, которые мы напечатали под общим названием «Кабульский резидент».

Теперь мы знаем, как развивались события.

В конце 1976 года Хафизулла Амин сообщил Нур Мохаммеду Тараки, что офицеры-халькисты готовы взять власть в стране и свергнуть Мохаммеда Дауда, который с июля 1973 года был главой государства и премьер-министром (в феврале 1978 года он стал президентом страны). Об этом стало известно советским разведчикам в Кабуле.

Резидентура информировала Крючкова. Тот доложил в ЦК КПСС и предложил посоветовать руководителям Народно-демократической партии Афганистана воздержаться от каких-либо вооруженных авантюр, которые могут закончиться разгромом партии. В ЦК согласились с точкой зрения разведки.

В Кабуле на вилле корреспондента ТАСС была организована встреча с Тараки. Сотрудник резидентуры на словах передал лидеру партии послание из Москвы:

— Мы располагаем информацией о том, что среди членов группы «Хальк» есть безответственные элементы, призывающие к вооруженной борьбе с режимом Дауда. По мнению ЦК КПСС, это опасно для партии и всех левых сил. Поэтому мы просим товарища Тараки, если ему что-либо известно о таких экстремистах, оказать на них влияние и не допустить никаких оплошностей, способных нанести вред мировому коммунистическому движению.

Тараки спокойно все выслушал. Когда его спросили, кто отвечает за работу «Хальк» в армии, он сказал:

— Эту работу ведет мой преданный, надежный и верный ученик товарищ Амин.

Он предложил познакомить советских товарищей с Амином. Эти встречи тоже проходили на вилле корреспондента ТАСС. Тем не менее военный переворот произошел. Правда, режим Дауда сам его спровоцировал. В ночь с 25 на 26 апреля 1978 года были арестованы Тараки, Кармаль и другие члены ЦК НДПА. Амина же забрали не ночью, а под утро. И он успел передать своим соратникам в армии сигнал к выступлению.

Один из участников заговора сообщил обо всем советским разведчикам. Если бы советская разведка предупредила президента Дауда, судьба Афганистана пошла бы иным путем. Остались бы живы и сотни тысяч афганцев, и пятнадцать тысяч советских солдат. При Дауде Афганистан был прекрасным соседом нашей стране...

Офицеры-халькисты взяли штурмом президентский дворец и перестреляли Дауда вместе с его окружением. Нападавшие получили приказ не брать президента в плен. Халькисты боялись, что, если президент Дауд уцелеет, он рано или поздно попытается вернуть себе власть. Точно так же через полтора года советские чекисты и десантники, взяв президентский дворец, застрелили Хафизуллу Амина.

Поначалу «Хальк» и «Парчам» по-братски поделили власть. Нур Мохаммед Тараки стал председателем Революционного совета и премьер-министром. Бабрак Кармаль — заместителем председателя Ревсовета и премьер-министра. Хафизулла Амин — заместителем премьер-министра и министром иностранных дел. Но между победителями сразу же началась грызня...

Работая на телевидении, я познакомился еще с одним человеком, который наблюдал начало афганской трагедии с близкого расстояния. Это Валерий Иннокентьевич Харазов — сразу после апрельской революции он приехал в Афганистан во главе первой группы партийных советников. Мы познакомились с ним, когда я снимал фильм об уже покойном Александре Николаевиче Шелепине, который был членом политбюро и секретарем ЦК. Валерий Харазов учился с Шелепиным в одной школе в Воронеже. Они дружили с пятого класса и прошли вместе через всю жизнь. Харазов тоже был партийным работником, он стал вторым секретарем ЦК компартии Литвы, кандидатом в члены ЦК КПСС. Но его карьера была сломана из-за того, что он не захотел порвать с попавшим в опалу Шелепиным.

Валерий Харазов вспоминал:

— Мне прямо сказали: «Прекрати связь с Шелепиным». Я ответил: «Нет. Я связан с ним с детства, а вы хотите, чтобы я отказался от такой дружбы?» — «Тогда будет хуже». Я сказал: «Пусть будет хуже, но дружбу с Шелепиным я не порву»...

Такая верность дружбе и принципиальность произвели на меня сильное впечатление. И я с большим доверием отношусь к рассказам Валерия Харазова. Он познакомил меня с генералом Василием Петровичем Заплатиным, который был советником начальника Главного политического управления афганской армии.

Генерал Василий Заплатин приехал в Афганистан в конце мая 1978 года. Валерий Харазов — в первых числах июня, то есть они оба появились там буквально через месяц после апрельской революции 1978 года, когда к власти пришла Народно-демократическая партия. Новые афганские лидеры собирались строить в стране социализм по советскому образцу. Но наши советники, первыми прибывшие в Кабул, увидели столь сложную и запутанную картину афганской жизни, что о ней советские руководители в Москве имели, пожалуй, весьма приблизительное представление.

Тараки желал быть единоличным хозяином страны, а Кармаль не соглашался на роль второго человека. Тем более что вторым фактически становился Хафизулла Амин, которого продвигал Тараки.

— Все министры-халькисты были веселы, довольны, постоянно улыбались, — вспоминает Валерий Харазов. — Они взяли власть, они руководили страной. А парчамистов они обливали грязью.

Фантастическая амбициозность Тараки и Бабрака Кармаля не позволяла им наладить элементарное сотрудничество. Валерий Харазов рассказывал, как буквально через два дня после приезда советских гостей принял сам Тараки:

— Настроение у него было приподнятое. Он рассказывал о ситуации в стране, и чувствовалось, что он находится в состоянии эйфории после революции, которую так легко удалось осуществить. Он говорил, что революция в Афганистане может быть примером для всех стран Востока.

После общей беседы Тараки попросил задержаться руководителя группы Харазова и советского посла Пузанова. Александр Михайлович Пузанов еще при Сталине был назначен главой правительства РСФСР и кандидатом в члены президиума ЦК. Когда его убрали с высокой должности, то перевели в послы.

Тараки сказал советским гостям:

— Вам хочет сделать заявление Бабрак Кармаль.

Через секретаря пригласили Кармаля. Вошел мрачный человек, поздоровался, сел рядом с Харазовым и, не сводя ненавидящего взора с Тараки, стал говорить о том, что в партии сложилось ненормальное положение. Он просит сообщить об этом в Москву. В руководстве Афганистана нет коллегиальности, все вопросы решают два человека — Тараки и Амин. А он, Кармаль, фактически отстранен от руководства партией и страной.

Лицо у него было злобное, глаза красные, вспоминает Харазов.

— Я нахожусь в золотой клетке, — продолжал Кармаль. — Я — второй человек в партии и государстве, но я ни в чем не принимаю участия. Мне надо или притвориться больным, или уехать куда-то послом...

В этот момент Тараки ударил кулаком по столу и сказал:

— Хватит! У нас в партии демократия, у нас коллегиальность. Мы все решения принимаем коллективно. Но кое-кто не хочет выполнять принимаемые нами решения. Предупреждаю: по тем, кто не желает выполнять решения, мы пройдемся железным катком.

Бабрак Кармаль встал, попрощался и ушел. После этого разговора Тараки, возбужденный и возмущенный, никак не мог успокоиться. Харазов и Пузанов напрасно пытались перевести разговор на другую тему. Тараки все время повторял:

— Мы пройдемся железным катком!

Через несколько дней Валерий Харазов попросил главу Афганистана о новой встрече, на сей раз один на один. Тараки принял его. Но уже не был так радушен, как в прошлый раз, видимо догадываясь, о чем пойдет речь.

Харазов стал говорить, что Москва одобрила объединение двух фракций — «Хальк» и «Парчам». Объединение позволяет партии стать еще влиятельнее в стране, а раскол, напротив, таит в себе большую опасность для молодого государства. Тараки слушал невнимательно и без интереса. Когда Харазов закончил, Тараки попросил передать в Москву благодарность за заботу о единстве партии. На этом разговор закончился. Обсуждать эту тему он не захотел.

— Мне стало ясно, — вспоминает Харазов, — что старая вражда вспыхнула вновь, основы для сотрудничества двух фракций нет, и примирение невозможно.

Кармаль заявил Тараки, что если ему, второму человеку в стране, никто не желает подчиняться, то он вообще устраняется от государственных дел. Тараки решил поступить по советским канонам: отправить Кармаля и его друзей послами в разные страны. И при первой же встрече спросил советского посла: как к этому отнесутся в Москве?

Пузанов, не запрашивая мнение центра, сразу же одобрил план Тараки:

— Если товарищ Кармаль не понимает текущего момента, если он только мешает руководству страны работать, пусть поедет за границу и там поработает.

Тараки, объявляя Кармалю о своем решении, сослался на мнение советского посла. Об этом, вспоминал полковник Морозов, стало известно нашей резидентуре. Но повлиять на развитие событий разведчики не могли.

Бабрак Кармаль надеялся, что Москва вступится за него. Накануне отъезда в Прагу Кармаль вместе с двумя друзьями-парчамистами приехали на виллу корреспондента ТАСС. На этой вилле он многие годы встречался с сотрудниками резидентуры, которые с ним работали. Кармаль попросил устроить ему беседу с послом. Александр Михайлович Пузанов растерялся. Он не хотел встречаться с опальным Кармалем, чтобы не портить отношения с Тараки и Амином. Посол велел передать Кармалю, что его нет в Кабуле. Всю ночь Кармаль и его друзья жаловались советским разведчикам на превратности судьбы...

Утром в посольстве решили, что в любом случае надо поставить Амина в известность, что Кармаль просил о встрече с Пузановым, но посол его не принял. Выслушав сообщение, Амин удовлетворенно кивнул:

— Я знаю об этом.

Одновременно с Кармалем в разные страны уехали послами еще пять видных деятелей фракции «Парчам», в том числе Наджибулла, будущий президент, который тогда отправился в Тегеран. В ночь перед отъездом Бабрак собрал у себя лидеров фракции и сказал им:

— Я еще вернусь. И под красным флагом.

Парчамисты решили вновь уйти в подполье. Фактически на этом ночном совещании речь шла о подготовке «Парчам» к захвату власти. Халькисты узнали о том, что произошло. Многих парчамистов сняли с высоких должностей, арестовали. Из армии выгнали чуть ли не всех командиров-парчамистов.

В мае 1979 года, вспоминает полковник Морозов, резидентура получила информацию о том, что Амин отправляет в Прагу группу боевиков с заданием убить Кармаля. Об этом сообщил один из боевиков, который до революции работал на управление национальной безопасности Афганистана, но стал единомышленником парчамистов. Сотрудники резидентуры не сомневались в надежности своего источника и доложили в Москву.

Крючков счел сообщение провокацией и предложил заморозить контакты с информатором. Возможно, он боялся, что это Амин проверяет своих советских друзей. Но летом контрразведка Чехословакии обнаружила и обезвредила группу афганских боевиков, которые все-таки добрались до Праги...

В одном из интервью иностранным журналистам Бабрак Кармаль обмолвился, что в его воспитании и образовании огромную роль сыграла немецкая культура. Что означало это неожиданное высказывание? Плод восточной фантазии, ничего не значащая вежливая фраза? Для небольшого круга просвещенного афганского общества дружба с Германией была давней традицией, продиктованной антибританскими настроениями. Не один раз в своей беспокойной истории народности Афганистана пытались разыграть германскую карту в борьбе против нелюбимых феодальных господ, против британского колониализма.

Кармаль, как и многие его товарищи по фракции «Парчам», посещал основанную в 1924 году немецкую школу «Амани». Лекции в кабульском Институте Гёте были излюбленным местом встреч получивших образование на немецкий манер интеллектуалов из фракции «Парчам», а иногда и местом конспиративных сходок в разгар борьбы с соперниками из фракции «Хальк».

Кармаль получил аттестат в немецкой школе в 1949 году. Он плохо говорил по-немецки, но утверждал, что понимает хорошо. Тот факт, что в разгар Второй мировой войны его отец, генерал при Захир-шахе, послал сына учиться в немецкую школу, а не в основанную французами и тогда более престижную гимназию «Истикляль», говорит о многом. Это была почти что политическая демонстрация. В кабульском высшем обществе немецкая школа слыла гнездом бунтовщиков с тех пор, как в 1933 году один из ее учащихся убил короля Надира, англофила, ненавидимого националистами. За пропаганду против короля попал в свое время в тюрьму и Ахмед Ратеб, отец будущей жены Бабрака Кармаля, ставшей министром по делам воспитания.

Германо-афганские отношения возникли во время Первой мировой войны, когда кайзер Вильгельм II пытался восстановить эмира Афганистана против Британской Индии. Эта идея принадлежала легендарному вождю турецкой революции, который за несколько лет из провинциального офицера сделался генералом и военным министром. Имеется в виду Энвер-паша, восторженный поклонник прусского военного устава.

Он взялся помочь немцам оторвать Афганистан от Англии.

Англичане дважды пытались присоединить Афганистан к своей колониальной империи. Обе кровавые попытки не увенчались успехом. В 1893 году эмир абд-аль Рахман подписал договор о протекторате. Афганистан сохранял независимую внутреннюю политику, а его внешней политикой руководила Англия, точнее, британский наместник в Индии. За это Англия платила эмиру, как и индийским князьям, хорошие деньги. Для правителя Кабула это был практически единственный источник дохода.

Энвер-паша собирался втянуть Турцию в войну на стороне центральных держав и надеялся, что Афганистан откроет второй фронт против англичан в Индии. Немецкая экспедиция доставила эмиру отпечатанное на пишущей машинке письмо кайзера. Послание Вильгельма II разочаровало адресата. Это были всего лишь слова. А англичане сообщили эмиру, что ему отправлен из Индии караван с двумястами миллионами рупий золотом и серебром...

В конце лета 1979 года резидентура советской разведки в Кабуле получила сведения о том, что Амин готовится арестовать троих членов ЦК НДПА — Абдула Керима Мисака, Шараи Джоузджани и Дастагира Панджшири. Советские представители встревожились: все трое считались преданными друзьями Москвы. Но и ссориться с Амином никто не хотел. Представитель КГБ в Афганистане предложил предупредить всех троих об опасности и предложить им тайно уехать в Советский Союз.

Эта миссия была поручена посольскому переводчику, постоянно выполнявшему задания резидентуры. Он встретился с Абдулом Керимом Мисаком. Но предупрежденные об арестах члены ЦК повели себя совсем не так, как ожидалось. Они предпочли броситься к Амину с повинной. На следующий день Амин пригласил к себе представителя КГБ и потребовал немедленно убрать из Афганистана посольского переводчика. Он добавил, что среди советских представителей есть и другие люди, которые «живут старыми понятиями и представлениями и не понимают изменившейся ситуации в Афганистане и не способствуют успеху апрельской революции».

Переводчика без возражений откомандировали в Москву. Репрессии не встречали возражений со стороны советских партийных работников, которые старались ладить с Амином.

«Получив дорогие подарки, за обильными обедами, когда столы ломились от ароматных жареных барашков, а водка лилась рекой, разве можно было задавать острые вопросы и подвергать сомнению линию Амина?» — вспоминал полковник Морозов.

Между совстниками в Афганистане не было единства. Партийные и военные советники считали, что надо работать с фракцией «Хальк», которая фактически стоит у власти. Представители КГБ сделали ставку на фракцию «Парчам», которая охотно шла на контакт и казалась легко управляемой.

Секретарь ЦК КПСС по международным делам Борис Николаевич Пономарев, напутствуя Харазова перед поездкой в Кабул, честно признался:

— Апрельская революция была для нас неожиданностью. Наши работники поддерживали контакты только с халькистами, и мы не знаем Бабрака Кармаля и не знаем парчамистов. Ты нам, кстати, сообщи, что у него имя, а что фамилия?

А сотрудники резидентуры внешней разведки КГБ установили контакты именно с парчамистами, которые отчаянно пытались завоевать расположение Москвы. Сотрудники КГБ увидели в этой интриге шанс: уверенные в своих силах халькисты ведут себя самостоятельно, а парчамисты готовы подчиняться Москве во всем. Значит, на парчамистов и на их лидера Бабрака Кармаля и надо делать ставку.

— Как правило, у нас было единое мнение с послом Пузановым и главным военным советником генералом Гореловым, — вспоминает Харазов. — Мы все согласовывали между собой. Припоминаю такой случай. Однажды мы вместе были на переговорном пункте, где была прямая связь с Москвой, гарантированная от подслушивания. Я беседовал с руководителем одного из отделов ЦК, а генерал Горелов докладывал начальнику Генерального штаба Николаю Огаркову.

Маршал Огарков попросил Харазова взять трубку и поинтересовался его мнением о ситуации в стране. Потом спросил:

— У тебя единое мнение с Гореловым или вы расходитесь?

Харазов твердо ответил:

— У нас единое мнение.

Но у группы партийных советников не было контактов с руководителями представительства КГБ.

— Генерал Богданов уклонялся от этих контактов, — говорит Валерий Харазов, — возможно, потому, что наши оценки положения в Афганистане были очень разными.

Леонид Павлович Богданов, бывший резидент советской разведки в Иране и Индонезии, руководил представительством КГБ при спецслужбах Афганистана.

В практической работе Тараки был беспомощным. Амин, напротив, оказался прекрасным организатором. Амин, физически крепкий, решительный, упрямый и жестокий, обладал огромной работоспособностью и сильной волей.

— Амин имел огромный авторитет в стране, — говорит Харазов. — По существу, он в апреле 1978 года отдал приказ о вооруженном выступлении. Так что халькисты всегда говорили, что настоящий герой революции — Амин.

Тараки называл Амина «любимым и выдающимся товарищем» и с удовольствием передавал ему все дела. Тараки не любил и не хотел работать. Его славили как живое божество, и ему это нравилось. Тараки царствовал, Амин правил. И он постепенно отстранял Тараки от руководства государством, армией и партией. Многим советским представителям в Кабуле казалось естественным, что власть в стране переходит в руки Амина, ведь Тараки не способен руководить государством.

— Когда я был в Кабуле, Тараки и Амин были едины — водой не разольешь, — говорит Валерий Харазов. — Причем Амин тянул весь воз работы на себе. Он занимался партийными делами, армией, кадрами. А потом начались интриги. Прежде всего в нашем союзническом аппарате. Тараки и Амина стравили...

— А у вас было ощущение, что Амин плохо относится к Советскому Союзу, что он симпатизирует Соединенным Штатам? — спрашивал я Харазова. — Ведь потом это утверждение станет главным объяснением, почему убили Амина и заменили его Кармалем.

— Амин постоянно говорил о своих дружеских чувствах к Советскому Союзу, — вспоминает Харазов. — Слухи о том, что Амин — агент ЦРУ, были и при нас. Основывались они на том, что он недолго учился в США и был там руководителем землячества афганцев. Но ни тогда, ни сейчас, через столько лет после его устранения, не найдено никаких подтверждений того, что он был агентом ЦРУ.

— К Советскому Союзу Амин относился с уважением и любовью, — говорит генерал Заплатин. — У него были два святых праздника в году, когда он позволял себе спиртное, и это были не афганские, а советские праздники — 7 Ноября и 9 Мая.

Когда Амина убили — а с ним погибли двое его сыновей, — вдова с дочками и младшим сыном поехала в Советский Союз, хотя ей предложили любую страну на выбор. Но она сказала:

— Мой муж был другом Советского Союза, и я поеду только в Советский Союз...

Между афганскими лидерами был не политический конфликт, а личный, это была война амбиций. Ею воспользовались наши советники, принадлежавшие к разным ведомствам. Ведомства тоже конкурировали между собой.

— Отношение к русским было тогда прекрасным, — вспоминает Валерий Харазов. — «Шурави» считались друзьями. Незнакомые люди прямо на улице приглашали нас в гости. Но все это было до ввода наших войск. После ввода войск у афганцев коренным образом изменилось отношение к русскому человеку.

Хотя недовольство новым режимом проявилось довольно быстро. В ответ начались массовые аресты реальных и потенциальных противников новой власти. Хватали многих — часто без каких-либо оснований. Арестовывали обычно вечером, допрашивали ночью, а наутро уже расстреливали. Руководил кампанией репрессий Хафизулла Амин.

Советники несколько раз разговаривали с Амином на эту тему. Ему говорили, что такая поспешность в решении судьбы людей может привести к катастрофе. Рассказывали о трагическом опыте сталинских репрессий. Он уверенно отвечал:

— У вас тоже были большевики и меньшевики. Но пока были меньшевики, порядка в стране не было. А вот когда вы от меньшевиков избавились, все у вас стало нормально. У нас примерно такое же положение...

По словам полковника Морозова, Амин цитаты для своих выступлений находил в сталинском «Кратком курсе истории ВКП(б)», который всегда был у него под рукой. Глава представительства КГБ в Афганистане генерал Борис Иванов, сообразив, откуда Амин черпает свое вдохновение, доверительно сказал ему:

— Товарищ Амин, я тоже сталинист!

Однажды к генералу Заплатину пришла русская женщина, которая вышла замуж за афганца, учившегося в Советском Союзе. Он был муллой, и его арестовали. Женщина умоляла Заплатина помочь мужу. Он попросил афганцев узнать, за что арестовали человека. Афганский генерал пришел с извиняющимся лицом, объяснил, что муллу уже расстреляли.

— За что? — спросил Заплатин.

На этот вопрос ему ответить не смогли. Расстреливали по списку. Несчастный человек оказался в одном из расстрельных списков, его и уничтожили. Использование советского опыта накладывалось на афганские традиции — устранять предшественников и соперников. Разве что идейной борьбы в Афганистане не было, просто уничтожали оппонентов. Один из руководителей международного отдела ЦК КПСС говорил удивленному Харазову:

— Ну, что ты хочешь? Это же Восток! Там такие традиции. Когда приходит новое руководство, оно прежде всего лишает жизни своих предшественников.

В Москве спокойно относились к этим традициям, пока их жертвой не пал Тараки, которому чисто по-человечески симпатизировал сам Брежнев...

Тараки первоначально был настроен оптимистически.

Революция далась очень легко. Молодые военные взяли дворец, уничтожили главу правительства Дауда и его окружение, и все — власть у них в руках. Это вдохновило Тараки. Он был уверен, что и дальше все будет хорошо, никаких осложнений не возникнет. Тем более что Афганистану помогает Советский Союз. Но все пошло иначе.

Страна сопротивлялась социалистическим преобразованиям. Афганцы не спешили становиться марксистами. Очень быстро сопротивление стало вооруженным. В марте 1979 года вспыхнул антиправительственный мятеж в крупном городе Герате. К мятежникам присоединились части гератского гарнизона, был убит один из наших военных советников.

Тараки просто растерялся. Более решительный Амин предложил поднять боевые самолеты в воздух и уничтожить город. Главком военно-воздушных сил позвонил советским офицерам: что делать? Наши советники пришли к Амину и уговорили его отменить этот безумный приказ.

Именно после восстания в Герате испуганный Тараки упросил Москву принять его. Он прилетел и долго уговаривал советское руководство ввести войска. Тогда ему отказали. Видя, что происходит, Амин стал действовать активнее. Он считал, что Тараки не в состоянии удержать власть.

Тараки сформировал Совет обороны — по образцу того, который был в Советской России при Ленине. На заседания всегда приглашали главного военного советника Горелова и Заплатина. Всякий раз, прежде чем принять окончательное решение, спрашивали их мнение. Амин требовал все более жестких мер. Когда началось восстание на границе с Пакистаном, Амин предложил сжечь все населенные пункты, считая, что там живут одни мятежники.

Заплатин встал и сказал:

— Если это предложение будет принято, мы не станем участвовать в этой операции, потому что вы нас втягиваете в гражданскую войну. Я не верю, что все села мятежные.

Амин посмотрел на советского генерала разъяренными глазами, но свое предложение снял.

В августе в кабульскую резидентуру пришел запрос: «Просим тщательно разобраться, нет ли серьезных трений и разногласий в отношениях между Тараки и Амином и есть ли в рядах НДПА такие же или более сильные личности, чем Амин».

Ответ резидентуры гласил: вся реальная власть в руках Амина, поэтому надо либо сократить его полномочия, либо подумать о его замене. Партийные и военные советники придерживались прямо противоположного мнения: надо поддерживать Амина.

Сначала министра обороны в Афганистане не было, курировал министерство Амин, но он был занят тысячью дел. Потом назначили министром активного участника революции полковника Мохаммеда Аслама Ватанджара. В 1978 году он на своем танке первым подъехал к дворцу Дауда и сделал первый выстрел. Тараки очень любил Ватанджара. По мнению Заплатина, министерская ноша недавнему командиру батальона оказалась не по плечу. Ватанджар принадлежал к так называемой «группе четырех», которая объединилась против Амина. В эту группу входили начальник управления национальной безопасности бывший военный летчик Асадулла Сарвари, министр связи Саид Мохаммед Гулябзой и министр внутренних дел Шерджан Маздурьяр (затем министр по делам границ).

Тараки просил Заплатина взять Гулябзоя на политработу в армию, рекомендовал его: он очень хороший товарищ. Генерал Заплатин дважды с ним разговаривал и отверг. Сказал Тараки откровенно:

— Он мне не нужен. Он не хочет работать. Ему надо отдохнуть и погулять.

По мнению генерала Заплатина и других наших военных советников, «группа четырех» — это были просто молодые ребята, которые, взяв власть, решили, что теперь они имеют право ничего не делать, расслабиться и насладиться жизнью.

— А дело страдало, — говорит Заплатин. — Они гуляют, Тараки их поощряет, прощает им выпивки и загулы, а Амин работает и пытается заставить их тоже работать. Они жалуются Тараки на Амина, обвиняя Амина в разных грехах. Вот с чего началась междоусобица.

А за Сарвари, руководителем госбезопасности Афганистана, стояло представительство КГБ; это был их человек.

Полковник Александр Кузнецов много лет проработал в Афганистане военным переводчиком, был там и во время апрельской революции. Он вспоминает:

— Амин, конечно, не был трезвенником, но считал, что в военное время нельзя пить, гулять, ходить по девочкам. А наши органы как работают? Привыкли с кем-то выпить, закусить и в процессе застолья расспросить о чем-то важном.

Но с Амином так работать было нельзя, зато с четверкой можно. Они и стали лучшими друзьями сотрудников КГБ. Информация «группы четырех» пошла по каналам КГБ в Москву. Их оценки будут определять отношение советских лидеров к тому, что происходит в Афганистане. Четверка старалась поссорить Тараки с Амином, надеясь отстранить Амина от власти. А тот оказался хитрее.

В начале сентября, выступая на митинге в Кабульском университете, Амин назвал людей, которые стоят во главе заговора, поддержанного американским ЦРУ. Это были четверо министров во главе с Ватанджаром.

13 сентября все четверо в сопровождении охраны неожиданно нагрянули в советское посольство. Они хотели разговаривать с главой представительства КГБ в Афганистане генерал-лейтенантом Борисом Семеновичем Ивановым. Утверждали, что Амин — агент ЦРУ и враг революции. Генерал Иванов попросил их изложить все на бумаге и предпочел поскорее вывести опасных гостей из посольства.

На следующее утро, вспоминает полковник Морозов, сотрудник резидентуры приехал к Гулябзою. Он должен был забрать обращение четырех министров и заодно в вежливой форме попросить их больше не приезжать к генералу Иванову в посольство.

У Гулябзоя собрались все четверо министров. Они были вооружены пистолетами и автоматами. Прямо при сотруднике резидентуры Сарвари позвонил Тараки и стал ему говорить, что Амин готовит заговор и что они четверо готовы приехать и взять Тараки под защиту. Тараки это предложение отклонил. Сотрудник резидентуры забрал подготовленные четверкой бумаги, в которых говорилось, что Хафизулла Амин начал встречаться с кадровыми работниками ЦРУ еще до апрельской революции, и вернулся в посольство. А в два часа дня жена разведчика пришла в посольство и сказала, что четыре министра приехали к ним домой.

— Давай, старик, рви домой и узнай, чего они хотят, — сказали разведчику.

Афганцы с автоматами и ручными пулеметами рассредоточились по всему дому.

— Мы больше не могли оставаться у себя, — объяснил Гулябзой. — Амин дал команду арестовать нас. Мертвыми мы никому не нужны, а живыми можем пригодиться советским друзьям. Надеюсь, советское руководство нас поймет.

Афганцы приехали на «тойоте», которую Сарвари забрал из гаража расстрелянного президента Дауда еще в апреле 1978 года. Доложили генералу Иванову и послу Пузанову. Те не знали, что делать. Потом решили афганцев перевести на виллу, которую занимали бойцы из спецотряда КГБ «Зенит», они охраняли советских представителей в Афганистане.

А «тойоту», на которой приехали афганские министры, перегнали в посольство и поставили в один из боксов. Потом, чтобы скрыть следы, машину разобрали и по частям закопали поблизости от посольства.

Противоречия между представительством КГБ и военными советниками в Кабуле крайне обострились.

— На одном совещании, — вспоминает генерал Заплатин, — дело дошло до того, что мы друг друга готовы были взять за грудки.

Армейского генерала Заплатина злило то, что днем, в рабочее время руководители представительства госбезопасности вольготно располагались в бане, выпивали, закусывали.

— Как понять логику представителей КГБ? — спросил я Заплатина. — Они считали Амина неуправляемым, полагали, что надо посадить в Кабуле своего человека, и все пойдет как по маслу, так, что ли?

— Они делали ставку на Бабрака Кармаля, — считает генерал Заплатин, — и были уверены, что необходимо привести его к власти. А для этого придется убрать Амина. Бабрак, считали они, сможет найти общий язык с Тараки. Почему им нравился Бабрак? Он — легко управляемый человек. Амин может и не согласиться с мнением советских представителей, проводить свою линию. Но он не был пьяницей, как Бабрак. Даже по одной этой причине Бабрака Кармаля нельзя было допускать к власти.

Противоречия между военными советниками и аппаратом представительства КГБ сохранялись все годы афганской эпопеи. Генерал Александр Ляховский, который много лет прослужил в Кабуле, вспоминает:

— Уже после переброски в страну наших войск ввели жесткое правило: из Афганистана в Москву отправляли только согласованную информацию, которую подписывали посол, представитель КГБ и руководитель оперативной группы Министерства обороны. А представительство КГБ все равно потом посылало свою телеграмму, часто не совпадающую с согласованным текстом. Когда наша командировка заканчивалась, заехали в представительство КГБ попрощаться: «Спасибо за совместную работу». Один из них сказал: «Да вы и не знаете, сколько мы вам пакостей подстроили»... Наши военные советники рассказывают, что «группа четырех», которая перешла на нелегальное положение, даже пыталась поднять восстание в армии против Амина — с помощью советских чекистов.

Заплатин вспоминает, как 14 октября 1979 года вспыхнул мятеж в 7-й пехотной дивизии и как он поднял танковую бригаду, чтобы его подавить. После подавления мятежа Заплатин поехал в посольство, чтобы рассказать об операции. В приемной посла сидел один из работников посольства и буквально плакал. На недоуменный вопрос, что случилось, Пузанов ответил, что чекист льет слезы по поводу неудавшегося мятежа. Вот так «дружно» трудился советнический аппарат в Афганистане.

Осенью 1979 года Тараки летал на Кубу. 3 сентября в Гаване открылась шестая конференция глав государств и правительств неприсоединившихся стран. 5 сентября Тараки попросил советского посла на Кубе Виталия Воротникова сообщить в Москву, что ему совершенно необходимо повидать в Москве Брежнева. Воротников немедленно отправил в Москву шифровку.

На следующий день к послу Воротникову приехал первый заместитель министра иностранных дел Афганистана Ш.М. Дост. Он просить ускорить организацию визита Тараки, потому что вождь афганской революции торопится домой. Воротников пояснил, что у Брежнева все дни с 6 по 9 сентября заняты. Скорее всего, встреча состоится десятого, так что вылет стоит назначить на восьмое. Дост был недоволен:

— Это непростительная затяжка.

8 сентября Тараки вылетел в Москву.

11 сентября с ним беседовал Брежнев. Леонид Ильич плохо отозвался об Амине, говорил, что от этого человека надо избавиться. Тараки согласился. Но как это сделать? Председатель КГБ Юрий Андропов успокоил Тараки: когда вы прилетите в Кабул, Амина уже не будет... Этим занялись чекисты.

Амина в общей сложности пытались убить пять раз. Успешной оказалась только последняя попытка. Два раза его хотели застрелить, еще два раза отравить. Генерал Ляховский рассказывал мне о том, как два советских снайпера из спецотряда КГБ «Зенит» подстерегали президента Амина на дороге, по которой он ездил на работу. Но акция не удалась, потому что кортеж проносился с огромной скоростью. С отравлением тоже ничего не получилось.

Стакан кока-колы с отравой вместо него выпил племянник — Асадулла Амин, шеф службы безопасности, и тут же в тяжелейшем состоянии был отправлен в Москву.

— Помню, как волновался Андропов, — вспоминал начальник кремлевской медицины академик Чазов, — когда пытался перед штурмом дворца Амина выманить из Кабула родственника Амина, начальника госбезопасности Афганистана. Когда это удалось, по реакции Юрия Владимировича я понял, в каком напряжении находится этот спокойный и выдержанный человек. Я не услышал от него «спасибо», но он сказал: «Вы, наверное, не представляете, что эта операция сохранила не один десяток жизней наших людей».

Асадуллу Амина в Москве вылечили, потом посадили в Лефортово, потому что у власти уже был Бабрак Кармаль. Его пытали, чтобы заставить дать показания против Амина. Он проявил твердость и ничего не сказал. Его отправили в Афганистан, а там казнили...

Когда Тараки вышел из самолета и увидел Амина, которого уже не должно было быть в живых, он был потрясен. Но два врага обнялись как ни в чем ни бывало.

Амина попытались убить еще раз — на сей раз руками самих афганцев.

14 сентября советский посол Пузанов прибыл к Тараки и пригласил туда Амина. Тот ехать не хотел. И был прав в своих подозрениях. Но советскому послу отказать не мог. Во дворце Тараки в Амина стреляли, но он остался жив и убежал.

Весь тот вечер и ночь между Тараки и Амином шла борьба. Тараки приказал армии уничтожить Амина. Но войска кабульского гарнизона в целом остались на стороне Амина. Наши советники тоже позаботились о том, чтобы войска не покинули казарм. Два вертолета Ми-24 поднялись в воздух, чтобы обстрелять ракетами здание министерства обороны, где сидел Амин, но наши советники сумели их посадить, потому что в здании было полно советских офицеров.

В Москве плохо понимали, что происходит, и действовали нерешительно. Хотели отправить отряд спецназа охранять Тараки, но в последний момент приказ отменили. Отряд «Зенит» ждал приказа взять штурмом резиденцию Амина и захватить его. Но приказа не последовало...

На следующий день Тараки был изолирован. 16 сентября в здании министерства обороны прошло заседание Революционного совета, а затем пленум ЦК НДПА. Тараки потерял должности председателя Революционного совета и генерального секретаря. Оба поста достались Амину. Первым делом он взялся уничтожать своих противников — расстрелял несколько тысяч человек.

17 сентября Амин принимал поздравления, в том числе от советского посла. Вернувшись, Пузанов рассказал дипломатам:

— Мы стоим перед свершившимся фактом — Амин пришел к власти. Тараки не выдержал его напора. Тараки — рохля. Он никогда не выполнял обещаний, которые нам давал, не держал слово. Амин всегда соглашался с нашими советами и делал то, что мы ему предлагали. Амин — сильная личность, и нам надо строить с ним деловые отношения.

А ведь представительство КГБ сообщало в Москву, что Тараки — это сила и устранить Амина не составит труда. Получилось все наоборот. Теперь уже представительство КГБ должно было во что бы то ни стало свергнуть Амина. Когда Тараки задушили, собственная судьба Амина была решена. Брежнев счел это личным оскорблением: он гарантировал безопасность Тараки, а его убили.

— Что скажут в других странах? — переживал Брежнев. — Разве можно верить Брежневу, если его заверения в поддержке и защите остаются пустыми словами?

Леонид Ильич санкционировал спецоперацию в Кабуле.

В КГБ сразу же придумали версию, что Амин — агент ЦРУ.

— Мы убедились, что Амин — фашист, диктатор и душегуб, — говорил бывший заместитель начальника разведки генерал-лейтенант Кирпиченко.

Но еще недавно советских представителей Амин вполне устраивал. И сильно ли отличались от Амина люди, которых КГБ поставил у власти в Кабуле?

Началась переброска спецподразделений в Афганистан. О спецоперации не поставили в известность ни военных советников, ни даже посла.

Андропов приказал доставить Бабрака Кармаля в Москву.

«Власть в стране решено было передать в руки Бабрака Кармаля, — писал Крючков. — Его следовало доставить в Кабул из Чехословакии».

За Кармалем поехал сам Крючков. Но когда он уже был в Праге, позвонил Андропов:

— Слушай, я тут подумал и решил, что тебе не нужно самому встречаться с Кармалем. Надо еще посмотреть, что из этого выйдет, а тебя мы можем сжечь. Да и вообще, стоит ли сразу выходить на уровень начальника разведки...

Осторожный Андропов не знал, получится ли организовать переворот в Кабуле и поставить во главе страны того, кого выбрали в Москве. А президент Афганистана Хафизулла Амин хотел объясниться с советскими руководителями. Он был уверен, что они будут с ним сотрудничать. Амин говорил генералам Горелову и Заплатину:

— Помогите встретиться с Леонидом Ильичом Брежневым. Если мне в Москве скажут: уйди — я уйду. Я за должности не держусь. Но дайте мне высказать свою позицию!

26 сентября 1979 года руководителей группы военных советников вызвали в Москву. Перед отъездом они зашли к Амину и попросили ответить на вопрос, который им

обязательно должны были задать дома: какова судьба свергнутого Тараки? Что с ним будет дальше?

Амин ответил, что Тараки живет во дворце, вместе со своей женой и братом. Ни один волос с его головы не упадет. Амин попросил генералов взять с собой письмо на имя Брежнева. Они согласились, но предупредили советского посла, что Амин обращается непосредственно к генеральному секретарю. В таких случаях посольство оказывается в невыгодном положении, поэтому посол Пузанов сказал: хорошо бы ознакомиться с содержанием письма раньше, чем оно попадет к Брежневу.

— Но для этого нужно было получить письмо в руки, а его все не везут и не везут, — вспоминает генерал Заплатин.

Самолет улетал из Кабула в десять утра. Когда Заплатин и Горелов уже поднялись на трап, появился начальник Главного политического управления афганской армии и вручил им послание Брежневу в запечатанном конверте. Сотрудники посольства издалека грустно проводили письмо глазами.

Письмо Амина генералы передали начальнику Генштаба Николаю Васильевичу Огаркову. Главный вопрос, который ставил Амин, — о встрече с Брежневым. Второе — он просил поменять советского посла и главного военного советника. Не потому, что к ним были личные претензии, а, скорее, по формальному признаку — оба работали еще при Дауде. Афганцы говорили: они нас не понимают, они с прежним режимом еще не распрощались.

Москва вскоре отзовет и посла Пузанова, и генерала Горелова. Не потому, что откликнулась на просьбу Амина, а потому, что посол и главный военный советник не были поклонниками Бабрака Кармаля, которого собирались вернуть в Кабул.

21 ноября Пузанов отправился домой. Его сменил Фикрят Ахмеджанович Табеев, который почти двадцать лет был первым секретарем Татарского обкома. Табееву поручили готовить визит Амина в Москву. Это была «операция прикрытия», советские руководители уже подписали президенту Афганистана смертный приговор.

На заседании политбюро ЦК КПСС 6 декабря 1979 года приняли решение согласиться с предложением председателя КГБ Андропова и начальника Генерального штаба

Огаркова отправить «для охраны резиденции Амина» специальный отряд главного разведывательного управления Генштаба «общей численностью около 500 человек в униформе, не раскрывающей его принадлежность к Вооруженным Силам».

«Мусульманский батальон» — это 154-й отдельный отряд специального назначения ГРУ. Этот батальон вместе с чекистами взял потом штурмом дворец Амина, убив его самого, и его семью, и советского врача, и вообще всех, кто там находился.

Его подготовка началась еще в мае 1979 года. Занимались этим два офицера главного разведуправления Генштаба — полковник Василий Васильевич Колесников и подполковник Олег Иванович Швец. Разумеется, цель формирования отдельного боевого подразделения из узбеков, таджиков и туркмен не раскрывалась. Выходцы из южных республик служили большей частью в строительных или хозяйственных подразделениях, так что понадобилось несколько месяцев подготовки, чтобы сколотить боеспособный отряд. Все выучили несколько слов на фарси и получили афганскую форму, сшитую по привезенному образцу.

Командиром батальона назначили капитана Хабиба Халбаева, двое военных разведчиков под другими фамилиями заняли должности заместителя командира батальона и начальника особого отдела.

10 декабря 1979 года генералу Заплатину позвонили из Москвы: ваша дочь просит о немедленной встрече с вами, возвращайтесь. Он тут же вылетел в Москву. Разумеется, его дочь ни к кому не обращалась. Заплатина убрали из Кабула, потому что он считал необходимым сотрудничать с Амином. А в Москве приняли иное решение.

Я спрашивал генерала Заплатина:

— Представительство военных и КГБ были вроде как на равных. Но вы не сумели убедить Москву в своей правоте, а сотрудники КГБ смогли. Они были влиятельнее?

— Конечно, — ответил Заплатин. — Оценка политической ситуации в стране — их компетенция. Мне министр обороны на последней беседе именно это пытался втолковать.

В Москве Заплатина вызвали к министру, но Устинов уже стоял в шинели. Уезжая в Кремль, сказал: зайдите потом. В ожидании министра Заплатин два часа говорил с начальником Генерального штаба Огарковым. Николай Васильевич спрашивал: не настало ли время ввести войска в Афганистан, чтобы спасти страну? Заплатин твердо отвечал: нельзя, тогда мы втянемся в чужую гражданскую войну.

После заседания политбюро Устинов вернулся и вызвал к себе опять Огаркова, Заплатина и начальника Главного политуправления генерала Епишева.

Огарков сказал министру:

— Товарищ Заплатин остается при своем мнении.

— Почему? — удивился Устинов. — Вы напрасно пытаетесь отстаивать свою позицию. Вот почитайте, что представительство КГБ сообщает о положении в Афганистане.

В шифровке говорилось, что афганская армия развалилась, а Амин находится на грани краха. Это была та самая телеграмма, которую Заплатин отказался подписать в Кабуле.

Заплатин прочитал шифровку и твердо сказал:

— Товарищ министр, это не соответствует действительности. Я знаю, от кого эта информация поступает в КГБ.

Устинов сказал:

— Ты изучаешь тамошнюю обстановку вроде как попутно. А они головой отвечают за каждое слово.

— Понимаю, — кивнул Заплатин. — Если бы была трезвая голова, все было бы правильно, а когда голова пьяная, тогда...

Генерал думал, что министр выгонит его из кабинета. Устинов посмотрел на Заплатина, на Епишева, на Огаркова и как-то задумчиво сказал:

— Уже поздно.

Только потом Заплатин узнал, что именно в тот день на заседании политбюро было принято окончательное решение ввести советские войска в Афганистан. Отступать Устинову уже было некуда. По словам работавшего тогда в ЦК Валентина Фалина, министр обороны обещал управиться в Афганистане за несколько месяцев:

— В Афганистане нет военного противника, который в состоянии нам противостоять.

Генерал армии Махмут Ахметович Гареев описывает, как на заседании политбюро начальник Генштаба Огарков

Группа подполковника Голубева составляла восемнадцать человек, большинство — выпускники курсов усовершенствования оперативного состава, несколько разведчиков, сотрудников военной контрразведки и территориальных органов.

Под утро из аэропорта Чкаловский вылетели в Ташкент. Там неделю готовились под присмотром начальника особого отдела Туркестанского военного округа Владимира Михайловича Спивакова. Офицеров для маскировки переодели в форму рядовых, двоих сделали старшими сержантами. 9 декабря вместе с «мусульманским батальоном» их отправили в афганский город Баграм. Что характерно, никто их не встретил. И это на фоне разговоров о точности и организованности системы КГБ.

— Питались кашей и сухарями давно прошедшего года выпуска, — рассказывал Голубев. — В это время в Афганистане днем жарко, а вечером очень холодно. Мы спали одетыми, укрывались всем тем, что у нас было, — и шинелями, и бушлатами. «Буржуйки» палаток не согревали. Уж не говорю, что были проблемы с водой, даже чтобы умыться...

Почему в КГБ не позаботились об экипировке своих людей, не снабдили их теплыми вещами, не организовали питание, объяснить невозможно.

Из Ферганы прилетела еще группа в два десятка человек, группа спецназа КГБ, которой командовал Михаил Михайлович Романов. 14 декабря они получили было команду выступать, но ее быстро отменили. Чекистов переселили поближе к президентскому дворцу — в недостроенные казармы, где не было ни стекол, ни дверей. Переодели в афганскую форму...

Генерал Кирпиченко находился на командном пункте. Штурмом дворца руководил новый руководитель нелегальной разведки КГБ генерал-майор Юрий Иванович Дроздов (его утвердили начальником управления в середине ноября — после работы резидентом в Нью-Йорке). Почему этим занимался глава нелегальной разведки? Именно ему подчинялись офицеры-оперативники, служившие в восьмом отделе управления «С» — «террор и диверсии в тылу противника и за границей».

Спецгруппами КГБ, штурмовавшими дворец Амина Тадж-Бек, непосредственно командовал полковник Григорий Иванович Бояринов. В Москве он руководил Курсами усовершенствования оперативного состава. Сам преподавал тактику разведывательно-диверсионных групп. Еще один офицер КГБ — капитан второго ранга Эвальд Григорьевич Козлов — был среди тех, кто ворвался во дворец.

— Хотя у нас все делалось в большой тайне, но афганцы ведь тоже не чудаки. Тем более у них там были и американские советники, — уверенно говорит теперь генерал Голубев.

Его слова — это что-то новое, следы американцев в тогдашнем афганском руководстве пока никто не обнаружил.

Предполагалось, что Амин сам заявит о том, что по его приглашению советские войска входят в Афганистан, а уже потом его уберут. С пропагандистской точки зрения так было бы правильнее. Уже объявили, что Амин выступит по телевидению.

Бабрак Кармаль, находившийся под охраной офицеров девятого управления КГБ, ждал своего часа. Но КГБ поторопился. 27 декабря Амин устроил у себя торжественный обед в честь секретаря ЦК НДПА Панджшери, вернувшегося из Москвы. С помощью повара-узбека, работавшего в президентском дворце, Амину дали отравленную пищу. Присланное из Москвы спецсредство свалило всех гостей Амина. Выступить по телевидению он уже не смог. Но прежде чем Амин потерял сознание, он попросил советского посла прислать врачей — своим не доверял. А посол и не подозревал, что КГБ проводит за его спиной спецоперацию в Кабуле.

Советские врачи — терапевт полковник Виктор Петрович Кузнеченков и хирург полковник Анатолий Владимирович Алексеев — спасли президента только для того, чтобы его через несколько часов расстреляли спецназовцы. Они же в горячке боя убили и одного из советских врачей — Виктора Кузнеченкова.

В Кабул перебросили и отряд «Зенит», предназначенный для проведения спецопераций в стратегическом тылу противника. В начале ноября, вспоминал включенный в отряд сотрудник Ярославского областного управления госбезопасности Ф.Ф. Ильинский, офицеров собрал генерал Кирпиченко и поставил задачу: «Составить подробный план центральной части Кабула, выяснить силы и режим охраны главных городских объектов — почты, телеграфа, телефонной станции, выявить жилье, пригодное для скрытого размещения десяти—тридцати человек».

Ходить в одиночку запрещалось, при себе надо было иметь как минимум пистолет, две гранаты, но никаких документов. При встречах с афганцами называть себя геологами. В ночь на 18 декабря объявили тревогу. Все стали прощаться друг с другом, обмениваться адресами, но объявили отбой. На помощь прибыла группа «Альфа» — позывной «Гром».

— Амин — агент ЦРУ, — объяснял задачу генерал Дроздов. — Задача — уничтожить его.

«За час до штурма дворца, — вспоминал Ильинский, — кто-то принес бронежилеты (хватило не всем), трассирующие боевые пули. Из посольства привезли несколько бутылок водки, из традиционного расчета — одна на троих. Дали каждому по узкому бинту, из которого следовало сделать нарукавную повязку на левой руке, чтобы этим отличаться от солдат-афганцев из охраны. Средневековый способ определения «свой-чужой» себя не оправдал: бинты свернулись в веревочки и были незаметны. В дальнейшем это стало одной из причин случайных жертв с нашей стороны.

Наконец раздалась команда: «По машинам!» Мы быстренько разлили и выпили водку и заняли свои места в БТРах. Настроение у всех было приподнятое...

Внезапно остановились. Первый БТР подбили. Раздалась команда десантироваться. Быстро огляделся — рядом горят две бочки с горючим, нас видно как на ладони. Рядом со мной в луже крови лежал и стонал наш стрелок-десантник. Я подполз и осмотрел раненого, он прошептал:

— Печет в животе.

Разорвав форму, попробовал положить руку на живот, она утонула во внутренностях. Перевязочных материалов не оказалось — не дали их нам...

Во дворец мы пробились, когда охрану частично перебили. Оставшаяся аминовская личная стража, состоявшая из афганцев — выпускников Рязанского училища ВДВ, отчаянно сопротивлялась...

Больше всех пострадала группа «Гром», которая штурмовала центральный подъезд дворца и попала под кинжальный огонь охраны. «Зенит» тоже понес потери. По моему мнению, будь четкое взаимодействие с «Громом» при проведении операции по захвату дворца, жертв было бы значительно меньше.

Раненых отправили в госпиталь, некоторым понадобилось переливание крови, но ее в запасе не оказалось. А мне подумалось: «Неужели нельзя было создать резерв на период пребывания госпиталя в Кабуле?» Любой из нас регулярно сдавал бы кровь на всякий случай, для себя и для других».

Спецназ КГБ вместе с десантниками штурмом взяли дворец Амина, оборону которого создавали офицеры девятого управления (охрана высшего руководства страны) КГБ. Они все правильно поняли и залезли под кровати, чтобы их не убили. Атакующие действовали, как в кинофильмах: бросок гранаты, автоматная очередь и, переступая через трупы, вперед.

Как вспоминал один из участников штурма, все ковры в коридорах дворца пропитались кровью, когда на них наступали, они хлюпали: «Не знаю, чем была обусловлена такая жестокость, но был приказ не щадить никого». Приказ был простой: убить Амина, пленных не брать.

При штурме дворца погибло большое количество афганцев, которые, умирая, не могли поверить, что их убивают лучшие друзья. До последней секунды не верил в это и президент Амин. Его убили вместе с пятилетним сыном, которого Амин увидел, плачущего, в коридоре, обнял и прижал к себе. Застрелили и других его сыновей. Дочь Амина была ранена в обе ноги. Ее, как и всех родственников убитого президента, посадили в тюрьму. Через несколько лет выпустили.

Во дворец доставили бывшего министра госбезопасности Асадуллу Сарвари. Он опознал тело убитого Амина. Рассказывают, что Амину отрезали голову и в полиэтиленовом пакете доставили в Москву — отчитаться о проделанной работе.

Утром полковник Олег Швец из главного разведуправления Генштаба (Военно-промышленный курьер. 2004. № 50) вытащил из дворца тела убитых сыновей Амина, приказал солдатам завернуть каждое тело в ковер и похоронить. Останки самого Амина закопал заместитель командира «мусульманского батальона» капитан Мурад Сахатов. Он предложил Швецу показать место, где зарыли убитого президента, но тот отказался:

— Всякое в жизни бывает, а когда не знаешь, спишь спокойнее.

«Мусульманский батальон» захватил в плен сотни афганских солдат. Полковник Швец приказал посадить пленных на корточки, чтобы они не могли ни убежать, ни напасть на охрану. После операции в президентском дворце осталось множество трупов.

— Я столько крови никогда в жизни не видел, — вспоминал полковник Швец. — В одном из помещений дворца лежал раненый афганец-охранник и на хорошем русском языке просил его пристрелить. Помощь ему не оказывали — своих раненых было столько, что не успевали обрабатывать и эвакуировать.

Когда после боя вывозили раненых, столкнулись с подходящей колонной Витебской дивизии, которая открыла огонь, поскольку чекисты были в афганской форме... При штурме погиб полковник Бояринов. Ему посмертно присвоили звание Героя Советского Союза.

Советские люди, находившиеся в Кабуле, не понимали, что происходит. Начиная с 24 декабря в аэропорт стали прибывать транспортные самолеты в необычно больших количествах. 27 декабря вечером по городу прошла советская бронетехника. Затем раздались взрывы, началась стрельба. Включали телевизор, но вещание прекратилось. И только когда все совершилось, неизвестная радиостанция выдала в эфир обращение Бабрака Кармаля, который объявил, что Амин свергнут и по приговору народного суда казнен.

— Я находился в ту ночь на узле связи, — рассказывал мне полковник Кузнецов. — Там же был представитель КГБ генерал Иванов. Когда он получил сообщение о том, что Амина больше нет, он меня расцеловал: все, мы победили!

Советские специалисты с изумлением встречали колонны советских войск, которые входили в Афганистан. Один из советников вспоминал, как встретил неподалеку от Кабула танковую колонну. Танкист, сидевший в головной машине, спросил:

— Дяденька, а до Кабула далеко?

31 декабря 1979 года генералы Кирпиченко и Дроздов доложили Андропову об успешно проведенной операции. Андропов обещал всех наградить и приказал участникам акции все забыть, а документы, связанные с убийством Амина, уничтожить.

Швец получил орден Красного Знамени. Голубев — орден Красной Звезды, вручал награды председатель комитета госбезопасности.

— Всем налили шампанского, — вспоминал Голубев, — выпили, но Юрий Владимирович сказал так: «Эти ордена боевые, они завоеваны кровью, их шампанским не обмоешь. Езжайте домой и выпейте водки!.. Но забудьте, где вы были и что делали».

Советские войска ввели в Афганистан, когда Брежнев был уже совсем болен и оставался лишь номинальным главой государства. Если бы Брежнев был в порядке, он, скорее всего, не дал бы Андропову, Устинову и Громыко втянуть страну в афганскую авантюру.

Как выразился Валентин Фалин, «все дела обделывались за спиной генерального». Точнее было бы сказать, что генеральный секретарь лишился способности трезво оценивать ситуацию. По словам Фалина, Леонид Ильич «переживал упадок разрядки — своего любимого внешнеполитического детища, но ничего поделать уже не мог. Если бы даже захотел».

Андропов и Крючков в Афганистане попались в ловушку своего ведомства, которое соблазнило их простотой решения проблемы: убрать Амина, привезти в Кабул своего человека Кармаля и поставить его у власти. Тайные операции чрезвычайно соблазнительны простотой, дешевизной и секретностью. Потом, правда, все оказывается иначе, но ведь это потом... Аналитический аппарат КГБ оказался неспособным просчитать последствия ввода войск не только в самом Афганистане, но и вокруг него: прежде всего реакцию исламского мира.

В 1982 году в Ташкенте комитет госбезопасности провел совещание, нацеливая чекистов на активную борьбу с «реакционным мусульманским духовенством». Когда Андропов станет генеральным секретарем, он прикажет шире развернуть атеистическую работу, потому что в результате вторжения в Афганистан возросла роль исламского духовенства. В апреле 1983 года ЦК КПСС примет постановление «О мерах по идеологической изоляции реакционной части мусульманского духовенства».

Но это уже не поможет. Те, кто ввел войска в Афганистан, поссорились с мусульманским миром, непосредственно содействовали возрождению религиозных чувств среди мусульманского населения Советского Союза и стремлению исповедующих ислам народов к государственной самостоятельности.

Из Афганистана в нашу страну пошли наркотики.

Полковник милиции Михаил Евгеньевич Байков руководил управлением внутренних дел № 185 — это было подразделение спецмилиции, охранявшей важнейшие объекты противовоздушной обороны страны. В 1983 году полковнику Байкову стало известно, что военные самолеты вывозят из Афганистана (см. книгу воспоминаний работников спецмилиции «Спасибо за службу!», выпущенную в Москве в 2000 году) наркотические средства для фармацевтических заводов. Один из этих самолетов должен был сесть в Душанбе и сдать там марихуану, спрессованную и упакованную в тюки, на местный фармацевтический завод.

Но военный самолет почему-то полетел в Москву и в половине первого ночи сел во Внукове. Его разгрузили, тюки с марихуаной поместили в одном из боксов, выставив охрану. В четыре часа утра наркотики вновь погрузили в самолет, но не все — два тюка общим весом в двести пятьдесят килограммов оставили в аэропорту. Самолет ушел в Душанбе.

Спецмилиция доложила об этой странной истории в министерство. Документы забрали в главное управление уголовного розыска, и на этом все кончилось. Кто отдавал команды военному самолету, кто приказал четверть тонны наркотиков оставить в столице и кому они предназначались, так и осталось неизвестным...

Через месяц после ввода войск в Кабул прислали группу руководителей средств массовой информации. Заместитель председателя АПН Карен Арменович Хачатуров спросил советского посла о связях убитого Амина с ЦРУ.

— Амин — такой же агент ЦРУ, как Берия — агент британской разведки, — буркнул Фикрят Табеев.

В 1980 году Крючков приехал в Афганистан знакомиться с обстановкой. Он вернулся в полной уверенности, что дела идут неплохо. По его тезисам готовился проект директив разведке. Главный тезис начальника разведки был таков: «Весна и лето 1981 года станут решающими в окончательном и полном разгроме сил контрреволюции».

Когда полковник Морозов, к тому времени уже работавший в центральном аппарате, предложил своему начальству заменить этот тезис, он услышал:

— Если Владимир Александрович сделал такой вывод, значит, так и следует писать.

С помощью советских чекистов была создана новая Служба государственной информации (переименованная позже в министерство государственной безопасности), которую возглавил Наджибулла. Пока в Кабуле проповедовали марксизм, он просил называть его просто «товарищ Наджиб». Когда пришли к выводу, что с исламом необходимо считаться, президент вновь стал Наджибуллой. Кадры афганской госбезопасности были подготовлены в Москве — больше тридцати тысяч оперативных работников.

На боевую работу в Афганистан отправили большую группу сотрудников комитета госбезопасности. В июле 1980 года постановлением ЦК и Совета министров оформили создание отряда особого назначения «Каскад» — специально для Афганистана. В него в конечном счете вошли около тысячи человек, слушателей Курсов усовершенствования оперативного состава, сотрудники управления нелегальной разведки и территориальных органов.

После убийства Амина руководители советской разведки поставили вопрос о создании оперативно-боевого подразделения, способного действовать за границей. Инициатором был руководитель нелегальной разведки генерал-майор Юрий Иванович Дроздов. В его подчинении находился восьмой отдел управления «С», который подбирал объекты для диверсий на случай войны, но не имел собственных оперативных возможностей.

Андропов прислушался к предложению Дроздова. 19 августа 1981 года политбюро приняло решение создать отряд специального назначения для проведения операций за пределами Советского Союза в «особый период». Отряд назвали так — Отдельный учебный центр КГБ СССР, в повседневном обиходе — «Вымпел». Структурно он входил в первое главное управление. Первым командиром отряда стал капитан первого ранга Эвальд Козлов, который принимал участие в уничтожении президента Афганистана Амина. Учебную базу создали в Балашихе, где готовили диверсантов еще в военные времена.

ПОЛЬСКАЯ ИНТРИГА

В декабре 1981 года могла начаться еще одна война, на сей раз на западном направлении, в Польше, где к власти могла прийти «Солидарность». К тому времени Советский Союз уже два года вел войну в Афганистане. В соседней Польше буквально на глазах рушился социалистический строй. Поляки поддержали профсоюз «Солидарность», поляки хотели нормальной жизни, и власти в Варшаве ничего не могли сделать.

В Москве были крайне встревожены.

20 августа 1980 года вновь началось тотальное глушение западных радиостанций, вещавших на Советский Союз, чтобы перекрыть каналы информации о происходящем в Польше. Из киосков «Союзпечати» постепенно исчезли все польские газеты и журналы. Сократился поток туристов, посещавших братскую Польшу.

На заседаниях политбюро говорилось, что «нам нельзя терять Польшу» и придется идти на введение «чрезвычайного положения для спасения революционных завоеваний». Председатель КГБ Андропов был настроен агрессивно: пора вводить в Польше военное положение и «не надо бояться кровопролития».

— Я в течение двух лет практически находился там, — рассказывал мне маршал Виктор Георгиевич Куликов, в те годы главнокомандующий объединенными вооруженными силами государств — участников Варшавского договора. — В двенадцать часов встречались с польскими руководителями и до трех часов вели откровенный разговор. После этого я обязан был доложить министру обороны Устинову. Устинов потом говорил: ты доложи Юрию Владимировичу, а после разговора с ним перезвони мне.

В том, что народные выступления в Польше должны быть подавлены, в советском политбюро никто не сомневался. Не могли решить: кто это сделает? Польские власти справятся или же придется, как в Чехословакии, вводить войска Варшавского договора?

В чем состояла разница между положением в Чехословакии в 1968 году и в Польше в 1981-м? Польское руководство — в отличие от чехословацкого — не раскололось. Прямых просьб: введите войска и спасите нас — из Варшавы не поступало.

Польские руководители не знали, что делать. Они боялись, что «Солидарность» сметет их, но побаивались и ввода войск Варшавского договора. Они понимали, что, как это произошло в Чехословакии, они быстро лишатся своих должностей. Кроме того, поляки назовут их предателями национальных интересов, которые вызвали себе на помощь чужие войска. Из двенадцати миллионов работающих поляков десять миллионов состояли в «Солидарности». Сменивший Эдварда Герека на посту первого секретаря ЦК ПОРП Станислав Каня фактически не препятствовал вступлению коммунистов в «Солидарность».

Генерал-лейтенант Виталий Павлов, профессиональный разведчик, в решающие для Польши годы, с 1973-го по 1984-й, возглавлял представительство КГБ СССР в Варшаве. Принимая его перед отъездом в Польшу, Юрий Владимирович Андропов сказал:

— Вы должны знать все, что происходит в Польше, во всех сферах жизни и во всех эшелонах власти.

«Когда я прибыл в Варшаву, — вспоминал генерал Павлов, — мне открылось то, о чем до этого имел весьма смутное представление по скудным материалам, имевшимся в центре: внутренние интриги, борьба за первое место. Многие из известных мне деятелей социалистической Польши поражали своей ограниченностью, убожеством, узостью кругозора, отсутствием способностей, избытком амбиции и притязаний».

Павлов доложил Андропову, что на одном из заседаний польского руководства кто-то заметил:

— Если мы не решимся пресечь действия распоясавшихся экстремистов, то кончится тем, что нас всех эти экстремисты повесят на телеграфных столбах.

И тут секретарь ЦК Стефан Ольшовский, считавшийся московским ставленником, бросил реплику:

— Или в Польшу придут советские войска, и мы опять-таки окажемся на тех же столбах.

Осенью 1981 года Польшу возглавил генерал Войцех Ярузельский. Он пользовался уважением в стране как профессиональный военный, и к нему хорошо относились в Советском Союзе. В годы Второй мировой войны он сражался вместе с Красной армией против немцев. За несколько месяцев до этого, в разгар кризиса, в феврале 1981 года, Ярузельский согласился возглавить правительство. В октябре он стал еще и первым секретарем ЦК, сохранив в своих руках посты премьера и министра обороны.

После его избрания и Устинов, и Андропов на политбюро с облегчением сказали, что вводить войска не придется: Войцех Ярузельский все сделает сам. Но если бы «Солидарность» взяла верх в Польше, тоже бы не вмешались?

— Тоже бы не вмешались, — твердо говорит Леонид Митрофанович Замятин, руководивший тогда отделом внешнеполитической пропаганды ЦК. — Первый, кто не допустил бы этого, — Ярузельский. Несмотря на его близость к Советскому Союзу, это польский националист.

В 1980—1981 годах язык польских коммунистов стал меняться. Исчезла привычная лексика: рабочий, труд, пролетариат, пролетарская солидарность. Появилась лексика рабочих, возникло слово «Бог». Ярузельский говорил с поляками патетическим, полным метафор и оригинальным языком. Однако чувствовался солдатский тон.

С Ярузельским все не так просто. Он очень непростой человек. И мотивы его поступков не всегда понятны. Не только темные очки делали его непроницаемым. Таким он был по характеру. Хорошо знающие его люди отмечают, что для Ярузельского характерна исключительная осмотрительность, взвешенность, осторожность. Главное в характере Ярузельского состояло в нетипичной для эмоциональных поляков внутренней сдержанности, скупости эмоций.

Войцех Ярузельский родился в 1923 году. Его отец владел немалым земельным наделом. Когда немцы напали на Польшу, семья бежала в независимую тогда Литву, но через год туда пришли советские войска. В 1939 году семью выслали на спецпоселение на Алтай. Сначала поселили прямо в тайге, поляки валили лес. Ярузельского-старшего арестовали и отправили в лагерь. Потом семья жила в городе Бийске, отца выпустили. Он был совершенно истощен и вскоре умер. Там он и похоронен.

Поразительным образом Войцех Ярузельский сохранил добрые чувства к России. В конце 1995 года я был в Варшаве и долго беседовал с Ярузельским. Бывший президент Польши Войцех Ярузельский по-прежнему носил темные очки. Он сохранил завидную осанку, так же славно говорил по-русски — языку он научился в Сибири — и вел себя очень достойно.

В 1943 году с семьи сняли клеймо спецпоселенцев. Войцех вступил в польские части, формировавшиеся на советской территории, воевал с немцами. В 1956 году в тридцать пять лет он стал одним из самых молодых польских генералов. В 1960-м его назначили начальником главного политуправления Войска Польского, через два года сделали заместителем министра обороны, в 1968-м назначили министром, в декабре 1970 года избрали кандидатом в члены политбюро.

У Ярузельского уже был печальный опыт использования вооруженных сил против гражданского населения. 17 декабря 1970 года польские силы правопорядка применили оружие при попытке подавления забастовки рабочих Гданьской судоверфи имени В.И. Ленина. Сорок четыре человека погибли (в том числе два милиционера и один солдат), и больше тысячи получили ранения (в том числе шестьсот милиционеров и солдат).

Забастовка вспыхнула в ответ на объявленное польским правительством тридцатипроцентное повышение цен на продовольствие, на строительные материалы и мебель. Особенно поляков возмутило то, что цены подняли накануне Рождества, когда по традиции поляки чаще обычного ходят по магазинам.

Министром обороны был тогда Ярузельский. Впоследствии ему предъявили обвинение в том, что он отдал приказ стрелять. Защищаясь, генерал отвечал, что тогдашний первый секретарь ЦК Владислав Гомулка его не любил и отстранил от принятия важных решений.

20 декабря 1970 года в связи с рабочими волнениями в Гданьске, Гдыне и Щецине и их кровавым подавлением

Владислав Гомулка был смещен с поста первого секретаря ЦК Польской объединенной рабочей партии (ПОРП) и вместе со своим ближайшим окружением изгнан из политбюро ЦК. Место Гомулки занял Эдвард Герек, который через десять лет сам будет вынужден уйти...

В 1976 году уже Герек поднял цены. И опять начались волнения. В Варшаве рабочие тракторного завода подняли восстание. В Радоме разгромили воеводский комитет ПОРП. Рабочих вожаков посадили. И тогда появились люди, которые брали на себя поддержку семей арестованных, нанимали им адвокатов. Эта были первые структуры оппозиции.

Ярузельский с самого начала понимал, что ему придется прибегнуть к силе, чтобы сохранить власть. Но ему было бы легче, если бы поляки считали, что он сделал это, уступая советскому давлению. В августе 1980 года политбюро командировало в Варшаву маршала Куликова. Маршал обосновался в замке «Хеленув» под Варшавой. Туда приезжал Ярузельский, а Куликов пересказывал ему то, что сообщали из Москвы. Ярузельскому рекомендовалось взять под контроль действия экстремистов, то есть «Солидарности».

— Когда я с ним встречался один на один, — вспоминает маршал Куликов, — он всегда спрашивал: вы нас в беде не оставите, если мы объявим военное положение? Отвечаю: нет. Не помню, какого числа мне позвонил Суслов на командный пункт и попросил посетить Ярузельского и сообщить, что политбюро приняло решение советские войска в Польшу не вводить.

Член политбюро и секретарь ЦК Михаил Андреевич Суслов возглавлял комиссию по положению в Польше.

Андропов, вспоминает бывший начальник информационно-аналитического управления первого главного управления КГБ генерал Николай Леонов, собрал разведчиков для обсуждения ситуации в Польше — начальник разведки, его заместитель по Восточной Европе, начальник регионального отдела, двое из информационно-аналитического управления. Крючков поручил докладывать Леонову, как руководителю аналитической службы. Леонов констатировал, что партия и правительство утрачивают контроль над обстановкой.

Андропов спросил:

— Сколько наших войск в Польше?

— В районе Легницы стоят две дивизии и воздушная армия. В Свиноустье бригада морских катеров с морской пехотой.

Задача советских войск в Польше состояла в защите — на случай войны — железнодорожных и морских коммуникаций, ведущих к Группе советских войск в Германии.

Андропов продолжал:

— Надо думать над тем, как стабилизовать обстановку в Польше на длительный период. Но исходить из того, что лимит наших интервенций за границей исчерпан.

По мере нарастания напряженности в Польше Андропов все чаще требовал от генерала Павлова докладов по ВЧ. Его звонки становились ежедневными, а иногда он звонил по нескольку раз в день. К Павлову обращались отдельные члены политбюро ЦК ПОРП с просьбой организовать им разговор по ВЧ с Андроповым. Они считали, что тесные связи с представителем КГБ улучшат их позиции в Варшаве.

С советским посольством в Варшаве Москву связывала линия ВЧ-связи, но ее обслуживали поляки. В комнате отдыха посла установили дополнительную аппаратуру засекречивания. Посол Борис Иванович Аристов, бывший первый секретарь Ленинградского горкома, назначенный в Варшаву в 1978 году, был недоволен. Посол подозревал, что чекисты ко всему прочему будут прослушивать его разговоры. В разгар польских событий на огромной территории посольства развернули еще и радиорелейную станцию.

В августе 1981 года Андропов сказал министру внутренних дел Чеславу Кищаку:

— Не советую вам даже рассчитывать на нашу физическую помощь. Это будут ложные, нереальные расчеты.

Но вот генерал-полковник Виктор Петрович Дубынин рассказывал журналистам, что в 1981 году, когда он командовал дивизией в Белоруссии, у него уже был маршрут переброски дивизии в Польшу. Когда Дубынин разговаривал с журналистами, он командовал Северной группой войск, расквартированной на территории Польши. Потом он станет начальником Генерального штаба.

— Не было такого плана, — утверждает маршал Куликов. — Были наметки и рекомендации командующим

Прикарпатским и Прибалтийским военными округами быть готовым в определенных обстоятельствах к выдвижению. Но плана как такового не было. Особенно когда Суслов объявил, что войска вводиться не будут, была поставлена точка.

Понятно, что советскому руководству вовсе не хотелось настраивать поляков против себя.

— Помню, был период, когда Польша забурлила, — рассказывает Леонид Замятин. — Так в расквартированных в Польше советских частях приказали нашим офицерам выходить в город только в гражданском, а солдат вообще не пускали в город.

Считается, что одна из причин, по которой советские войска не вмешались в польские события, — это страх перед тем, что поляки — в отличие от чехов — станут стрелять в советские войска. Поляки не смирятся, и начнется партизанская война против оккупационных войск.

— Мне представляется, что не стреляли бы, — считает маршал Куликов. — У них сильная армия была — почти полмиллиона человек. Но владеть оружием и вести боевые действия — это не одно и то же.

Больше всего вводу советских войск мешал Афганистан, где шла кровопролитная война. Трагический афганский опыт спас Польшу от прямого советского военного вмешательства. Вести две войны было невозможно. Да и все понимали, какой будет реакция Запада. Даже Андропов сказал на политбюро, что вероятные экономические и политические санкции будут крайне тяжелыми для Советского Союза.

Но известно, что Брежнев в телефонном разговоре с Эдвардом Гереком высказался совершенно определенно:

— У тебя контра. Надо дать по морде. Мы поможем.

28 августа 1980 года члены комиссии по Польше — Суслов, Громыко, Андропов, Устинов и Черненко — представили Брежневу свои соображения: «Обстановка в ПНР продолжает оставаться напряженной. Забастовочное движение приобретает общегосударственный масштаб». У Брежнева просили разрешения «на случай оказания военной помощи Польской Народной Республике» привести с 29 августа в полную боевую готовность три танковые дивизии (одну из Прибалтийского военного округа, две из Белорусского) и

одну мотострелковую (из Прикарпатского военного округа). Предлагалось призвать из запаса сто тысяч военнообязанных и мобилизовать пятнадцать тысяч машин из народного хозяйства.

«При дальнейшем обострении обстановки в Польше, — говорилось в записке, — потребуется доукомплектовать также дивизии постоянной готовности Прибалтийского, Белорусского, Прикарпатского военного округов до штатов военного времени, а при выступлении на стороне контрреволюционных сил основных сил Войска Польского увеличить группировку наших войск еще на пять—семь дивизий».

Брежнев не подписал бумагу, сказал: повременим.

Генерал-полковник Дмитрий Волкогонов, в ту пору заместитель начальника ГлавПУРа, считал, что начальник Генерального штаба маршал Огарков сыграл решающую роль — объяснил членам политбюро, что «еще одна война, теперь на Западе, может стать непосильным бременем для страны».

Вероятно, советские руководители действительно не очень хотели вводить войска. Но если бы власть взяла «Солидарность», их позиция наверняка бы изменилась. В Чехословакию Брежнев тоже не хотел вводить войска, а потом все-таки ввел.

Но кампания давления на польское руководство нарастала. Полковник Юрий Сергеевич Рытов был в те годы военным атташе в Польше (см.: Независимое военное обозрение. 2001. № 27). Он описал хронологию практически непрекращавшихся военных учений войск Варшавского договора на территории Польши.

В начале ноября 1980 года, когда в Польше шли забастовки, у границ страны начинаются крупнейшие в послевоенной истории войсковые учения «Союз-80». Восемнадцать дивизий были расквартированы вдоль границ Польши. Был разработан и второй этап учений, предполагавший ввод войск на территорию Польши. За три дня до начала учений в Москву вызвали первого секретаря ЦК Станислава Каню. Брежнев сказал ему:

— Польскому руководству дается шанс навести порядок в стране малой кровью.

10 декабря учения «Союз-80» начались. 21 декабря Устинов позвонил Куликову и приказал «продолжить учения

до особого распоряжения, так как не решен целый ряд важнейших политических вопросов». Ночью штаб учений подготовил дополнительные задания для войск.

В середине марта 1981 года на территории Польши начались совместные учения «Союз-81». На них пригласили министров обороны всех стран Варшавского договора. Опять же за несколько дней до начала польское руководство пригласили в Москву. Им внушали:

— Возникла смертельная угроза делу социализма... Пора проявить мужество. Дальше откладывать нельзя. Нужно упредить и обезоружить врага. Применить к нему меры, соответствующие военному времени... Все средства должны быть использованы. Было бы хорошо, если бы удалось скомпрометировать оппозицию путем обнаружения двух-трех складов с оружием... Это было бы веским оправдательным аргументом для обоснования того, что вы предотвращаете гражданскую войну...

Все надежды возлагались на Ярузельского. Он должен был спасти социализм в Польше. Но генерал Ярузельский хотел еще спасти и себя самого. Он хотел создать у поляков впечатление, что, принимая жесткие меры, он спасает страну от вторжения иностранных армий. Он действовал в одиночку. В польском руководстве были ястребы, считавшие, что он преступно медлит.

Полковник Юрий Рытов пишет, что в первой половине 1981 года резидентура военной разведки получила конфиденциальную информацию о том, что под председательством генерала Мечислава Мочара (кандидат в члены политбюро, секретарь ЦК, бывший министр внутренних дел, человек с репутацией ястреба) состоялась неофициальная встреча влиятельных польских военачальников, на которой обсуждался вопрос об отставке генерала Войцеха Ярузельского с высших государственных постов и замене его на более сильного и решительного руководителя. По сути, речь шла о том, что в Польше назревает заговор.

Полковник Рытов не сразу решился подписать телеграмму в центр. Но еще один источник в военной среде подтвердил, что есть недовольные либерализмом Ярузельского и что они группируются вокруг Мочара. Телеграмма начальнику главного разведуправления Генерального штаба генералу армии Петру Ивановичу Ивашутину ушла. Посольство и представительство КГБ информацию не подтвердили. Министр обороны Устинов был недоволен этой историей и поручил главнокомандующему войсками Варшавского договора Куликову разобраться. Тот устроил выволочку атташе. К его информации в центральном аппарате ГРУ стали относиться с недоверием.

Полковника Рытова в конце концов отозвали из Варшавы. На большом совещании военный атташе высказался против ввода войск, сказал:

— Польша — не Чехословакия, и здесь дело может дойти до большой крови...

Тем временем заместитель министра национальной обороны Польши генерал Эугениуш Мольчик обратился напрямую к Устинову со словами, что он и его единомышленники готовы «навести в стране порядок силами армии» и призвать союзников оказать «интернациональную помощь».

А вот командир 20-й танковой дивизии Войска Польского полковник Владислав Сачонек сказал советским офицерам:

— Если союзнические войска войдут в Польшу, то польская армия окажет вооруженное сопротивление.

Маршал Куликов потребовал от Ярузельского уволить полковника из армии.

За три дня до введения военного положения в Москве еще не знали, что предпримет Ярузельский, и сильно нервничали. 12 декабря 1981 года в Варшаву прилетел начальник советской разведки Крючков. В ночь на 13 декабря 1981 года Войцех Ярузельский ввел в Польше военное положение.

В шесть утра Ярузельский обратился к стране:

— Наша родина оказалась над пропастью. Дальнейшее сохранение подобного положения вело бы к неизбежной катастрофе, к абсолютному хаосу, к нищете, голоду...

Невероятно популярный профсоюз «Солидарность» был запрещен, газеты, поддерживавшие «Солидарность», были закрыты. Военное положение — это бронетранспортеры на улицах, повсюду солдаты, телефонную связь отключили, школы и институты закрыли, ввели комендантский час, увеличили рабочий день, цензурировали почту, разослали военных комиссаров на предприятия и запретили ездить по стране без особой нужды.

Наиболее заметные фигуры оппозиции, начиная с Леха Валенсы, интернировали. От него требовали подписать заявление в поддержку введения военного положения. Он не подписал. Многие активисты «Солидарности» ушли в подполье.

В Москве были довольны. На самом деле эта военная акция поставила крест на социалистическом строе в Польше. Полякам стало окончательно ясно, что, если эта власть боится дать людям элементарные права, если она боится профсоюзов, если она затыкает рот церкви и закрывает газеты, значит, эта власть никуда не годится. Через несколько лет от социализма в Польше не осталось и следа...

Во всех польских костелах можно увидеть фотографии молодого человека с горящими глазами, который, склонив голову, требовательно смотрит на прихожан. Это ксендз Ежи Попелюшко. Трое офицеров польской госбезопасности зверски убили Попелюшко, злейшего врага социализма. В те времена молодой священник читал откровенно политические проповеди и поддерживал запрещенную «Солидарность». Послушать Попелюшко собирались огромные толпы верующих. В такие дни костел со всех сторон окружала милиция.

Трагическая судьба Польши — разделы, оккупации, неволя — вдохновила католическую церковь Польши на особую роль. Когда у поляков не было своего государства, когда их территорию делили на несколько стран, когда их оккупировали, когда им запрещали быть поляками, они шли в костел. Там, в костеле, говорили по-польски и о Польше. Только там, в костеле, поляки были свободны. Поэтому для поляков католическая вера соединилась с мечтой о свободе и независимости.

Именно Польша дала католическому миру папу римского Иоанна Павла II, первого папу-славянина и вообще первого за полторы тысячи лет папу-неитальянца. Его появление в Ватикане было неприятным сюрпризом для советского руководства. Поэтому и стали говорить, что КГБ получил указание во что бы то ни стало избавиться от папы-поляка.

Кароль Войтыла родился 18 мая 1920 года в маленьком городке неподалеку от Кракова. Его отец был офицером польской армии, мать очень рано умерла. В гимназии он был первым учеником по греческому языку и латыни. Он пробовал свои силы на сцене. Увлекался поэзией и философией. Поступил на философский факультет Ягеллонского университета в Кракове, где редактировал студенческую газету и играл в театральной труппе. Когда в 1939 году Польша была оккупирована немцами, Войтыла сначала работал в каменоломне, затем на солодовой фабрике. Он участвовал в спектаклях подпольного театра и в нелегальном семинаре ксендзов при архиепископе в Кракове.

После войны, в ноябре 1946 года, Войтыла стал священником. Он служил в небольшом приходе под Краковом, усердно изучал христианскую философию морали, два года пробыл в Риме в папском университете, защитил докторскую диссертацию и стал профессором теологии. В 1963 году его сделали архиепископом Кракова, в 1967-м — кардиналом. В сорок семь лет он был самым молодым членом коллегии кардиналов.

В начале пятидесятых годов в Польше началось строительство города Нова-Гута. Он был задуман как модель социалистического индустриального города. Естественно, в проекте строительство церкви не предусматривалось. Тогда рабочие-металлурги соорудили огромный крест, у подножия которого регулярно проводились богослужения. Власти решили построить на этом месте школу, но рабочие не пустили туда строителей. С верующими не справилась и полиция. Движение за строительство церкви возглавил сам Войтыла. Ему удалось заставить власти пойти на попятный, и он стал в Польше героем.

Войтыла открыто выступил против внесения в польскую конституцию положения о руководящей роли коммунистической партии. Он поддерживал польских диссидентов. Стачка на судоверфи имени Ленина в Гданьске, положившая летом 1980 года начало забастовочному движению, началась под огромным портретом Войтылы, тогда уже папы римского. Выехав впервые за рубеж, лидер забастовщиков Лех Валенса отправился в Рим. Он встал на колени перед папой — это был символический жест, означавший глубокую внутреннюю связь «Солидарности» с папой. Без избрания поляка на Святой престол «Солидарность» была бы невозможна, считают некоторые.

Юрий Андропов окончил Рыбинский техникум водного транспорта. Фактически это единственное образование, которое получил будущий глава государства

Первый секретарь Ярославского обкома комсомола с товарищами. Первая номенклатурная должность, на которую Андропова утвердила Москва

Брежнев, председатель КГБ Владимир Семичастный и Андропов, который еще не знает, что скоро сам станет хозяином Лубянки

Андропову пришлось смириться с тем, что венгерскому руководителю Яношу Кадару позволено много больше, чем другим социалистическим вождям. Слева секретарь ЦК КПСС по идеологии Петр Демичев

Заведующему отделом ЦК КПСС Андропову досталось беспокойное хозяйство. В прошлое ушли времена, когда все лидеры соцстран брали под козырек (руководитель Албании Энвер Ходжа на кремлевской трибуне рядом с Молотовым и Сталиным в 1947 году). Энвер Ходжа стал головной болью для Юрия Владимировича

Брежнев брал с собой Андропова, когда ездил в социалистические страны (на снимке советская делегация в Румынии), присматривался к нему

В Праге КГБ сделал ставку на президента Чехословакии Людвика Свободу, который приказал военным не сопротивляться вводу войск Варшавского договора, и Густава Гусака, сменившего Дубчека на посту партийного руководителя страны

Андропову не так просто было правильно выстроить отношения с руководством страны. Помимо Брежнева там были такие сильные фигуры, как Суслов и Подгорный. Росло и влияние Черненко

Характерная картина: Андропов стоит за Брежневым. Внимательно слушает, на первый план не выходит

Советский посол в Соединенных Штатах Анатолий Добрынин был весьма раздражен, когда второе главное управление (контрразведка) КГБ попыталось установить прямой контакт с советником президента США по национальной безопасности Генри Киссинджером. Андропов об этой акции своих подчиненных и не подозревал

Зато люди Андропова установили тайные контакты с окружением канцлера ФРГ Вилли Брандта, желавшего наладить отношения с Советским Союзом и другими странами, с которыми воевала нацистская Германия. Люди в разных странах были потрясены, когда во время визита в Варшаву Брандт опустился на колени перед памятником Варшавскому гетто

Побег заместителя генерального секретаря ООН Аркадия Шевченко стал ударом для комитета госбезопасности. Вину за побег чекисты пытались переложить на МИД, но Громыко был очень близок к Брежневу

Председатель КГБ Ю.В. Андропов и секретарь Ставропольского крайкома КПСС М.С. Горбачев. Пятигорск, 1973 г.

Силовые ведомства связывали большие надежды с появлением Андропова в Кремле: он наведет порядок!

Когда Андропов сменил Брежнева и все гадали, какую политику поведет новый лидер, мировая пресса посвятила ему первополосные материалы. Но даже тем советским людям, которые имели доступ к так называемому спецхрану, то есть изданиям из капиталистических стран, не позволили ознакомиться с тем, что на Западе писали об Андропове. В этом журнале, который хранится в архиве автора книги, по указанию Главного управления по охране государственных тайн в печати вырваны двадцать страниц, посвященных Юрию Владимировичу

Андропов пытался сформировать новую команду, переводил в Москву людей с мест

Большим ожиданиям не суждено было оправдаться. Главой Советского государства стал тяжелобольной человек, который мог ходить, только поддерживаемый своими охранниками

Владимир Крючков был самым верным помощником и почитателем Андропова. Он мечтал занять его кресло на Лубянке.

Но Юрий Владимирович предпочел ему надежного и предсказуемого партийного работника Виктора Чебрикова

Министр внутренних дел
Николай Щелоков
воспринимался в КГБ как
враг, потому что не допускал
чекистов к своим делам

Егор Лигачев — один из
любимцев Юрия
Владимировича

Избранного президентом США Рональда Рейгана неизменно изображали ковбоем, который сначала стреляет, потом думает. Но его идея «звездных войн» (на снимке один из пропагандистов создания космического оружия Абрахамсон) была воспринята в Кремле всерьез

Генеральный секретарь ЦК КПСС, Председатель Президиума Верховного Совета СССР Ю.В. Андропов

В последний путь...

«Долгое умирание в Кремле» — так западногерманский журнал «Шпигель» откликнулся на уход из жизни Юрия Андропова. Весь мир пытался понять, что теперь будет происходить в Кремле

Его предшественник, Иоанн Павел I, он же венецианский кардинал Альбино Лучани, провел на ватиканском престоле всего тридцать три дня. Казавшийся крепким, здоровым человеком, папа скоропостижно скончался во сне, по официальной версии от инфаркта миокарда, и по Ватикану поползли слухи, что он был отравлен.

Когда 16 октября 1978 года кардинал Феличи объявил в Риме: «Мы обрели папу!» — за пределами Польши имя кардинала Кароля Войтылы мало было известно. Войтылу трудно понять вне польской национальной истории и истории польского костела. После Италии, Франции и Испании Польша занимает четвертое место в Европе по числу католиков. А по регулярности посещения церковных служб Польша самая католическая страна. Набожность поляков общеизвестна.

Когда-то в Польском королевстве глава церкви — примас восседал в сейме рядом с королем, а в случае смерти короля становился регентом. В послании польской церкви в связи с тысячелетием Польши (май 1966 года) говорилось: «Польское государство и польская церковь родились в один и тот же час. С тех пор они связаны друг с другом на торжество и на погибель. Пока Польша остается государством, она принадлежит Христу».

В трагические периоды разделов Польши именно католическая церковь воплощала в себе единство нации. Поляки связывали с именем папы римского надежду на освобождение и обретение независимости.

Польский поэт Юлиус Словацкий писал в XIX веке:

Над умирающими в споре Всевышнего гремят колокола
И возвещают, что Святой престол он уготовил
папе-славянину...
Вот он идет, способный миру новые дать силы...
Он рабству нашему кладет конец и обновляет землю...
Да, он грядет, наш папа-славянин, брат всех людей...
Он каждому любовь дарит, как дарит меч вассалу
господин,
Святого таинства он силу нам несет,
Объединяя всех людей земли...

В полночь 16 октября 1978 года, когда поляк Войтыла был избран папой, тысячи молящихся поляков в Вавельском соборе Кракова повторяли именно эти стихи. Войтыла воплощал именно тот тип консервативного священника, которого желали видеть в Ватикане. Только в Польше сохранился полный энергии и чрезвычайно жизнеспособный католицизм, фанатичная и склонная к миссионерству вера, для которой нет нерешенных проблем.

Иоанн Павел II был наделен необычной способностью влиять на аудиторию, притягивать к себе людей. Ни одному из его предшественников не удавалось столь эффектно использовать телевидение, радио и газеты. Его предшественник Павел VI был пессимистом, и это заставляло всех думать, что церковь занимает оборонительные позиции. Иоанн Павел II, напротив, создавал впечатление перехода католической церкви в наступление. Его поездки, выступления по телевидению, ликующие толпы, его мужественный облик — все это порождало иллюзию силы и мощи католицизма.

Выступая перед рабочими, жителями нищих кварталов, Иоанн Павел II мог сослаться на то, что в прошлом он сам был рабочим, и это вызывало к нему доверие. Трагический опыт папы, приобретенный в период фашистской оккупации Польши, его знание жизни простых людей плюс актерские способности рождали симпатии самых широких слоев населения. Уход из жизни папы в апреле 2005 года стал событием для всего мира...

13 мая 1981 года турок Мехмет Али Агджа дважды стрелял в папу Иоанна Павла II, который вышел к верующим, собравшимся на площади Святого Петра, и ранил его. Три пули попали папе в руку и живот. Никто не знает, почему Агджа стрелял в папу, был ли убийца одиночкой, или ему кто-то помогал. Когда Агджу схватили папские охранники, он заявил:

— Я действовал один и совершил свою акцию в знак протеста против американского и советского империализма.

Агджа был связан с турецкой праворадикальной организацией «Серые волки». Американцы всегда утверждали, что покушение устроили советская и болгарская спецслужбы, чтобы избавиться от папы-поляка, поддержавшего польский профсоюз «Солидарность». Москва доказывала, что за выстрелами на площади Святого Петра стоит ЦРУ. В июле 1981 года Агджу приговорили к пожизненному заключению — это высшая мера наказания в Италии. На процессе Агджа заявил, что действовал один. Но после приговора вдруг вспомнил, что у него были сообщники: пятеро турок и трое болгар. Из них главный — Сергей Антонов, работавший в представительстве болгарской авиакомпании «Балкан». Через год в Риме Сергей Антонов был арестован, последовал долгий судебный процесс. В результате Сергея Антонова освободили «за недостатком улик»...

После того как Ярузельский ввел военное положение, право говорить свободно осталось только у священнослужителей. Вот тогда вся страна и услышала имя ксендза Ежи Попелюшко. Он ничего не боялся, вспоминают те, кто хорошо его знал. Ежи Попелюшко создал небольшой центр благотворительной помощи нуждающимся. Иностранные корреспонденты, работавшие тогда в Варшаве, отмечали, что, в отличие от некоторых иных отцов церкви, равнодушный к мирским благам Ежи Попелюшко, худой, почти истощенный, сам иностранной помощью не пользовался.

В его комнате в костеле на стене висела огромная карта Польши, на которую были нанесены все лагеря для политических заключенных. Тихий, скромный священник, рассказывают его друзья, превратился в своего рода связного активистов «Солидарности». Он знал, что происходит в ушедшей в подполье «Солидарности», и жил в постоянном страхе, что его арестуют. Тогда он перестал спать. Запрещенную литературу он хранил в мешке, который висел за окном его спальни. Когда он куда-то ехал, его сопровождали рабочие с металлургического комбината, которые его очень любили.

Он не испытывал ненависти к правительству. Но он строго следовал слову Божьему. Ежи Попелюшко родился в очень простой семье. Его родители вспоминают, что он с детства тянулся к религии. Когда вырос, поступил в семинарию. Первый открытый конфликт с властью у Ежи возник во время обязательной воинской службы. Его отправляли в карцер за то, что и в армии он проводил молебны.

Преданного религии молодого священника приметил сам глава Польской католической церкви кардинал Вышинский. Ксендз Ежи служил столь ревностно, что епископы опасались за его здоровье. От него требовали, чтобы он побольше отдыхал, и даже перевели в менее посещаемый костел. Но для Ежи Попелюшко, вспоминают те, кто его знал, не было иной жизни, кроме служения Богу.

Попелюшко по собственной инициативе принял на себя обязанности капеллана на огромном металлургическом заводе в Варшаве, где быстро завоевал сердца рабочих. Он быстро стал искренним сторонником «Солидарности».

— Долг христианина — следовать правде, даже если правда нам дорого обходится, — говорил Попелюшко своим прихожанам. — Попросим Бога помочь нам сохранять достоинство каждый день нашей жизни.

В самые тяжкие часы военного положения искренние и красноречивые проповеди Попелюшко вселяли надежду в поляков: может быть, запрещенная «Солидарность» еще возродится.

«Его проповедь была откровенно политической, — вспоминает российский академик Вячеслав Всеволодович Иванов, побывавший тогда в Варшаве. — За его словами следовало то, что я не видел и не слышал раньше. Мы бы назвали это религиозным музыкально-поэтическим вечером.

Все собравшиеся (а их было множество: на праздник Богоматери Ченстоховской пришли группы рабочих из разных городов) вместе пели религиозные гимны и патриотические песни, их текст высвечивался на транспарантах. Перед тем как мы разошлись, настоятель собора нас предупредил, что надо соблюдать осторожность. После того, что мы слышали в храме, все должны вести себя достойно. Его напутствие произвело впечатление. Через ряды милиции проходили спокойно. Но в следующий раз, когда я спустя три года проездом через Варшаву был в этом храме, видел уже не Попелюшко, а его могилу».

Попелюшко поддерживал живой дух «Солидарности». Его поведение раздражало руководство церкви, которое считало введение военного положения меньшим злом. Большим злом было вторжение частей Советской армии. Но Попелюшко не делал попытки быть сдержанным и не прислушивался к предупреждению епископов.

В дневнике Попелюшко есть такая запись — после встречи с кардиналом Юзефом Глемпом: «Его обвинения совершенно выбили меня из колеи. Даже на допросах в службе безопасности ко мне относились с большим уважением...»

Имя Попелюшко значилось в списке шестидесяти девяти священников, которых социалистическое правительство обвинило в том, что они пересекли опасную линию, отделяющую политику от религии. Известный публицист Ежи Урбан, который в тот момент был представителем правительства по печати, написал очень резкую статью, в которой назвал Ежи Попелюшко «современным Распутиным», «Савонаролой», «фанатиком».

— Долг христианина — следовать правде, даже если правда нам дорого обходится, — говорил Попелюшко своим прихожанам. — Попросим Бога помочь нам сохранять достоинство каждый день нашей жизни.

Полиция однажды заявила, что нашла в его комнате взрывчатку и антикоммунистическую литературу. Его не арестовали, но всю Польшу оповестили, что «враг укрылся в костеле». То, что произошло потом, навсегда запомнилось полякам. Для них это словно произошло вчера. Они помнят, как 19 октября 1984 года тридцатисемилетний священник Ежи Попелюшко был похищен на безлюдной дороге возле небольшого городка.

Сразу же поползли слухи, что Попелюшко похищен службой безопасности. Надежда на то, что он скоро вернется, исчезла. Наконец его труп выловили из Вислы, в ста с лишним километрах от Варшавы. Сразу после того, как было сообщено о смерти Ежи Попелюшко, тысячи поляков собрались возле церкви Святого Станислава, где последние четыре года служил ксендз Ежи. Опасаясь, что весть о смерти Попелюшко приведет к массовым демонстрациям и столкновениям с полицией, священники и лидеры «Солидарности» призвали к спокойствию.

Лех Валенса сказал:

— Они хотели убить не только человека, поляка и священника. Они хотели убить надежду на то, что в Польше можно обойтись без насилия в политической жизни.

Со временем стало известно, что руководил похищением полковник Адам Петрушка из службы госбезопасности. Провел эту операцию капитан Пиотровский, когда-то преподававший математику в старших классах. Капитан работал в четвертом отделе, который следил за деятельностью церкви. Ему помогали двое лейтенантов — Вальдемар Хмелевский и Лешек Пекала. Их опознал водитель Попелюшко.

Трое сотрудников МВД во главе с капитаном Пиотровским остановили машину Попелюшко на пустынной дороге. Его несколько раз ударили и засунули в полицейскую машину. Потом с машиной что-то случилось, она остановилась. Попелюшко вырвался и бросился бежать. Пиотровский бросился за ним, свалил. Ксендза избили и засунули в багажник.

На суде капитан Пиотровский рассказал:

— Я ударил Попелюшко несколько раз по голове. Наверное, впервые в своей взрослой жизни я бил человека. Потом я что-то засунул ему в рот.

За месяц до похищения Пиотровского вызвал к себе полковник Петрушка. В кабинете сидел также и подполковник Лешек Вольский, начальник варшавской службы безопасности. Они говорили о том, что пора прекратить игры с Попелюшко.

Полковник Петрушка сказал:

— Настало время принять решительные меры. Надо его так напугать, чтобы у него случился сердечный приступ. Я не думаю, что должен объяснять, что это решение принято на самом верху.

Полковник Петрушка на суде сказал, что капитан Пиотровский неправильно его понял. Но полковник разразился большой обвинительной речью против Польской католической церкви. Он обвинил ее в разжигании ненависти против марксизма и государства. Петрушка рассказывал, какой трудной была его работа: офицеры госбезопасности не знали, что такое воскресенье, дети не видели отцов...

Приговор был суровым. Убийц ксендза Попелюшко приговорили к длительным срокам тюремного заключения. Они отсидели и вышли на свободу. Ненавидимые всей страной, они попросили власть дать им возможность начать новую жизнь. Им изменили внешность и выдали новые документы на другие фамилии...

На похороны Ежи Попелюшко собралось четыреста тысяч человек, они заполнили все прилегающие к костелу улицы. В первый раз после введения военного положения выступал Лех Валенса. И когда люди услышали его имя, они подняли вверх два пальца — знак «Мы победим».

— Если у Польши есть такие священники, — говорил тогда Валенса, — Польша не погибнет.

После похорон тысячи поляков прошли по улицам Варшавы с транспарантами «Солидарности». Запрещенный и, казалось, уничтоженный властями профсоюз показал, что он жив и что народ верит «Солидарности». Полиция не вмешивалась.

Собор Святого Станислава, в котором служил когда-то ксендз Ежи Попелюшко, стоит на площади имени американского президента Вудро Вильсона. Еще недавно площадь носила имя Парижской Коммуны. Возле костела стоит памятник самому Попелюшко, сбоку очень трогательная скульптура, изображающая детей, участвовавших в 1944 году в Варшавском восстании. Вдоль всей стены костела установлены мемориальные плиты с названиями тех мест, где полвека назад убивали поляков, — от Майданека до Катыни. Убитый ксендз Ежи Попелюшко по-прежнему остается символом борьбы с коммунистическим режимом. У памятника Ежи Попелюшко лежат живые цветы и горят свечи...

Сам генерал Ярузельский со временем скажет:

— В 1981 году мы добились военной победы, но потерпели политическое поражение.

Это правда. Но свою репутацию генерал сберег. Чехословацких руководителей, которые в 1968 году пригласили чужие армии, презирают. А у Войцеха Ярузельского полно защитников даже среди бывших диссидентов, которые говорят, что, если бы он не ввел военное положение, порядок в Польше наводил бы главнокомандующий войсками Варшавского договора маршал Куликов. Хотя маршал Куликов, как он говорит, такого приказа не получал.

КОМИТЕТ И ПАРТИЯ

Говорят, что, если бы не Андропов, а кто-то другой руководил КГБ, репрессии в стране могли принять сталинские масштабы. Это, конечно, не исключено. Находились члены политбюро, которые по каждому поводу требовали жестких мер. Андропов считал, что в массовых репрессиях нужды нет.

Руководитель представительства КГБ в Польше генерал-лейтенант Виталий Григорьевич Павлов вспоминал, как в начале августа 1981 года он привел к Андропову польского министра внутренних дел Чеслава Кищака. Кищак подробно рассказал о ситуации в стране и поделился планами на случай введения военного положения.

— Надо подходить к этому очень осторожно, — предостерег его Андропов. — Арестуете вы сто человек и сразу создадите многие сотни врагов из числа членов их семей и близких друзей. Лучше точно изымать ключевые фигуры.

При этом Андропов привел пример из своих наблюдений за работой сплавщиков леса в Карелии.

— Когда на реке возникал затор из бревен, сплавщики находили «ключевое» бревно и ловко его вытаскивали. Все! Затор ликвидирован, сотни бревен плывут дальше. Вот так, — сказал Андропов, — лучше и действовать. Не увлекайтесь числом еще и потому, что чем больше вы арестуете людей, тем больше будет шума на Западе.

Но масштаб и накал репрессий определялись волей генерального секретаря. А Брежнев лишней жестокости не хотел. Писателю Константину Михайловичу Симонову он сказал:

— Пока я жив, — и поправился: — Пока я в этом кабинете, крови не будет.

Зато можно с уверенностью сказать, что другой человек на посту председателя КГБ, не наделенный изощренным умом Андропова, не додумался бы до такой всеобъемлющей системы идеологического контроля над обществом.

Комитет рождал не смертельный, как когда-то, но все равно страх. Партийная власть не была такой страшной. Она была более открытой. Партийным чиновникам можно было попытаться что-то доказать. С тайной властью спорить невозможно. Человека признавали преступником, но это делала невидимая власть. Оправдываться, возражать, доказывать свою правоту было некому и негде. КГБ никогда и ни в чем не признавался.

Член политбюро Виктор Гришин писал в своих воспоминаниях:

«С приходом в Комитет государственной безопасности Андропов отменил все меры по демократизации и некоторой гласности в работе госбезопасности, осуществленные Хрущевым. По существу, восстановил все, что было во время Сталина (кроме, конечно, массовых репрессий)...

Он добился восстановления управлений госбезопасности во всех городах и районах, назначения работников госбезопасности в НИИ, на предприятия и учреждения, имеющие оборонное или какое-либо другое важное значение. Органы госбезопасности были восстановлены на железнодорожном, морском и воздушном транспорте...

Вновь стали просматриваться письма людей, почта различных организаций. Восстановлена система «активистов», «информаторов», а проще — доносчиков в коллективах предприятий, учреждений, по месту жительства. Опять началось прослушивание телефонных разговоров, как местных, так и междугородних».

На пленуме ЦК в апреле 1973 года Брежнев, отступив от текста, счел необходимым поддержать Андропова:

— Мне хотелось бы особо сказать два слова о комитете госбезопасности, чтобы положить конец представлениям (я имею в виду не членов ЦК, а отдельных товарищей вне этого зала), будто комитет государственной безопасности только и занимается тем, что хватает и сажает людей. Ничего подобного. КГБ под руководством Юрия Владимировича оказывает огромную помощь политбюро во внешней политике. КГБ — это прежде всего огромная и опасная загранработа. И надо обладать способностями и характером. Не каждый может не продать, не предать, устоять перед соблазнами. Это вам не так чтобы... с чистенькими ручками. Тут надо большое мужество и большая преданность.

На пленуме получил слово и председатель КГБ. Он поблагодарил Леонида Ильича:

— Теплые слова, которые были сказаны сегодня товарищем Брежневым, отношение политбюро и всего пленума Центрального комитета к органам государственной безопасности мы воспринимаем как высокое доверие и как большой аванс.

Андропов спешил выразить свою преданность генеральному секретарю:

— Доклад товарища Брежнева показал яркую и убедительную картину огромной работы, которую осуществляет политбюро Центрального комитета... Решения съезда выполняются неукоснительно, последовательно и умно. В этом, как говорили все выступавшие вчера и сегодня, большая заслуга политбюро и лично генерального секретаря Центрального комитета нашей партии товарища Брежнева. Вчера товарищ Подгорный сообщил о том, что товарищу Брежневу присуждена международная Ленинская премия за укрепление мира между народами. Известно, что этой премии удостаиваются очень заслуженные, очень признанные международные деятели. И по-человечески, товарищи, радостно, что среди них — товарищ Леонид Ильич Брежнев, вложивший в благородное дело борьбы за мир так много сил, инициативы и энергии!

На пленуме Брежнев ввел Андропова в политбюро. Он стал первым после Берии руководителем органов госбезопасности, возведенным на политический олимп. К шестидесятилетию, в 1974 году, Юрий Владимирович получил «Золотую звезду» Героя Социалистического Труда. 17 декабря 1973 года председатель КГБ, белобилетник, был произведен сразу в генерал-полковники. Через три года, 10 сентября 1976 года, Андропова произвели в генералы армии.

В эти дни он разговаривал с известным дипломатом Олегом Трояновским. Они были в хороших отношениях еще с тех пор, как Трояновский был помощником Хрущева по международным делам. Андропов с некоторой обидой спросил Трояновского:

— Олег Александрович, что же вы меня не поздравляете?

— С чем, Юрий Владимирович?

— Ну как же? Мне присвоили звание генерала армии.

Обходительный Олег Александрович проявил невиданное фрондерство:

— А мне кажется, что тут нет предмета для поздравления. Вы — политический деятель, а не военный. Зачем вам генеральские чины?

Тут Трояновский, пожалуй, дал маху. Андропов с удовольствием позировал в генеральском мундире. За звание и выслугу лет он получал четыреста рублей прибавки к семистам министерского жалованья. Правда, особых возможностей потратить деньги у него, как и у остальных членов политбюро, не было. Деньги за генеральское звание он перечислял в детский дом.

В начале восьмидесятых годов Советский Союз вошел в полосу тяжелого и необратимого кризиса. Зато империя госбезопасности достигла расцвета. Система территориальных органов охватила всю страну — чекисты обосновались даже в практически необитаемых районах, где не только иностранных шпионов, но и собственных граждан практически не было. Структуры КГБ охватывали все отрасли экономики и общественной жизни страны.

Изменился характер взаимоотношений между партийными структурами и госбезопасностью. Формально все оставалось по-прежнему: КГБ работает под руководством партии. Андропов по каждому поводу писал записку в ЦК и просил санкции. Приказ о назначении начальника областного управления госбезопасности издавался только после того, как его кандидатуру одобряло бюро обкома партии. Разумеется, эта процедура носила чисто формальный характер, но теоретически первый секретарь обкома мог попросить прислать к нему кого-то другого.

На практике КГБ становился все более самостоятельным. Андропов подчинялся одному только Брежневу. Остальные члены политбюро не имели права вмешиваться в дела комитета госбезопасности. Суслов, Косыгин или Кириленко, как самые влиятельные руководители партии и правительства, могли на заседании политбюро оспорить какие-то слова Андропова, в чем-то ему отказать. Но делали это крайне редко.

КГБ — прерогатива генерального секретаря, и Брежнев не любил, когда вмешивались в его дела. Даже члены политбюро знали не так уж много о работе комитета и остерегались выказывать свой интерес.

— Мы в ЦК часто надували щеки и считали, что решаем все вопросы, — говорил бывший член политбюро Александр Яковлев, — а надо кому-то поехать за границу — извините, без КГБ не поедет.

В республиках и областях существовал некий паритет влияния партийного хозяина и местного руководителя госбезопасности. Первый секретарь обкома или крайкома подозревал, что начальник областного (краевого) управления присматривает за ним и обо всем сообщает в Москву. Но местный чекист понимал, что он должен быть аккуратен и демонстрировать партийному руководителю уважение. Если он допустит ошибку и партийный секретарь на него пожалуется, Андропов за него не вступится. Председатель

КГБ неизменно демонстрировал почтение к партийному руководству.

Валерий Иннокентьевич Харазов, много лет проработавший вторым секретарем ЦК компартии Литвы, вспоминал, как к нему обратился с просьбой хозяин республики Антанас Юозасович Снечкус. Он сам зашел к Харазову:

— Поехали вместе в Москву, к Андропову.

Юрий Владимирович решил поменять председателя КГБ Литвы генерал-лейтенанта Юозаса Юозасовича Петкявичюса. Тот с 1952 года руководил литовским комсомолом. В 1960-м его взяли в КГБ. Через семь лет он возглавил республиканский комитет. Наверное, Андропова и его кадровиков смутило то, что Петкявичюс слишком долго работает в республике. А в Вильнюсе менять председателя комитета не хотели.

Опытный Снечкус позаботился о том, чтобы в таком деликатном разговоре рядом с ним был второй секретарь — русский. Разговор был долгий, и Андропов уступил руководству республики, оставил председателя литовского КГБ на месте.

Разумеется, заместитель Петкявичюса был русским, присланным из центрального аппарата. Председатель республиканского комитета докладывал первому секретарю ЦК, заместитель — второму. На собраниях руководящего состава в республиканский КГБ всегда приезжал второй секретарь.

Генерал Виктор Валентинович Иваненко руководил городским отделом КГБ в Нижневартовске, потом был заместителем начальника областного управления в Тюмени. Я спросил его:

— Как у вас складывались отношения с первым секретарем?

— Первый секретарь был для меня политическим руководителем. Я должен был докладывать ему обо всех происшествиях, о наиболее интересных результатах работы, о проблемах. Я был в роли подчиненного. Никаких указаний следить за ним, естественно, не было. Сбором информации о партийно-советской элите нам было запрещено заниматься. В партийных органах имелась своя «контрразведка» — орготделы, которые следили за партийной моралью.

Дружба с чекистами всегда была полезной. Александр Владимирович Власов был в Якутске вторым секретарем обкома. Ему досаждал человек, писавший анонимные письма. Обратился за помощью в КГБ. Анонимщика нашли и «профилактировали», то есть провели с ним беседу, и он перестал досаждать обкому...

«Я знал, что среди руководителей, ближайших коллег по работе меня называли «царем Борисом», — не без удовольствия вспоминал Борис Коноплев, который полтора десятка лет был первым секретарем Пермского обкома. — Думаю, что в основе лежала не насмешка, а уважительное отношение. Хотя, возможно, был и другой оттенок. Действительно, иногда случались с моей стороны резкие «царские» жесты и поступки, необоснованные жесткие оценки событий, критика поведения отдельных руководителей».

Первый секретарь, пока он пользовался благоволением Москвы, был полным хозяином, и, конечно, каждый руководитель чекистского аппарата городского, районного масштаба стремился к установлению каких-то неформальных отношений с партийным руководителем. Как правило, первые секретари охотно приближали к себе чекистов: мало ли чего они настучат. Были редкие исключения, когда возникали острые конфликты между руководителями органов КГБ и партийными секретарями.

— В чью пользу они решались? — спросил я генерала Иваненко.

— Чаще в пользу первых секретарей. На моей памяти был только один случай, когда принципиальный чекист сумел доказать свою правоту и добился снятия первого секретаря горкома. Чекист получил информацию, что хозяин города обложил поборами секретарей парткомов. Ему приходилось принимать гостей, надо было их угощать, а партийной кассой эти расходы не предусмотрены, поэтому секретари городских организаций приносили ему в «дипломате» неподотчетные деньги. Конфликт закончился победой сотрудника КГБ. Это был исключительный случай. Во всех приказах говорилось, что «не подлежат проверке руководители партийных и советских органов, прокуроры, судьи». Неприкасаемые. Нам категорически запрещалось собирать материалы на представителей партийных органов.

Чекисты жаловались, что им запрещено прослушивать телефоны в зданиях райкомов партии и райисполкомов. Оперативные мероприятия в отношении партработника — только с разрешения высшего партийного начальства.

Один из ленинградских чекистов вспоминал, как в декабре 1981 года к ним в райотдел приехал заместитель начальника областного управления Анатолий Алексеевич Курков (см. книгу А. Маркова «Генерал из элиты КГБ»). Собрали оперативных работников. Каждый отчитывался. Один из них поспешил порадовать начальство:

— Появилась возможность отслеживать обстановку в райкоме партии. Получена первичная информация об аморальном поведении и стяжательстве отдельных работников партаппарата.

Курков остановил его:

— Кто дал вам право заниматься этим?

— Характер нашей работы, — неуверенно ответил молодой оперативник, — ведь враг, как нас учили на курсах, ориентируется именно на таких людей.

— Органы государственной безопасности, — сурово сказал Курков, понимая, чем все это может закончиться, — это вам не полиция нравов, а партийные органы — не объект нашего контрразведывательного внимания. Я вам приказываю эту вашу задумку немедленно выбросить из головы и прекратить сбор такого рода информации, а начальнику райотдела завтра мне лично доложить, что у вас отсутствуют такие возможности в райкоме.

«С областным управлением КГБ у меня сложились нормальные отношения, — вспоминал Борис Ельцин свою работу в Свердловске. — Начальник управления Корнилов, как кандидат в члены бюро, участвовал в его заседаниях. Я часто бывал в этом ведомстве, просил информацию о работе КГБ...

Однажды у нас произошел трагический случай, связанный с сибирской язвой. Для проверки, выяснения обстоятельств в Свердловск приехал заместитель председателя КГБ Владимир Петрович Пирожков. Это было в первые годы моей работы. Сидели у меня втроем — я, Пирожков, Корнилов. Шла спокойная беседа, и Корнилов между прочим сказал, что управление КГБ работает дружно с обкомом партии. И вдруг Пирожков рявкнул:

— Генерал Корнилов, встать!

Тот вскочил, руки по швам. Я тоже в недоумении.

Пирожков, чеканя каждую фразу, произнес:

— Зарубите себе на носу, генерал, во всей своей деятельности вы должны не дружно работать с партийными органами, а вы обязаны работать под их руководством, и только...

Надо сказать, за все десять лет, что я работал первым секретарем, ни одного шпиона не нашли, как ни старались. Корнилов по этому поводу сильно сокрушался, мол, плохо работаем: «В такой-то области хоть бы один шпион попался, а тут — ни одного»...

Егор Кузьмич Лигачев, который много лет был первым секретарем Томского обкома, потом заведующим отделом и секретарем ЦК, вспоминал о взаимодействии с областным управлением госбезопасности:

— Аппарат управления госбезопасности был небольшой, но очень квалифицированный. Были, конечно, и срывы — это же живые люди. Увлекались бутылкой, женщинами, но редко.

— Начальник областного управления к вам приходил, докладывал обстановку? Что он вам рассказывал?

— Докладывал постоянно. Рассказывал о настроениях в коллективах, работающих над секретной, военной тематикой. Настроения людей в смысле быта, работы, порядка на предприятиях — это важная информация, мы из нее извлекали пользу. Бывало, не всегда люди в открытую могли говорить, а сотрудники КГБ, имея агентуру — без нее работать невозможно, знали эти настроения. Это нам помогало, мы могли не доводить дело до конфликтов.

— Вы знали, что делается у вас на секретных заводах и в институтах?

— Знал. Я, как первый секретарь, имел доступ повсюду, во все самые секретные институты, куда не всех работников обкома пускали — только первого и второго секретарей.

— Бывало ли, что к вам приходил начальник управления и говорил: вот у вас первый секретарь райкома пьет? Или вы и без него все знали?

— Без него знали. У нас был трезвый образ жизни. Наверное, потому, что Лигачев этого не терпел. Почему я был против пьянства? Чистосердечно вам скажу: не потому, что, как обо мне писали, я из религиозной семьи. Чепуху всякую городили. Я знал, что те, кто пьет, они обычно за столом, за бутылкой решают кадровые вопросы. Представляете, какие решения они принимают? Тот, кто пьет, обязательно принимает подношения от подчиненных, потому что на пьянки деньги надо иметь...

— А вы твердо знали, что ваш начальник управления о вас в Москву не сообщал?

— Я думаю, нет, потому что меня не вызывали. Я никогда не ощущал, что есть какая-то информация обо мне. Наверное, мне бы сказали. Да и информировать-то не о чем было...

— У вас было ощущение, что за вами присматривают, что ваш телефон прослушивается?

— Не думал я об этом, честно скажу. Но мне говорили, что вас, Егор Кузьмич, прослушивают. Но у меня характер, что ли, такой, я не считался с этим. И на квартире, знаю наверняка, тоже прослушивали, потому что, когда власть поменялась, какую-то аппаратуру демонтировали. Наверное, прослушивали, система была такая.

— А это как-нибудь влияло на вас?

— Нет, абсолютно.

— Ну а если хотели о чем-то личном поговорить, зная, что телефон прослушивается, то что делали?

— Ничего. Никаких личных разговоров у меня не было. Сплетнями я не занимался...

А что думали руководители местных органов КГБ об отношениях с партийными органами?

Генерал Валерий Павлович Воротников возглавлял Свердловское областное, затем Красноярское краевое управление КГБ. Он рассказывал мне:

— Есть формальные отношения и человеческие. Бывало, что по службе я должен пойти к первому секретарю и доложить ему важную информацию. Но я о нем столько всякого знаю, что докладывать ему не стану. Такое тоже бывало. Объективно нам не рекомендовали собирать информацию, касающуюся партийного руководства. Но такая информация все равно к нам попадала, и таить ее мы не имели права. Мы ее сообщали в центр, и она возвращалась бумерангом.

Возникали ситуации, когда первый секретарь райкома приезжает к начальнику областного управления и просит: «Поменяйте мне начальника райотдела. У меня не складываются отношения». Бывало и наоборот, когда руководитель местного отдела просил переместить его куда-нибудь, потому что у него не заладилось с партийным начальником. Но это скорее исключения. А мелкую информацию мы старались и не вытаскивать на свет божий. Когда кто-то от чрезмерного усердия и выталкивал ее наверх, она там воспринималась соответственно.

Был случай. Поехал один партийный работник за границу, там расслабился, допустил какие-то вольности. В составе группы был «источник». Когда вернулись, он написал об этом. Руководитель, который компоновал информацию для обкома партии, включил в нее и это сообщение. Дошло до первого секретаря. Проверили. Оказалось, что у того партийного работника язва желудка, он вообще не пьет. Все дамы, которые входили в делегацию, написали в объяснительных записках, как он замечательно себя вел.

— А потом, — продолжает генерал Воротников, — я был свидетелем неприятной сцены, когда руководитель партийной организации высказал начальнику управления КГБ, что он по этому поводу думает.

Если возникала необходимость сообщить о поведении партийного работника, то не по такому мелкому поводу. Доносы вызывали такую реакцию, что второй раз уже не хотелось этим заниматься.

— Но ведь на местах руководители были уверены, что вы обо всем докладываете в Москву.

— Мы их в этом не разуверяли. На то и кошка, чтобы мышки боялись. Может быть, они себя от этого лучше вели...

А каким образом негативная информация о крупных партийных чиновниках попадала к председателю КГБ и что он должен был сделать в таком случае? Я спрашивал об этом бывшего председателя КГБ Владимира Ефимовича Семичастного:

— Если вам начальник областного управления сообщал, что первый секретарь пьет или завел себе любовницу, ведет себя недостойно и так далее, как вы поступали?

— Такие вещи на бумаге не писали и даже моим заместителям не докладывали. Это обсуждалось только во время личной встречи один на один. Начальник управления должен был получить у меня разрешение прибыть в Москву для разговора по специальному вопросу или, будучи в Москве, попроситься на личный прием, все рассказать и спросить мое мнение.

— И что же?

— Я брал на заметку и говорил: посмотри дополнительно, как это будет развиваться, и доложи мне. Или, если я был уверен в том, что дело очень серьезное, шел в ЦК к Брежневу или к секретарю по кадрам Ивану Васильевичу Капитонову: посмотрите, есть сигналы... Я приехал в одну страну, со мной пять генералов. Наш посол устраивает обед, а к концу обеда он под столом. Резидент докладывает, что посол уже и на приемах появляется в таком виде. Это же позорище! Я своим накрутил хвосты: почему молчали! Это же наносит вред взаимоотношениям с этой страной...

КГБ мог заниматься сколь угодно высокими лицами, только на проведение разработки руководящего работника надо было получить санкцию в ЦК.

«Андропов внедрил чекистов во все звенья государственной машины, — писал полковник Михаил Петрович Любимов из внешней разведки. — Заместители руководителей от «органов» сидели в самых разных организациях: на радио, телевидении, в Министерстве культуры. Бездельники на теплых местах... Почему чекисты так любят Андропова? Потому что при нем они так высоко поднялись».

В каждом министерстве, ведомстве, научном и учебном заведении сидели официальные сотрудники комитета или чаще офицеры действующего резерва. Это понятие нуждается в объяснении. Так называли сотрудников КГБ, которых командировали для работы за пределами органов и войск КГБ. В отличие от вооруженных сил они не отправлялись в запас, а оставались на службе, но действовали под прикрытием.

Скажем, появилось Всесоюзное агентство по авторским правам. Назначенному его руководителем известному журналисту Борису Дмитриевичу Панкину секретарь ЦК Суслов объяснил, что это будет своего рода министерство иностранных дел в области культуры — развитие контактов с творческой интеллигенцией всего мира и продвижение за рубеж советских авторов.

Постановлением политбюро был установлен список должностей, замещаемых в агентстве по авторским правам сотрудниками КГБ: с Лубянки прислали одного из заместителей председателя всего ВААП и заместителей начальников всех управлений.

В 1980 году в Госплане создали службу безопасности, укомплектованную сотрудниками КГБ. Начальником сделали бывшего руководителя военной контрразведки генерал-лейтенанта Ивана Лаврентьевича Устинова.

«В 1981 году начальник второго главного управления генерал Г.Ф. Григоренко, приезжавший в служебную командировку в ГДР, передал мне от имени Юрия Владимировича Андропова предложение о переходе в действующий резерв КГБ и назначении меня на вновь введенную должность советника по проблемам безопасности при председателе Госплана, — рассказывал Устинов в «Красной звезде». — В качестве помощников советника было введено в штат Госплана десять сотрудников КГБ. В таком составе под официальным названием Службы безопасности начало работу сформированное оперативное подразделение...»

Подлинную цель создания службы объяснил генералу Устинову председатель КГБ. Андропов пригласил генерала и сказал:

— Обстановка в стране сложная, и я должен иметь достоверную информацию, что же у нас творится, особенно на экономическом фронте.

Иначе говоря, это была не инициатива Госплана, не объективная потребность, а разведка КГБ внутри Госплана. Устинов докладывал председателю КГБ, «что происходило в Госплане, какие проблемы в стране, каковы предложения, перспективные разработки».

Такие же службы появились и в других ведомствах, в том числе в Министерстве иностранных дел. Едва ли Громыко это нравилось, но и он, член политбюро, ничего не мог поделать. Ничего подобного прежде не было. Плохо замаскированные чекисты сидели в отделах кадров, в первых отделах, в отделах внешних сношений, которые занимались оформлением командировок за границу и приемом иностранных гостей. В оборонных министерствах один из заместителей министра представлял КГБ. Но чтобы создавать целые службы соглядатаев... Они только формально подчинялись руководителю ведомства. В реальности исполняли указания Андропова и сообщали ему о ситуации внутри того или иного министерства.

Иначе говоря, председатель КГБ управлял мощным аппаратом, который пронизывал всю страну. Генерал Валерий Павлович Воротников возглавлял Свердловское областное, затем Красноярское краевое управление КГБ. Он рассказывал мне:

— Система территориальных органов КГБ позволяла высшему руководству держать в поле зрения всю страну. Иногда местные руководители просили о чем-то не сообщать: зачем людей беспокоить? С точки зрения местной власти, чрезвычайное происшествие пустяк. А с точки зрения центра, это очень важно. Например, прорвало трубы, снабжающие теплом рабочий поселок. Это произошло ночью. Утром уже стали восстанавливать. Я все знаю: масштабы ЧП, ход работ. Тут мне звонят и слезно просят не докладывать первому секретарю Свердловского обкома Борису Николаевичу Ельцину. И без этого было что рассказать первому секретарю, поэтому на докладе в понедельник я об этом деле умолчал. Вернулся к себе. Через полчаса звонит телефон, и я получаю очень серьезный втык: почему не рассказал о ЧП? У нас был очень строгий принцип: КГБ централизованная структура. То есть мне не сообщить центру всю правду о том, что творится на территории, самый тяжкий грех...

Шпионы попадались очень редко (тем более далеко от Москвы), терроризма еще практически не существовало. Гигантский механизм прокручивался впустую, но создавал у Андропова ощущение полного контроля над страной. Получаемой информацией Андропов делился с генеральным секретарем и частично с другими членами политбюро.

Часов в одиннадцать утра председатель КГБ знакомился с предназначенными для членов политбюро особыми, сверхсекретными материалами разведки и контрразведки, после чего лично подписывал их. Вечером он подписывал вторую порцию спецсообщений для политбюро. Их доставляли в запечатанных конвертах. Вскрывать и читать их не имели права даже помощники членов политбюро.

Бумаги председатель КГБ рассылал по разной разметке: общую информацию всем членам политбюро для расширения кругозора, более узкую тем, кто курировал направление, о котором шла речь. Когда информация касалась внешней политики — обязательно Суслову и Громыко. Все, что относилось к социалистическим странам, своему преемнику на Старой площади — Константину Викторовичу Русакову. Он стал секретарем ЦК по социалистическим странам.

За разметкой спецсообщений следила аналитическая служба первого главного управления. Аналитики разведки предлагали, кому и какую информацию послать, учитывали, кому она раньше посылалась, чтобы не получилось так, что члена политбюро оповестили о начале каких-то событий, а уведомить об окончании забыли. Председатель КГБ вносил коррективы, иногда говорил: давайте расширим круг получателей информации или, наоборот, сузим...

Ощущение власти, собственной значимости, высокого положения в стране наложило отпечаток на личность, манеры и даже выражение лица Андропова.

«Лицо волевое, холодное, губы тонкие, опущенные по краям, — таким запомнил его известный дипломат Олег Алексеевич Гриневский. — Но главное — это прозрачно-голубого, ледяного цвета глаза, которые придавали острую пронзительность его взгляду.

В разговоре с подчиненными держался спокойно, холодно. Мог улыбаться, беседуя с иностранцами. Но взгляд его всегда оставался проницательно-изучающим. Даже когда Андропов смеялся. Такие ледяные глаза я видел еще только у одного человека — президента Ирака Саддама Хусейна».

Ходят разговоры о том, что у Андропова была собственная разведка и личная агентура, с которой он встречался на конспиративных квартирах. И будто бы эта глубоко законспирированная структура и расчищала Андропову дорогу к власти. Сведений о личной разведке Андропова не обнаружено. Не под силу одному человеку руководить целой службой. Но Андропов действительно с некоторыми людьми предпочитал встречаться на конспиративных квартирах комитета госбезопасности в центре Москвы.

Наверное, ему надоедал скучно и казенно обставленный служебный кабинет. Понимал, что кому-то из его собеседников будет не по себе в здании на Лубянке. На конспиративной квартире ничто не мешало разговору, который приобретал более свободный и неофициальный характер. К тому же ему не всегда хотелось, чтобы подчиненные фиксировали, с кем он встречается. А он приглашал пообедать людей, находившихся вне привычного круга общения, — из среды научной и творческой интеллигенции. Таким путем Юрий Владимирович пытался расширить свои представления о настроениях в обществе, формировавшиеся исключительно служебными сводками.

А может быть, чем черт не шутит, Юрий Владимирович и в самом деле хотел ощутить себя настоящим разведчиком, который проводит вербовочные беседы и получает интересующую его информацию... Во всяком случае, шутки у него стали специфическими. Однажды он позвонил дипломату Олегу Трояновскому:

— Олег Александрович, что же вы исчезли? Приезжайте к нам, посадим вас (председатель КГБ сделал многозначительную паузу), напоим чаем.

В 1973 году у Андропова появился новый помощник по делам политбюро — Игорь Елисеевич Синицын, сын бывшего сотрудника разведки, но сам — сугубо штатский человек.

— Юрий Владимирович производил тогда впечатление очень крепкого человека, — рассказывал мне Игорь Синицын. — Он каждый день сорок минут занимался гимнастикой. Когда ехал в машине, то не забивался в глубь лимузина, а садился у окна на откидное сиденье. Правда, уже тогда у него на письменном столе стояли два вида соков — клюквенный и лимонный, да еще бутылочка трускавецкой минеральной воды.

Помощники знали, что у председателя барахлят почки, но держался он молодцом. У него был очень напряженный график работы. Он приезжал к девяти утра и уезжал в девять вечера. Днем он час отдыхал, потом обедал и возвращался в свой кабинет, который покидал только для того, чтобы доложить срочные бумаги Брежневу, побывать в здании разведки в Ясеневе или пройти процедуры в больнице. В субботу сидел с одиннадцати до шести вечера и даже в воскресенье днем приезжал на несколько часов.

Единственное развлечение, которое он себе позволял, — это ежевечерние прогулки — десять тысяч шагов, как ему советовал личный врач. Когда уходил в отпуск, то две недели проводил в Крыму, а две недели в Минеральных Водах. Председателя КГБ тяжелая болезнь лишила всех иных человеческих радостей, кроме работы и наслаждения властью.

— Его состояние резко ухудшилось где-то в конце 1979 года, мне кажется, после поездки в Афганистан, — продолжал Синицын. — Он внешне изменился — очень облысела голова, кожа стала желтого цвета. И рука стала слабой — ее даже опасно было пожимать.

А за пару лет до этого что-то в нем изменилось. Первые годы, по словам Синицына, Юрий Владимирович излагал очень интересные идеи о переустройстве страны, экономики, банковской системы, а потом — как отрезало.

Свои идеи Андропов изложил в восемнадцатистраничной записке, которую 8 января 1976 года прислал Брежневу:

«Дорогой Леонид Ильич!

Настоящий документ, подготовленный мною лично, предназначается только для Вас. Если Вы найдете в нем что-либо полезное для дела, буду очень рад, если нет — то прошу считать, что такового в природе не было».

И что же Андропов предлагал сделать? Взять на вооружение большевистскую партийность, строгую организованность и железную дисциплину. Выдвигать на партийную работу не специалистов, а профессиональных политических руководителей. А так называемые «деловые» люди, писал Андропов, «всякий разговор начинают с чирканья цифири на бумаге. И возникает вопрос: чем же такой руководитель отличается, например, от американского менеджера, для которого дело — это прежде всего расчеты, деньги, а люди — вопрос второстепенный. В наших условиях такие «деловые люди» — это деляги...».

Вот и все идеи Юрия Владимировича...

— К каждому заседанию политбюро, — говорил Синицын, — я готовил ему материалы — по всем пунктам повестки дня, чтобы он мог полноценно участвовать в дискуссии. Я очень коротко писал ему, что думаю по каждому из вопросов. И где-то в 1977 году обратил внимание на то, что он словно перестал читать мои заметки — раньше они были исчерканы его замечаниями, а теперь возвращались девственно-чистыми. Я спросил, что случилось. Он ответил: «Я все читаю, но зачем ты мне это пишешь? Хочешь, чтобы меня из политбюро выгнали?» Он стал бояться высказывать какие-то свежие мысли.

В феврале 1982 года Андропов совершил секретную поездку в Кабул. Считается, что там он тяжело заболел. Афганистан словно мстил за себя. Юрий Владимирович с трудом выздоравливал. А ведь то был самый важный год в его жизни. И остатки здоровья ему были позарез необходимы.

Некоторые действующие лица событий того времени полагают, что Андропов пытался ускорить свой приход к власти. Юрий Владимирович сам был серьезно болен и боялся, что не дождется, пока Леонид Ильич уступит ему место естественным путем. По мнению сторонников этой версии, Андропов пытался скомпрометировать и самого Брежнева, и его окружение. Поэтому Юрий Владимирович позаботился о том, чтобы по стране пошли слухи о коррупции в правящей семье. А слухи эти вертелись вокруг дочери генерального секретаря, Галины Леонидовны Брежневой, чьи любовные похождения и близкие отношения с некоторыми сомнительными персонажами активно обсуждались в ту пору в московском обществе.

Теперь уже известно, что никакого дела Галины Брежневой не существовало, преступной деятельностью она не занималась. Но она действительно была знакома с некоторыми людьми, попавшими в поле зрения правоохранительных органов.

Бывший член политбюро академик Александр Яковлев говорил мне:

— Брежнев побаивался Андропова. И справедливо: Андропов плел против него интриги. Мне известно, что Брежнев несколько раз поручал Суслову его одернуть.

— Какие интриги вы имеете в виду?

— Андропов был трусоватый человек. Он пытался укусить Брежнева через семью. Позволил информации, порочащей семью генерального секретаря, гулять по стране. Это компрометировало Брежнева...

Возможно ли, что Андропов допустил сознательную утечку информации о темных делишках брежневской семьи, чтобы скомпрометировать Леонида Ильича?

— Андропов был человек страшно осторожный, — считает генерал Виктор Иваненко. — Ни на какие опасные мероприятия против высшего руководства он бы никогда не пошел. Это не в его характере. Он осаживал ретивых подчиненных, которые призывали активно заняться высшими партийными чиновниками. А к Брежневу он и вовсе относился с пиететом.

Старшие члены политбюро звонили Леониду Ильичу напрямую, благо у каждого стоял аппарат связи с генсеком. Андропов этой привилегией не пользовался, звонил в приемную, спрашивал, как Леонид Ильич себя чувствует, один ли он — и только после этого просил соединить. Юрий Владимирович робел перед Брежневым. Однажды он заговорил с Брежневым о том, что муж медсестры, которая ухаживает за генеральным секретарем, слишком много болтает, поэтому, может быть, есть смысл сменить медсестру? Между Брежневым и медсестрой возникли отношения, выходящие за рамки служебных, и об этом стало широко известно.

Брежнев жестко ответил Андропову:

— Знаешь, Юрий, это моя проблема и прошу больше ее никогда не затрагивать.

Об этой беседе стало известно лишь потому, что огорченный Андропов пересказал ее академику Чазову, начальнику 4-го главного управления при Министерстве здравоохранения, объясняя, почему он не смеет вести с генеральным секретарем разговоры на неприятные темы. В эти последние брежневские годы у Андропова было сложное отношение к Леониду Ильичу.

Однажды на заседании политбюро тяжелобольной Брежнев отключился, потерял нить обсуждения. После политбюро Андропов сказал Горбачеву, который уже был переведен в Москву:

— Надо, Михаил, делать все, чтобы и в этом положении поддержать Леонида Ильича. Это вопрос стабильности в партии, государстве, да и вопрос международной стабильности.

Если охрана докладывала Андропову, что Брежнев плохо себя чувствует, он немедленно находил академика Чазова, где бы тот ни был, и отправлял к генеральному секретарю. Андропов полностью зависел от поддержки Брежнева, пишет Чазов. Юрий Владимирович понимал, что один из его главных недостатков — отрыв от партийных секретарей. В этом кругу — в отличие от Кириленко или Черненко — у него не было достаточной опоры.

Андропов искал возможности привлечь на свою сторону молодых партийных секретарей, поэтому заботился о карьере лично известного ему Михаила Сергеевича Горбачева. В воспоминаниях Горбачева живо описано, как в 1975 году Михаил Сергеевич обрушился на Андропова:

— Вы думаете о стране или нет?

— Что за дикий вопрос? — недоуменно спросил Юрий Владимирович.

— В течение ближайших трех—пяти лет большинство членов политбюро уйдет, — пояснил свою мысль Горбачев. — Просто перемрет. Они уже на грани...

Михаил Сергеевич горячо заговорил о том, что надо выдвигать молодых работников:

— Помните, что в народе говорят: «Леса без подлеска не бывает».

Разумеется, нет оснований сомневаться в точности этого разговора, воспроизведенного Горбачевым по памяти, но что-то внушает сомнение. Трудно предположить, что первый секретарь крайкома позволял себе так резко разговаривать со всесильным Андроповым. Заводить разговор о том, что члены политбюро стары и скоро умрут, в присутствии тяжелобольного Андропова было даже по-человечески неприлично. Ставить вопрос о выдвижении молодых — как минимум нескромно.

Свидетели их бесед в Ставрополе говорят о том, что тональность была, разумеется, иной — более чем почтительной. Андропов увидел в Горбачеве лично преданного ему человека, потому и приложил усилия для его выдвижения.

Горбачев познакомился с Андроповым из-за того, что Юрий Владимирович, страдавший болезнью почек, каждый год приезжал на Северный Кавказ лечиться. Из-за событий в Чехословакии знаменитый курорт в Карловых Варах высшие руководители посещать не могли. На курорты Кавказских Минеральных Вод фактически приезжало все крупное начальство — лечиться и отдыхать. Как тут не проявить внимание, не организовать отдых так, чтобы у большого начальника остались наилучшие воспоминания? И грех было не воспользоваться возможностью побыть с московским начальством накоротке. Даже понятие такое появилось — «курортный секретарь».

Впервые Андропов приехал в Ставропольский край в апреле 1969 года. Он разместился в Железноводске в санатории 4-го главного управления «Дубовая роща» для страдавших желудочно-кишечными заболеваниями. Там был трехкомнатный люкс, не очень уютный, для самых высокопоставленных пациентов.

Приветствовать члена политбюро прибыли первый секретарь крайкома Леонид Николаевич Ефремов, отправленный в Ставрополь в ссылку за слишком хорошие отношения с Хрущевым, второй секретарь крайкома Горбачев и начальник краевого управления госбезопасности Эдуард Болеславович Нордман, в прошлом белорусский партизан. По инструкции начальник управления на своей территории лично отвечал за безопасность члена политбюро, хотя Андропов приезжал с охраной. Впоследствии Андропов предпочитал санаторий «Красные камни» в Кисловодске, там был особняк для членов политбюро.

Вообще Андропов мало ездил по стране. В 1969 году побывал в Куйбышевской области. Председатель облисполкома Виталий Иванович Воротников записал в дневник: «Интересный рассказчик. Простой в обращении, без присущего некоторым его коллегам менторства, эрудированный, сдержанный, но в то же время и остроумный собеседник».

Так что возможности познакомиться с партийными секретарями поближе у него просто не было. А Михаил Сергеевич Горбачев не упускал возможности побыть вместе с Андроповым. Когда председатель КГБ приезжал отдыхать, тоже брал отпуск и селился там же, в «Красных камнях». Вместе гуляли, играли в домино.

Андропов обожал «забивать козла». Сажал рядом личного врача — Валентина Архиповича Архипова. Два раза в неделю в особняке показывали кино — по выбору председателя. Ездили в горы на шашлыки. Юрий Владимирович позволял себе немного сухого вина, расслаблялся, начинал петь. Однажды читал свои стихи. Он привозил с собой магнитофонные записи Александра Галича, Владимира Высоцкого, эмигранта Рубашкина. Фактически эти записи были запрещены, советскому народу слушать их не разрешали, но себя председатель КГБ считал достаточно стойким.

— Андропов в какой-то момент хотел взять Михаила Сергеевича в кадры комитета госбезопасности, — рассказывал мне тогдашний начальник управления КГБ по Ставропольскому краю генерал Нордман.

Когда встал вопрос о назначении Горбачева первым секретарем крайкома, Андропов огорченно сказал:

— Опоздал я, опоздал.

Выяснилось, что он предполагал сделать Горбачева заместителем председателя КГБ по кадрам. На эту должность как раз назначались вторые секретари обкомов или крайкомов — Чебриков, Пирожков. Если бы Андропов тогда взял Горбачева к себе заместителем, то Михаил Сергеевич имел шансы со временем возглавить комитет госбезопасности. В таком случае он бы точно не стал генеральным секретарем. Не было бы и перестройки... А был бы председатель КГБ генерал армии Горбачев...

Андропов понимал, что председатель КГБ — это человек, которого побаиваются. И старался привлечь на свою сторону молодых партийных секретарей, поэтому сделал все возможное для того, чтобы Горбачев переехал из Ставрополя в Москву. Ну и такой фактор, как землячество, тоже нельзя сбрасывать со счетов. Андропов хоть и маленьким уехал из края, все же здесь родился и считал себя ставропольцем.

Академик Георгий Арбатов вспоминал, как однажды после его тирады насчет слабости кадров Андропов спросил его:

— Слышал такую фамилию — Горбачев?

— Нет.

— Ну вот видишь. А подросли люди совершенно новые, с которыми действительно можно связать надежды на будущее.

«При всей сдержанности Андропова, — вспоминал Горбачев, — я ощущал его доброе отношение, даже когда, сердясь, он высказывал в мой адрес замечания. Вместе с тем Андропов никогда не раскрывался до конца, его доверительность и откровенность не выходили за раз и навсегда установленные рамки».

Когда Горбачева сделали секретарем ЦК по сельскому хозяйству и он переехал в Москву, Андропов не спешил афишировать свое расположение к Михаилу Сергеевичу. Горбачев, став членом политбюро, обосновался на даче рядом с Андроповым. Оказавшись с Юрием Владимировичем в одном партийном ранге, осмелился позвонить ему в воскресенье:

— Сегодня у нас ставропольский стол. И, как в старое доброе время, приглашаю вас с Татьяной Филипповной на обед.

— Да, хорошее было время, — согласился Андропов. — Но сейчас, Михаил, я должен отказаться от приглашения.

— Почему? — искренне удивился Горбачев.

— Если я к тебе пойду, завтра же начнутся пересуды: кто? где? зачем? что обсуждали? Мы с Татьяной Филипповной еще будем идти к тебе, а Леониду Ильичу уже начнут докладывать. Говорю это, Михаил, прежде всего для тебя.

Внеслужебные отношения на трех верхних этажах власти — члены политбюро, кандидаты в члены, секретари ЦК — исключались. Личного общения между руководителями партии практически не было. Они недолюбливали друг друга и безусловно никому не доверяли. Сталин не любил, когда члены политбюро собирались за его спиной, и страх перед гневом генерального сохранился. Никто ни с кем без дела не встречался.

Избранный секретарем ЦК Николай Иванович Рыжков спросил у Владимира Ивановича Долгих, который уже десять лет как входил в высшее партийное руководство: как, мол, у вас проходят праздники, как их отмечают, где собираются, можно ли с женами?

Долгих с удивлением посмотрел на новичка:

— Никто ни с кем не собирается. Забудь об этом.

Запугав всех, Андропов и сам боялся собственного аппарата. Не позволял себе ничего, что могло бы повредить его репутации, что не понравилось бы Леониду Ильичу.

«Консерватизм Юрия Владимировича Андропова проявлялся и в личной жизни, поведении, — писал Гришин. — Его отличали замкнутость, неразговорчивость, настороженное, недоверчивое отношение к людям, закрытость личной жизни, отсутствие желания общаться с товарищами по работе (только два-три раза я видел его за товарищеским столом по случаю встречи Нового года или дня рождения кого-то из членов политбюро, и то это было только тогда, когда присутствовал Л.И. Брежнев).

Одевался Ю.В. Андропов однообразно. Длинное черное пальто зимой и осенью, темный костюм, неизменная темно-серая фетровая шляпа, даже летом в теплую погоду...»

Генерал Вадим Кирпиченко, всю жизнь прослуживший в разведке, тоже отмечал, что Андропов был человеком очень осторожным. Не брал на себя лишней ответственности, чтобы не создавалось впечатления, что он превышает свои полномочия. По всем мало-мальски серьезным вопросам писал бумагу в ЦК...

Андропов не хотел рисковать расположением Брежнева, а Леонид Ильич не любил, когда между членами политбюро возникали дружеские отношения, и уж тем более не хотел, чтобы у председателя КГБ появлялись политические союзники.

Первый секретарь Ленинградского обкома Григорий Васильевич Романов в 1974 году выдал замуж вторую дочь. Свадьба прошла на его загородной даче, но по стране пошли разговоры о небывалой пышности торжества, говорили, что уникальный столовый сервиз был взят из Эрмитажа и пьяные гости разбили драгоценную посуду.

Романов был уверен, что эти слухи, которые были воспроизведены в передачах западных радиостанций, — результат заговора, организованного из-за границы. Бывший помощник Лигачева Валерий Легостаев пишет, что Романов обратился за помощью к Андропову. Тот подробно расспросил начальника Ленинградского областного управления КГБ Даниила Павловича Носырева. Начальник управления поддержал своего первого секретаря.

Андропов, по словам Легостаева, согласился, что «радиоакция была санкционирована и осуществлена западными спецслужбами и имела своей целью подорвать позиции ленинградского первого секретаря в составе высшего политического руководства СССР.

На просьбу Г.В. Романова сделать об этом от имени КГБ СССР официальное заявление Ю.В. Андропов ответил:

— Ну, что мы будем на каждый их чих откликаться. Не обращай внимания, работай...

А ведь Андропову Романов нравился. Когда Юрий Владимирович станет генеральным секретарем, он переведет Романова в Москву. Но в должности председателя КГБ он не хотел проявлять особой заинтересованности в судьбе одного из членов политбюро. Ведь у других могло создаться ощущение, что Андропов сколачивает свою группу. Если бы такое подозрение возникло у Брежнева, Андропов повторил бы путь бывшего комсомольского вожака Шелепина, вокруг которого сложилась группа влиятельных работников, и потерял свое кресло.

При этом Андропов понимал, что его время уходит с катастрофической быстротой — он слишком болен, чтобы долго ждать. Юрий Владимирович готовился к тому, что произойдет после ухода Брежнева. Объективно он был заинтересован в том, чтобы возможные конкуренты из брежневского окружения были надежно скомпрометированы.

Андропов наладил доверительные отношения с академиком Чазовым, который лучше всех был осведомлен о состоянии здоровья и Брежнева, и всех остальных членов политбюро. Один-два раза в месяц он встречался с Чазовым — или у себя в кабинете по субботам, или на конспиративной квартире комитета в одном из старых домов неподалеку от Театра сатиры. Устраивался небольшой обед с учетом строгой диеты, прописанной Андропову.

«Разговор шел в основном о состоянии здоровья Брежнева, — вспоминает Чазов, — наших шагах в связи с его болезнью, обстановке в верхних эшелонах власти. Умный и дальновидный политик, с аналитическим складом ума, Андропов, как шахматист, проигрывал возможные варианты поведения тех или иных политических деятелей».

Начальник 4-го главного управления считал себя в негласной иерархии равным председателю КГБ. Доступ к генсеку и возможность влиять на него, возможно, давали ему основание так думать. Члены политбюро старались ладить с начальником кремлевской медицины. Ко всему прочему именно его генеральный спрашивал о здоровье других членов политбюро. И никто не знал, что именно он скажет за закрытыми дверями.

Между Андроповым и Чазовым существовала «близость, возникающая между тяжелобольным пациентом и лечащим врачом». Она переросла в доверительные отношения.

«Чазов — фигура зловещая, не врач он, а бог знает кто еще, иначе не допустил бы такого лечения и смерти Леонида Ильича, — говорил потом бывший помощник генерального секретаря Виктор Андреевич Голиков. — Он всю информацию тащил в КГБ. И там решали, как лечить больного, что рекомендовать...

Кто-то подсовывал ему зарубежные сильнодействующие таблетки. Из-за границы. Они его и доконали. Пусть мне вторую руку отрежут, но я убежден, что Леонид Ильич умер не от инфаркта. Его напичкали этой дрянью. Тут Чазов, другие врачи недоглядели или уже не очень беспокоились о нем».

Виктор Голиков стал помощником Брежнева еще в Молдавии, проработал с ним дольше всех. Леонид Ильич ему очень доверял. После кончины Брежнева Голиков оказался не у дел и не мог скрыть своего недовольства новым руководством. Наверное, только этим можно объяснить его уверенность в том, что Брежнева уморили Андропов с Чазовым...

Юрий Владимирович мечтал вернуться из КГБ в аппарат ЦК КПСС, что открыло бы ему дорогу к должности генерального секретаря. Его беспокоило «разгоравшееся соперничество» между ним и Черненко. По мере того как Брежнев слабел, Черненко становился для него все более близким человеком.

Константин Устинович, возглавляя общий отдел ЦК, контролировал всю работу партийного аппарата. Он не только информировал Брежнева обо всем, что происходит, но и создавал иллюзию напряженной работы генерального секретаря. Брежнев в последние годы так доверял Черненко, что подписывал принесенные им бумаги, не вникая в их суть.

«Долгие годы он был просто доверенным секретарем Брежнева», — писал Андрей Михайлович Александров-Агентов, помощник Леонида Ильича.

Заведующий общим отделом ЦК — должность важная, позволяющая оказывать серьезное влияние на формирование и осуществление политики, вести контроль за исполнением решений политбюро, за претворением их в жизнь. Но должность не творческая, так что Черненко — это «канцелярист с большой буквы».

— Задача общего отдела — обслуживание высших органов партии, — рассказывал мне старший помощник Черненко Виктор Васильевич Прибытков. — Имелось в виду организационно-техническое обслуживание. Но получилось иначе. Ни один документ, в том числе самый секретный, самый важный, не мог миновать общего отдела. Даже председатель КГБ Андропов обращался к генеральному секретарю Брежневу через общий отдел. Личные беседы у них происходили достаточно редко. Первым получателем и читателем его бумаг был заведующий общим отделом Константин Черненко.

Конечно, через общий отдел проходили тонны малозначащих, а то и просто пустых бумаг, которые приходили отовсюду. Но в целом они давали картину жизни страны. И это позволяло Черненко не хуже Андропова знать, что происходит в государстве.

После смерти видных партийных деятелей приезжали сотрудники КГБ и забирали весь его архив. Он поступал в общий отдел ЦК, в распоряжение Черненко. Эта судьба постигла архивы решительно всех — и Хрущева, и Микояна. Осечка вышла с Михаилом Андреевичем Сусловым, просто потому что у него вообще не оказалось никакого архива.

Только два человека имели доступ к архиву политбюро: генеральный секретарь и заведующий общим отделом. Но Брежнев архивными материалами не интересовался, а Черненко знал все, что там хранится. А там лежали взрывоопасные материалы, которые таили от мира и еще больше от собственной страны: оригиналы секретных протоколов, подписанные с немцами в 1939 году о разделе Польши и Прибалтики, документы о расстреле польских офицеров в Катыни. И многое другое, что ограничено наисекретнейшим грифом «особой важности — особая папка». Даже члены политбюро не имели доступа к этим документам и просто не знали, что хранится в архиве политбюро.

«Черненко лично, именно лично — это было для него чрезвычайно важно, — вспоминал Александров-Агентов, — докладывал Леониду Ильичу все важнейшие документы, поступавшие в высшие эшелоны Центрального комитета, сопровождая это, когда было уместно, какими-то своими комментариями, может быть, рекомендациями. Причем делал он это, надо отдать должное, с большим искусством, поскольку обладал тонкой интуицией по улавливанию настроений и направления мысли начальства, умел подстроиться к этому направлению, умел доложить дело так, чтобы оно не вызывало раздражения, сглаживал острые углы, что осознанно или неосознанно, но весьма нравилось Леониду Ильичу...

Между ними установились весьма близкие, доверительные отношения, и Леонид Ильич, насколько я мог понять, неоднократно давал Черненко поручения даже самого деликатного характера, с которыми он не обратился бы ни к одному из других своих сотрудников и коллег».

Летом 1977 года Брежнева избрали председателем президиума Верховного Совета СССР. Черненко лежал в больнице, не мог присутствовать, очень огорчился из-за этого, прислал письменное поздравление. Брежнев ему ответил 16 июня:

«Дорогой Костя!

С большим волнением я прочел твое поздравление в связи с избранием меня на пост Председателя Президиума Верховного Совета СССР. Твои слова в этом поздравлении не могли не тронуть моего сердца, не взволновать меня.

Заседание сессии Верховного Совета прошло хорошо, я бы сказал, великолепно. Бесконечные аплодисменты. Особенно бурно было встречено выступление Михаила Андреевича Суслова. После него я выступил с благодарностью и обещал, как солдат, оправдать доверие нашей любимой Родины и нашей великой партии, сделать все, чтобы укрепился мир на земле и развивалось доброе сотрудничество между народами. Мой ответ был принят депутатами очень тепло.

Считай, что ты был среди нас. Остальные дела нормально. Ты не волнуйся. Ну, еще раз говорю: не торопись, в этом необходимости никакой нет. На ближайшее время ты все сделал.

Обнимаю тебя, крепко целую, желаю выздоровления».

Черненко, занимая все более высокие посты в партийной иерархии, сохранял за собой пост руководителя общего отдела, никого не подпуская к этой должности. Константин Устинович знал все партийные тайны и секреты, а зачем подпускать к ним другого человека? В последние годы, когда Брежнев чувствовал себя совсем больным, Черненко стал ему особенно нужен. Когда другие помощники приходили к Брежневу с какими-то неотложными вопросами, он раздраженно говорил:

— Вечно вы тут со своими проблемами. Вот Костя умеет доложить...

И проблемы у них были одинаковые. Оба жаловались на расстройство сна, оба в больших количествах потребляли сильнодействующие снотворные препараты и транквилизаторы, которые расслабляли их до такой степени, что они лишались способности действовать. Сначала они не могли заснуть, потом не в состоянии были проснуться. И выводили себя из этого состояния с помощью не менее сильных взбадривающих препаратов. Это пагубно влияло на память, на мозговую деятельность. Нарастали склеротические явления. А ведь именно блестящая память была самым важным качеством всех крупных политиков.

В последние годы жизни Брежнева роль Черненко невероятно возросла. Никто не мог обратиться к генеральному секретарю через голову Черненко. И получить подпись под нужной бумагой, и поговорить с Леонидом Ильичом можно было только через Черненко. Он тщательно фильтровал информацию, поступающую к Брежневу, определял график работы генерального секретаря. Секретари в приемной генсека были его подчиненными.

Тем не менее едва ли Брежнев готовил его себе на смену. Знал ему цену. Но доверял полностью. Другое дело, что сам Черненко в какой-то момент подумал: «А почему бы и не я?»

ВТОРОЙ ПОСЛЕ БРЕЖНЕВА

Ситуация изменилась, когда 25 января 1982 года умер Михаил Андреевич Суслов, который был секретарем ЦК тридцать пять лет. Пока Суслов сидел на Старой площади, Андропову не было хода наверх. Суслов не любил Андропова. Впрочем, не любили главного чекиста и другие члены политбюро, кроме, пожалуй, министра обороны Дмитрия Федоровича Устинова. Дело даже не в личности Юрия

Владимировича. Такая должность. За что любить председателя комитета? Сломать чью-то карьеру председатель КГБ мог запросто. Помочь — нет.

А теперь освободился кабинет номер два на пятом этаже в первом подъезде основного здания ЦК КПСС. Все ждали, кто его займет. Брежнев неожиданно для многих выбрал Андропова. Помощник генерального секретаря Александров-Агентов вспоминал, как через день-два после внезапного заболевания Суслова Леонид Ильич отвел его в дальний угол своей приемной в ЦК и, понизив голос, сказал:

— Мне звонил Чазов. Суслов скоро умрет. Я думаю на его место перевести в ЦК Андропова. Ведь правда же, Юрка сильнее Черненко — эрудированный, творчески мыслящий человек?

Интересно, почему Брежнев отвел своего помощника в угол? Не хотел, чтобы разговор слышали чужие люди? Предполагал, что и его прослушивают? Кто бы это мог быть? Генерал-полковник Дмитрий Волкогонов, который после 1991 года был допущен к самым секретным материалам политбюро, уверял, что это делал Черненко, что «в его кабинете находилась аппаратура, с помощью которой можно было прослушивать разговоры самых высоких чиновников на Старой площади, в том числе и располагавшихся на пятом этаже основного здания ЦК...».

Когда академик Чазов сообщил Брежневу о смерти Михаила Андреевича, генеральный секретарь спокойно сказал:

— Замена ему есть. Лучше Юрия нет никого.

Но Брежнев почему-то медлил с окончательным решением. Андропов переживал, думая, что это интриги Черненко. Академик Чазов даже поинтересовался у Андропова, отчего задержка с переходом на Старую площадь?

— А вы что думаете, меня с радостью ждут в ЦК? — огорченно ответил Андропов. — Кириленко мне однажды сказал — если ты придешь в ЦК, то ты, глядишь, всех нас разгонишь.

Андрей Павлович оказался прав: Андропов, став генеральным секретарем, помня о старых обидах, первым отправил на пенсию Кириленко, к тому времени тяжелобольного человека. Впрочем, Андропов был немногим здоровее...

Бывший начальник московского управления КГБ генерал Виктор Алидин вспоминал, что они с Андроповым иногда говорили о плохом здоровье Брежнева.

— Леонид Ильич не может работать в полную силу, он уже ставил вопрос об освобождении его от руководящих обязанностей, а заменить его некем, — заметил однажды Андропов.

— А почему бы вам, Юрий Владимирович, не взять на себя эту роль, у вас большой опыт партийной и государственной работы, — смело сказал своему начальнику Алидин.

— Да, но я слабо знаю работу промышленности, — ответил Юрий Владимирович.

— Думаю, что те, кто сейчас занимается промышленностью в ЦК, навряд ли знают ее больше вас, — возразил Алидин.

Тогда Андропов пересказал генералу разговор Брежнева с болгарским лидером Тодором Живковым. Тот приезжал в Москву советоваться.

— Я думаю заменить двух членов политбюро болгарской компартии в связи с преклонным возрастом и слабой работоспособностью. Как вы на это смотрите, Леонид Ильич? — спросил Живков.

— Я бы этого не делал, — откровенно ответил Брежнев. — Чем они вам мешают? Новые молодые члены политбюро будут создавать беспокойную обстановку. Зачем вам это?..

Председатель КГБ извлек урок из этого диалога.

— Как видите, нет желания менять обстановку и в нашем политбюро, — закончил разговор Андропов.

В начале 1982 года генерал Алидин узнал, что Андропов болен и лежит в Центральной клинической больнице. Хотел навестить его, но охранники сказали, что председатель КГБ плохо себя чувствует. Через некоторое время Андропов вышел на работу, пригласил Виктора Алидина.

Генерал вспоминал: «Мы встретились, обнялись и расцеловались. Он рассказал мне, что был в Афганистане, где встречался с местными руководителями. Там тоже принято целоваться при встрече, и он чем-то заразился. В тяжелом состоянии его доставили в Москву. Несколько дней он находился без сознания... Вид Андропова не внушал оптимизма. Он выглядел как-то понуро, лицо осело, былой энергии как не бывало».

Предложение перейти на Старую площадь вызвало у Юрия Владимировича смешанную реакцию. Он привык к КГБ, боялся лишиться реальной власти, потому что официальной должности второго секретаря ЦК в партии не было. А Брежнев не уточнил, каким будет объем его полномочий, действительно ли он хочет, чтобы Андропов заменил Суслова, или же ему нужен просто еще один секретарь ЦК.

Андропов доверительно сказал Алидину:

— Виктор Иванович, вот мне предлагают идти работать секретарем ЦК. Что толку, что я там буду бумаги носить по коридорам? Здесь же я больше пользы принесу.

«Для меня этот разговор был неожиданным, — вспоминал Алидин. — Я не представлял себе, что у нас когда-нибудь будет другой руководитель. Посочувствовав Юрию Владимировичу, я сказал, что, по-моему, ему не следовало бы принимать такое предложение. Тревога охватила меня. Стало ясно, что между Брежневым и Андроповым залегла тень недоверия. По-видимому, генсек не считал его своим будущим преемником. В ЦК была вакантная должность второго секретаря, но Андропову предложили всего лишь секретаря...»

Андропов не мог понять, действительно ли Брежнев нашел в его лице замену Суслову, или же это просто предлог, чтобы убрать его из КГБ? Вдруг Леонид Ильич к нему переменился?

А тут еще проявил неожиданную активность министр иностранных дел Андрей Андреевич Громыко. Позднебрежневские времена убедили Громыко в том, что он не хуже других может руководить страной, а одной внешней политики для него маловато. Он носил не снимая почетный значок «50 лет в КПСС», показывая свой солидный партийный стаж.

После смерти Суслова он вознамерился занять его место. Но совершил большой промах. Позвонил Андропову и стал советоваться, не следует ли ему, Громыко, занять эту должность?

— Андрей, это дело генерального секретаря, — осторожно ответил Юрий Владимирович.

Разговор получился для Андропова неприятным, потому что это кресло он уже считал своим, о чем Громыко вскоре узнал. Юрий Владимирович однажды на политбюро серьезно возразил Громыко, пишет Фалин. Министр иностранных дел довольно невежливо высказался насчет того, что каждому следует заниматься своим делом. Андропов недовольно буркнул:

— Во внешней политике у нас разбирается лишь один товарищ Громыко.

Отношения их лишились прежней приязни. Тем более что если Брежнев на встречах с иностранцами мог только прочитать подготовленный ему текст и постоянно поворачивался к Громыко, ища у него одобрения, то Андропов не нуждался в помощи министра при общении с иностранными гостями.

Андропов сказал Горбачеву, что Леонид Ильич вел с ним разговор о переходе в ЦК секретарем, ведущим секретариаты и курирующим международный отдел. Андропов неуверенно заметил:

— Я, однако, не знаю, каким будет окончательное мнение.

Примерно в это время между Брежневым и первым секретарем ЦК компартии Украины Владимиром Васильевичем Щербицким состоялся секретный разговор. Причем Брежнев не пригласил Владимира Васильевича в Москву, а сам неожиданно отправился в Киев.

Генерал Алидин: «В начале мая 1982 года Леонид Ильич в большой тайне вылетел на несколько часов в Киев. Это мне стало известно от начальника подразделения управления, оперативно обслуживающего Внуковский аэропорт. Я, естественно, доложил об этом Андропову».

Юрий Владимирович был очень встревожен, понимая, что может стоять за такой поездкой. Владимир Васильевич Щербицкий принадлежал к числу любимцев Брежнева. Щербицкий родился в Днепропетровске и многие годы там работал, поднимаясь по партийной лестнице.

Владимир Васильевич стал в 1957 году секретарем ЦК компартии Украины, а в 1961-м председателем Совета министров республики. Но его съел первый секретарь ЦК Украины Петр Ефимович Шелест, который был в чести у Хрущева. Щербицкого с большим понижением вернули в родной Днепропетровск. Все изменилось после избрания Брежнева первым секретарем. Он извлек Щербицкого из ссылки, и через год, осенью 1965 года, Щербицкий вновь возглавил правительство Украины. Брежнев сразу сделал его кандидатом в члены президиума, а в 1971 году — членом политбюро, хотя по должности председателю республиканского Совета министров такой высокий партийный чин не полагался.

Весной 1972 года Брежнев ловко убрал Петра Шелеста с поста первого секретаря. Андропов тоже принял участие в этой операции. За год до этого Андропов, который почти никогда не покидал Москвы — он был типичным кабинетным работником, приехал на Украину. Формально — для участия в республиканском совещании, проводимом КГБ. На самом деле хотел прощупать Шелеста. Они встретились за городом и долго беседовали в неформальной обстановке.

«Андропов приехал явно с заданием выяснить мои мысли и позиции перед съездом партии, — записал в дневник Шелест. — Я откровенно высказал свои соображения, в том числе недостатки в стиле руководства центра. О Брежневе сказал, что его всячески надо поддерживать, но нельзя же на политбюро устраивать беспредметную говорильню, «базар» — надо начатые дела доводить до конца.

Может быть, я говорил резко, но зато правду. Чувствую, что беседа с Андроповым для меня даром не пройдет».

Шелест не ошибся. Андропов нащупал уязвимое место Шелеста. Петр Ефимович, пожалуй, больше других киевских политиков любил Украину, украинский язык. Летом 1965 года всем высшим учебным заведениям было дано указание в трехмесячный срок перевести обучение на украинский. В Москве такие жесты воспринимали настороженно, видели за этим проявление национализма и сепаратизма. А Щербицкий, как он сам говорил, стоял на «позициях Богдана Хмельницкого», то есть полностью ориентировался на Москву.

Анатолий Черняев вспоминает, как на политбюро обсуждали записку Андропова, который докладывал о документе «украинских националистов», возражавших против русификации и требовавших самостоятельности.

Брежнев недовольно говорил:

— Я общаюсь по телефону почти каждый день с Петром Ефимовичем, говорим о колбасе, пшенице, о мелиорации... А документ, который сейчас перед нами, ему и ЦК компартии Украины известен уже шесть лет. И ни разу никто из Киева со мной речь об этом не завел, ни слова не сказал. Не было для Петра Ефимовича тут проблемы!

Шелеста перевели в Москву заместителем председателя Совета министров. Во главе Украины Леонид Ильич поставил своего друга Щербицкого. Владимир Васильевич очистил республиканский аппарат от людей Шелеста. Тогдашний председатель Киевского горисполкома Владимир Алексеевич Гусев вспоминал, как Щербицкий позвонил ему сразу после избрания первым секретарем.

— Мне докладывали, как вы хотели угодить Шелесту, даже новый дом ему хотели построить. Угодничали, выслуживались...

— Владимир Васильевич, я никогда не угодничал и не выслуживался. Если бы я пошел по этому пути, то работал бы уже в Москве, а не в Киеве. Дом по улице Осиевской, где жили обычно первые секретари ЦК компартии Украины, в том числе и Хрущев, — дореволюционной постройки, с деревянными перекрытиями, пораженными древесным грибком. Полы прогнулись, и дом необходимо капитально ремонтировать.

— Вы так угодничали перед Шелестом, — продолжал Щербицкий, — что даже прирезали дополнительно территорию за счет города на этой усадьбе.

— Это не так, Владимир Васильевич... Когда строительное управление ЦК меняло дряхлый забор на новый, то оно и согласовывало с главным архитектором Киева новые границы этого забора. Мне по этому поводу даже никто не звонил.

— Мне докладывают, что вы лично носили ордера на квартиры для окружения Шелеста, самому Шелесту, в зубах, так сказать...

— Да, был случай, когда Петр Ефимович позвонил и попросил выписать ордер на однокомнатную квартиру из специального резерва на определенную фамилию и, чтобы человек не светился в горисполкоме, попросил меня лично передать ему ордер. Что я и сделал довольно оперативно. Причем ордер я передал из рук в руки, а не из зубов в зубы...

— А вы хоть поинтересовались, кому предназначался этот ордер на квартиру?

— Да, Петр Ефимович сам сказал, что это стюардесса правительственного Ту-134.

— Это была его любовница.

— Владимир Васильевич, я не стоял со свечой в руках, а слухам я не верю.

— Это не слухи, а факт, — твердо сказал Щербицкий.

Председателя горисполкома Владимира Гусева перевели на другую работу с большим понижением.

По словам бывшего члена политбюро Вадима Медведева, у Щербицкого с генеральным секретарем были «самые тесные, доверительные отношения, при его поддержке Брежнев решал самые щекотливые вопросы». Щербицкий получил две «Звезды» Героя Социалистического Труда и значок лауреата Ленинской премии по закрытому списку, введенному для тех, кто работал на военно-промышленный комплекс. Тут инициативу проявил министр обороны Устинов. У него тоже были дружеские отношения со Щербицким.

Разговоры о преемнике Брежнева шли давно. И он сам делал намеки, а то и выражался еще более откровенно. Говорили, что однажды Леонид Ильич прочувствованно сказал Щербицкому:

— После меня ты, Володя, станешь генеральным.

Высокий, статный Щербицкий производил приятное впечатление. Репутация у него в стране была приличная. Когда председатель Совета министров СССР Алексей Николаевич Косыгин тяжело заболел, Брежнев предложил Щербицкому возглавить правительство.

Брежнев и Щербицкий вместе ездили в Кишинев. Леонид Ильич был в угнетенном состоянии, думал о том, кто станет председателем Совета министров. Поздно вечером уже в пижаме он зашел к Щербицкому:

— Володя, ты должен заменить Косыгина, больше некому.

Щербицкий отказался. Во всяком случае, так он потом рассказывал своим помощникам. Почему он не захотел возглавить союзное правительство? Вероятно, считал кресло Предсовмина опасным, со всех сторон открытым для критики: вину за бедственное состояние экономики партийный аппарат ловко переваливал на правительство.

Так что же обсуждали Брежнев и Щербицкий во время тайной встречи в Киеве в мае 1982 года? Может быть, Леонид Ильич рассказал о намерении сделать Андропова секретарем ЦК, но успокоил своего киевского друга: преемником Андропов не станет?..

Для Щербицкого это был приятный, но опасный разговор. Если бы он проявил излишнюю заинтересованность в обсуждении вопроса о том, кто станет преемником генерального секретаря, то мог немедленно разонравиться Леониду Ильичу.

Словом, Брежнев долго колебался.

Возможно, была и другая причина. Кого посадить в кресло председателя КГБ? В личной преданности Андропова Леонид Ильич не сомневался. А как поведет себя новый человек? Цвигун уже ушел из жизни. Цинев был серьезно болен.

На переход Андропова в ЦК и поиски нового хозяина Лубянки ушло несколько месяцев. Суслов умер в январе 1982 года, Андропова избрали секретарем ЦК 24 мая. Новым председателем КГБ утвердили Федорчука. «Эта фамилия, — записал в дневнике Виталий Воротников — тогда посол на Кубе, — была неизвестна многим членам ЦК, поэтому в кулуарах оживленно уточняли — кто он, откуда?»

Сам Федорчук рассказал в газетном интервью, как все это произошло. Ему позвонил Щербицкий и произнес одну фразу:

— Не отходи от телефона.

Вскоре раздался еще один звонок по ВЧ — соединили с Брежневым. Он предложил стать председателем КГБ вместо уходящего в ЦК Андропова.

— Справлюсь ли? — невольно вырвалось у Федорчука.

— Справишься, — произнес Брежнев сердито. — Завтра пришлю самолет.

Через день Федорчук уже сел в кресло Андропова.

Андропов, уходя с Лубянки, предпочел бы оставить в своем кабинете Виктора Михайловича Чебрикова. Но Андропов был бесконечно осторожен, не хотел, чтобы генеральный решил, будто он проталкивает верного человека, и не назвал свою кандидатуру в разговоре с Брежневым.

Более того, Брежнев прямо спросил, кого он предлагает. Андропов от ответа ушел:

— Это вопрос генерального секретаря.

Брежнев предложил Федорчука. Андропову было совершенно очевидно, что предложение исходило от Цинева. Председатель украинского КГБ не входил в число любимцев Андропова, но Юрий Владимирович не посмел не только возразить, но и даже выразить сомнение.

В КГБ собрали членов коллегии — попрощаться. Виталий Васильевич Федорчук уже был назначен, но отсутствовал. Старшим на церемонии прощания был первый заместитель председателя Георгий Карпович Цинев. Он благодарил Андропова за совместную работу, он вручил подписанный членами коллегии адрес. Ему и отвечал Юрий Владимирович:

— Дорогой Георгий Карпович, дорогие товарищи члены коллегии и все собравшиеся здесь! Мы проработали вместе пятнадцать лет, и Виталий Васильевич успел побывать здесь, поработать, поехать на Украину и там поработать. Пятнадцать лет — ведь это срок немалый. Мы с кем-то подсчитывали — это почти треть активной трудовой жизни мы с вами были вместе...

Андропов несколько слов сказал о чекистской работе:

— Мы боремся, мы же сами говорим, что мы — на передовой линии борьбы. А всякая борьба, тем более передняя линия борьбы, связана с тем, что приходится и наступать, и отступать, и отходить, и всякие обходные маневры делать, и при всем этом соблюдая вид такой, что мы ничего не делаем. Мы же в глазах других не выпячиваем свою деятельность. Я думаю, что если и дальше держать курс, чтобы нам не шибко хвалиться тем, что мы делаем, без нужды (когда надо, ну тогда надо), — это было бы правильно...

Уже бывший председатель КГБ ни слова не сказал ни о борьбе со шпионажем, ни о каком-то ином направлении деятельности комитета. Только о диссидентах. Судя по его словам, это был главный и единственный враг государства:

— Я вам прямо скажу, что у меня такое впечатление, что был такой момент в нашей деятельности, в начале шестьдесят седьмого года, когда обстановка складывалась таким образом: все эти длинноволосые, всякие поэты-диссиденты и так далее под влиянием всяких нелепых мыслей

Хрущева активизировались, вышли на площади, а у нас в арсенале, понимаете, одна мера — арест. И больше ничего нет. А теперь вы знаете, говорят, что КГБ все-таки диссидентов и врагов напрочь разгромил. Я думаю, что переоценивать себя тоже не надо, работа еще осталась и по линии диссидентов, и по линии любых врагов. Как бы они там ни назывались, они врагами остаются.

Андропов не мог не сказать о Брежневе:

— Сегодня Виталий Васильевич меня спрашивал — как часто, говорит, ты бываешь? Я сказал, ну сейчас пореже бываю, а ведь в начале деятельности, бывало, не было недели, когда бы либо я не просился, либо Леонид Ильич меня не звал и не разбирался в наших делах. Поэтому, конечно, огромное ему спасибо...

И последнее слово — о сменщике, о Федорчуке:

— Я рад, что выбор пал на него. Это со всех сторон хорошо. Он поработал в военной контрразведке, поработал здесь в центральном аппарате, по-моему, двенадцать лет поработал на Украине. Так что знает другую работу. Это — основание к тому, чтобы ему здесь продуктивно еще поработать... Поэтому расстаемся мы так: с одной стороны, грустно, с другой стороны, нужно. Но все-таки для коммунистов всегда на первом месте было «нужно». Так и будем поступать.

Все зааплодировали.

На пятом этаже главного здания ЦК находились всего три рабочих кабинета. Один занимал Брежнев, второй Суслов, третий Кириленко. Это символизировало их место в руководстве партии. Юрий Владимирович занял сусловский кабинет, что подчеркивало его положение второго человека в партии. Но курировал он — в отличие от Михаила Андреевича — только международный отдел и чувствовал себя на новом месте неуверенно, потому что плохо знал партийный аппарат.

«Такое впечатление, что Ю.В. растерян, — писал хорошо знавший его Александр Бовин. — С одной стороны, он вроде бы кронпринц. Но с другой, не все это понимают и не всех это радует. Там он опирался на могучую машину, которая слушалась его беспрекословно. Здесь же он только один из многих узлов в сложной сети взаимоотношений. И ветры здесь дуют не всегда попутные».

Перейдя в ЦК, Юрий Владимирович, как ни странно, лишился постоянного контакта с Брежневым. И не знал, что делает новый председатель КГБ Виталий Васильевич Федорчук.

Федорчук в 1936 году поступил в Киевское военное училище связи и с тех пор не снимал погоны. После училища его взяли в военную контрразведку. Военная контрразведка была недреманным оком госбезопасности в войсках. Агенты иностранных разведок военным контрразведчикам попадались редко и обычно в Москве, где у агента есть возможность вступить в контакт со своими нанимателями. В армейских частях, раскиданных по всей стране, расквартированных в медвежьих углах, шпионы не попадались. Поэтому контрразведчики следили за порядком, за поведением офицеров на службе и дома — благо жилой городок рядом с частью.

Так что служба в военной контрразведке накладывала на офицеров определенный отпечаток: они привыкли, что товарищи по службе считают их церберами и не любят. Кроме того, суровый армейский быт и простота гарнизонных нравов лишали особистов того лоска, который присутствовал у чекистов в других оперативных управлениях, где учили умению найти подход к человеку, расположить его к себе, улыбаться и рассказывать анекдоты.

Виталий Васильевич успешно продвигался по служебной лестнице, но карьерный взлет начался, когда он подружился с другим профессиональным контрразведчиком Георгием Карповичем Циневым. Уйдя на повышение, Цинев посадил на свое место в военной контрразведке Федорчука. Он проработал в третьем главном управлении до 1970 года, когда его назначили председателем КГБ Украины. Считается, что его отправили в Киев, чтобы он выжил Шелеста и освободил место для Щербицкого.

«Принял Федорчука, — записал тогда в дневник Шелест. — Он начал заниматься несвойственными делами: превышением власти, контрольными функциями за советским и партийным аппаратом. Звонит утром на работу министрам и проверяет, находятся ли они на работе. Проверяет, как поставлена учеба министров и какая тематика занятий.

Брежнев делает ставку на КГБ как «орудие» всесторонней информации и укрепления своего личного «авторитета» в партии... За всем следят, все доносят, даже ты сам не знаешь, кто это может сделать. Установлена сплошная агентура и слежка. Как это все отвратительно!»

Федорчук был крайне недоволен работой своего предшественника: «Почему не было настоящей борьбы против националистов?» По его мнению, сделал вывод Шелест, борьба — это когда просто без разбора сажают в тюрьму. Федорчук заявил: «Мы работаем на Союз, мы интернационалисты, и никакой Украины в нашей работе нет».

Шелест записывал: «Федорчук очень интересуется, чем занимается ЦК и Совет министров. Научный отдел в КГБ упраздняется. Федорчук недопустимо груб с аппаратом комитета, высокомерен с товарищами по работе».

Федорчук требовал то одного исключить из Союза писателей, потому что он придерживается антисоветских взглядов, то другого не выбирать в члены-корреспонденты Академии наук, потому что он сын жандарма, требовал арестов.

Новый хозяин Украины Владимир Васильевич Щербицкий по идее должен был испытывать симпатию к Федорчуку. В реальности он чувствовал, что и сам в определенной мере находится «под колпаком» КГБ: ни один шаг Щербицкого не оставался без внимания Федорчука и Цинева. Так что Щербицкий к Федорчуку относился с настороженностью, понимая его крепкие связи в Москве. А Цинев, в свою очередь, обо всем происходящем на Украине напрямую сообщал Брежневу.

Виталий Врублевский, бывший помощник Щербицкого, в книге «Владимир Щербицкий: правда и вымысел» пишет:

«Федорчук внимательно присматривался к окружению Владимира Васильевича и его помощникам... Несколько раз он приглашал меня вместе с женой на обед. Федорчук оказался интересным собеседником. Однако во время встречи я ни на минуту не забывал, что передо мной матерый контрразведчик. И хотя понимал: война — дело суровое, но все равно точила мысль, что на совести собеседника десятки, если не сотни расстрелянных людей. И вряд ли все они были шпионами и диверсантами.

Мысль эта не оставляла меня и тогда, когда Виталий Васильевич показывал тщательно подобранную коллекцию магнитофонных кассет (в основном классической музыки), и когда приглашал выпить. А видно было, что выпить этот физически крепкий, точно налитой силой мужик мог и умел. В беседе похвастался, что как-то, играя в бильярд, перепил самого Якубовского, командующего Киевским военным округом.

О Якубовском, двухметровом гиганте, ходили легенды. Вполне серьезно рассказывали, что, когда Якубовскому докладывали о случаях попадания в вытрезвитель офицеров, он искренне возмущался и никак не мог понять:

— Ну, выпил свои восемьсот грамм. Чего шуметь? Иди себе тихонько домой...»

Через два года после переезда Федорчука в Киев по всей Украине прошла волна арестов диссидентов. Многие из них после перестройки стали видными деятелями культуры, депутатами украинского парламента.

Поводом стало задержание туриста из Бельгии, которого назвали эмиссаром ОУН — Организации украинских националистов. Он пытался ввезти в страну издания на украинском языке, судя по всему совершенно безобидные.

«Федорчук начал планомерную работу по искоренению «инакомыслия» и всякой «идеологической ереси», — вспоминает Врублевский. — К этому он был хорошо подготовлен, и его тяжелую руку вскоре почувствовали многие... Снова стали печь «дела». Серьезный удар был нанесен по хельсинкскому движению, инакомыслию, национально сознательной оппозиции. Федорчук на этом «заработал» орден Ленина. Вместе с идеологическим, моральным террором, вводимым секретарем ЦК КПУ по идеологии Маланчуком, репрессивные методы КГБ создавали тяжелую атмосферу...»

Виталий Федорчук проработал на Украине почти двенадцать лет и пользовался полным благорасположением Брежнева. Андропов не спешил представлять Федорчука к званию генерал-полковника. Брежнев напомнил Юрию Владимировичу, что пора это сделать. И все благодаря Цинева, который к тому времени стал первым заместителем председателя комитета.

«Под руководством Федорчука очередная попытка национального возрождения была ликвидирована, — пишет Врублевский. — Задача, поставленная Москвой перед Виталием Васильевичем, была выполнена. Убежден, что перевод Федорчука в Москву с облегчением восприняли на Украине не только творческая интеллигенция, но и лично Щербицкий. Думаю, что он не мог забыть то, что к снятию его предшественника с должности Федорчук тоже приложил руку».

Михаил Сергеевич Горбачев вспоминает:

«Когда я спрашивал Юрия Владимировича, как работает его преемник, он нехотя отвечал:

— Знаешь, я разговариваю с ним только тогда, когда он мне звонит. Но это бывает крайне редко. Говорят, поставил под сомнение кое-какие реорганизации, которые я провел в комитете. В общем, демонстрирует самостоятельность, хотя, как мне передают, очень сориентирован на руководство Украины. Но я не влезаю.

И это понятно, потому что председатель КГБ выходил прямо на генсека, да и выбор Федорчука был сделан самим Брежневым».

Может быть, Андропов был слишком мнителен, но у него, видимо, были основания остерегаться своего преемника.

«Переселившись в бывший кабинет Суслова, — пишет Валентин Фалин, — Андропов некоторое время остерегался вести в нем, особенно вблизи телефонных аппаратов, разговоры, задевавшие персоналии. Он даже объяснял в доверительной беседе почему: со сменой председателя КГБ новые люди пришли также и в правительственную связь. Похоже, Андропов обладал кое-какими познаниями насчет возможностей, которыми располагала эта служба для негласного снятия информации».

Страна и мир гадали, что принесет с собой новый секретарь ЦК КПСС, какие идеи выдвинет. И мало кто понимал, что второй по значимости кабинет на Старой площади занял тяжелобольной человек, чье время на самом деле уже истекало. Генерал Вадим Кирпиченко вспоминал, что Андропов угасал на глазах. Гулять он не любил, превратился в кабинетного человека. В последнее время, еще в КГБ, Андропов рассматривал дела без прежней живости. Ему трудно было читать. Он просил помощников читать ему вслух.

Крючков и его заместитель генерал Виктор Федорович Грушко приехали к Андропову на доклад. Юрий Владимирович встретил их со стаканом воды в руке, он явно запивал очередное лекарство.

— Как у вас дела в лесу? — с нескрываемой тоской в голосе спросил он. — Как бы я хотел посидеть у пруда, среди зелени и цветов.

Годы работы в КГБ не пошли ему на пользу. Валентин Фалин пишет, что, «вращаясь в замкнутом, отрицательно заряженном пространстве, Андропов сильно менялся сам». В нем усилились недоверчивость, подозрительность, мнительность и мстительность.

Брежневу намекнули, что Андропов слишком болен и не в состоянии руководить страной. Леонид Ильич позвонил академику Чазову, отвечавшему за медицинское обслуживание партийно-государственной верхушки:

— Евгений, почему ты мне ничего не говоришь о здоровье Андропова? Мне сказали, что он тяжело болен и его дни сочтены. Я видел, как он у меня в гостях не пьет, почти ничего не ест, говорит, что может употреблять пищу только без соли.

Андропову, как человеку страдавшему тяжелым поражением почек, действительно еду готовили без соли. Пил он только чай или минеральную воду. Вместо более полновесной пищи ему несколько раз в день приносили протертое яблоко.

Чазов удивился звонку Леонида Ильича. Во-первых, он не раз рассказывал о болезни Андропова, но Брежнев всякий раз отмахивался: «Юрий работает больше, чем все здоровые члены политбюро». Во-вторых, Брежнев давно утратил интерес ко всему, что не касалось его лично.

Чазов дипломатично ответил, что Андропов действительно тяжело болен, но лечение позволяет стабилизировать его состояние и Юрий Владимирович вполне работоспособен.

— Работает он много, — согласился Брежнев, — но вокруг его болезни идут разговоры, и мы не можем на них не реагировать. Идут разговоры о том, что Андропов обречен. А мы на него рассчитываем. Ты должен четко доложить о его возможностях и его будущем.

Слова Брежнева были плохим сигналом. Здоровых людей среди членов политбюро было немного, но состояние их здоровья оставалось для всех секретом. Если же о ком-то стали говорить как о больном человеке, то ему следовало думать о переходе на покой.

Вскоре Чазову позвонил и сам Андропов. Он был очень встревожен и просил академика о помощи:

— Я встречался с Брежневым, и он меня долго расспрашивал о самочувствии, о моей болезни, о том, чем он мог бы мне помочь. Видимо, кто-то играет на моей болезни и под видом заботы хочет представить меня тяжелобольным, инвалидом. Я прошу вас успокоить Брежнева и развеять его сомнения и настороженность в отношении моего будущего.

Но возможно, генеральный секретарь уже сделал для себя какие-то выводы.

Бывший секретарь ЦК по кадрам Иван Васильевич Капитонов рассказывает, что в середине октября 1982 года его вызвал Леонид Ильич.

— Видишь это кресло? — спросил Брежнев, указывая на свое кресло. — Через месяц в нем будет сидеть Щербицкий. Все кадровые вопросы решай с учетом этого.

Перед смертью Брежнева в Москве отметили возросшую активность украинского секретаря Щербицкого. Он часто звонил и встречался с председателем КГБ СССР Федорчуком. Андропову об этом сообщали. В аппарате знали, что Брежнев ценил и поднимал Щербицкого, говорил, что Владимир Васильевич станет следующим генеральным секретарем. Щербицкий мог всерьез отнестись к словам генерального секретаря. А Юрий Владимирович Андропов знал, как много в таких кадровых делах зависит от КГБ.

Разговоры о Щербицком вызвали настороженность в политбюро: выходцев с Украины московские аппаратчики опасались. Помнили, как хамовато вел себя Алексей Илларионович Кириченко, которого Хрущев взял из Киева на роль второго секретаря ЦК КПСС, но, увидев, что тот не тянет, быстро с ним расстался. Безмерно амбициозный и фантастически бесцеремонный Николай Викторович Подгорный, еще один бывший первый секретарь ЦК компартии Украины, тоже оставил по себе плохую память, потому что позволял себе в унизительной форме разговаривать даже с членами политбюро.

Щербицкий был человеком более деликатным, знал эти настроения и старался их учитывать, постоянно спрашивал своих помощников:

— Ну а что по этому поводу думают «московские бояре»?

Бывший член политбюро Гришин тоже считал, что Щербицкий был самым близким человеком к «Брежневу, который, по слухам, хотел на ближайшем пленуме ЦК рекомендовать Щербицкого генеральным секретарем ЦК КПСС, а самому перейти на должность председателя ЦК партии. Осуществить это Л.И. Брежнев не успел. Недели за две до намечавшегося пленума ЦК он скоропостижно скончался...».

Возможно, это всего лишь версия.

В первый раз Брежнев заговорил о своем уходе на покой значительно раньше. В апреле 1979 года Брежнев вдруг сказал начальнику своей охраны Александру Рябенко:

— Хочу на отдых.

Рябенко думал, что генеральный секретарь собрался в отпуск. А выяснилось, что Брежнев завел речь об отставке. Черненко собрал политбюро. Брежнев сказал, что ему пора на пенсию. Все выступили против, единодушно твердя, что надо генеральному секретарю создать комфортные условия для работы, проследить, чтобы он больше отдыхал. Брежнев согласился остаться на своем посту. Но настроения у Леонида Ильича, видимо, менялись.

Валентин Фалин пишет, что в одном из разговоров с Черненко Брежнев сказал ему:

— Костя, готовься принимать от меня дела.

«Не исключаю, — добавляет Фалин, — что те же слова в это же самое время слышал от него и кто-то другой. При всех дворах практикуются подобные игры. Но Черненко выделялся особой преданностью Брежневу, не давал ни малейшего повода заподозрить себя в желании подпиливать ножки трона, на котором восседал немощный генеральный, и это могло перевесить».

Когда Брежнев забрал Андропова из ЦК и сделал вторым секретарем, стало ясно, что больше всего шансов стать преемником у Юрия Владимировича. Но он знал, какие авансы делались и Черненко, и Щербицкому, и это заставляло его дополнительно нервничать.

В реальности Леонид Ильич уходить не собирался. И о скорой смерти, как и любой нормальный человек, он не думал, поэтому его разговоры относительно преемника никто не воспринимал всерьез. Да и в его окружении всем было выгодно, чтобы он оставался на своем посту как можно дольше, хотя те, кто имел возможность видеть его вблизи, понимали, как он плох.

«Я помню последнюю встречу в 1982 году, — рассказывал тогдашний первый секретарь Пермского обкома Борис Коноплев. — Я зашел к нему в кабинет. Брежнев сидел за столом. Ранее не было случая, чтобы он не поднялся, не встретил. Я еще не успел поздороваться, а Леонид Ильич спрашивает:

— Ну, что пришел?

— Рассказать о делах в области.

— Да я знаю, не надо.

Я попрощался и вышел».

В середине марта Брежнев поручил Андропову произнести доклад по случаю очередной ленинской годовщины. Это был признак доверия. Доклад получился необычным по стилю, и хлопали Андропову больше, чем было принято.

В докладе Андропова было меньше пустых фраз, чем у других, несколько неожиданных слов, например: «Мы не знаем как следует общества, в котором живем». Анатолий Черняев записал в дневнике: «Говорил банальности — но с размахом. В фойе, во время перерыва, слышались разговорчики: «Почему бы и не очередной генсек?» Андропову аплодировали больше, чем обычно. Юрия Владимировича это испугало. Он боялся ревности коллег.

На заседаниях политбюро Черненко сидел рядом с Брежневым, а Андропов — через одного, то есть рядом с председателем Совета министров Тихоновым. Андропов вроде бы даже пожаловался Брежневу, что Черненко его затирает, ведет заседания секретариата и политбюро. Тут была особая хитрость.

Брежнев всегда боялся усиления второго секретаря, поскольку человек, ведущий секретариаты и располагающий сиреневой печатью ЦК КПСС номер два, становился важнейшей фигурой для работников центрального аппарата и местных партийных секретарей: он их назначал и снимал, отправлял в заграничные командировки и на учебу, то есть он сажал «уездных князей» на «кормление». Завися от благорасположения второго человека, партсекретари старались демонстрировать ему лояльность.

Брежнев, отвергнув поползновения Николая Подгорного стать вторым секретарем, поручал вести секретариаты двоим — Суслову и Кириленко, Суслову и Черненко. Но Андропова Леонид Ильич не боялся и решил поддержать.

В июле 1982 года, когда члены политбюро сидели в так называемой ореховой комнате, где члены высшего руководства собирались перед заседанием, Андропов внезапно поднялся и сказал:

— Пора начинать.

Он первым вошел в зал заседаний и сел в председательское кресло. Вечером ему позвонил Горбачев:

— Поздравляю, кажется, произошло важное событие. То-то, я гляжу, вы перед секретариатом были напряжены.

Андропов решился на это не по собственной инициативе. Оказывается, ему позвонил Брежнев:

— Для чего я тебя брал из КГБ и переводил в аппарат ЦК? Я тебя брал для того, чтобы ты руководил секретариатом и курировал кадры. Почему ты этого не делаешь?

«Перед Андроповым, — писал опытный Чазов, — стояла задача завоевать твердые позиции в партийной среде, привлечь на свою сторону руководителей среднего ранга, создать определенное общественное мнение в отношении его возможностей. В завоевании симпатий и поддержки партийного аппарата и, что не менее важно, секретарей крайкомов и обкомов, во многом определявших не только жизнь в стране, но и общественное мнение, незаменимым был Горбачев».

Был ли Горбачев близок к Андропову? Безусловно.

19 июля 1982 года Андропов пригласил к себе Виталия Воротникова, вернувшегося с Кубы, и предложил должность первого секретаря Краснодарского крайкома.

— Медунова мы отзываем в Москву, — объяснил ему Андропов. — В крае сложилась пренеприятная ситуация. Медунов наконец понял, что дальше там оставаться ему нельзя. Взяточничество, коррупция среди ряда работников различных сфер, в том числе среди партийного актива. Арестованы и находятся под следствием более двухсот человек.

Обычно такие разговоры ведутся один на один. Новый руководитель области или края должен был понять, из чьих рук он получает власть. При разговоре с Воротниковым в кабинете Андропова находился Горбачев. Не только потому, что Горбачев рекомендовал Воротникова. Важнейшие вопросы Андропов решал с помощью Михаила Сергеевича.

Само по себе смещение Медунова, любимца Брежнева, показало аппаратную силу Андропова. Но его влияния было недостаточно для того, чтобы добиться действительно важных перемен.

Известный дипломат Юлий Александрович Квицинский, назначенный руководителем советской делегации на женевских переговорах об ограничении ядерных вооружений в Европе, был встревожен нежеланием Москвы искать решения. Ему казалось, что есть возможность для компромисса и договоренности. Но в Министерстве иностранных дел он не находил понимания.

Руководитель отдела внешнеполитической информации Леонид Замятин посоветовал ему сходить к Андропову.

4 августа Андропов принял Квицинского.

«Раньше мне никогда не доводилось видеть его вблизи, — писал Юлий Александрович. — Он производил впечатление тяжелобольного человека. Бледный, тонкая шея в слишком широком воротничке рубашки, глаза, устремленные как бы внутрь себя».

Юлий Квицинский доложил о ходе переговоров и объяснил, что держаться прежних позиций бессмысленно — время работает против нас, рассказал, какую возможность компромисса он видит. Андропов проявил интерес к его предложениям. Квицинский достаточно откровенно дал понять, что в Министерстве иностранных дел не хотят отходить от первоначальной позиции.

— Сходите к военным, — предложил Андропов.

— Министр обороны Устинов в отпуске, а начальник Генштаба Огарков уже назвал мою телеграмму с предложениями «провокацией».

Андропов рассмеялся. Он позвонил заместителю председателя Совета министров по военной технике Леониду Васильевичу Смирнову, попросил его принять Квицинского и подумать, как действовать.

Квицинский из здания ЦК со Старой площади пешком пошел в Кремль, где располагались руководители правительства.

Смирнов сначала заинтересовался новыми идеями, потом, видимо, понял, что дело это долгое, и переправил

Квицинского к первому заместителю начальника Генштаба генералу армии Сергею Федоровичу Ахромееву. Когда Квицинский пришел в Генштаб, Смирнов позвонил Ахромееву. Мембраны правительственных телефонов очень чувствительные, и Юлий Александрович невольно слышал весь разговор.

Смирнов, не зная, что Квицинский уже пришел, по-дружески посоветовал Ахромееву вести себя осторожно, потому что дипломат уже побывал у Андропова, но предложения его не подходят. Опытный Смирнов с себя лишнюю обузу снял — он уже позвонил Андропову и объяснил, что Квицинский не прав, поскольку нам придется сокращать реальные ракеты, а американцы будут оперировать тем, чего еще нет.

— Слушай, — заметил Ахромеев, — ты неправильно Андропова сориентировал. Это против Брежнева. Он в своей речи сказал, что мы готовы пойти на существенное сокращение своих средств средней дальности, если Соединенные Штаты откажутся от планов развертывания своих ракет.

— Вот тебе и на, — сказал Смирнов. — Но Андропов со мной согласился, так что перезванивать ему не буду. А я с завтрашнего дня в отпуске.

На этом все кончилось. Андропова фактически обманули, о чем он и не подозревал.

В октябре 1982 года Валентин Фалин побывал в кабинете Андропова, которого не видел несколько месяцев. Юрий Владимирович сильно изменился: «Лицо бело, спорит в цвете с седыми волосами. Непривычно тонкая шея, окаймленная ставшим вдруг необъятным воротничком сорочки. Голова кажется еще более крупной. Глаза тоже другие. Они не улыбаются, если даже Андропов шутит. Мысль из них не ушла, но добавилось озабоченности и печали».

Андропов прочитал по глазам невысказанный вопрос и ответил:

— Врачи рекомендовали пройти курс похудения. С пуд сбросил. Как будто бы на пользу.

3 ноября у Андропова побывали Арбатов и Бовин. Им Юрий Владимирович рассказал, как ему звонил Брежнев и велел, во-первых, заниматься кадрами и, во-вторых, в отсутствие Леонида Ильича вести политбюро.

— Власть переменилась! — довольно произнес Андропов, подняв указательный палец.

Через неделю власть в стране действительно перешла к самому Андропову.

В КРЕСЛЕ ГЕНЕРАЛЬНОГО

Академик Чазов вспоминает, как 10 ноября 1982 года ему позвонил охранник Брежнева:

— Евгений Иванович, Леониду Ильичу нужна реанимация!

Когда Чазов приехал, то увидел, что Брежнев скончался уже несколько часов назад. Так что Чазов задумался не о медицинских проблемах. Перед ним стояла сложная задача: кому первому из сильных мира сего доложить о том, что генерального секретаря больше нет?

«Я не исключал, — вспоминает Чазов, — что телефоны прослушиваются и все, что я скажу, станет через несколько минут достоянием либо Федорчука, либо Щелокова. Я прекрасно понимал, что прежде всего о случившемся нужно информировать Андропова. Он должен, как второй человек в партии и государстве, взять в свои руки дальнейший ход событий».

Решение академика Чазова было политическим. Кто первый приедет на дачу Брежнева — тот и наследник.

Андропов в этот ранний час еще не добрался до ЦК. Чазов попросил дежурного в приемной сразу же соединить Юрия Владимировича с дачей Брежнева. Когда Андропов позвонил, Чазов, ничего не объясняя, попросил его сразу приехать. Андропов не задал ни одного вопроса, но сразу понял, что произошло. Приехав, он повел себя крайне неуверенно.

«Почему-то суетился, — вспоминает Чазов, — и вдруг стал просить, чтобы мы пригласили Черненко. Жена Брежнева резонно заметила, что Черненко ей мужа не вернет и ему нечего делать на даче. Я знал, что она считает Черненко одним из тех друзей, которые снабжали Брежнева успокаивающими средствами, прием которых был ему запрещен врачами...»

Юрий Владимирович в сопровождении Чазова зашел в спальню, чтобы попрощаться с Леонидом Ильичом.

«Андропов вздрогнул и побледнел, когда увидел мертвого Брежнева, — пишет Чазов. — Мне трудно было догадаться, о чем он в этот момент думал — о том, что все мы смертны, какое бы положение ни занимали (а тем более он, тяжелобольной), или о том, что близок момент, о котором он всегда мечтал, — встать во главе партии и государства. Он вдруг заспешил, пообещал Виктории Петровне поддержку и заботу, быстро попрощался и уехал».

10 ноября во второй половине дня, рассказывал потом член политбюро и первый секретарь ЦК компартии Казахстана Динмухамед Ахметович Кунаев, его разыскал Клавдий Михайлович Боголюбов, первый заместитель заведующего общим отделом ЦК КПСС, и просил срочно вылететь в Москву. Причину он не назвал. Кунаев терялся в догадках. К концу дня прибыл в Москву, явился в Кремль и зашел в комнату, где собираются члены политбюро перед заседанием. Все были в сборе. Сразу вошли в зал, где проходили заседания политбюро. На ходу Кунаев спросил у Щербицкого:

— Что случилось?

— Случилось худшее, — ответил руководитель Украины.

Люди, близкие к Брежневу, впоследствии уверяли, что если бы он не умер столь неожиданно 10 ноября, то буквально через неделю, 17 или 19 ноября, на пленуме ЦК назвал бы имя своего преемника — Владимира Васильевича Щербицкого.

Открыв заседание, Андропов сообщил о смерти Брежнева. Все молчали несколько минут. Молчание прервал Черненко. Он предложил безотлагательно решить, кто будет генеральным секретарем, и добавил:

— Я предлагаю избрать генеральным секретарем ЦК КПСС Юрия Владимировича Андропова.

Министр обороны Устинов уверенно сказал:

— Армия поддерживает товарища Андропова.

На этом дискуссия завершилась, не начавшись.

12 ноября в Свердловском зале Кремля открылся пленум ЦК. Юрий Владимирович Андропов, который первым появился из комнаты президиума, прошел к трибуне и коротко отдал должное Брежневу:

— Партия и страна понесли тяжелую утрату. Ушел из жизни крупнейший политический деятель, наш товарищ и друг, человек большой души... Прошу почтить память минутой молчания.

Отговорив положенный текст, он сказал:

— Пленуму предстоит решить вопрос об избрании генерального секретаря ЦК КПСС. Прошу товарищей высказываться.

Встал Черненко и от имени политбюро предложил избрать генеральным секретарем Андропова. В зале — настоящая овация.

— Все члены политбюро, — говорил Черненко, — считают, что Юрий Владимирович хорошо воспринял брежневский стиль руководства. Его высоко ценил Леонид Ильич за марксистско-ленинскую убежденность, широкий кругозор, выдающиеся деловые и человеческие качества. Ему присущи партийная скромность, уважение к мнению других товарищей и, можно сказать, пристрастие к коллективной работе.

Проголосовали единогласно, и Юрий Владимирович поблагодарил за доверие:

— Я глубоко тронут и взволнован вашим доверием, избранием на такой высокий пост. Особенно после Леонида Ильича Брежнева. Мы здесь все свои. Я не хочу кривить душой. У меня нет такого авторитета в мире и в партии, такого опыта. Но я обещаю вам приложить все силы и знания, чтобы оправдать ваше доверие..

Чазов при удобном случае поинтересовался:

— Выступление Черненко — это результат вашей дипломатии или его искреннее желание?

Андропов ответил уклончиво:

— Мы с товарищами решили, что лучше, если с представлением выступит Черненко. Это подчеркнуло бы единство политбюро.

Автоматически он был наделен всеми остальными атрибутами власти — номинальными и реальными.

15 ноября 1982 года на заседании политбюро решили:

«Рекомендовать сессии Верховного Совета СССР избрать тов. Андропова Ю.В. членом Президиума Верховного Совета СССР».

29 ноября 1982 года на заседании политбюро приняли более важное решение:

«Утвердить Председателем Совета Обороны СССР Генерального секретаря ЦК КПСС т. Андропова Ю.В.

Одобрить проект Указа Президиума Верховного Совета СССР по этому вопросу».

Избранию Андропова генеральным секретарем предшествовала серия переговоров между старшими членами политбюро. Юрий Владимирович повторял, что примет этот пост, если таково будет общее мнение политбюро. Вот поэтому Черненко, Громыко, Устинов и Тихонов, переговорив друг с другом, договорились, что Андропова должен представить именно Константин Устинович. Особенно старался министр иностранных дел Громыко.

Андропов сделал ему приятное предложение:

— Я, конечно, хотел бы, чтобы ты продолжал работать министром иностранных дел, но в то же время, если ты согласишься, предлагаю тебе занять пост председателя президиума Верховного Совета. У меня нет сомнений, что все товарищи и на политбюро, и в Верховном Совете поддержат мое решение.

Громыко поблагодарил и отказался.

Андропов очень удивился:

— А я думал, тебе это предложение понравится.

Но Громыко и в самом деле не хотел пересаживаться в новое кресло. Андрей Андреевич объяснял потом сыну:

— Я знаю, пройдет два-три месяца после моего назначения на пост председателя, как Юрий Владимирович начнет крепко сожалеть о своем предложении.

Опытный Громыко предсказывал, что Андропову самому понадобится этот пост для ведения международных дел. Так и произошло. 9 июня 1983 года на политбюро решили:

«Внести на рассмотрение Пленума ЦК КПСС предложение об избрании Генерального секретаря ЦК КПСС т. Андропова Ю.В. Председателем Президиума Верховного Совета СССР».

14 июня на пленуме ЦК Черненко от имени политбюро предложил рекомендовать Верховному Совету избрать Андропова председателем президиума. Пленум послушно проголосовал...

Громыко в порядке компенсации получил к посту министра должность первого заместителя главы правительства. Фактически это ничего не меняло, но Андрею Андреевичу все равно приятно было получить повышение.

Незадолго до своей смерти, в октябре 1982 года, Брежнев подписал секретное постановление ЦК и Совета министров о повышении цен на сахар, хлеб и хлебобулочные изделия. Рассказал об этом много позже Владимир Георгиевич Пансков, тогда начальник бюджетного управления союзного Министерства финансов. Постановление входило в силу 1 декабря. Повышать цены накануне праздника, тем более 7 ноября, никто не решался.

О подписанном постановлении знали председатель правительства Николай Тихонов, министр финансов Василий Гарбузов, будущий премьер-министр Валентин Павлов и сам Владимир Пансков. Не знал даже второй секретарь ЦК Андропов!

Брежнев подписал бумагу, а 10 ноября умер. Избрали генеральным секретарем Андропова. Ему, естественно, сразу доложили о постановлении. Он возмутился:

— Вы что?! Пришел новый человек и начинает с повышения цен на хлеб?..

Уже принятое решение отменили.

На 15 ноября 1982 года был намечен пленум ЦК, на котором должны были рассмотреть и одобрить план развития экономики и бюджет страны на следующий год. Доклад для генерального секретаря был готов (писали еще для Брежнева). Андропов прочитал текст, попросил его переработать, а пленум отложить хотя бы на неделю. Он выступил после основных докладов:

— Хотелось бы со всей силой привлечь ваше внимание к тому факту, что по ряду важнейших показателей плановые задания за первые два года пятилетки оказались невыполненными... В общем, товарищи, в народном хозяйстве много назревших задач. У меня, разумеется, нет готовых рецептов их решения.

По тем временам такая фраза произвела впечатление, привыкли же, что с высокой трибуны могут только поучать. Но когда новый генеральный секретарь стал перечислять, что надо сделать, то остался в рамках обычных благих пожеланий.

Зато всем понравилось, когда Андропов сказал, что надо укреплять дисциплину, стимулировать хорошую работу рублем и наоборот:

— Плохая работа, бездеятельность, безответственность должны самым непосредственным и неотвратимым образом сказываться и на материальном вознаграждении, и на служебном положении, и на авторитете работников.

Новому генеральному секретарю ЦК КПСС Юрию Владимировичу Андропову исполнилось шестьдесят восемь лет. В нашей стране это весьма серьезный возраст — немногим удается в такие годы сохранять энергию и динамизм для того, чтобы начать новое дело. Под Новый год, 31 декабря 1982 года, помощники повезли Андропова на Московский станкостроительный завод, чтобы генеральный секретарь побеседовал с рабочим классом.

Зрелище было печальное. Выглядел Юрий Владимирович неважно, ораторствовать, тем более на митинге, он не умел. И призывать к строгой дисциплине, когда по всей стране уже накрывались праздничные столы, тоже было не совсем уместно. Подготовленные заводским парткомом рабочие говорили в ответ нужные слова. Но что они думали на самом деле?

Назначение Андропова генеральным секретарем породило множество новых шуток. ЦК КПСС предлагали переименовать в ЧК КПСС, а Кремль — в Андрополь. Говорили, что аграрная программа у Юрия Владимировича такая: сажать всех, не дожидаясь весны, а снимать, не дожидаясь осени.

Первой заботой нового генерального секретаря стали кадры. Ему нужны были свои люди на ключевых постах. Заодно он мог избавиться от тех, кого терпеть не мог. На первом же пленуме, 22 ноября 1982 года, через десять дней после избрания генеральным секретарем, Андропов исполнил давнюю мечту — отправил на пенсию секретаря ЦК Андрея Павловича Кириленко — «по состоянию здоровья и по собственной просьбе». Самого Кириленко на пленуме не было.

Академик Чазов давно говорил Андропову о тяжелом положении Андрея Павловича:

— Вряд ли мы далеко уйдем, если страной руководят люди, у которых при компьютерной томографии мозга обнаруживается атрофия его коры.

— Если бы это было только у одного Кириленко! — отозвался Андропов. — Посмотреть на некоторых других, так вы не у одного обнаружите те же самые изменения.

Андропов рассказывал Горбачеву, что он сам зашел к Кириленко:

— Андрей, у нас сложилось общее мнение, что состояние твоего здоровья стало заметно влиять на дела. Ты серьезно болен, должен лечиться.

Кириленко заплакал.

— Ты сейчас поедешь отдыхать — месяц, два, сколько нужно. Все за тобой сохранится — машина, дача, медицинское обслуживание. Но надо, чтобы инициатива исходила от тебя...

— Хорошо, — выдавил из себя Кириленко, — раз надо... Но ты помоги мне написать заявление.

Андропов продиктовал ему несколько слов.

На том же пленуме решили создать экономический отдел ЦК. Поставили руководить им Николая Ивановича Рыжкова, которого одновременно избрали секретарем ЦК. Рыжков много лет проработал на Уральском заводе тяжелого машиностроения имени Серго Орджоникидзе. В 1975 году его перевели в Москву первым заместителем министра тяжелого и транспортного машиностроения, еще три года он был первым заместителем председателя Госплана.

Идея принадлежала еще Брежневу. Незадолго до смерти Леонид Ильич предложил сформировать на Старой площади экономический отдел. Но кандидатуру на пост заведующего не назвал. Юрий Владимирович пригласил к себе Рыжкова, едва став генеральным. Это было в воскресенье. Андропов стал расспрашивать Рыжкова о положении в экономике.

«Он очень внимательно слушал, — вспоминал Николай Иванович, — задавал только короткие и точные вопросы, заставляя меня, как боксера на ринге, раскрываться и говорить, говорить... Уже потом я ближе познакомился с этой его довольно хитрой манерой — молчать, побуждая собеседника к монологам, быстрыми вопросами вытягивать из него нужное».

Андропов вытащил Рыжкова из Госплана и, минуя промежуточные ступени партийной лестницы, назначил сразу отраслевым секретарем ЦК КПСС по экономике. Уважение к Андропову Рыжков сохранил навсегда. В политическом истеблишменте он один воспринял смерть Юрия Владимировича как личное горе.

Андропов создал тандем Рыжков—Горбачев. Вызвал обоих в начале декабря 1982 года. Сказал Горбачеву:

— Михаил Сергеевич, не замыкайтесь только на сельском хозяйстве, поактивней подключайтесь к вопросам общей экономики.

Горбачев после пленума, избравшего Андропова генсеком, ходил веселый и торжественный, как будто его самого избрали, рассказывал его многолетний помощник Валерий Иванович Болдин. Вечером, когда Болдин зашел к шефу с очередной порцией документов, тот многозначительно сказал:

— Мы с Юрием Владимировичем старые друзья, семьями дружим. У нас было много доверительных разговоров, и наши позиции совпадают.

Положение Михаила Сергеевича сразу изменилось. Формально он по-прежнему отвечал за сельское хозяйство. Фактически Андропов опирался именно на него, постоянно звонил, приглашал, обсуждал с ним многие вопросы, давал поручения, далеко выходившие за рамки его прежних обязанностей. Андропов откровенно поддерживал Горбачева. Он поручил Михаилу Сергеевичу в апреле 1983 года сделать доклад по случаю очередной ленинской годовщины.

«Право выступить с таким докладом, — считает опытный партийный работник Наиль Биккенин, — было своеобразным знаком отличия, показывающим, кто сегодня «кронпринц», каковы его удельный вес в партийной иерархии и возможности на перспективу. Для Михаила Сергеевича это был дебют на открытой политической сцене».

Но ради Горбачева Юрий Владимирович не хотел ссориться с другими членами политбюро. В середине августа на секретариате ЦК под председательством Горбачева рассмотрели вопрос «Об опережающем росте производительности труда по отношению к заработной плате». На следующий день этот вопрос был вынесен на политбюро. Но тут, записал в дневнике Воротников, возмутился глава правительства Тихонов: проект постановления не согласован с Советом министров.

Он резко сказал:

— Необходимо сначала разобраться в правительстве, а потом уже, если надо, выносить на политбюро.

Тихонов был недоволен тем, что секретариат ЦК берется за чисто хозяйственные вопросы.

— А что делать, если вы не решаете, — огрызнулся Михаил Сергеевич.

— Не пытайтесь работать по проблемам, в которых вы не компетентны, — не менее резко ответил Тихонов.

Андропов не стал высказываться по существу, снял вопрос по формальной причине:

— Не дело выносить на заседание политбюро несогласованные вопросы.

Косвенно он сделал выговор Горбачеву. Представлять на политбюро неподготовленные вопросы считалось большим аппаратным промахом. Все важнейшие вопросы полагалось заранее согласовать со всеми членами политбюро.

В отличие от Брежнева Юрий Владимирович продолжал работать в здании ЦК на Старой площади. В Кремль он приезжал только по четвергам на заседания политбюро. Из прежнего кабинета на пятом этаже Андропов перебрался в тот, что прежде занимал Брежнев. На этом этаже стоял дополнительный пост охраны. У постоянных работников, имевших право заходить на этот этаж, в пропуске стоял дополнительный штамп.

Приемная генерального секретаря была небольшой. Дежурный секретарь — эту должность занимали только мужчины — сидел не за обычным столом, а за высокой деревянной стойкой. Самый близкий к генеральному помощник сидел в кабинете напротив хозяина, приемная была общей. В кабинете генерального стояли письменный стол и большой стол для совещаний. Когда Юрий Владимирович с кем-то беседовал, то пересаживался за большой стол.

Так же были устроены апартаменты генерального в Кремле, рядом с комнатой заседаний политбюро. Зал заседаний политбюро тоже представлял собой вполне ординарный кабинет. В центре большой стол для членов политбюро. По бокам столики для заведующих отделами и помощников генерального.

В аппарате ЦК Андропов сразу же расстался с руководителем отдела пропаганды Евгением Михайловичем Тяжельниковым, выходцем из комсомола. Еще не будучи генсеком, Юрий Владимирович пригласил к себе Тяжельникова со всеми его заместителями, провел с ними беседу и заметил, что отдел слабо ведет агитационно-пропагандистскую работу. Опытный первый заместитель Тяжельникова Георгий Лукич Смирнов понял, что это был звонок. Замы недолюбливали Тяжельникова, долгое время возглавлявшего комсомол, считали его мастером показухи, в своем кругу откровенно называли его «инициативы» чепухой.

Тяжельников только что выдвинул новый лозунг: шестидесятилетию СССР — шестьдесят ударных недель. Георгий Смирнов возмущался: «Подумайте только — 420 дней! Более года непрерывного ударного труда! Да ведь само по себе ударность означает кратковременное сосредоточение сил на узком участке, иначе никто такой «ударности» не выдержит».

Евгений Тяжельников в юности играл в молодежном театре, пел в хоре, танцевал. Налет театральности привнес в комсомольскую работу, пытался так же продолжать в аппарате ЦК партии. Главный редактор «Правды» Виктор Григорьевич Афанасьев считал, что Тяжельникова сгубило излишнее рвение. Еще будучи руководителем комсомола, Тяжельников отличился тем, что на съезде партии прочитал хвалебную заметку о молодом Брежневе из заводской многотиражки. Когда Андропова избрали генсеком, Тяжельников занялся поиском стихов молодого Андропова в Карелии, где тот начинал партийную карьеру. А в Петрозаводске действительно вышла книга стихов Андропова под псевдонимом Юрий Владимиров.

Андропов в такой славе не нуждался, и Тяжельников уехал послом в Румынию. В кресле заведующего отделом пропаганды его сменил Борис Иванович Стукалин. Стукалин был человеком спокойным, осторожным и, в отличие от своего предшественника, малозаметным.

Многие умелые люди искали тогда возможности выдвинуться, бросились изучать биографию нового вождя, но там не нашлось даже Малой земли. Однако же главного режиссера Театра на Таганке Юрия Любимова укорили, почему у него в одном из спектаклей на сцене все ходят в тельняшках:

— Вы что, не знали, что Андропов был матросом?

— Первый раз слышу! — откликнулся Любимов.

— А вы что, — в голосе было нескрываемое возмущение, — биографию вождя не читаете?

Летом 1983 года сменили заведующего отделом науки и учебных заведений. Вместо одиозного Сергея Павловича Трапезникова, малограмотного, но верного Брежневу, вернули в аппарат ЦК Вадима Александровича Медведева, человека разумного и порядочного.

Впрочем, на идеологическом фронте больших перемен не произошло.

Академик Арбатов попал в опалу к Андропову, написав ему большую записку в декабре 1982 года. Генеральный секретарь прочитал ее и в тот же день с фельдъегерем вернул автору, не сочтя за труд составить подробный ответ.

Академик Арбатов написал новому генеральному секретарю о том, что волновало в те дни научную интеллигенцию. А беспокоило ощущение еще большего закручивания гаек и торжества догматизма в общественных науках, особенно в экономической. Судя по всему, Андропову эти проблемы показались мелковаты, поэтому его раздраженный ответ заканчивался такими словами: «Пишу все это к тому, чтобы Вы поняли, что Ваши подобные записки помощи мне не оказывают. Они бесфактурны, нервозны и, что самое главное, не позволяют делать правильные практические выводы».

Андропов перевел в ЦК своих помощников по КГБ плюс сохранил на своих постах некоторых брежневских помощников, да еще и пригласил новых людей. Помощником по экономическим делам взял себе Аркадия Ивановича Вольского, оказавшегося политическим долгожителем. Вольский окончил Институт стали имени И.В. Сталина и работал на автозаводе имени Лихачева. Его избрали секретарем парткома, оттуда взяли в ЦК — заведовать отделом машиностроения. Аркадий Иванович любит рассказывать, как его попросили зайти к Андропову.

Генеральный секретарь сидел в кабинете без пиджака.

— Я решил взять вас к себе в помощники по экономике.

Вольский, как положено, стал отнекиваться:

— Юрий Владимирович, я, может, для этой работы не гожусь. Я заводской человек. Давайте я вам о себе немного расскажу.

Андропов, как в кино, снял очки:

— А почему вы думаете, что я о вас меньше знаю, чем вы о себе?

Юрий Владимирович высоко ценил своих помощников, следил за тем, чтобы они присутствовали на заседаниях политбюро, даже на самых секретных. Секретарей ЦК и кандидатов в члены политбюро он просил выйти, а помощников оставлял.

«Из всех руководителей, с которыми мне пришлось работать, — писал Александров-Агентов, — только Андропов практиковал серьезное коллективное обсуждение вопросов, намечавшихся к рассмотрению на очередном заседании политбюро.

Мы все собирались вокруг него в кабинете, каждый докладывал суть «своего» вопроса и свои соображения о путях и методах его решения. Другие высказывали свои мнения. Андропов или соглашался, или возражал, или просто принимал к сведению. Но, во всяком случае, в итоге он был лучше «вооружен» по каждому из вопросов».

По словам его помощника Виктора Шарапова, «Андропов мог вызвать любого на откровенный разговор и сам говорил откровенно».

Помощникам он повторял:

— Вы, помощники, должны не поддакивать мне, а высказывать свою точку зрения. Если вы ее докажете, я с вами соглашусь. Если нет, то соглашайтесь с моей.

Во второй половине декабря 1982 года Андропов собрал помощников и доверенных людей, стал обсуждать с ними первоочередные задачи. Александр Бовин записал слова генсека. Андропов сомневался, стоит ли ему становиться председателем президиума Верховного Совета СССР? В принципе удобно общаться с иностранцами в роли главы государства, однако заметил:

— Но что-то внутри сопротивляется.

Заговорил о ситуации в КГБ. Ему не нравилось поведение Федорчука. Решил его сменить. Но на кого? Поставить Крючкова во главе комитета не решился:

— Володя не потянет. Чебрикова буду двигать.

Андропов не произвел впечатления уверенного в себе лидера, который твердо знает, что надо делать. «Какой-то он был одинокий, умученный», — записал Бовин.

Юрий Владимирович позвонил Чебрикову и попросил приехать. Сказал:

— Принято решение освободить Щелокова, на его место назначить Федорчука. Мы посоветовались с товарищами, общее мнение едино: рекомендовать на КГБ тебя.

Почему Андропов выбрал Чебрикова, а не начальника разведки Владимира Александровича Крючкова, с которым работал еще с венгерских времен? Для Андропова Крючков всегда оставался помощником, которого он продвигал, выдвигал, но не представлял в самостоятельной роли. Чебриков был профессиональным партийным работником, его назначение вполне укладывалось в рамки кадровых канонов.

Андропов присвоил Чебрикову звание генерала армии.

Юрию Владимировичу понравился и Виталий Иванович Воротников, недавно назначенный первым секретарем Краснодарского крайкома. Андропов пригласил его к себе побеседовать.

— Многие ждут указаний сверху, поручений, рекомендаций, — возмущался Андропов. — Нужны принципиальность, самостоятельность решений и действий, ответственность. Надо быть откровеннее, правдивее. Объяснять людям, что может, а что не в силах дать страна.

Вид у Андропова был усталый и болезненный, отметил Виталий Иванович. Сам он произвел благоприятное впечатление на Андропова. Юрий Владимирович решил оставить его в Москве. Возможность такая открылась через полгода. Путем несложной комбинации Андропов освободил Воротникову крупную должность.

29 мая 1983 года умер давний член политбюро Арвид Янович Пельше. Андропов перевел на освободившийся пост председателя комитета партийного контроля председателя Совета министров РСФСР Михаила Сергеевича Соломенцева и тем самым освободил для Воротникова должность главы российского правительства.

Соломенцев не хотел уходить. На заседании политбюро (заранее его не предупредили) отказывался:

— Мне пошел уже седьмой десяток, перенес две сложные операции. Если по каким-то соображениям нет возможности отпустить меня на покой, прошу оставить меня на ныне выполняемой и хорошо знакомой работе председателя Совмина РСФСР.

Потом еще позвонил Андропову, хотя и не принято было оспаривать решения политбюро.

— Пойми и ты меня. — Андропов отлично играл свою роль. — Здоровье тоже не блещет, возраст почти такой же. На мои плечи взвалили еще большую ношу. Один я не справляюсь, нужны надежные соратники. На пост председателя КПК рвутся три человека, но им полного доверия нет...

Подлинные причины перевода Соломенцева в комитет партконтроля Андропов назвал Воротникову:

— Соломенцев вел себя инертно, сложные вопросы старался переадресовать другим. Нередко находился в хвосте событий. Много нелестных отзывов было от секретарей обкомов. С чем, говорили, ни обратись — не решишь. Одни нотации, нудные разговоры, что-де сами во всем виноваты. Работал по принципу: Россия велика, все равно не поднимешь.

15 июня на пленуме ЦК Воротникова избрали кандидатом в члены политбюро.

На первой же встрече после того, как Соломенцева утвердили в новой должности, Андропов просил усилить контроль за исполнением важных решений политбюро и правительства, в том числе заняться Министерствами обороны и внутренних дел.

Пост управляющего делами ЦК считался одним из важнейших в аппарате. Прежний управделами, Георгий Сергеевич Павлов, был доверенным человеком Брежнева. Другие члены политбюро жаловались, что им не уделяется достаточного внимания. Георгия Павлова не выносил Горбачев. Когда Михаил Сергеевич перебрался в Москву, Павлов не угадал в нем будущего руководителя партии, пренебрегал Горбачевым.

У генерального секретаря Андропова не нашлось подходящей кандидатуры. Горбачев предложил своего человека — Николая Ефимовича Кручину, которого хорошо знал и которому доверял. Кручина много лет был первым секретарем Целиноградского обкома компартии Казахстана. В 1973 году за хороший урожай на целине Кручина получил «Золотую Звезду» Героя Социалистического Труда. В 1978 году его вернули в Москву. Горбачев, курировавший аграрные дела, сделал Кручину первым заместителем заведующего сельскохозяйственным отделом ЦК КПСС.

Черненко возражал против Кручины. Андропов колебался. По традиции управление делами курировал генеральный секретарь, поэтому держал на этом посту своего человека. Зачем же ему заместитель Горбачева? Но свою кандидатуру так и не подыскал, так что Михаил Сергеевич добился своего. В 1983 году управление делами ЦК КПСС возглавил Николай Кручина.

2 декабря 1982 года на заседании политбюро утвердили распределение обязанностей между секретарями ЦК. В соответствии с протоколом заседания Андропов взял на себя следующие вопросы:

«организация работы Политбюро ЦК КПСС;

оборона страны;

основные вопросы внутренней и внешней политики КПСС и внешней торговли;

подбор и расстановка основных руководящих кадров».

Вторым в списке секретарей стоял Черненко. Ему поручалось вести секретариаты ЦК и курировать важнейшие отделы — все идеологические, оргпартработы, административных органов, а также привычные ему общий отдел и отдел писем.

Третьим значился Горбачев — ему доверили сельскохозяйственный отдел, отдел сельскохозяйственного машиностроения, легкой и пищевой промышленности, отдел химической промышленности. Это было совсем не то, чем хотел заниматься Михаил Сергеевич, но положение второго человека в партии занял Черненко. Константин Устинович получил право вести заседания секретариата ЦК, а в отсутствие Андропова — политбюро.

29 января 1983 года решением политбюро оформили:

«1. Предоставить Генеральному секретарю ЦК КПСС т. Андропову Ю.В. отпуск (зимний) с 31 января 1983 г.

2. На время отпуска Генерального секретаря ЦК КПСС т. Андропова Ю.В. возложить председательствование на заседаниях Политбюро ЦК КПСС на т. Черненко К.У., поручив ему также рассмотрение материалов и подготовку вопросов к заседаниям Политбюро и Секретариата ЦК».

Казалось странным, что Андропов делает вторым человеком Черненко, который вовсе не был его единомышленником. Более того, Черненко и Андропов не любили друг друга, они были соперниками. Когда избрали Андропова, семья Черненко не стеснялась в выражениях.

А кого еще мог назначить Юрий Владимирович? Андропов на Старой площади — без году неделя. Он не знал ни партийного аппарата, ни партийных кадров. Он вынужден был опереться на Черненко. Когда Андропов пришел в ЦК, он частенько заходил к Черненко, посоветоваться, расспросить, как и что делается в аппарате. Став генеральным, он формально сделал Константина Устиновича вторым секретарем, но на самом деле постарался его отстранить от реальных дел, от принятия решений.

При Брежневе Черненко сидел на шестом этаже, его помощники располагались там же. Став вторым человеком в партии, Черненко остался в прежнем кабинете. Он пересядет на пятый этаж только после смерти Андропова, когда его самого изберут генеральным секретарем. Из-под Черненко убрали главную опору — заставили уйти с поста руководителя общим отделом. Кураторство осталось за ним, но заведующий появился новый. Черненко не хотел отдавать эту позицию, которая делала его самым осведомленным человеком в стране. Но Юрий Владимирович методично лишал Черненко рычагов влияния в партийном аппарате.

— Константин Устинович страшно переживал, — вспоминал его помощник Виктор Прибытков. — Внешне не показывал, но мы это чувствовали. Летом он ушел в отпуск. Впервые взял меня с собой, и я все наблюдал. Ему из Москвы даже не звонили — второму человеку в партии! Андропов уже болел. На хозяйстве оставался Горбачев, и он решал все без Черненко.

Константин Устинович отдыхал в Крыму. Рядом, в санатории проводил отпуск недавний председатель КГБ Виталий Васильевич Федорчук, которого Андропов уже сослал в Министерство внутренних дел. Министр развлекался тем, что ловил ставриду и сам ее коптил. Желая сделать приятное Константину Устиновичу, притащил ему рыбки собственного копчения. Ставрида была на удивление хороша, вспоминает Виктор Прибытков. Свежая, жирная, чуть солоноватая. Под отварную картошечку просто объедение. А ночью Черненко стало плохо: сильнейшее отравление.

В тяжелейшем состоянии его вывезли в Москву. Врачи не знали, выживет ли он...

По инструкции вся пища, предназначенная для членов политбюро, проходила тщательный контроль. Этим занималось девятое управление КГБ. Непроверенной пищи членам политбюро не давали. Так что же случилось? Личная охрана Черненко не выполнила инструкцию, подумав, что бывший председатель КГБ Федорчук отравы не принесет?

И вот что еще удивительно: все остальные участники ужина чувствовали себя превосходно. Один только Константин Устинович оказался в реанимации.

Академик Чазов считает, что злого умысла не было. Федорчук прислал рыбу, которая оказалась плохо прокопченной. Такая пищевая инфекция у большинства проходит бесследно, но организм Черненко был подточен болезнями. Он выкарабкался. Но эта история окончательно подорвала его силы, и, когда через полгода Константина Устиновича изберут генеральным секретарем, во главе государства окажется безнадежно больной человек. Но в окружении Константина Устиновича подозревали худшее — сознательную попытку устранить Черненко. Страной управлял Андропов, он выдвигал Горбачева, а Константина Устиновича старательно оттеснял от власти.

В последних числах августа 1983 года Черненко вернулся в Москву. Он находился в отпуске полтора месяца, но выглядел нездоровым. Заместитель директора Института марксизма-ленинизма при ЦК КПСС Петр Александрович Родионов рассказывал, как встретил на Старой площади помощника Черненко в минорном настроении.

— Вы чем-то расстроены? — спросил Родионов.

— Расстроен шеф, — пояснил тот.

Константин Устинович вышел на работу раньше срока, чтобы принять участие в крупном совещании, а Юрий Владимирович пренебрежительно ответил:

— У тебя еще отпуск не закончился. Ты его догуливай, а совещание мы без тебя проведем.

Черненко растерянно сказал, что он специально торопился выйти на работу.

— Ну ладно, мы подумаем, — ответил Андропов.

Константина Устиновича оттеснили от кадровых дел. Вопрос о назначениях Андропов решал вместе с Горбачевым и с помощью Егора Кузьмича Лигачева, которого они вытащили из Томска, где тот семнадцать лет был первым секретарем.

Лигачев часто и с удовольствием вспоминал, как началось его возвышение. В апреле 1983 года он прилетел в Москву на совещание по вопросам сельского хозяйства, которое проводил Андропов. На следующий день должен был вернуться в Томск. Вечером в квартире сына Лигачева, который жил в Москве, раздался телефонный звонок. Звонил Горбачев:

— Егор, это Михаил... Надо, чтобы завтра утром ты был у меня.

Горбачев ко всем обращался на «ты» и по имени. К себе же требовал обращения только на «вы» и по имени-отчеству.

— Михаил Сергеевич, но у меня билет в кармане, вылетаю рано утром.

— Надо задержаться, Егор. Придется сдать билет.

В десять утра Лигачев был у Горбачева во втором подъезде здания ЦК на Старой площади. Тот сразу сказал:

— Егор, складывается мнение, чтобы перевести тебя на работу в ЦК и утвердить заведующим организационно-партийным отделом. Вот что я пока могу тебе сказать. Не больше. Все зависит от того, как будут развиваться события. Тебя пригласил для беседы Юрий Владимирович. Он меня просил предварительно с тобой переговорить, что я и делаю.

Горбачев снял трубку «кукушки» — прямого телефона, связывающего генерального секретаря с членами политбюро:

— Юрий Владимирович, у меня Лигачев. Когда вы могли бы его принять?.. Хорошо, я ему передам.

Андропов уже ждал Лигачева.

Егор Кузьмич поднялся на пятый этаж. Андропов сидел в кабинете номер шесть, который еще недавно занимал Брежнев. Ждать в приемной пришлось недолго.

Андропов спросил:

— Горбачев с вами говорил?

— Говорил.

— Я буду вносить на политбюро предложение, чтобы вас утвердить заведующим орготделом. Как вы на это смотрите? Мы вас достаточно хорошо изучили...

— Я согласен. Спасибо за доверие.

— Тогда сегодня в одиннадцать часов будем утверждать вас на политбюро.

— Уже сегодня?

— А чего тут ждать? Надо делать дело...

Лигачев вышел из ЦК и по улице Куйбышева пошел к Кремлю, где по традиции собиралось политбюро. Утвердили Лигачева мгновенно. В половине двенадцатого он вышел из зала заседаний политбюро уже в новом качестве.

Андропов поручил Лигачеву провести серьезное обновление высших партийных кадров, в частности, подготовить перевод в Москву первого секретаря Свердловского обкома партии Бориса Николаевича Ельцина. Может быть, с подачи свердловских чекистов Андропов обратил внимание на свердловчанина. Егор Лигачев не раз вспоминал, как в конце декабря 1983 года ему из больницы позвонил Андропов и попросил при случае побывать в Свердловске и «посмотреть» на Ельцина. Это не был вопрос: разузнайте, хорош или плох свердловский секретарь? Ответ у Андропова уже был, но он хотел, чтобы выдвижение Ельцина шло обычным порядком.

Лигачев правильно понял Андропова и поручение выполнил немедленно. В январе он приехал в Свердловск: формально — принять участие в областной партконференции, а в реальности — увидеть, каков Ельцин в деле. Егор Кузьмич не мог не доложить Андропову, что генеральный секретарь, как всегда, прав в подборе кадров. Тем более что энергичный и решительный первый секретарь понравился и самому Лигачеву. Но Ельцина тогда так и не выдвинули, потому что Андропов умер. Обновление кадров приостановилось при Черненко и возобновилось уже при Горбачеве.

Сам Борис Николаевич, выступая позднее в Высшей комсомольской школе при ЦК ВЛКСМ, на вопрос о его отношении к Андропову ответил:

— Отношение самое, самое хорошее. Я был у него два раза за короткий срок, когда он был генеральным секретарем. Должен отметить, что и разговор его очень умный, и реакция на просьбы, и оперативное решение вопросов, которые я ставил.

Еще в 1973 году председатель КГБ Андропов беседовал с новым польским министром внутренних дел Станиславом Ковальчиком. Министр жаловался, что ему приходится начинать новую для него работу со старыми кадрами, которых он не знает, но чувствует, что отдельных руководителей надо менять.

— На личном опыте, — сказал Андропов, — я убедился, что такие замены нужно делать как можно скорее. Позже, когда поработаешь с теми, кого следовало бы убрать, это делать во сто крат сложнее. Уже привыкаешь к ним, будет просто труднее разговаривать с ними, возникают какие-то препятствия, тогда как замена сразу, в начале деятельности на новом месте, является делом естественным и не вызовет ни у кого вопросов. Избавляйтесь от неугодных руководителей сейчас, позже будет труднее сделать это.

Присутствовавший при этой беседе руководитель представительства КГБ в Польше генерал-лейтенант Павлов писал впоследствии, что его сильно удивляло: сам Андропов плохо следовал этому правилу.

Став главой государства, Андропов подбирал себе очень разнообразную команду. Единомышленниками этих людей не назовешь. Он приблизил к себе не только Горбачева и Рыжкова, но и перевел в Москву ленинградского секретаря Григория Романова и Гейдара Алиева из Баку. Вероятно, какую-то роль в своих планах он отводил и Борису Ельцину. У Андропова не было цельной программы действий, но брежневских людей, хотя среди них у него были личные друзья, он собирался заменить своими.

Лигачев рассказывал мне:

— Юрий Владимирович брал не тех, с кем прежде работал, как это происходило и при Хрущеве, и при Брежневе, а подбирал людей из разных мест страны. Горбачев — с юга России, Воротников — из Центральной России, Рыжков — с Урала, я — из Сибири...

Слабость кадровой политики Андропова состояла в том, что он не знал перспективные и молодые кадры, которые мог бы выдвинуть. Сказывался дефицит его общения с людьми. Он был чисто кабинетным работником.

— У Андропова не было команды, — говорил его помощник Вольский. — А ему надо было менять окружение. Мы с Павлом Лаптевым много раз ему об этом говорили: «Юрий Владимирович, вам надо кадры менять!» Он: «Подождите, успеется!»

Полагал, что достаточно поставить на ключевые посты нескольких надежных и энергичных работников, этого будет достаточно.

Когда Андропов стал руководителем страны, Николай Григорьевич Егорычев, бывший партийный руководитель Москвы, отправленный послом в Данию, написал ему личное письмо: «Юрий Владимирович, на Западе большой интерес к вашей персоне. Все видят, как вы начали руководить страной. Но на Западе принято оценивать не только политику, но и личные качества. Я могу прислать хорошего журналиста, социал-демократа, порядочного человека. Он вас снимет где-нибудь на даче или дома (не на службе), и это пойдет по всему миру. Вас узнают как человека».

Андропов ответил личной шифротелеграммой, чего никогда не было: благодарю тебя, Николай, за это предложение, но не могу сейчас им воспользоваться. Может быть, попозже...

Попозже уже не получилось.

Андропов прислал в посольство в Дании резидента из Финляндии, человека очень доверенного. Он приехал, доложился, что по делам службы. Ходит, день, другой, третий. Егорычев его прямо спросил:

— Чего ты приехал?

Он говорит:

— Юрий Владимирович меня послал посмотреть, как у вас тут дела.

— Ну и что ты напишешь?

Он рассмеялся:

— Если бы я собирался плохо писать, разве бы я сказал вам, зачем приехал?

Юрий Владимирович хотел определить, кто ему нужен. Но не успел...

24 мая 1983 года Якову Петровичу Рябову, которого из секретарей ЦК перевели в заместители председателя Госплана, позвонил Андропов:

— Как у вас со временем?

— Для генерального секретаря я всегда свободен.

Андропов засмеялся и предложил зайти к нему в пять вечера. Не успел Рябов повесить трубку, как позвонил Черненко и попросил перед встречей с Юрием Владимировичем заглянуть к нему. Разговор с Черненко был ни о чем. Без пяти минут пять Константин Устинович снял трубку аппарата прямой связи и доложил Андропову:

— Рябов здесь.

Черненко, надо полагать, демонстрировал генеральному секретарю, что он в курсе всех дел и со всеми встречается.

— Речь идет о новой для тебя работе. — Андропов сразу приступил к делу. — У нас плохо в Госкомитете по внешним экономическим связям. Скачков себя изжил, его первый зам увяз в сомнительных связях, двое его друзей висят на «вышке». Не все в порядке и у военных в ГИУ и ГТУ. Вчера на политбюро обсуждали вопрос. Приняли решение Скачкова отправить на пенсию. Его первого зама снять с работы и рассмотреть вопрос о его партийности. Тебя назначить председателем ГКЭС. Вот и все.

Яков Рябов с полуслова понял генерального секретаря. «Висеть на «вышке» — значит ожидать высшей меры наказания, смертной казни. Андропова беспокоило положение в двух управлениях госкомитета, которые занимались экспортом оружия. Упомянутое им Главное инженерное управление (ГИУ) ГКЭС ведало продажей оружия, Главное техническое управление (ГТУ) занималось строительством военных объектов за границей и ремонтом советской боевой техники. Оба управления курировали военные разведчики, а за ними присматривал КГБ.

— Спасибо за внимание и доверие, — ответил Рябов, — но все же это для меня новая работа. Можно ли подумать?

Андропов ответил, что думать нечего:

— Завтра на политбюро мы вас утвердим, а в оставшееся время лучше подумайте, как там наводить порядок.

На заседании политбюро Андропов представил Рябова. Устинов сразу сказал:

— Мы знаем Якова Петровича, а он знает ГКЭС, ему и карты в руки.

Андропов сказал, что прежний председатель, Семен Андреевич Скачков, попросился на пенсию. Надо просьбу удовлетворить и поблагодарить за многолетнюю работу. Но тут Скачков, руководивший госкомитетом с 1958 года, вдруг встал и громко сказал, что на пенсию он не просился. Андропов не был готов к такому повороту, поэтому сказал:

— Мы не будем углубляться в этот вопрос. Решение принято, и все приглашенные могут быть свободны.

Скачков получил персональную пенсию.

Андропов не церемонился с министрами, которых считал необходимым сменить. Он сам вел секретариат ЦК, на котором министр путей сообщения Иван Григорьевич Павловский докладывал о тяжелом положении на транспорте. Андропову доклад не понравился. Он не смог получить от министра внятного ответа о том, какие меры тот принимает для исправления положения. К тому же Андропов знал, что министр не пользовался поддержкой железнодорожного начальства.

Юрий Владимирович распорядился пригласить на заседание Виктора Ефимовича Бирюкова, заместителя председателя Госплана по транспорту (Бирюков рассказывает этот эпизод в книге «Жизнь особого назначения»). «Мое выступление понравилось присутствующим конкретностью и глубоким анализом, — без ложной скромности вспоминал Бирюков, — причем я ни одного плохого слова не сказал в адрес Павловского».

— Вот вам пример, — сказал Андропов, — доклад министра — это сплошной поток оправданий и обвинений всех причастных к работе железнодорожников, в том числе и Госплана, и вот на этом фоне выступление Бирюкова с глубоким анализом причин и мерами по исправлению положения. По-видимому, нам с таким министром не по пути.

Он обратился к секретарю ЦК по промышленности Владимиру Ивановичу Долгих:

— Я прошу, Владимир Иванович, вместе с Бирюковым подготовить справку и проект решения пленума ЦК КПСС.

Через неделю Иван Павловский был снят с поста министра путей сообщений и назначен с понижением первым заместителем постоянного представителя СССР в Совете экономической взаимопомощи.

Андропов исправил несправедливость, допущенную в отношении его бывшего подчиненного. В 1976 году без объяснения причин поменяли главного редактора «Известий». Льва Николаевича Толкунова, который умело руководил газетой, перевели в агентство печати «Новости». Те, кто это сделал, знали, что Толкунов в свое время был первым замом у Андропова в отделе ЦК, но для Суслова и

Кириленко это значения не имело. Андропов, будучи председателем КГБ, тогда промолчал — не его епархия.

Новый главный редактор, Петр Федорович Алексеев, умудрился «Известия» погубить, тираж сократился на три миллиона экземпляров. Алексеев превратил «Известия» в стенгазету, читать которую стало невозможно. Но он был умелым царедворцем и преспокойно сидел в своем кресле. В феврале 1983 года Андропов вернул Толкунова в «Известия», где нового старого редактора встретили аплодисментами. Это было столь редко случающееся торжество справедливости.

На партийном собрании журналисты сказали все, что думали об Алексееве и — косвенно — о тех, кто его столько лет держал на посту главного редактора. Как положено, на собрании присутствовал инструктор сектора газет отдела пропаганды ЦК. Он с изумлением слушал крамольные речи, но возразить ничего не мог: в аппарате знали об особых отношениях Толкунова с новым генеральным секретарем. Но как только Андропов умер, Толкунова вновь убрали из газеты под благовидным предлогом — поставили руководить Советом Союза, одной из палат Верховного Совета. В те времена это была синекура — много поездок за границу, но мало реальной работы и никакой возможности влиять на жизнь в стране...

Андропов перевел в Москву первого секретаря Ленинградского обкома Григория Васильевича Романова, сделал его секретарем ЦК по военно-промышленному комплексу.

Хитроумный Андропов, не переставая повторять, что министр обороны Дмитрий Федорович Устинов ему друг, товарищ и опора, что он ни в коем случае не должен обижаться, нашел ему противовес в лице Романова, которому по случаю шестидесятилетия присвоил звание Героя Социалистического Труда. Устинов был возмущен этим назначением, но поделать ничего не мог.

Дмитрий Федорович в течение четырех лет не допускал избрания секретаря ЦК по военным делам. Он руководил и вооруженными силами, и оборонной промышленностью. То есть был абсолютно бесконтролен. Андропов находился в отличных отношениях с Устиновым. Они помогали друг другу. Но, став хозяином страны, Андропов решил ограничить влияние Устинова и лишить министерство обороны статуса неприкасаемого ведомства. Человек крайне подозрительный, Юрий Владимирович боялся такой концентрации власти в одних руках. Знал, вероятно, что военные не были особенно рады его назначению генеральным секретарем, у военных с КГБ непростые отношения. Не зря в КГБ существовало целое управление, которое следило за армией.

Романов по распределению обязанностей руководил двумя ключевыми отделами ЦК — оборонной промышленности и машиностроения. Отделу оборонной промышленности подчинялся весь военно-промышленный комплекс. Иначе говоря, Романов получал определенную власть над министром обороны Устиновым.

Григорий Васильевич родился в деревне в Новгородской области, перед войной успел окончить техникум, и его взяли в армию. После войны он работал в Ленинграде, в конструкторском бюро, где разрабатываются подводные лодки, заодно окончил институт и быстро попал на партийную работу. Ничем особо не выделяясь, он успешно перемещался в Смольном из одного кабинета в другой.

Брежневу не нравилось прежнее ленинградское руководство. Первый секретарь обкома Василий Сергеевич Толстиков считался хрущевским человеком. И Брежнев при первой же возможности с ним расстался — отправил послом в Китай. На пост первого секретаря претендовали более заметные в Ленинграде люди, но Брежнев выбрал Романова, который оказался куда более жестким руководителем, чем предполагало его окружение. Григорий Васильевич быстро стал членом политбюро, и уже со значением говорили: «А в Ленинграде-то опять Романовы у власти».

Либеральная ленинградская интеллигенция Романова ненавидела и презирала. Невысокого роста, очень высокомерный, он установил над городом жесткий идеологический контроль. Замечательный артист Аркадий Райкин не выдержал постоянного давления ленинградского начальства и вместе со своим театром вынужден был покинуть родной город и перебраться в Москву. Известный писатель Даниил Гранин уже в перестроечные годы написал иронический роман, в котором низкорослый областной вождь — все узнали в главном герое Романова — от постоянного вранья превращается просто в карлика.

Иногда, впрочем, кажется, что с ним просто сводили счеты. Сладкоголосого певца Сергея Захарова, одного из любимцев прежнего времени, посадили в 1977 году, потому что он жестоко избил человека. Захаров был восходящей звездой советской эстрады, тюрьма сломала ему карьеру. Захаров теперь рассказывает, что стал жертвой ревности со стороны первого секретаря Ленинградского обкома. Романов обожал популярную в те годы певицу Людмилу Сенчину, а тут появился красавчик Захаров. И первый секретарь вроде бы дал указание избавить его от счастливого соперника...

В те годы об этой истории рассказывали иначе. Говорили, что Захарову должны были дать больший срок, но вступился Романов, и он же запретил газетам писать о суде.

Посол Федеративной Республики Германия в Советском Союзе Андреас Майер-Ландрут вспоминал свою незабываемую встречу с Романовым (см.: Независимая газета. 2000. 7 сентября). Григорий Васильевич прочитал подготовленную ему речь насчет того, что, раз ФРГ ставит у себя ракеты средней дальности, значит, желает развязать мировую войну. А Майер-Ландрут утром по транзисторному приемнику услышал, что в Женеве наконец начались переговоры советской и американской делегаций о ракетах средней дальности. И сказал Романову, что не исключает возможности компромисса в Женеве.

— Нет! Это невозможно, — отрезал Романов.

Посол вдруг предложил:

— Господин Романов, давайте пари.

Тот просто опешил от подобной вольности:

— Никакого пари!

Первый секретарь обкома дочитал то, что ему написали о ракетах средней дальности, и перешел к разговору о ситуации в городе. Сказал, что в Ленинграде все есть, и перечислил: есть масло, есть яйца, есть лук. Но тут поправился:

— Нет, кажется, лука нет. Но скоро будет.

Он дочитал заготовленные помощниками бумаги до конца и распорядился:

— А теперь перевод.

Майер-Ландрут, прекрасно говоривший по-русски, сказал:

— Перевода не нужно, я прекрасно вас понял.

Романов растерялся:

— А у меня написано: перевод...

С появлением Григория Романова в руководстве партией возник еще один человек, который со временем мог претендовать на первые роли. Хотя бы в силу возраста перед Романовым открывались известные перспективы — помимо Горбачева остальные были минимум на десять лет старше и давно пересекли пенсионный рубеж. Тем более что Романов представлял крупную партийную организацию и был специалистом в промышленной сфере, а не в сельской, как Горбачев.

Именно поэтому Григорий Васильевич не вызывал теплых чувств у товарищей по совместной борьбе за идеалы развитого социализма. Перевод в Москву оказался для Романова роковым. Москвичи встретили его настороженно. Косыгин к тому времени уже ушел в мир иной. Других влиятельных выходцев из Ленинграда в ЦК и в правительстве не было. Романов оказался в полной изоляции — без своей команды и без поддержки. Говорят, что он к тому же злоупотреблял горячительными напитками, и ему не удалось скрыть это от товарищей по партии.

Некоторые назначения Андропова вызывали удивление.

Он забрал из Баку, сделал первым заместителем председателя Совета министров и членом политбюро Гейдара Алиевича Алиева. После чего родилась новая шутка: «ДОСААФ — это Добровольное общество содействия Андропову, Алиеву и Федорчуку».

Почему Андропов перевел Алиева в Москву? Горбачев пишет, что задавал такой вопрос. Юрий Владимирович «нехотя и уклончиво отвечал, что вопрос был предрешен Брежневым и он не захотел менять этого решения сам».

С юных лет Гейдар Алиев служил в госбезопасности. Когда началась война, он заведовал секретной частью архива НКВД Нахичеванской АССР. Поработав в аппарате правительства автономной республики, в 1944 году вернулся в органы госбезопасности. Бывший прокурор Азербайджана Гамбай Мамедов, которого Алиев снял с должности и исключил из партии, рассказывал, что Алиев избежал фронта, представив справку о том, что у него открытая форма туберкулеза, и использовал конспиративную квартиру госбезопасности как «дом свиданий».

Алиев утверждал, что это клевета. Но за скандальную историю с женщиной, сотрудницей органов, он в 1955 году был понижен в должности и наказан по партийной линии. Неприятности в юные годы не помешали ему сделать изрядную карьеру. Гейдара Алиева Андропов сделал председателем КГБ Азербайджана после Цвигуна. А в 1969 году его утвердили первым секретарем ЦК компартии республики.

Гейдар Алиевич провел массовую чистку кадров, снял с работы около двух тысяч чиновников. Часть из них была арестована, в доход государству поступило немалое число конфискованных ценностей. По существу, произошла смена республиканской элиты. В Баку со всей страны приезжали группы партийных работников изучать опыт. Они возвращались приятно удивленные, рассказывали, как Алиев умело борется с коррупцией. Поражались тому, что он сделал прозрачным процесс сдачи экзаменов в высшие учебные заведения, куда раньше поступали за деньги.

Впрочем, восхищались только те, кто приезжал в Азербайджан на экскурсию. Виктор Михайлович Мироненко, в те годы видный работник Комитета народного контроля СССР, рассказывал, как, приехав в республику с проверкой, был поражен:

— В магазинах, в государственной торговле, все было как на рынке — продавцы самостоятельно устанавливали цены, покупатели с ними торговались. Продавец вел себя так, словно магазин принадлежал ему, а не государству...

«Недавняя поездка в Баку меня доконала, — пометил в дневнике писатель Юрий Маркович Нагибин, побывав в Азербайджане осенью 1980 года. — Я и представить себе не мог, что достигнут такой уровень холуйства и подхалимажа. Разговор с начальством ведется только с колен. Чем не сталинское время? Пустословие и славословие достигли апогея. Никакого стыда, напрочь забыты все скромные уроки послесталинского отрезвления — разнузданность перед миром и вечностью полная».

Андропов все это должен был знать. Но он хотел усилить свои позиции в политбюро человеком, который смотрел на него как на бога. Бывший председатель республиканского комитета госбезопасности генерал-майор Алиев привык беспрекословно исполнять все указания Андропова.

МИНИСТР ВНУТРЕННИХ ДЕЛ ПОВЕРЖЕН

Став генеральным секретарем, вспоминает давний работник ЦК партии Наиль Биккенин, Юрий Андропов вызвал секретаря парткома аппарата ЦК и поинтересовался, с каких сумм работающие в Центральном комитете платят взносы? Ему было известно, что многие сотрудники ЦК зарабатывали неплохие деньги, публикуя статьи и книги, сочиняя сценарии и внутренние рецензии, нанимаясь консультантами фильмов, художественных и документальных. Отказа они не знали, напротив, издатели и редакторы зазывали работников ЦК, их имена в списке авторов служили своего рода охранной грамотой.

Андропов хотел это запретить. Он также поинтересовался, кто из сотрудников ЦК состоит в дачном кооперативе? Работникам центрального аппарата запрещалось строить дачи. Партработников стали вызывать к начальству и ставить вопрос ребром: или уходи из аппарата, или отказывайся от дачи.

Появление Андропова во главе партии и государства обещало перемены. Нравились его немногословность и суровость. Произвели впечатление обещания навести порядок и покончить с коррупцией. Он начал с Министерства внутренних дел и министра Николая Анисимовича Щелокова.

Щелоков стал министром за полгода до того, как Андропов возглавил КГБ. Назначение Юрия Владимировича на Лубянку было для Брежнева рискованным ходом — он не так уж хорошо знал Андропова, скорее угадал, что это правильный выбор. В Щелокове Леонид Ильич не сомневался. Они были старыми знакомыми.

Николай Щелоков, как и Брежнев, родился в Екатеринославской губернии (позднее Луганская область). В 1929 году поступил в Днепропетровский металлургический институт, где учился и Брежнев. Когда Леонид Ильич оказался у власти, выпускники этого института пошли в гору. В декабре 1938 года Николая Щелокова избрали первым секретарем Красногвардейского райкома партии в городе Днепропетровске, через год — председателем Днепропетровского горисполкома. Будущий генеральный секретарь ЦК КПСС Леонид Ильич Брежнев был тогда секретарем Днепропетровского обкома.

Вновь они встретились сразу после войны. Щелоков служил ответственным секретарем партийной комиссии политуправления Прикарпатского военного округа, ведал приемом в партию и персональными делами. Начальником политуправления округа был генерал Брежнев. В августе 1946 года демобилизованный Щелоков начал работать на Украине. В 1951 году его перебросили в соседнюю Молдавию и назначили первым заместителем председателя Совета министров республики. В Кишиневе Николай Анисимович вновь трудился под руководством Леонида Ильича, который был первым секретарем республиканского ЦК в 1950—1952 годах.

Брежнев в Кишиневе не задержался. Сталин перевел его в Москву. А Николай Анисимович остался в Молдавии. Когда страну возглавил Брежнев, Николай Анисимович получил первое за пятнадцать лет и принципиально важное повышение. В марте 1966 года Леонид Ильич перевел его с хозяйственной на партийную работу: сделал вторым секретарем ЦК компартии Молдавии. Но Щелоков пробыл на этой должности всего несколько месяцев. Брежнев забрал его в Москву, решив назначить союзным министром охраны общественного порядка.

Леонид Ильич окружал себя командой проверенных и преданных ему лично людей. Но решения в политбюро принимались только единогласно. А против назначения Щелокова министром решительно возражали Александр Николаевич Шелепин, член политбюро, секретарь ЦК, и его соратники. Однако Брежнев сумел настоять на своем. В сентябре 1966 года Николай Щелоков был назначен министром охраны общественного порядка СССР. Он всегда помнил, что своей карьерой обязан Леониду Ильичу. После переименования министерства, 25 января 1968 года, Щелоков стал министром внутренних дел.

Щелоков принял органы внутренних дел в бедственном положении — катастрофически не хватало профессионалов. Люди не шли в МВД: мешали низкие зарплаты и непрестижность службы.

«Я рассказал Николаю Анисимовичу, — вспоминал генерал милиции Олег Иванович Морозов, занимавшийся в министерстве кадрами, — в каких тяжких условиях живут молодые сотрудники. Зарплата не превышает шестидесяти рублей в месяц. В общежитиях не хватает мест, некоторые милиционеры спят по очереди или на двухъярусных койках. Не в лучшем положении находятся и молодые офицеры».

Министерство внутренних дел — это настоящая империя. В нее входили четыре с половиной тысячи городских и районных отделов внутренних дел. Не так-то просто руководить такой махиной, заставить ее слушаться. Щелокову это удалось. Более того, в министерстве Щелокова даже любили, а ветераны и по сей день говорят, что он был лучшим министром за всю историю ведомства. Николай Анисимович никого не прижимал, давал людям волю. Зарплату увеличил и добился, чтобы за звание офицерам милиции платили столько же, сколько и офицерам вооруженных сил.

«То, что не могли сделать его предшественники, сделал он, — вспоминал бывший начальник уголовного розыска страны профессор Игорь Иванович Карпец. — Могут сказать: что ж тут особенного, он же «выходил прямо на Брежнева». На это можно ответить: «выходили» на Брежнева многие, однако преимущественно для себя, Щелоков же, не забывая себя, много сделал для министерства».

Николай Анисимович был человеком доступным и открытым, поддерживал и продвигал профессионалов, тех, кто способен был предложить новые и неожиданные идеи. «Интеллигентный, обаятельный человек с великолепной военной выправкой, который сразу располагал к себе вниманием и обходительностью», — таким увидел его один из милицейских генералов.

Щелоков был снисходителен к подчиненным. Среди его заместителей был очень толковый человек, но злоупотреблявший алкоголем. Если во время заседания коллегии он сидел мрачнее тучи и вдруг просил у министра разрешения выйти, то все понимали, что заместителю министра необходимо выпить. Генерал заходил в свой кабинет, доставал из сейфа бутылку коньяка, выпивал стакан и возвращался в зал коллегии в отличном настроении.

Деятельность Щелокова в МВД складывалась из двух этапов. На первом Николай Анисимович очень серьезно отнесся к новому делу. Он пытался устроить работу правоохранительных органов на современный лад и не отвергал с порога иностранный опыт, понимая, что у западных стран есть чему поучиться. На втором этапе он только наслаждался высокой должностью и занимался устройством своего быта, в чем весьма преуспел.

Щелоков пытался модернизировать доставшееся ему ведомство. Он прислушивался к профессионалам, способным предложить новые и прогрессивные идеи. Он хотел, чтобы в криминалистике учитывались последние достижения науки. При нем появилась новая спецтехника, так называемые «чемоданчики следователя», которые позволяли квалифицированно проводить осмотр места преступления.

Он создал Штаб МВД, который потом сгоряча ликвидировал сменивший его на посту министра Виталий Федорчук. В штабе появился организационно-аналитический отдел, который занимался анализом преступности в стране и искал научно обоснованные пути борьбы с ней. В те годы Министерство внутренних дел состояло из главных управлений милиции, мест заключения, внутренних войск, пожарной охраны и следственного управления. Структура была неуправляемой. В конце 1968 года в министерстве началась большая реформа. На базе единого главного управления милиции создавались восемь самостоятельных управлений, в том числе главное управление уголовного розыска.

Щелоков питал слабость к людям с научными степенями. Его любимцем и ближайшим сотрудником был начальник штаба генерал Сергей Крылов. Щелоков в нем души не чаял.

В 1969 году Николай Анисимович прилетел на Сахалин. Министра повезли отдыхать в резиденцию, а сопровождавший его Крылов поехал в областное управление внутренних дел. Он вызвал стенографистку и машинисток и почти сутки готовил выступление министра в обкоме, где собрали все руководство области.

«Доклад министра, — вспоминал заместитель начальника областного управления внутренних дел полковник Глеб Георгиевский, — произвел на участников совещания большое впечатление, поскольку содержал грамотный, глубокий анализ экономики области и оперативной обстановки».

Крылов не только писал Щелокову доклады, но и пытался перевести работу министерства на современные рельсы.

— Тот, кто рекомендовал министру Крылова, — рассказывал генерал Владимир Статкус, бывший заместитель начальника следственного управления МВД, — оказал Щелокову огромную услугу. Человек огромной энергии, Крылов умел пробивать свои идеи и собирать вокруг себя единомышленников.

Сергей Крылов привел в министерство молодых и талантливых людей, они генерировали идеи, которые министр с удовольствием поддерживал.

— Крылов хотел изменить милицию, — вспоминал обозреватель журнала «Милиция» Генарий Попов. — Я думаю, министр и Крылов совпали в желании сделать милицию нормальной, доброй, интеллигентной...

Николай Анисимович заботился о развитии системы высших школ милиции, куда переманивали хороших преподавателей. В научно-исследовательском институте МВД приказал выписывать все полицейские журналы, которые выходят в мире, покупать иностранные книги и изучать работу полиции за рубежом, особенно оперативно-разыскную деятельность. Щелокову переводили книги о полиции в разных странах, и он их читал. Зарубежный опыт, правда, не всегда полезен. Скажем, милицию еще при прежнем министре вооружили резиновыми дубинками. Щелоков откровенно говорил, что палка легализовала в милиции битье.

В министерстве первыми заинтересовались полиграфом, детектором лжи. В 1968 году он прошел испытания на Петровке. Но в ЦК эксперименты с детектором лжи сочли опасными, посчитав прибор буржуазной выдумкой. Все прекратилось. Пионер этого дела кандидат биологических наук Валерий Алексеевич Варламов, создатель первого в нашей стране перьевого детектора лжи, был уволен из НИИ МВД. Впоследствии он смог успешно продолжить работу.

Щелокову объяснили пользу профилактики преступлений и смягчения наказаний. И теперь уже он сам объяснял партийным руководителям (хотя и безуспешно), что нельзя сурово наказывать за незначительные проступки — избыточная жестокость только плодит новых преступников. Министр создал управление профилактики, которое опекало прежде всего тех, кто вышел на свободу. Им помогали найти работу, как-то устроиться в жизни. Николай Анисимович понимал, что осужденные — тоже люди. И в тюрьме они не навсегда. Отбыв наказание, они выйдут на свободу и будут жить рядом с нами. Кому будет лучше, если они вернутся из мест заключения озлобленными и ненавидящими всех и вся?

— Николай Анисимович, побывав в следственном изоляторе, был крайне удручен, — вспоминал генерал Василий Игнатов, бывший министр внутренних дел Чувашии. — Увидел параши, распорядился провести канализацию. Говорил: «Что же мы заключенных за скотов держим?»

Места заключения были очень старыми. Новые не строили. Раз в программе партии сказано, что в Советском Союзе преступность скоро будет искоренена, зачем строить тюрьмы?

Щелоков пытался уговорить политбюро разрешить ему вступить в Интерпол, но не уговорил. Интерпол считался идеологически чуждой организацией.

Один из бывших подчиненных описал его в газетном интервью вполне сочувственно:

— Небольшого роста, приятной наружности, мягкий, спокойный, грамотный человек. Мне показалось, что он добрый... Может слушать людей, воспринимает чужое мнение... Николай Анисимович специалистов ценил и к юристам прислушивался.

Впрочем, как аппаратчик с большим стажем, Щелоков предпочитал держать аппарат министерства в напряжении, приговаривал: бей своих, чтобы чужие боялись. Но был отходчив и даже признавал свои ошибки.

«Одно его качество оставалось неизменным, — вспоминал профессор Карпец. — Как бы его отношения с тем или иным человеком ни портились, он не позволял себе расправиться с ним, он всегда находил какую-то возможность, грубо говоря, не добивать человека до конца, прощая подчас немалые прегрешения. Чем это объяснить? Может быть, тем, что он сам был не безгрешен? Может быть. Но, вероятно, и тем, что он в общем-то был по характеру не злобный человек».

Щелоков несколько поднял престиж милицейской службы, которая была совсем неуважаемой. После его назначения Дни советской милиции стали пышно отмечаться в Кремлевском дворце съездов, где устраивался лучший в году концерт.

Щелоков требовал, чтобы милиционер выглядел прилично. Не хотел, чтобы ему было стыдно за своих подчиненных.

— Началось с того, — рассказывал генерал Статкус, — что он поехал в один из райотделов и попросил построить личный состав. Когда увидел своих подчиненных, то сказал: не знаю, как на противника, а на меня это войско наводит ужас.

Милицейская форма была синего цвета. Заместитель Щелокова генерал-полковник Борис Тихонович Шумилов, смеясь, вспоминал, как на параде Ворошилов стал задавать ему вопросы об авиации. И Шумилову пришлось объяснять:

— Я, товарищ маршал, не летчик, а заместитель министра внутренних дел по милиции.

Щелоков ввел новую форму, и какое-то время милиция выглядела красиво. Щелоков подписал приказ «О культурном и вежливом обращении с гражданами». О полной его реализации мечтать не приходилось, но важно, что министр считал нужным напомнить своим подчиненным, как они должны разговаривать с людьми.

В сентябре 1967 года в актовом зале Министерства внутренних дел по просьбе Щелокова устроили встречу с художниками. В зале посадили столичных милиционеров.

Щелоков упрекнул художников:

— Посмотрите в зал, где сидят рядовые милиционеры, и найдите хоть одного, который был бы похож на те уродливые образы в милицейской форме, изображенные на ваших полотнах. С какой целью вы, мастера кисти, издеваетесь над образом тех, кто защищает общество, лично вас, от всякого рода уголовников и проходимцев?

Но министр не только отчитывал. Он умел дружить с интеллигенцией, особенно с теми, кто писал книги и снимал фильмы о милиции, поддерживал их, награждал грамотами, охотничьими ружьями, спецталонами, которые избавляли владельцев автомобилей от общения с сотрудниками ГАИ. Художники наперебой просили его позировать. Тонко чувствующий конъюнктуру Илья Глазунов написал портрет жены министра Светланы Владимировны. И Юлиан Семенов, и Виль Липатов, и братья Вайнеры, и супруги Лавровы много сделали для милиции. Один только популярнейший сериал «Следствие ведут знатоки» чего стоит!

В Московском государственном академическом камерном музыкальном театре, созданном народным артистом СССР Борисом Александровичем Покровским, репетировали оперу молодого Шостаковича «Нос», которая многие годы была под запретом. Во время репетиций театр, разместившийся в бывшем кинотеатре «Сокол» на Ленинградском проспекте, был опечатан пожарными.

«В предписании о закрытии театра было приведено множество причин, по которым театр вообще нельзя было открывать, — вспоминал режиссер Григорий Спектор (см.: Вечерняя Москва. 2002. 21 января). — Мы бросились спасать театр. Куда мы только не писали, куда только не обращались — все было бесполезно.

И тогда Борис Александрович позвонил Шостаковичу. Шостакович позвонил в приемную Щелокова, всесильного министра внутренних дел, и попросил принять его. На следующее же утро Дмитрий Дмитриевич надел свой спецпиджак, пудовый от тяжести золотых лауреатских медалей и орденов самого высшего достоинства...

— Что у вас случилось, Дмитрий Дмитриевич? — Министр был не чужд культуры и дорожил репутацией мецената.

— От вас зависит судьба советской оперы! — с пафосом ответил Шостакович и, волнуясь, рассказал ему о Камерном музыкальном театре и поведал о кознях пожарных деятелей.

— Соедините меня с начальником пожарной охраны Москвы, — приказал Щелоков и взял трубку. — Слушай, разберись со своей частью на Соколе. Меня приглашают на премьеру, а на театре — печать. Завтра доложишь...

Щелоков повернулся к Шостаковичу:

— Не волнуйтесь, Дмитрий Дмитриевич, во всем разберемся, все будет в порядке.

На следующее утро мне позвонил сторож и сказал, что в театр приехали какие-то начальники... Почти одновременно приехал и наш директор, и группа из восьми—десяти офицеров начала осмотр. Центром всеобщего внимания был некий полковник.

— Ну, рассказывайте, — обратился он к знакомым нам офицерам с Сокола.

— Вот, товарищ полковник, эта дверь в зрительном зале ведет в жилой дом. Если будет задымление, все пойдет на верхние этажи.

— Заложить кирпичами, — приказал полковник. — Еще что?

— Вот только один выход из зала, так нельзя.

Полковник подошел к противоположной стене, постучал:

— Что здесь?

— Гримуборные, — ответили мы.

— Пробить проход! — приказал полковник. — Еще что?

— Нет противопожарных датчиков!

— Поставить!

— Нет автономного освещения!

— Провести!»

Театр был открыт.

Правда, была и оборотная сторона слишком тесных взаимоотношений с Министерством внутренних дел. Существовал закрытый приказ, запрещавший любую критику милиции, и цензура строго следила за его исполнением. Даже в детективной литературе героям-милиционерам не позволялось ни ухаживать за чужой женой, ни пить. Дурное поведение позволялось только милиционерам, работавшим в органах до появления Николая Анисимовича Щелокова.

Юрий Михайлович Чурбанов, зять Брежнева, который стал у Щелокова первым замом, писал о министре:

«Щелоков — человек самостоятельного мышления, очень энергичный, с хорошей политической смекалкой... Он колоссально много работал, особенно в первые годы, когда он действительно глубоко изучал корни преступности... По его настоянию увеличили денежные выплаты сотрудникам МВД, он заботился о своих людях на местах. Начальники управлений внутренних дел знали, что министр защитит от мелких неприятностей.

Щелоков предлагал весь следственный аппарат из прокуратуры передать в МВД. Хотел иметь свое следствие, а обосновывал тем, что прокуратура не может одновременно и вести следствие, и надзирать за ним».

Состояние преступности в стране было тайной за семью печатями. Преступность росла на семь процентов в год. В 1956 году было совершено примерно 714 тысяч преступлений, в 1985-м — 2085 тысяч, то есть преступность выросла почти в три раза. Но эти цифры скрывались; их назвал только Вадим Викторович Бакатин, когда в перестроечные времена возглавил МВД.

При Щелокове, как и до него, министерство должно было докладывать о неуклонном снижении преступности и увеличении раскрываемости. Это заставляло милицию скрывать преступления, считать некоторые категории преступлений «малозначительными», то есть недостойными регистрации. Но это исправление статистики осуществлялось на союзном уровне, организованно, под руководством самого министра. Самодеятельность считалась недопустимой. Если в Москве снижали цифры, характеризующие уровень преступности, чтобы не позорить столицу — «образцовый коммунистический город», то Щелоков возмущался и устраивал городским начальникам разнос.

Наученный своими помощниками, министр говорил, что преступность — явление социальное, зависящее от ситуации в обществе, и милиция способна раскрывать преступления, но не в состоянии снизить уровень преступности. Поэтому нелепо наказывать милицию за рост преступности. Это неминуемо ведет к вранью, что Щелоков понимал.

В августе 1978 года Яков Петрович Рябов, новый секретарь ЦК КПСС, курировавший отдел административных органов, пригласил к себе Щелокова и провел с ним трехчасовой разговор о ситуации с преступностью в стране.

К удивлению Рябова, Щелоков не возражал против критических замечаний и обещал исправить положение.

Прощаясь, благодарил Якова Петровича за принципиальный разговор и ценные замечания:

— Двенадцать лет работаю министром и вот в первый раз меня заслушали у секретаря ЦК.

Рябов был доволен. Но заведующий отделом административных органов Николай Савинкин рассказал потом Рябову, что Щелоков прямо от Рябова поднялся на пятый этаж и получил аудиенцию у Леонида Ильича. Министр был вне себя и жаловался:

— Что это такое, Леонид Ильич? Почему меня вызывает Рябов, воспитывает, рассказывает, как мне надо работать?

Яков Рябов недолго проработал секретарем ЦК.

Личные отношения с генеральным секретарем создавали Николаю Анисимовичу особое положение в стране. Щелоков любил в нужный момент сослаться на Брежнева: вот я был у Леонида Ильича, мы этот вопрос уже обсудили... Впрочем, Юрий Чурбанов пишет, что на его памяти Щелоков только пару раз был на даче у генерального секретаря. Щелоков и не принадлежал к числу личных друзей Брежнева (таких, как, скажем, первый заместитель председателя КГБ Георгий Цинев), которых принимали дома или на даче. Но Щелоков был преданным соратником, которого Брежнев ценил.

На XXIII съезде партии — первом в брежневскую эпоху — Щелоков, второй секретарь молдавского ЦК, стал кандидатом в члены ЦК КПСС, в 1968 году на пленуме его — уже как союзного министра — ввели в состав ЦК.

Эдуард Амвросиевич Шеварднадзе, который несколько лет был министром внутренних дел Грузии, став руководителем республиканской компартии, побывал на совещании в союзном министерстве и сказал несколько цветистых слов:

— Мне выпала большая честь работать под руководством одного из талантливых государственных деятелей, каким является Николай Анисимович Щелоков. Его глубокие познания, его творческая энергия, мудрость являются образцом для многих из нас. Знайте, дорогой Николай Анисимович, что в Грузии вы самый уважаемый и дорогой гость, и ковер у трапа самолета всегда будет выстлан в вашу честь...

Наступил момент, когда вся советская элита практически перестала работать и занялась устройством своей жизни.

— За что все начальники любили Брежнева? При нем можно было наслаждаться жизнью и не работать, — объяснял мне один из высокопоставленных сотрудников аппарата ЦК. — Неохота на работу ехать, позвонишь руководителю секретариата: меня сегодня не будет — и отдыхай. Брежнев никогда за это не наказывал.

В 1976 году Щелоков стал генералом армии (Юрий Чурбанов уверяет, что министр не постеснялся сам попросить об этом Брежнева, потому что в том же году погоны генерала армии получил председатель КГБ Андропов), в 1980 году — Героем Социалистического Труда. У него было четыре ордена Ленина, орден Октябрьской Революции, орден Богдана Хмельницкого II степени, орден Отечественной войны I степени, орден Трудового Красного Знамени. При этом он позаботился о том, чтобы его наградили и медалью «За отвагу на пожаре».

Щелоков был очень тщеславным человеком.

Известна такая история.

Был арестован сотрудник Высшей аттестационной комиссии, которая присуждает научные звания, получивший взятку в виде золотых часов от человека, который мечтал стать кандидатом наук. Он написал диссертацию, которую защитил в ташкентском сельскохозяйственном институте. Но в ВАКе ее провалили, вот он и дал взятку, но неудачно. Кандидатом наук он так и не стал, потому что взяточника арестовали. И вдруг этим рядовым делом заинтересовался сам министр.

— Меня вызвал министр, — вспоминает Владимир Статкус, служивший в следственном управлении. — Я доложил обстоятельства дела. И он сразу начинает на меня кричать. Вы знаете, что такое ВАК? Освободите человека!

Статкус возразил министру:

— У нас все доказательства его вины, да и он сам во всем сознался.

Щелоков переспросил:

— Сам признался? Тогда пусть сидит.

Один из руководителей следственного управления долго не мог понять, почему министра взволновала судьба старшего инспектора Всесоюзной аттестационной комиссии. Потом Статкуса просветили. Щелоков пришел в МВД кандидатом наук. Министр захотел стать доктором; была подготовлена докторская диссертация на молдавском материале. Но защита прошла трудно. На ученом совете было много голосов против. В ВАК пошли письма с протестами. Николай Анисимович решил, что, если он хорошо отнесется к ВАК, его диссертацию обязательно утвердят. В ВАКе не подкачали. В 1978 году министр стал доктором экономических наук.

Его все меньше интересовало дело. Симптомом равнодушия к работе стало устранение из министерства Сергея Михайловича Крылова, который занимал должность начальника Штаба МВД. Почему Щелоков переменился к Крылову? Это началось, когда заместителем министра стал Юрий Михайлович Чурбанов, женившийся на дочери Брежнева. Крылов имел огромное влияние на министра. А Чурбанов сам хотел влиять на Щелокова. За ним стоял тесть, а за Крыловым ничего, кроме его ума. Чурбанов был недоволен самостоятельностью Крылова: «У него свет в окошке был один только министр, ни Чурбанов, ни другие заместители министра для него не существовали».

Юрий Михайлович стал выдавливать Крылова, опираясь на консервативную часть министерства, недовольную новациями Крылова. Выяснилось, что любовь начальства не вечна. Тем более что в министерстве Крылова не любили, называли выскочкой, были недовольны, что он обрел на министра слишком сильное влияние.

Сергей Михайлович Крылов был необычным человеком. С ним было трудно, но интересно. Молодым подчиненным хотелось с ним работать. Генералы его не терпели. На фоне яркого, фонтанирующего идеями Крылова остальные руководители в МВД казались серыми чиновниками. Он нажил себе много недоброжелателей.

Крылов, например, хотел ликвидировать восьмое главное управление — органы внутренних дел на режимных объектах. Он подготовил соответствующий приказ. Но начальник восьмого главка генерал-лейтенант Георгий Михайлович Юлов полтора часа на повышенных тонах выяснял отношения с Крыловым, сказал ему в глаза, что он злоупотребляет своим положением и дезинформирует министра. Генерал Юлов обратился за помощью к руководству влиятельной военно-промышленной комиссии при Совете министров и добился своего. Крылов не только вынужден был отступить, но и нажил себе новых врагов.

Щелоков потерял к нему интерес. Новшества в работе его больше не интересовали, и Сергея Крылова перевели в академию МВД. Он и там решил поставить дело по-новому, изменил учебный план, приглашал выступить перед слушателями интересных людей. С генералом Крыловым дружил Владимир Высоцкий, обращался к нему за помощью.

В аппарате решили добить Крылова.

Чурбанов написал Щелокову записку с предложением провести инспекцию академии. Министр попросил воздержаться. Чурбанов сказал Николаю Анисимовичу:

— Если вы не дадите санкцию на проверку академии, я доложу в отдел административных органов, и пусть нас рассудят.

Щелоков сдался. В комиссию вошли начальники всех управлений. А накопали всего ничего: два цветных телевизора, использованные не по назначению. Крылов пытался прорваться к Щелокову. Министр его не принял, сдал своего лучшего помощника, не пожелал его защитить. Крылов хотел напоследок сходить в отпуск. Ему не разрешили. В управлении кадров министерства по-хамски отобрали уже купленные билеты. Сергей Михайлович был потрясен низостью своих коллег. Генерал оказался очень ранимым и чувствительным человеком.

Произошло это в апреле 1978 года. В академии шло торжественное собрание, посвященное ленинской годовщине. Он хотел выступить, попрощаться. Но сидевшие в президиуме генералы испугались, что он скажет нечто непозволительное. А если бы он выговорился, может быть, все обошлось... Но получилось иначе. Генерал Крылов прошел к себе в кабинет и застрелился.

Это было первое самоубийство в Министерстве внутренних дел. Тогда Щелокову, конечно, и в голову не приходило, что в этой цепочке смертельных выстрелов очень скоро очередь дойдет и до него.

Тогдашний заместитель заведующего международным отделом ЦК КПСС Карен Брутенц описывает любопытный эпизод. Когда он на даче в Ново-Огареве работал над подготовкой документов к очередному съезду партии, ему понадобилось поехать в Москву. Он вызвал служебный автомобиль из гаража управления делами ЦК КПСС. На Рублевском шоссе появившаяся сзади иностранная машина серебристого цвета потребовала уступить дорогу. Цековский шофер отнесся к иномарке пренебрежительно — «частник»!

Но серебристое авто все-таки обогнало цековскую «Волгу». За рулем сидела, как вспоминает Брутенц, обильно накрашенная дама. Она погрозила им кулаком и умчалась вперед. У поворота на Архангельское она остановилась у поста ГАИ и что-то сказала милицейским офицерам. Они тут же тормознули машину ответственного работника аппарата ЦК, что само по себе было делом небывалым. Капитан милиции подозвал к себе водителя, записал его фамилию, стал выговаривать.

Заместитель заведующего отделом ЦК КПСС не выдержал и заступился за своего водителя. Капитан признался, что не может не дать ход жалобе, потому что она исходит от жены министра внутренних дел СССР. Вернувшись в Ново-Огарево, Брутенц пересказал коллегам поразившую его историю. Помощник Брежнева по международным делам Андрей Михайлович Александров-Агентов, живой и импульсивный, мгновенно вскипел:

— Это супруга Щелокова. Безобразие, она всеми способами компрометирует Николая Анисимовича!

Сидевший рядом секретарь ЦК Михаил Васильевич Зимянин благоразумно промолчал. Высказываться на сей счет считалось неразумным. Брежнев сам наслаждался жизнью и не возражал, чтобы другие следовали его примеру.

Высокопоставленные чиновники стали ездить за границу, посылали туда своих детей работать, с видимым удовольствием приобщались к материальным достижениям современной цивилизации, старались обзавестись ее благами. В Подмосковье строились роскошные по тем временам дачи, на улицах Москвы появились новенькие иномарки. Чиновная знать охотилась за модной живописью и антиквариатом.

Профессор Карпец вспоминает, как Щелоков привел на прием к Брежневу коллегию МВД. Хозяйственное управление министерства приобрело охотничье ружье с инкрустацией — подарок генеральному. Брежнев с трудом вышел из-за стола, протянул руку Щелокову, расцеловался с Чурбановым, спросил:

— Ну, как дела? С чем пришли? Рассказывайте.

Щелоков доложил:

— Леонид Ильич, мы хотели бы вам доложить, как у нас организована работа, как обстоит дело с преступностью и как мы вам благодарны за ваше внимание, за то, что вы нашли время принять нас! Но сначала мы хотели бы преподнести вам сувенир.

Щелоков положил на стол деревянный чехол, в котором на бархатной подкладке лежало ружье. У Брежнева, по словам Карпеца, заблестели глаза. Он сказал:

— Давай!

Все остальное время он рассматривал ружье. Щелоков заговорил было о работе министерства, но генеральный секретарь уже устал. Самое интересное для него уже было позади. Слушал он невнимательно и ни о чем не спросил.

Брежнев смертельно не любил скандалов и снисходительно относился к мелким грешкам своих подчиненных. Тогдашний начальник московского управления КГБ Виктор Алидин вспоминает, что по одному из крупных дел о коррупции проходил министр рыбного хозяйства Александр Акимович Ишков, кандидат в члены ЦК, депутат Верховного Совета СССР. Алидин доложил Андропову — по материалам следствия выходит, что рыбный министр набрал взяток на двадцать три тысячи рублей. Андропов, подумав, сказал:

— Хорошо, я доложу Леониду Ильичу, но знаю, что для него это будет тяжелым известием.

Через некоторое время Андропов позвонил Алидину и сказал, что материалы на Ишкова доложил генеральному секретарю:

— Но Брежнев считает, что поскольку министр — кандидат в члены ЦК, то до съезда вопрос о нем решаться не будет. Неудобно получится. Словом, Леонид Ильич посоветовал мне его вызвать и поговорить.

Вскоре Андропов вновь соединился с Алидиным. Министр Ишков признал, что действительно брал деньги, но считал их подарками. Александр Акимович просил считать его действия ошибкой и заявил о готовности всю сумму внести в доход государства, что и сделал.

— Мало он внес, Юрий Владимирович, — сказал Алидин. — Следствием установлено, что за ним еще взяток на сумму в двадцать девять тысяч рублей.

Ишкова вновь вызвали в КГБ. Не возражая, он внес и эту сумму.

Александр Акимович Ишков после недолгой комсомольской работы в Ставрополе в двадцатых годах всю жизнь работал в рыбной промышленности. Наркомом его сделал Сталин еще в 1940 году. Название должностей менялось, потому что бесконечно менялась структура промышленности, но сфера его деятельности оставалась неизменной. Брежнев в 1965 году создал для Ишкова Министерство рыбного хозяйства, и он проработал на этой должности четырнадцать лет. В феврале 1979 года его отправили на пенсию. Он оставался кандидатом в члены ЦК и депутатом и был с почетом похоронен на Новодевичьем кладбище...

Министр Щелоков жил на двухэтажной госдаче в Горках-10 с автономной котельной и сауной. Ему полагались повар и прислуга. Но ходили слухи, что он возводит себе какой-то дворец, причем с помощью бесплатной рабочей силы — солдат внутренних войск.

В семидесятых годах будущий министр внутренних дел Виктор Павлович Баранников (ему суждено будет стать последним хозяином союзного МВД) возглавлял городской отдел внутренних дел в подмосковном городе Калининграде (теперь Королев). Отсюда его забрали в центральный аппарат МВД. Злые языки говорили, что это было вознаграждением за личную помощь Щелокову: его дача находилась в Калининградском районе, и Баранников заботился об отдыхе министра...

Когда при Горбачеве посадили на скамью подсудимых Чурбанова и нескольких руководителей МВД Узбекистана, бывший министр внутренних дел республики Хайдар Яхъяев рассказывал, как Щелоков попросил посылать ему в Москву посылки с фруктами и овощами. Пожелание министра исправно выполнялось. Дары узбекской природы (а также некоторое количество спиртного в подарочном исполнении) доставлялись в аэропорт начальнику милиции. Тот все это отправлял в Москву и звонил в приемную министра. Дежурный посылал в аэропорт машину за посылками, которые везли домой к Щелокову. В зале суда Яхъяев от своих показаний против Щелокова отказался...

Вполне вероятно, часть материалов в деле Щелокова должна восприниматься с сомнением: было приказано утопить бывшего министра, и следователи рьяно исполняли задачу. Тем не менее...

Хозяйственное управление МВД по приказу министра принимало различные материальные ценности, «находившиеся в личной собственности, с оплатой их владельцам стоимости этих вещей». Таким образом семья Щелокова отдавала старые и ненужные вещи, а получала за них звонкой монетой. Это зафиксировано в материалах дела: «Вещи, сдаваемые родственниками Щелокова, находились длительное время в использовании и утратили первоначальную стоимость».

Называют такую цифру — шестьдесят тысяч рублей было израсходовано из бюджета МВД на ремонт и содержание девяти квартир, в которых обитали родственники Щелокова. Сын министра Игорь, заведовавший международным отделом ЦК комсомола, жил в служебной квартире, которую должны были использовать только в оперативных целях.

Пятьдесят тысяч министерство заплатило за двухсерийный фильм о министре. Ему в больших количествах привозили цветы, а расходы списывались на возложение цветов к Мавзолею Ленина и Могиле Неизвестного Солдата у кремлевской стены. В первый раз это сделали, когда покупали венок на похороны тестя Щелокова. Начальник ХОЗУ МВД генерал Виктор Калинин, как говорится в материалах уголовного дела, «из побуждений угодничества перед Щелоковым, злоупотребляя служебным положением, совершил хищение из кассы 965 рублей».

Николай Анисимович заботился о родственниках.

Накануне московской Олимпиады немецкая компания «Мерседес-Бенц» презентовала МВД три новеньких автомобиля — «для обеспечения безопасности движения в связи с проведением летних Олимпийских игр 1980 года». Немцы надеялись, что, убедившись в высоком качестве их продукции, министр Щелоков сделает им большой заказ и оснастит «мерседесами» всю советскую милицию.

Щелоков поступил иначе. Он получил разрешение в правительстве и один «мерседес» оформил на себя, второй на дочь. Третья машина досталась его сыну Игорю. Жене Щелоков подарил БМВ, который тоже достался ему бесплатно.

Щелоков позаботился и о своем тесте. Владимир Матвеевич Попов жил в станице Марьянской, занимался пчеловодством. Став министром, писала газета «Труд», Щелоков приказал начальнику УВД Краснодарского крайисполкома подыскать Попову жилье и работу. Попов продал дом и пасеку в родной станице за сорок тысяч рублей и переехал в Краснодар. В 1967 году Попов, которому было за шестьдесят (в этом возрасте в органах внутренних дел уже отправляют на пенсию), был принят на службу в краевое УВД, получил звание майора и должность начальника хозяйственного отдела.

На имя тестя приобрели прекрасную и дорогую дачу в подмосковном Болшеве. Дачу приобрели у эстрадного певца Эмиля Яковлевича Горовца, который всего за два года до этого купил ее у одного генерала. Горовец исполнял тогда весь основной советский репертуар, начиная с «Я шагаю по Москве», зарабатывал очень много, поэтому смог заплатить генералу столько, сколько тот требовал. Задавать вопрос, откуда такие деньги у министра внутренних дел, наивно.

Эмиль Горовец добивался выезда в Израиль. Его не выпускали. Вопрос решился в 1974 году, когда министра заинтересовала его дача. Разрешение на выезд давал отдел виз и регистраций Министерства внутренних дел.

— Если бы Щелоков не купил мою дачу, — рассказывал Горовец, оказавшись за границей, — я бы не уехал. Как только Щелоков купил мою дачу, меня тут же выпустили. Приезжал его сын Игорь на «мерседесе». После покупки Щелоков позвонил мне домой, сказал, что документы оформлены...

Помимо этого Попов занимался у себя дома подсобным промыслом — покрывал хромом металлические кровати. После его смерти жена Щелокова Светлана Владимировна велела местным сыщикам обшарить отцово жилье — у него должны были храниться большие деньги или ювелирные изделия. Сотрудники милиции искали три дня, пока не обнаружили сотенные ассигнации в трубках раскладушки.

Когда Щелокова сняли с поста министра и было возбуждено уголовное дело, следователи писали:

«Щелокову переданы антикварные ценности на сумму 248,8 тысячи рублей, являющиеся вещественными доказательствами по уголовному делу валютчика Акопяна М.С.

Первоначально уникальные шкафчики из наборного дерева, картины, кресла, большая часть изделий из фарфора и серебра были поставлены на госдачу № 8 в Серебряном Бору.

Некоторые антикварные ценности: скульптурная фигура «Бегемот» из нефрита с золотыми стопами (ориентировочная стоимость 15 тысяч рублей), стакан из камня — нефрит, печатка в виде пасхального яйца, фарфоровая группа «Бегство Наполеона из России» и девять различных предметов из серебра — на общую сумму 42 тысячи рублей — были переданы непосредственно Щелокову и хранились у него в комнате отдыха при служебном кабинете.

В ноябре 1979 года по распоряжению Щелокова Н.А. все указанные ценности с дачи и из комнаты отдыха перевезены на служебную квартиру на улице Герцена. В дальнейшем многие предметы, как имеющие высокую художественную ценность, переданы в музей Кремля, Останкинский дворец-музей и другие музеи».

Об этих ценностях министр узнал от начальника главного управления по борьбе с хищениями социалистической собственности и приказал своему хозяйственнику генералу Калинину доставить ему конфискованные ценности.

А оформили это самым простым образом.

Щелоков написал письмо министру финансов и получил разрешение оставить эти ценности в музее МВД как «представляющие профессиональный интерес», хотя по закону их полагалось обратить в доход государства.

В 1971 году Щелоков был в Армении. Ему понравилась картина Мартироса Сарьяна «Полевые цветы». МВД Армении купило эту картину за десять тысяч рублей и вручило ее Щелокову. Картину повесили на даче министра. А журнал «Советская милиция» написал, будто бы Сарьян подарил картину министерству и она хранится в Центральном музее МВД.

Министр собирал картины, его жена предпочитала антиквариат. 26 ноября 1980 года у Щелокова был юбилей — семьдесят лет. Республиканских министров предупредили, что лучший подарок министру — хорошая картина. Руководитель одного из отделов ЦК КПСС рассказывал мне, что видел своими глазами, как в тот день в приемной министра стояла очередь генералов с картинами в руках.

Накануне юбилея Юрий Чурбанов спросил у министра:

— Члены коллегии интересуются, что вам подарить к семидесятилетию?

— А что вы можете? — деловито спросил Щелоков.

Чурбанов сказал, что они намерены скинуться и купить ему подарок.

— Не надо сбрасываться, — отмахнулся Щелоков, — Калинин сам все организует.

Генерал-майор Виктор Калинин был начальником хозяйственного управления министерства. Он действительно все «организовал»: нашел в Гохране золотые швейцарские часы с цепью, часы передали на Московский экспериментальный ювелирный завод для реставрации и выставили для продажи в магазине «Самоцветы». То есть на прилавок они даже не попали — генерал Калинин купил их от имени министерства. Часы стоили четыре тысячи рублей.

В десять утра члены коллегии пришли к министру, вручили ему эти золотые часы. После поздравления всех обнесли шампанским. Позднее выяснилось, что приобретались часы как подарок МВД СССР генеральному секретарю ЦК компартии Чехословакии, президенту республики Густаву Гусаку, который их так и не увидел. В 1986 году бывший генерал Калинин — за хищение государственных средств в особо крупных размерах — был приговорен к двенадцати годам лишения свободы. Отсидел девять лет...

Щелоков потом утверждал, что именной гравировки на часах не было, и он их передарил другому человеку, но называть его имя считает неудобным. Говорят, что в многотомном деле, заведенном на Щелокова, будто бы есть фотография, на которой министр вручает эти часы Брежневу...

Когда началось «дело Щелокова» и стали писать о том, как министр с большой выгодой для себя использовал служебное положение, то узнали и о спецмагазине, в котором продавались импортные товары, которые хозяйственники министерства получали через внешнеторговые объединения «Разноэкспорт» и «Центросоюз»: магнитофоны, телевизоры, обувь, одежда. Товары в «Разноэкспорте» отбирала семья Щелокова, после этого образцы поступали в магазин, и там оформлялась покупка.

Писали, что формально магазин предназначался для оперативного состава. Фактически им пользовалась только семья министра — жена, дочь Ирина, невестка Нонна... Туда же ходил Юрий Чурбанов, если ему что-то требовалось. В реальности спецмагазинов для членов коллегии МВД было несколько. Когда вокруг имени Щелокова начался скандал, то закрыли только магазин, которым пользовался сам министр. Остальные спецмагазины остались. Один бывший заместитель министра внутренних дел говорил мне, что ассортимент товаров в магазине МВД был лучше, чем в знаменитой двухсотой секции ГУМа, где закупали импортные товары представители высшей номенклатуры. А продукты руководители министерства заказывали прямо по телефону — причем этим занимались не сами генералы, отягощенные служебными делами, а их жены.

В аппарате МВД заботились о своем руководстве и после Щелокова. От такого наследства генералам отказываться не хотелось. С утра ко всем заместителям министра приходил врач: мерил давление, слушал сердце. Через день им делали массаж — прямо в кабинете. Две массажистки по очереди приводили их в рабочее состояние. В МВД платили хорошие деньги — в сравнении с партийным аппаратом. Скажем, первый заместитель заведующего отделом ЦК получал 650 рублей, а став заместителем министра внутренних дел — 1350, то есть вдвое больше. В МВД платили за звание, за выслугу лет и так далее.

Помимо зарплаты и надбавок заместителю министра полагалось еще двадцать восемь рублей «пайковых», то есть деньги на питание как военнослужащим. Поразительным образом покупательная способность этих двадцати восьми рублей была такова, что позволяла заместителю министра ежедневно бесплатно обедать в столовой для начальства, а его секретарю получать в спецбуфете чай, кофе, печенье и сигареты, чтобы ублажать своего шефа и его гостей.

Николай Анисимович Щелоков мог бы благополучно перейти на пенсию или числиться консультантом МВД и нянчить внуков, если бы не Андропов. Юрий Владимирович ненавидел Щелокова. Соратники председателя КГБ уверяют, что министра внутренних дел Андропов в своем кругу именовал «жуликом» и «проходимцем».

В чем причина ненависти Андропова к Щелокову? В желании покарать коррупцию, которая расцвела при Щелокове? Или это было соперничество двух силовых ведомств?

Генерал Виктор Иваненко, который в те годы работал в инспекторском управлении КГБ, считает так:

— С Щелоковым у Андропова шла борьба за власть, за влияние, за доступ к телу генерального секретаря. Это чувствовалось. Но было и ощущение, что надо взрывать это застойное время. Нужны были кричащие примеры сращивания с преступным миром, коррупции. Наступил момент, когда спросили: у кого что есть? Выяснилось, что на Щелокова есть материал.

— А в КГБ и раньше говорили, что за Щелоковым что-то тянется?

— Слухи были. Милиция занималась черновой, грязной работой. В белых перчатках там не поработаешь. Я часто работал в совместных оперативно-следственных группах и с уважением к ним относился. Вместе с тем их соприкосновение с уголовной средой, с грязью подрывало иммунитет самих органов. К началу восьмидесятых появилась статистика, которая свидетельствовала о том, что в органах неблагополучно...

— Андропов хотел избавиться от человека, который мог влиять на Брежнева, — считал бывший член политбюро Александр Яковлев. — Власть вся была коррумпирована, почему он выбрал себе только один объект, достойный борьбы? Почему других не посмел тронуть?

Была не одна причина для постоянного недовольства Андропова поведением Щелокова. Николай Анисимович придерживался куда более либеральных взглядов, чем председатель КГБ. Когда в ноябре 1970 года Андропов вместе с генеральным прокурором Романом Руденко предложили лишить писателя Александра Солженицына гражданства и выслать из страны, Щелоков обратился к Брежневу с личным письмом. Он напоминал о множестве ошибок, совершенных в отношении талантливых людей. Напомнил о судьбе Бориса Пастернака.

«Надо не публично казнить врагов, а душить их в своих объятиях, — советовал Щелоков генеральному секретарю. — Это элементарная истина, которую бы следовало знать тем товарищам, которые руководят литературой... За Солженицына надо бороться, а не выбрасывать его. Бороться за Солженицына, а не против Солженицына».

Вмешательство министра внутренних дел в дела, которые Андропов считал своей прерогативой, да еще с «голубиных» позиций, Щелокову даром не прошло.

Николай Анисимович покончил с остатками сталинского крепостничества. Постановлением ЦИК и СНК от 27 декабря 1932 года крестьянину запрещалось покидать деревню. Постановление Совнаркома от 28 апреля 1933 года запрещало выдавать паспорта «гражданам, постоянно проживающим в сельских местностях», то есть крестьянам, с тем чтобы не дать им возможность уйти из деревни.

Крестьянина советская власть держала на положении крепостного, потому что без паспорта нельзя было устроиться ни на учебу, ни на работу. Крестьяне могли уехать, только получив справку из сельсовета или от председателя колхоза. Только в 1958 году им стали давать временные паспорта. Окончательно право на паспорт крестьяне получили, когда 28 августа 1974 года по инициативе Щелокова появилось постановление ЦК и Совмина «О мерах по дальнейшему совершенствованию паспортной системы в СССР».

Щелоков предлагал убрать из паспорта графу «национальность» и отменить институт прописки, потому что человека, отбывшего наказание, не прописывали к семье, а потом опять сажали за нарушение паспортного режима... Но в ЦК министра не поддержали.

У Андропова была еще одна причина не любить Щелокова.

Много лет Юрий Владимирович добивался, чтобы КГБ получил право «контрразведывательного обеспечения органов внутренних дел», то есть контролировать министерство так же, как комитет контролирует вооруженные силы.

Когда в 1966 году восстановили союзное Министерство внутренних дел, то в решении политбюро не указали, что комитет государственной безопасности берет на себя «контрразведывательное обслуживание» органов внутренних дел. Особисты получили право действовать только во внутренних войсках МВД. Еще действовала инерция хрущевского пренебрежения органами госбезопасности, да и тогдашний председатель КГБ Владимир Ефимович Семичастный — в отличие от своего преемника — не был сторонником тотального контроля.

Министерство внутренних дел формально оказалось вне зоны действия комитета госбезопасности. Чекисты не имели права следить за тем, что происходит внутри МВД, заводить там агентуру. Когда КГБ возглавил Андропов, он поставил вопрос о том, что Министерству внутренних дел «нужно помогать». Но Щелоков, пользуясь особыми отношениями с Брежневым, успешно отбивал атаки КГБ. Министр говорил, что министерство само в состоянии проследить за порядком в собственном хозяйстве. Однажды Щелокову даже пришлось поставить этот вопрос на коллегии МВД: может быть, нам нужна помощь товарищей из КГБ? Почти все выступили против, считая это возвращением к методам 1937 года.

В составе министерства приказом Чурбанова было создано управление особых отделов МВД, это была своего рода служба собственной безопасности, единственная, к которой КГБ не имел отношения. Андропова и его подчиненных независимость Щелокова бесила.

В июне 1969 года министр Щелоков отправил секретарю ЦК по идеологии Петру Ниловичу Демичеву жалобу на киностудию «Ленфильм», где сняли картину «Амнистии не подлежит».

«В качества матерого врага Советской власти, — писал Щелоков, — предателя Родины, резидента иностранной разведки в этом фильме выступает начальник районного отдела милиции. Вызывает справедливое возмущение не только злостное искажение облика работника милиции, но и очевидная фальсификация действительности. В истории советской милиции не было случая, чтобы ее руководящий работник стал бы агентом империалистической разведки.

Обращает на себя внимание вредная тенденция сюжета, которая фактически противопоставляет органы КГБ, разоблачившие предательскую деятельность работника милиции, органам внутренних дел...»

Демичев поручил отделу культуры ЦК разобраться, и Комитет по делам кинематографии приказал киностудии «Ленфильм» картину переделать в соответствии с замечаниями министра внутренних дел. Фильм вышел на следующий год под другим названием.

Юрий Владимирович жаловался, что Брежнев запретил ему докладывать вопросы, связанные с Щелоковым и Министерством внутренних дел. Разумеется, ничего нельзя было сказать и о Чурбанове.

Один из помощников Андропова Игорь Синицын говорил мне, что Юрий Владимирович был до крайности осторожен и щепетилен. Он ничего не брал сверх того, что ему было положено, и категорически отказывался от подарков. Андропов сразу же сумел правильно поставить себя в комитете. К пятидесятилетию КГБ в декабре 1967 года многоопытный Семен Кузьмич Цвигун послал домой новому председателю ящик коньяку. Жена Андропова Татьяна Филипповна сказала посланцу:

— Передайте Семену Кузьмичу, что у Юрия Владимировича не будет возможности воспользоваться этим коньяком. Так что везите ящик обратно.

Об этом стало известно в комитете, и подарков председателю больше не возили.

К его шестидесятилетию в здание на Лубянке было доставлено огромное количество подарков, среди которых были и уникальные, скажем дивной работы чешский хрусталь — презент от чехословацкого лидера Густава Гусака. Все подарки собрали в здании коллегии КГБ. Юрий Владимирович их с удовольствием осмотрел и оценил. Он повернулся к заместителю по финансово-хозяйственным делам — генерал-лейтенанту Ардалиону Николаевичу Малыгину, бывшему заведующему сектором отдела административных органов ЦК КПСС, и сказал:

— Это подарки не мне, а моей должности. Отправь все это в спецбуфет.

Его тогдашний помощник Игорь Синицын заметил:

— Себе ничего не взял. А перед ним отмечал юбилей один из его заместителей. Тому подарки отправили на дачу.

Такая же щепетильность у Андропова была и в других вопросах — хозяйственных, бытовых. Тяга Щелокова к красивым и дорогим вещам, приобретаемым скользкими путями, несомненно, вызывала у Андропова презрение. Но было и другое. Юрию Владимировичу не нравилось, что долгие годы рядом с ним существовал другой центр силы, не подконтрольный КГБ. Щелоков тоже имел прямой выход на Брежнева и старался ни в чем не отставать от Андропова.

Но Андропов стал членом политбюро. Министр внутренних дел не мог подняться на партийный олимп. Щелоков завидовал Андропову и считал, что созрел для более высокой должности. Тем более что рано или поздно ему предстояло передать кресло министра Чурбанову. А может быть, Щелоков чувствовал подстерегающую его опасность и пытался уйти из МВД, чтобы спастись от неприятностей.

Леонид Замятин, заведовавший отделом внешнеполитической пропаганды ЦК, рассказывал, как он ждал приема у Брежнева. У него был срочный вопрос к генеральному секретарю. Из кабинета вышел Константин Устинович Черненко, сказал Замятину:

— Подожди, пусть Леонид Ильич со Щелоковым поговорит.

Замятин озабоченно спросил:

— Что-то случилось в стране?

Черненко хмыкнул:

— Он просит у Леонида Ильича место секретаря ЦК по общим вопросам.

Замятин засмеялся:

— Зачем ему? Он же министр внутренних дел.

Черненко объяснил Замятину:

— Щелоков просит Брежнева сделать его секретарем ЦК, чтобы поскорее уйти из МВД. Что-то у него там не так...

Но Брежнев не сделал Щелокова секретарем ЦК.

Рассказывали мне и другую историю.

В отделе административных органов уже был составлен проект решения политбюро о назначении Щелокова заместителем председателя Совета министров СССР. Брежнев с ним разговаривал, и Щелоков принял предложение с воодушевлением. Ему собирались — чтобы разгрузить Леонида Ильича — передать кураторство над всеми силовыми ведомствами, кроме, разумеется, КГБ и Министерства обороны, ими занимался сам генеральный секретарь. Но Брежнев умер раньше, чем это решение было принято.

О смерти своего покровителя 10 ноября 1982 года Щелоков узнал одним из первых. Ему позвонил секретарь ЦК Михаил Васильевич Зимянин и приказал отменить праздничный концерт. Выступая по случаю Дня милиции, министр уже не упоминал Брежнева.

12 ноября пленум ЦК КПСС избрал новым генеральным секретарем Юрия Владимировича Андропова. Поздно вечером, после пленума на дачу к новому генсеку приехали его личный врач и начальник кремлевской медицины академик Чазов. Первые слова Андропова касались судьбы Щелокова:

— Чебрикова поставим во главе КГБ. Федорчука переведем министром внутренних дел. Он человек жесткий, может навести порядок. Щелокова пока освободим от занимаемой должности.

Помощники Андропова предложили перевести Щелокова председателем одной из палат Верховного Совета — пост безвластный, но приятный. По словам Александрова-Агентова, Юрий Владимирович ответил очень жестко:

— Это же настоящий, прожженный жулик, разве вы не понимаете?

Щелоков сам позвонил Андропову. Его немедленно соединили. Андропов сказал, что Щелокову пора покинуть министерство. Одним выстрелом Юрий Владимирович убил трех зайцев: положил конец блистательной карьере Щелокова, которого ненавидел, убрал из КГБ Федорчука, который не был его человеком, и сделал хозяином Лубянки лично преданного ему Виктора Михайловича Чебрикова.

Через месяц после прихода Андропова к власти, 17 декабря, Щелоков перестал быть министром. Его определили в группу генеральных инспекторов Министерства обороны. Он имел на это право как генерал армии. Это была не работа, а синекура. За маршалами и генералами армии сохраняли прежнее содержание, кабинет, машину, дачу, адъютанта, и они могли писать мемуары. Но Николай Анисимович не успел насладиться своим новым местом. Новый генеральный секретарь Юрий Андропов приказал партийным инквизиторам и людям из КГБ заняться Щелоковым.

В аппарате госбезопасности Щелокова никогда не любили.

Начальник московского КГБ Виктор Алидин вспоминал, как в 1975 году террористы захватили самолет Як-40, выполнявший рейс Москва—Минск, и потребовали доставить их в Стокгольм. Самолет посадили во Внукове под предлогом дозаправки. Там же в правительственном зале находились министр внутренних дел Щелоков и первый заместитель председателя КГБ Семен Цвигун. Они когда-то вместе работали в Молдавии.

Террористы требовали дать им полтора миллиона долларов и отправить в Стокгольм. Цвигун и Щелоков приняли решение, чтобы не допустить жертв, выпустить самолет за границу. Как выяснилось, бандитов было четверо, вооружены они были охотничьими ружьями и обрезами. Алидин проявил инициативу, доложил Андропову по телефону, что надо их захватить. Группу захвата возглавил начальник Московского уголовного розыска. Двух бандитов убили, двух захватили.

Тут, вспоминает Алидин, появился министр внутренних дел Щелоков.

«Оценив обстановку и определив, что здесь больше делать нечего, он сказал мне:

— Следуем вместе с захваченными террористами на Петровку.

Я почувствовал, что начинается дележка лавров. Так не хотелось этого. И я ответил Щелокову:

— Заедем сначала в наше служебное помещение, я должен доложить о выполнении операции Юрию Владимировичу.

Он с неохотой согласился.

Я позвонил Андропову, доложил обстановку и сказал о предложении Щелокова везти бандитов на Петровку. Председатель КГБ, выслушав меня, ответил:

— Пусть везет».

КГБ давно подбирался к Щелокову.

Бывший первый заместитель председателя КГБ Филипп Денисович Бобков вспоминает:

«Однажды нам удалось раскрыть преступление, связанное с продажей икон за границу: крупный делец, ворочавший огромными деньгами, сумел переправить за рубеж немало ценностей. Заняться одним из этапов его «деятельности» в Челябинске было поручено следователю по особо важным делам МВД СССР. Он тщательно изучал иконы, производил опись, отбирал наиболее редкие и дорогие.

Некоторые его действия показались подозрительными, похоже было, сам он каким-то образом заинтересован в этом деле. Решили пойти на риск и произвести у него обыск. Получив санкцию прокурора и заместителя министра внутренних дел СССР Бориса Шумилина, обыскали служебный кабинет следователя, затем его квартиру и обнаружили там украденные иконы. Оказалось, часть их он предназначал Щелокову, убежденный, что тот защитит его в случае провала.

Ну а что Щелоков? Он просто промолчал, словно это его не касалось, и даже никак не отреагировал на обыск, произведенный в здании МВД СССР, на Огарева, 6.

О происшедшем Андропов доложил Брежневу, и на этом все кончилось».

Московское управление КГБ арестовало одного человека по делу о контрабанде. Тут выяснилось, что принадлежащий ему антикварный мебельный гарнитур стоимостью более сорока семи тысяч рублей с мебельной фабрики, где шла реставрация, отвезли на квартиру Щелокова. Сделал это начальник отдела ХОЗУ МВД.

Начальник московского КГБ Виктор Алидин доложил Андропову. Он взволнованным голосом ответил:

— Виктор Иванович, ты ставишь меня в тяжелое положение. Ну, что я могу сказать по этому делу? Поговори сам со Щелоковым, ведь ты его знаешь давно, еще по работе на Украине.

Встреча состоялась. Алидин рассказывал Щелокову о фактах сращивания работников милиции с преступными элементами, доказывал, что необходима система оперативного обслуживания органами КГБ Министерства внутренних дел, чтобы выявлять преступные элементы. Щелоков обещал подумать. И тогда Алидин сказал:

— Николай Анисимович, ваш подчиненный незаконно вывез антикварную мебель, принадлежащую лицу, находящемуся у нас под следствием, и доставил к вам на квартиру. Я прошу, желательно к вечеру, вернуть мебель по принадлежности. В противном случае мы будем вынуждены принять меры к вашему подчиненному.

Щелоков растерялся и обещал все вернуть. Вечером он позвонил Алидину и сообщил, что сдал мебель. Алидин доложил Андропову. На этом история закончилась.

Высокопоставленных врагов у Щелокова набралось порядочно. А расследованием его дел занялся новый министр — Виталий Федорчук. Помогал Федорчуку заместитель по кадрам генерал-лейтенант Василий Яковлевич Лежепеков, который до этого был начальником политуправления пограничных войск, потом заместителем председателя КГБ по кадрам.

Андропов отправил его в МВД со словами:

— Там развелось много гнили — нужно почистить.

Юрий Владимирович распорядился укрепить кадровый состав министерства офицерами КГБ. 27 декабря 1982 года политбюро приняло решение откомандировать на укрепление МВД сто офицеров госбезопасности «из числа опытных руководящих оперативных и следственных работников». Но сотрудники госбезопасности переходили в органы внутренних дел неохотно. Андропову пришлось лично этим заниматься. Он позвонил начальнику московского управления госбезопасности Алидину домой и попросил направить в МВД хороших чекистов:

— Работать им, имей в виду, предстоит лет пять, не меньше.

В Ленинграде начальником милиции сделали заместителя начальника управления КГБ Анатолия Алексеевича Куркова. Представлять его приехал сам новый министр Федорчук. В качестве компенсации Курков получил генеральские погоны. С ним в управление внутренних дел на различные руководящие должности перешло еще два десятка чекистов.

Желания уходить с чекистской работы на милицейскую — даже на повышение — ни у кого не было. Возможно, поэтому на новом поприще почти никто не преуспел. Мало кто из чекистов задержался в МВД, большинство ушло при первой возможности. Кадровые работники госбезопасности, писал бывший начальник уголовного розыска страны Игорь Карпец, знали оперативную работу и следствие, но были воспитаны в пренебрежении к «быдлу» —

милиции. Окунувшись в грязь, которую приходится чистить милиции, вынужденные на новой работе пахать, к чему они не привыкли, и получать выговоры за «плохую раскрываемость», чекисты стремились побыстрее вернуться обратно, откуда пришли.

После ухода Щелокова, 9 августа 1983 года, Андропов, наконец, провел через политбюро решение «о контрразведывательном обеспечении МВД СССР, его органов и внутренних войск». В третьем главном управлении КГБ (военная контрразведка) сформировали управление «А», которое присматривало за милицией. Появилось и управление особых отделов КГБ по внутренним войскам МВД СССР.

Формально чекисты должны были выявлять иностранных шпионов, проникших в органы внутренних дел, и сражаться с коррупцией. В реальности они старались взять под полный контроль своих недавних соперников. Ни одного шпиона в органах внутренних дел не нашли. Рассказывают, что Федорчук, который всю жизнь провел в контрразведке, установил слежку даже за своими заместителями в Министерстве внутренних дел. При Щелокове такого не было. Федорчук обзавелся собственной агентурой. Каждый день к нему приходили люди из аппарата и докладывали, кто из замов чем занимается.

Тогдашний начальник управления связи МВД СССР полковник Геннадий Сергеевич Громцев, как профессиональный связист, сразу определил, что его телефон поставлен на прослушивание, — профессиональное ухо улавливает еле слышные щелчки подключения. Громцев предупредил жену:

— Перестань болтать по телефону всякую чепуху.

Подозрительный Федорчук опасался, что теперь и его самого подслушивают. Раздраженный министр вызвал к себе полковника Громцева.

Тот вошел, по-армейски доложил:

— Товарищ министр, начальник управления связи полковник Громцев по вашему приказанию прибыл!

Федорчук поднял голову. Выражение лица брезгливо-раздраженное.

— Ишь, какой холеный полковник. — И тут же закричал: — Бездельник! Если связь и дальше будет так же плохо работать, можешь сюда больше не заходить! Иди сразу в управление кадров за бегунком!

И через слово — мат.

Федорчука раздражала система внутренней связи, существовавшая в министерстве. Когда он, нажав кнопку на пульте прямой связи, соединялся с кем-то из начальников управлений, то слышал какие-то шорохи и скрипы. Он пришел к выводу, что аппарат МВД его прослушивает. В реальности у министерства не было таких технических возможностей. Прослушиванием занимались только недавние подчиненные Федорчука на Лубянке. И действовали они по его указанию. Один из партийных работников, переведенный в МВД, в первый же день установил, что прослушиваются все его телефоны. Человек опытный и знающий, он сразу позвонил начальнику третьего главного управления КГБ, которое курировало МВД:

— Ты зачем меня прослушиваешь? Я ведь не включен в этот список...

Существовал список чиновников, чьи телефоны подлежат «оперативному техническому контролю». В ЦК прослушивали всех сотрудников до уровня заместителя заведующего отделом. К телефонам высокопоставленных аппаратчиков подключались только по особому распоряжению.

Начальник третьего главка засмеялся:

— Ладно, ладно, снимем с тебя прослушку.

Действительно сняли, а заодно убрали еще два жучка, которые были установлены в служебном кабинете замминистра. Люди знающие уверяют, что Федорчук сам слушал записи разговоров интересовавших его людей.

При Федорчуке в МВД стали процветать анонимки, доносы.

Возле дома на Мосфильмовской улице, где жило много сотрудников министерства, поставили фургон с группой наружного наблюдения. Следили за тем, кто на какой машине ездит, кого подвозит, с кем утром выходит из дома, с кем возвращается с работы и когда.

Щелоков и Чурбанов анонимщиков не любили, считали, что сами знают свои кадры. Если Чурбанову приносили донос, он мог брезгливо отбросить такую бумагу:

— Помните ее хорошенько и можете сходить в туалет.

При Федорчуке стали составлять списки тех, у кого есть дачи и машины и чьи родственники служат в системе МВД. Наличие дачи или машины считалось достаточным основанием для увольнения. Если находили родственника в милиции, говорили:

— Выбирайте, кто из вас уходит из системы.

Виталий Васильевич пришел с задачей разогнать «щелоковское» руководство МВД и намеревался выполнить указание генерального секретаря. Смягчить его сердце было невозможно. Даже лесть не помогала. Заместитель начальника хозяйственного управления МВД забежал вперед и предупредительно распахнул перед министром входную дверь. Федорчук пробурчал:

— Первый раз вижу швейцара в генеральском мундире.

Генералу предложили подать рапорт об увольнении.

Федорчук безжалостно изгонял людей из органов и уволил в общей сложности чуть ли не девяносто тысяч человек. За глаза его именовали «чистильщиком». Милиция стонала. На руководителей МВД пришло тридцать тысяч жалоб, писали генеральному секретарю, просили защитить их от произвола министра. Главный кадровик министерства генерал Лежепеков считал, что они с министром действовали правильно:

— Многих из уволенных отдали под суд. Из руководящего состава уволили человек сто восемьдесят по отрицательным мотивам. Федорчук докладывал в ЦК о срастании коррумпированных элементов милиции с мафией.

Федорчук и его помощники закрыли важные аналитические службы, отказались от профилактики преступлений. В главном управлении уголовного розыска сменили все руководство, всех начальников отделов, разогнали лучших сыщиков страны, которые работали в группе старших инспекторов по особо важным делам. Группу просто ликвидировали. Двое разыскников высшего класса покончили с собой — после беседы с новыми руководителями управления кадров МВД. В таких случаях полагается проводить расследование. В министерстве решили расследование не проводить.

Министр Федорчук, вспоминает профессор Игорь Карпец, сформировал комиссию, которой поручил изъять из ведомственных библиотек системы внутренних дел книги и брошюры, написанные теми, кто попал в черный список. Книги было приказано сжечь... В черный список попали и работы профессора Карпеца, но именно в этот момент ему присудили Государственную премию.

После ухода Федорчука многих и многое в МВД восстановили, но действовали крайне осторожно, боясь обвинений в «щелоковщине». Убрали из министерства и генерала Василия Лежепекова — он переусердствовал в чистке кадров. Снял Федорчука Михаил Сергеевич Горбачев. Не потому что тот свирепствовал у себя в министерстве, а потому что Федорчук когда-то собирал оперативные материалы и на самого Михаила Сергеевича.

Партийное дело завели не только на Щелокова, но и на первого секретаря Краснодарского крайкома Сергея Медунова. Он был хозяином края с 1973 года. Когда Брежнев стал вспоминать военные годы и свои подвиги, то больше всех от этого выиграл Медунов. Знаменитая «Малая земля», где воевал полковник Брежнев, находилась на территории Медунова. Первый секретарь крайкома позаботился о том, чтобы подвиг Брежнева был достойно увековечен. Брежнев приехал в Новороссийск, растрогался, обнял Медунова.

Об успехах Кубани писали постоянно. На партийном съезде Медунов обещал собрать миллион тонн риса. Построили искусственное водохранилище, затопили дома, людей переселяли в другие места. Весь край работал на этот миллион — в жару по колено в воде, чтобы Медунов мог доложить о своем успехе. Он получил «Золотую Звезду» Героя Социалистического Труда. Потом выяснилось, что обещанный миллион — это липа. Поля загубили.

Михаил Сергеевич Горбачев вспоминает: «При Медунове стали реанимироваться и особые, я бы назвал их кубано-местнические, настроения... Культивирование мысли о том, что кубанцы — люди особого склада, имеющие не только особые заслуги, но и особые права и преимущества по сравнению с другими...»

В крае происходили немыслимые по тем временам вещи. Об этом напомнил журнал «Люди», где составили полное описание «медуновщины». Знаменитое в те годы «рыбное дело» началось с ареста директора сочинского магазина «Океан» Арсена Пруидзе. Дальше пошло как по маслу:

«Вячеслав Воронков, мэр города Сочи (тайники с перстнями и бриллиантами, квартира с фонтаном и камином, автомобиль «форд», праздники с цыганами, брюнетками и шатенками в Рыцарском Замке, «я допустил перерождение и невыдержанность», тринадцать лет с конфискацией имущества);

секретарь Сочинского горкома партии Александр Мерзлый и начальник управления общественного питания Валентина Мерзлая по прозвищу «Шахиня» («групповуха» с немками на берегу моря, кража оружия у пограничников, присвоение автомашин, бесплатное строительство дачи, приписки, собирание взяток с работников торговли, арест, симулирование психического заболевания, по пятнадцать лет лишения свободы с конфискацией имущества);

секретарь крайкома Тарада (добровольная сдача следствию ценностей на 750 тысяч рублей, признание взяток от ста человек, три тайника — на кухне, в сарае, в курятнике, взялся помочь следствию, умер от инсульта в Лефортовской тюрьме);

управляющая трестом столовых и ресторанов Геленджика Бэлла Бородкина по прозвищу «железная Бэлла» (взятки на один миллион рублей, расстрел);

первый секретарь горкома партии Геленджика Погодин (исчез);

председатель Хостинского райисполкома Логунцов (был допрошен как свидетель, вернувшись домой, написал письмо сыну, обмотал себя проводами и воткнул их в электрическую сеть)...»

Вот такая беседа с Медуновым состоялась у корреспондента журнала «Люди»:

— Я сыну Жорику машину купил пополам с тестем, «Жигули», в северном исполнении, утепленную, — он же болел у меня. Тарада написал, что вызывает Медунов и говорит: «Сыну машину надо купить. Сын больной. А денег нет». Тарада якобы сходил за деньгами и положил мне в ящик стола конверт, а в нем — шесть тысяч. Это клевета! Это ложь!

Тараду назначили в Москву заместителем министра, так он свой хрусталь и ковры грузовиками перевозил и в Москве на взятке попался, а деньги его из-под земли вырыли, четыреста пятьдесят тысяч, уже желтеть начали.

И в тюрьме начал на сокамерников стучать — там его и убили.

— До сих пор неизвестна судьба Погодина, первого секретаря горкома партии Геленджика. Он исчез, как утверждают, после разговора с вами. Одни сочиняют, что Погодина вывезли на подводной лодке за границу. Другие пишут, что его «убрал» местный КГБ по вашему указанию...

— Это неправда. Погодин был беспринципный, и бабская сторона его губила. Он с армянкой, директором школы, сожительствовал, но не разводился с женой. Армяне грозились его убить. Но жена жалобы не подавала. Погодин приехал на пленум крайкома и после пленума уехал в Геленджик. Звонят оттуда: до сих не приехал, где? Начали искать. Кто-то видел ночью, как Погодин пешком шел по городу. Был слух, что ушел он в Австралию, как раз австралийское научно-исследовательское судно в ту ночь отчалило. Я думаю, вот что могло быть: либо кто-то вывез его в море и утопил, или в каньон бросили, а за ночь шакалы съели. Так и отец его погиб, и косточки не нашли. Наш КГБ Погодина очень активно искал.

— А что скажете про Бэллу Наумовну Бородкину, «железную Бэллу» из Геленджика?

— Она с немцами сожительствовала, голой на столе плясала, а ее пригрел Погодин и Главкурортторг. Воровала, гадина, по всем статьям! К ней уже тогда бандиты подъехали, поставили к стене, все забрали. Ко мне пришел Погодин: у нас в Геленджике сдается дом, давайте дадим квартиру Бородкиной! Я отказал: ни в коем случае, у нее же свой дом есть, пусть его продаст, потом подумаем. Она и мне автомашину с продуктами подсылала, но я отправил назад. Но тронуть Бородкину было трудно: она опекала семью члена политбюро Кулакова, бесплатно кормила их...»

Судьба первого секретаря Геленджикского горкома партии Николая Федоровича Погодина так и осталась загадкой. Он исчез бесследно. Бэллу Наумовну Бородкину за хищения социалистической осбственности приговорили к высшей мере наказания. Только в Геленджике несколько десятков местных руководителей были приговорены к различным срокам тюремного заключения. Такие аресты прошли и в Сочи. Руководители городской торговли и общественного питания назвали имя своего покровителя —

Анатолия Георгиевича Тарады, секретаря крайкома. Он получал деньги за то, что прикрывал существовавшую в крае теневую экономику, в основном подпольные цеха, которые гнали «левую» продукцию. Благодарные «цеховики» передавали ему деньги, а он делился с остальными. Говорят, что на следствии Тарада обещал назвать имена, но в ту же ночь умер в камере.

Первый секретарь крайкома понял, что расследование нужно остановить. Медунов твердо мог рассчитывать на генерального секретаря и его окружение. Однажды Медунова распекали на секретариате ЦК. Он вернулся в Краснодар. Ему позвонил Брежнев:

— Ты не переживай и не очень обращай внимание на случившееся. Работай спокойно.

Когда заведующий сектором отдела пропаганды ЦК Наиль Бариевич Биккенин приехал в Краснодар, Медунов со смыслом показал ему огромные фотоальбомы, на которых он был запечатлен вместе с Леонидом Ильичом. Имелось в виду, что делать какие-то замечания человеку, столь близкому к генеральному, по меньшей мере глупо.

Медунов доложил в Москву, что прокуратура «действует методами тридцать седьмого года». Вопрос в 1981 году разбирался на секретариате ЦК. О коррупции в Краснодарском крае доложил заместитель генерального прокурора и начальник следственного управления союзной прокуратуры Виктор Васильевич Найденов, высокопрофессиональный и принципиальный юрист.

Но на секретариате обсуждали не продажных краснодарских чиновников и их высоких покровителей, а прокуратуру. Найденову объяснили, что он занимается дискредитацией партийных кадров, и тут же освободили от должности. Вел секретариат Андрей Павлович Кириленко, он не пожалел злых слов в адрес Найденова.

Виктора Васильевича перевели в следственное управление МВД на унизительно низкую должность заместителя начальника отдела по расследованию уголовных дел о преступных посягательствах на грузы...

Сергей Медунов прославился тем, что распорядился превратить Краснодарский край в зону для некурящих. Курение было запрещено во всех общественных местах. Ничего из этого не вышло, но краснодарский опыт изучали по всей стране. Медунов отличался невиданным самодурством. Например, приказал бульдозерами снести все парники, в которых люди выращивали для себя овощи. О ситуации в крае написала газета «Советская Россия». На защиту Медунова бросилось партийное руководство, секретарь ЦК по идеологии Зимянин.

«Сколько гнева, — вспоминал тогдашний руководитель газеты Михаил Федорович Ненашев, — обрушилось на голову главного редактора со стороны Михаила Васильевича Зимянина за это, по его мнению, необдуманное выступление, которое, как замечено было в беседе, противоречит позиции ЦК КПСС».

В марте 1982 года Комитет партийного контроля отправил в секретариат ЦК записку «О многочисленных фактах взяточничества среди руководящих работников Краснодарского края». Ее не стали рассматривать, отправили в отделы ЦК для проверки. Все подтвердилось. В конце мая записка в обновленном варианте вновь поступила в секретариат ЦК. Надо было что-то делать, но Брежневу не хотелось обижать Медунова.

— Он руководитель такой большой партийной организации, — говорил Леонид Ильич, — люди за ним шли, верили ему, а теперь его под суд?

24 мая 1982 года Андропова избрали секретарем ЦК. Он получил у Брежнева согласие переместить Медунова на менее видную работу — был такой эвфемизм в партийной канцелярии. 23 июня Горбачев пригласил к себе находившегося в Москве посла на Кубе Виталия Ивановича Воротникова. Объяснил:

— Есть наметки относительно твоей работы. Насколько ты знаком с машиностроением и оборонным комплексом?

И заговорил о ситуации в Краснодарском крае:

— Медунов — совсем обнаглел.

Через две недели посла Воротникова отозвали с Кубы и велели немедленно вылетать в Москву. 19 июля в три часа дня Воротникова принял Андропов. В разговоре участвовали Горбачев и секретарь ЦК по кадрам Иван Капитонов.

— Речь идет о рекомендации вас первым секретарем Краснодарского крайкома партии, — сказал Андропов. — Медунова мы отзываем в Москву. В крае сложилась пренеприятная ситуация. Медунов, наконец, понял, что дальше там оставаться ему нельзя. Взяточничество, коррупция среди ряда работников различных сфер, в том числе среди партийного актива. Арестованы и находятся под следствием более двухсот человек.

На следующий день окончательное решение было принято на секретариате ЦК. Вел заседание Андропов.

— Медунова отзываем в распоряжение ЦК, — сказал Юрий Владимирович. — В крае выявлены многочисленные факты нарушения законности. Взяточничество среди руководящих работников, даже среди партийного актива. В Сочи, Геленджике, Краснодаре. Арестовано сто пятьдесят два человека, под следствием девяносто девять. Медунову неоднократно указывали на эти факты, однако он не реагировал, не воспринимал советов и критики, создавал трудности для следствия...

Медунов рассказывает об этом так:

— Меня пригласил к себе Горбачев, сказал: «Сейчас пойдем к Андропову. Разговор будет неприятный». Андропов объявил: «Время пришло отозвать вас в распоряжение ЦК и дать другую работу. Министерств свободных нет, пойдете пока заместителем». Ни упреков, ни объяснений. Все у меня внутри заклокотало. «Я пойду к Леониду Ильичу». — «А вот этого делать не надо. Леонида Ильича нам надо беречь». В Краснодаре собрали пленум, я простился... Всех предупредили, чтобы никаких вопросов.

Медунова назначили заместителем министра, он занимался заготовкой плодоовощной продукции. Все понимали, что это пересадочная станция. Но каким будет завершение этого пути? Многие были уверены, что Медунова ждет тюрьма. И ошиблись. Он лишился партбилета и работы, но не свободы. Он спокойно ушел на пенсию и даже сохранил «Золотую Звезду» Героя Социалистического Труда.

Перечень претензий к Медунову был не меньшим, чем к Щелокову. Но бывший краснодарский секретарь никого в политбюро не интересовал — не та фигура. А к Щелокову все-таки были личные счеты. И когда Андропов умер, о Щелокове не забыли.

Бывший помощник генерального секретаря Виктор Прибытков вспоминает, что окончательно разбираться со Щелоковым пришлось именно Черненко:

«Сложность этой разборки, в частности, заключалась в том, что родной брат Константина Устиновича — Николай Устинович — ходил у Щелокова хоть и не в первых, но в заместителях: в то время он заведовал системой высшего и среднего образования в МВД СССР — всеми учебными заведениями, вплоть до Академии МВД, что на Войковской, а также различными курсами, учебными пунктами и так далее...

(В реальности Черненко не был заместителем министра, а возглавлял управление учебных заведений и научно-исследовательских учреждений. — *Л. М.*)

И если Брежнев не мог (или не хотел) наказывать Щелокова лишь по той причине, что когда-то давным-давно они вместе работали в Молдавии, то Черненко (тоже работавший со Щелоковым в Молдавии) дополнительно был отягощен родственной связью с системой МВД. Но отношение Брежнева и Черненко к Щелокову, кажется, было куда сложнее... Однажды, когда вся страна с упоением вчитывалась в главы эпохальных произведений Брежнева «Малая земля», «Возрождение», «Целина», я задал неосторожный вопрос Константину Устиновичу:

— Не понимаю. Брежнев описывает молдавские годы, а про Щелокова ни слова. Отчего так случилось?

Черненко, не только читавший указанные произведения Брежнева, но и принимавший самое активное участие в их публикации, внимательно посмотрел на меня и ушел от прямого ответа:

— Есть кое-какие обстоятельства...»

Незадолго до июньского пленума 1983 года, который вывел Щелокова и Медунова из ЦК, Черненко показал своему помощнику заключение о Щелокове военной прокуратуры. Прибытков прочитал, что бывший министр «захапал в личное пользование несколько служебных «мерседесов», что не брезговал забирать к себе домой и на дачу, а также раздавать близким родственникам арестованные милицией вещественные доказательства и конфискованные произведения искусства и антиквариата...

Члены семьи Щелоковых были замечены в обмене в банках огромных сумм в потертых, захватанных, довольно ветхих рублях... Щелоков и его семья не гнушались деньгами, которые следователи ОБХСС вытряхивали из чулок и закопанных в землю бидонов своих «криминальных подопечных».

Деньги, изъятые в «теневой экономике» у созревших раньше перестройки «цеховиков» и «рыночных воротил», менялись на новые более крупные купюры, обращались в личный доход и без того не бедного министра...»

Николай Щелоков, еще оставаясь членом группы генеральных инспекторов Министерства обороны, как и Чурбанов, обращался за помощью к Черненко. Он надеялся, что Константин Устинович не бросит его в трудную минуту, ведь они оба были брежневскими людьми. Черненко его принял, но в помощи отказал.

«Щелоков, — вспоминает Прибытков, — появился в дверях черненковского кабинета в привычном мундире. Он был весь увешан наградами. Медали и ордена тонко потренькивали при каждом его, как мне казалось, несколько неуверенном шаге. Лицо Щелокова, покрытое багровыми пятнами, все равно оставалось общего землисто-серого цвета. Бывший министр, кажется, не замечал ничего и никого вокруг: он шел к двери по будто бы начерченной прямой линии. Руки его дрожали...»

Щелоков приносил Черненко справку о том, что он оплатил через банк стоимость двух «мерседесов», предназначенных для МВД, но оказавшихся в личной собственности семьи министра.

— Этим он хочет сказать, что не надо рассматривать его вопрос на пленуме. — Черненко говорил с одышкой — его душила не столько астма, сколько гнев. — Как он мог? — несколько раз повторял Черненко один и тот же вопрос, горько качая головой...

19 февраля 1983 года покончила с собой Светлана Владимировна Щелокова.

Юрий Чурбанов вспоминает:

«Мы с Федорчуком находились на службе, это, как помню, была суббота, когда Федорчуку позвонили и передали информацию, что в Серебряном Бору на даче застрелилась Светлана Владимировна, жена Щелокова.

Федорчук выяснил, как развивались события: Светлана Владимировна находилась в спальне, кто дал ей пистолет — сказать не берусь; накануне вечером у них с Щелоковым состоялось бурное объяснение, когда Щелоков кричал ей, что она своим поведением и стяжательством сыграла не последнюю роль в освобождении его от должности.

Трудно сказать, имел ли этот скандал продолжение утром, когда раздался выстрел. Щелоков находился внизу, рядом с ним был еще один человек (то ли садовник, то ли дворник), и вот, когда они вбежали в спальню и увидели на полу труп, то Щелоков сам кинулся к этому пистолету и тоже хотел покончить с собой. Но человек, который был рядом, вышиб этот пистолет и спрятал его...»

Светлана Владимировна действительно застрелилась на даче после того, как они с мужем крупно поссорились. Говорят, что отношения у Щелокова с женой были очень плохими. Один из крупных в прошлом работников ЦК КПСС рассказывал мне, что Николай Анисимович был неравнодушен к слабому полу. Он встречался со своими подругами на конспиративных квартирах МВД, которые использовались в личных целях. В его распоряжении было семь таких квартир. За порядком и чистотой на этих квартирах следили специально выделенные люди. Они же заботились о том, чтобы там постоянно была выпивка и закуска.

Судьба самого Щелокова решилась на пленуме ЦК, который открылся 14 июня 1983 года. Открыл пленум генеральный секретарь Андропов.

Начали с организационных вопросов. Черненко предложил рекомендовать Верховному Совету избрать Андропова председателем президиума. Сам Андропов предложил избрать члена политбюро Григория Романова (из Ленинграда) секретарем ЦК, кандидата в члены политбюро Михаила Соломенцева — председателем КПК при ЦК КПСС, а вместо него назначить председателем правительства РСФСР Виталия Воротникова и одновременно утвердить его кандидатом в члены политбюро.

Затем слово вновь взял Черненко.

Свежеиспеченный кандидат в члены политбюро Виталий Воротников записал его слова.

— Политбюро решило предложить пленуму вывести из состава ЦК КПСС Щелокова и Медунова, — говорил Константин Устинович, — за допущенные ошибки в работе. Политбюро исходит из того, что каждый член ЦК должен делом оправдывать оказанное ему высокое доверие. Тот, кто порочит честь и достоинство коммуниста, не должен быть в составе высшего органа партии. Щелоков в последние годы ослабил руководство МВД, встал на путь злоупотреблений в личном плане. Построил дачи для себя и своих родственников. Взял в личное пользование три легковых автомобиля, подаренные министерству иностранными фирмами. Вел себя неискренне, несамокритично. По случаю семидесятилетия поручил снять о себе фильм, на который затрачено более пятидесяти тысяч рублей. Его поведение отрицательно влияло на кадры МВД...

Решение вывести Щелокова и Медунова из состава ЦК принималось тайным голосованием. Егор Лигачев, тогда заведующий отделом организационно-партийной работы ЦК, рассказывал:

— Я был председателем счетной комиссии при голосовании. Андропов довел это дело до конца. Когда Юрий Владимирович возглавил страну, он получил десятки тысяч телеграмм от людей с требованием навести порядок в обществе, повысить ответственность руководителей. Это был крик народа. Он ответил на зов народа.

Члены ЦК проголосовали дисциплинированно — исключить обоих. Более хладнокровный Медунов присутствовал. Он встал и ушел из зала. Щелокова на пленуме не было — не захотел позориться.

Удары следовали один за другим. А главное было еще впереди. Щелоков понимал, что рано или поздно его вызовут к следователям, предъявят обвинение, покажут ордер на арест, отберут документы и деньги, снимут галстук и шнурки от ботинок и повезут в тюрьму. Такого позора он не хотел. А дело против него уже было возбуждено.

Сменивший Щелокова на посту министра внутренних дел Виталий Федорчук рассказывал потом профессору Владимиру Некрасову, автору книги «МВД в лицах»:

— Когда я стал разбираться с обстановкой в МВД, то у меня сложилось впечатление, что Щелоков последнее время по-настоящему делами не занимался. Я застал развал. Преступность росла, однако этот рост скрывали. В МВД развилось много взяточников, особенно в службе ГАИ. Все это мы начали активно разгребать, и тогда посыпалась куча заявлений о злоупотреблениях. Я доложил в ЦК в установленном порядке о сигналах, связанных со злоупотреблениями Щелокова. Тогда этот вопрос вынесли на рассмотрение политбюро. Вел заседание Андропов. Когда встал вопрос, возбуждать ли против Щелокова уголовное дело, то Тихонов и Устинов возражали, Громыко колебался, другие также были за то, чтобы спустить все на тормозах. Но Андропов настоял, чтобы дело возбудить и поручить расследование Главной военной прокуратуре...

В июне 1983 года Главная военная прокуратура возбудила уголовное дело, основываясь на материалах ревизии хозяйственного управления МВД. Следствие пришло к выводу, что начальник ХОЗУ генерал-майор Виктор Калинин организовал «преступную группу расхитителей социалистической собственности и путем злоупотребления своим служебным положением систематически похищал государственное имущество, обращая его в свою собственность и собственность других лиц».

По материалам этого дела собирались посадить и Николая Щелокова.

6 ноября 1984 года указом президиума Верховного Совета СССР он был лишен воинского звания «генерал армии».

12 ноября в квартире Щелокова был обыск. Изъяли сто двадцать четыре картины — Саврасов, Бенуа, Куинджи...

7 декабря персональное дело бывшего министра рассматривалось на заседании Комитета партийного контроля. Щелоков отрицал предъявленные ему обвинения. Но члены КПК проголосовали единогласно: «За грубое нарушение партийной и государственной дисциплины, принципов подбора, расстановки руководящих кадров, злоупотребление служебным положением в корыстных целях в бытность министром внутренних дел СССР члена КПСС Щелокова Николая Анисимовича из партии исключить».

Таков был порядок, унаследованный еще со сталинских времен: сначала отобрать партбилет, а потом сажать, чтобы за решеткой не оказался член партии... Председателю КПК Соломенцеву потом доложили, что Щелоков, выйдя из зала, зашел к нему в приемную, спросил у дежурного секретаря, вернется ли Михаил Сергеевич в свой кабинет после заседания. Видимо, хотел поговорить. Но ждать не стал, ушел.

12 декабря указом президиума Верховного Совета Щелоков был лишен звания Героя Социалистического Труда и всех наград, кроме полученных на войне. Щелокову по-

звонили из наградного отдела президиума Верховного Совета СССР и предупредили, что надо сдать награды, которых его лишили. Таков порядок. Николай Анисимович сказал, чтобы приходили в три часа.

Он уже знал, что ордена не отдаст.

Он находился на даче в Серебряном Бору. В полдень 13 декабря 1984 года Щелоков надел парадный мундир с «Золотой Звездой» Героя Социалистического Труда. На мундире было одиннадцать советских орденов, десять медалей и шестнадцать иностранных наград. Он зарядил двуствольное охотничье ружье и выстрелил себе в голову. Ему было семьдесят четыре года.

Он оставил записку, адресованную генеральному секретарю Черненко:

«Прошу Вас не допустить разгула обывательской клеветы обо мне. Этим невольно будут поносить авторитет руководителей всех рангов, это испытали все до прихода незабвенного Леонида Ильича. Спасибо за все добро и прошу меня извинить.

С уважением и любовью

Н. Щелоков».

О самоубийстве бывшего министра немедленно уведомили Черненко.

Помощник генерального секретаря Виктор Прибытков вспоминает: «На Черненко это известие не произвело никакого впечатления. Похоже, он давно мысленно вычеркнул этого человека из списка реально живущих на земле. После всего, что он успел натворить, безудержно пользуясь властью, Щелоков для него был совершеннейшим нулем, пустым местом...»

Юрий Чурбанов пишет: «Я хорошо помню тот день, когда застрелился Щелоков... Удивился ли я такому финалу? Пожалуй, все-таки нет. Самоубийство для Щелокова было в известной степени выходом».

Сам Юрий Михайлович предпочел сесть на скамью подсудимых, был приговорен к длительному тюремному заключению и отбыл срок.

Следственное управление Главной военной прокуратуры подвело итог своей работы:

«Всего преступными действиями Щелокова государству причинен ущерб на сумму свыше 560 тысяч рублей. В возмещение ущерба им и членами его семьи возвращено, а также изъято органами следствия имущества на сумму 296 тысяч рублей, внесено наличными деньгами — 126 тысяч рублей. Щелоков Н.А. систематически из корыстных побуждений злоупотреблял своим ответственным служебным положением, причинив государству значительный вред.

13 декабря 1984 года Щелоков Н.А. покончил жизнь самоубийством, поэтому уголовное дело в отношении его возбуждено быть не может».

Николая Анисимовича Щелокова похоронили на Ваганьковском кладбище рядом с матерью и женой. На похороны мало кто решился прийти. Надзирателей из КГБ, которые отмечали всех, кто пришел, оказалось больше, чем пожелавших проводить бывшего министра в последний путь.

В конце жизни, наверное, самым ужасным было для него ощущение, что его все бросили и предали. Если бы Николай Анисимович Щелоков больше всего не боялся позора, он бы дожил до наших дней, работал бы консультантом в Министерстве внутренних дел, выступал на встречах с ветеранами и рассказывал, как его оклеветали. Но что бы он ни совершил в своей жизни, он за это жестоко расплатился. И что бы о нем ни говорили, своей смертью он опроверг многие обвинения.

ПОДАРКИ ТОВАРИЩА РАШИДОВА

В один из дней осени 1983 года генеральный секретарь ЦК КПСС Юрий Владимирович Андропов позвонил своему выдвиженцу — новому руководителю отдела организационно-партийной работы ЦК Егору Кузьмичу Лигачеву:

— Не могли бы зайти?

— Конечно, Юрий Владимирович!

Всегда энергичный и целеустремленный, в те годы Егор Кузьмич не ходил, а бегал по цековским лестницам, перепрыгивая через две ступеньки. Андропов дал ему особое поручение, имевшее далеко идущие последствия. Этот разговор в кабинете генсека решил судьбу многих людей.

Егор Кузьмич рассказывал мне:

— Андропову стало известно, что в Узбекистане неладно. А еще до этого заведующий сектором среднеазиатских республик несколько раз докладывал: неладно у нас в Узбекистане. Сотрудники сектора принесли несколько сотен писем о злоупотреблениях. Страшные письма! Я их читал несколько вечеров. Трудно было заснуть после этого. Это был настоящий крик души.

В Москву из Узбекистана шли тысячи писем с жалобами на то, что у местных начальников невозможно добиться правды, что без взятки в республике ничего не делается.

Андропов спросил у Лигачева:

— Егор Кузьмич, вы не считаете нужным проявить какой-то интерес к Узбекистану? Я давно знаю, что там происходит. Так много писем, надо этим заняться.

Лигачев сразу откликнулся:

— Мы готовы немедленно подключиться.

И тогда Андропов неожиданно сказал:

— Вы знаете, что сделайте: пригласите Рашидова и поговорите с ним.

Лигачев выразительно посмотрел на Андропова. Новый генеральный секретарь понял, что смущает Лигачева: Егор Кузьмич — всего лишь заведующий отделом ЦК, а первый секретарь ЦК компартии Узбекистана Шараф Рашидов — кандидат в члены политбюро, то есть почти небожитель. Строгий порядок взаимоотношений в партийной иерархии не позволял заведующему отделом приглашать к себе человека, входящего в политбюро.

Но Андропов успокоил Лигачева:

— А вы не стесняйтесь. Считайте это моим поручением. Рашидов в ближайшее время сам зайдет к вам.

Егор Кузьмич понял, что Рашидов, который был любимцем Брежнева, больше не в фаворе. И действительно, вскоре Шараф Рашидович появился в здании ЦК. Ему сообщили, что с ним хотел бы поговорить новичок — Лигачев. Удивленный Рашидов пришел к Лигачеву. Вошел к нему в кабинет как хозяин — что это какой-то завотделом решил с ним побеседовать? Вначале он абсолютно не воспринимал слова Лигачева. А Егор Кузьмич, отбросив дипломатию, с присущими ему напором и прямотой стал говорить:

— В ЦК приходят письма о безобразиях в республике. Мы пересылаем письма в ЦК Узбекистана и получаем ответ из вашего аппарата, что жалобы не подтверждаются. Ни одна не подтвердилась! Трудно в это поверить, Шараф Рашидович.

Рашидов не ожидал такого разговора. Его лицо окаменело, и он со значением спросил:

— Вы с кем разговариваете?

Но напугать Лигачева было нельзя. Он действовал по указанию Андропова. Егор Кузьмич ответил:

— Шараф Рашидович, дело серьезное. Я разговариваю с вами по личному поручению Юрия Владимировича.

Вот тогда Рашидов присел на предложенный ему стул и разговаривал с Лигачевым уже с полным пониманием ситуации. Он увидел, что на столе разложены несколько десятков писем из республики.

Рашидов стал убеждать Лигачева:

— Егор Кузьмич, в этих письмах полно наветов. Мы должны защитить наших руководителей, чтобы они могли спокойно работать и давать стране хлопок.

Лигачев выслушал его недоверчиво и твердо сказал:

— Я буду предлагать Юрию Владимировичу направить в Узбекистан комиссию ЦК для проверки всех сигналов.

Рашидов в последний раз попытался его остановить:

— Но ведь сейчас идет уборка хлопка, комиссия помешает людям работать. Страна останется без хлопка.

— Хорошо, — не стал спорить Лигачев, — уберете хлопок, тогда комиссия и приедет. Мы можем подождать.

Разговор в кабинете Лигачева происходил в сентябре 1983 года. Заканчивалась уборка хлопка в октябре—ноябре. Рашидов хотел оттянуть приезд комиссии в надежде найти какую-нибудь контригру, пустить в ход старые связи, чтобы избежать проверки. Ведь прежде это ему не раз удавалось. Благодаря его хорошим отношениям с Брежневым и другими членами политбюро Узбекистан был в значительной степени зоной, свободной от контроля. Но с Андроповым у Рашидова личные контакты не получились.

Юрий Владимирович был затворником. В девять утра он приезжал в свой кабинет на Лубянке и возвращался домой поздно вечером. Андропов почти не ездил по стране и не имел удовольствия насладиться хваленым гостеприимством Рашидова. Как человек, страдавший множеством недугов, Юрий Владимирович был равнодушен к дарам южной природы, которыми руководитель Узбекистана щедро одаривал товарищей по политбюро.

Попытки Рашидова избежать появления в Ташкенте комиссии ЦК с особыми полномочиями не удались. Увидев, что новый генеральный секретарь не благоволит к Рашидову, переменились и сотрудники аппарата. Шараф Рашидович понимал, что выводы комиссии будут губительными для его карьеры.

Но приезда комиссии Рашидов не дождался.

«31 октября 1983 года покончил жизнь самоубийством первый секретарь ЦК компартии Узбекистана, член политбюро ЦК КПСС Шараф Рашидович Рашидов», — уверенно пишет известный историк Рудольф Германович Пихоя, который при Ельцине возглавлял федеральное архивное ведомство и ввел в оборот многие прежде секретные документы.

Газеты же тогда сообщили о том, что «скоропостижно скончался видный деятель Коммунистической партии и Советского государства, кандидат в члены Политбюро ЦК КПСС, первый секретарь ЦК Компартии Узбекистана, член Президиума Верховного Совета СССР, дважды Герой Социалистического Труда Рашидов Шараф Рашидович».

Большой, с фотографией, некролог подписала — помимо членов политбюро — вся рашидовская гвардия, основные руководители Узбекистана. Пройдет совсем немного времени, и все они не только потеряют свои высокие кресла, но и окажутся за решеткой...

У многих тогда возникло подозрение, что Рашидов умер не своей смертью. Хозяина Узбекистана ждали крупные неприятности — минимум отставка, максимум — лишение свободы. Его преемник на посту первого секретаря ЦК будет арестован и сядет в тюрьму. Так что же, Шараф Рашидович не стал дожидаться, когда за ним придут, и ушел сам, совершил самоубийство? А может быть, его заставили это сделать, чтобы он не мешал очистительной операции Андропова в Узбекистане?

— Не знаю, почему он ушел из жизни, — говорил мне Егор Лигачев. — На похоронах у него я не был. По официальной версии — болезнь сердца. На меня он производил впечатление человека, пышущего здоровьем.

Рафик Нишанович Нишанов, который при Рашидове был секретарем ЦК компартии Узбекистана, твердо сказал мне, что Шараф Рашидович умер своей смертью. Поехал на поезде в Каракалпакию, и ему стало плохо с сердцем. Первого секретаря похоронили в центре Ташкента, рядом с мемориалом Ленина.

Шараф Рашидович оказался на редкость умелым руководителем. Он сделал ставку на выращивание хлопка и каждый год увеличивал его поставки. Хлопок был невероятно нужен стране, особенно военной промышленности, поэтому на Рашидова сыпались ордена и благодарности. Он получил две «Звезды» Героя Социалистического Труда, десять орденов Ленина и даже Ленинскую премию — партийные руководители, собрав все ордена, какие было можно, уже не знали, чем себя еще порадовать.

Пока Рашидов давал стране хлопок, в Москве ему разрешали править республикой так, как он считает нужным. Он создал прочную систему личной власти, пристроил на хорошие должности всех своих родственников. Только в аппарате республиканского ЦК работало четырнадцать родственников первого секретаря.

Шараф Рашидович, по существу, установил в республике клановую систему, которая контролировала целые области. На все важные должности назначались только свои люди. Руководитель Узбекистана никогда не спорил с московскими начальниками. На заседании президиума возник спор о совнархозах в среднеазиатских республиках. Второй (при Хрущеве) секретарь ЦК Фрол Романович Козлов, отстаивая свою точку зрения, сослался на Рашидова:

— А Шараф Рашидович нас благодарил.

Опытный Анастас Микоян не выдержал:

— А ты думаешь, это искренне?

Фрол Козлов растерялся:

— Я не знаю. Рашидов — кандидат в члены президиума...

В мае 1962 года Хрущев отправил Рашидова во главе делегации на Кубу договариваться с Фиделем Кастро о тайном размещении на острове ядерных ракет. Вернувшись с Кубы, 10 июня Рашидов доложил:

— Думаю, мы выиграем эту операцию...

Сила Рашидова состояла в умении поддерживать добрые отношения с максимально большим количеством высокопоставленных чиновников в Москве. Всех, кто приезжал в республику, старались хорошо принять и ублаготворить.

Академик Александр Николаевич Яковлев в те годы руководил отделом пропаганды ЦК. Он рассказывал:

— Я однажды ездил в командировку в Узбекистан. Меня поселили в партийной гостинице, обильно кормили. Уезжая, я потребовал, чтобы с меня взяли деньги. Они наотрез отказывались. Прибежал перепуганный директор гостиницы: «Да как же это? Мне даже нельзя об этом доложить. Нас же с работы поснимают». Я настоял и заплатил. По-моему, именно с тех пор у меня отношения с Рашидовым и не сложились.

— А Леонид Ильич любил его только за успехи в хлопководстве? Или что-то еще было?

— У Брежнева была слабость к наградам и подаркам. Не то чтобы он был жадным. Ему был приятен сам факт внимания. Рашидов умел этим пользоваться. Он ко всем ходил с подарками — и в сельскохозяйственный отдел ЦК, и в другие. Приезжая в Москву, в своей резиденции он устраивал роскошные обеды, приглашал нужных людей, которые были ему благодарны.

Рашидов не был так уж близок к Брежневу. Леонид Ильич, скажем, не приглашал его к себе домой. Зато в окружении генерального секретаря Шарафа Рашидовича привечали. Подарки хозяину страны и его приближенным дарили во всех республиках. Но никто не умел делать подарки лучше Шарафа Рашидова, который знал вкусы и пристрастия московских начальников.

Бывший заместитель заведующего международным отделом ЦК КПСС Карен Брутенц вспоминает, как Рашидов, который возглавлял делегацию в Ирак, привез оттуда Леониду Ильичу дорогую золотую статуэтку. Бывший первый заместитель председателя КГБ генерал армии Филипп Бобков пишет, что Рашидов сделал члену политбюро Андрею Кириленко царский подарок — преподнес ему для жены и дочери шубы из уникального каракуля специальной выделки.

С пустыми руками ни один ответственный работник из Узбекистана не уезжал. Особо нужным подарки везли круглый год. Даже весной доставляли дыни и виноград, которые всю зиму заботливо хранились в подвалах.

Когда в Ташкент прилетел заместитель министра внутренних дел Юрий Михайлович Чурбанов, встречать его на аэродром приехал сам Рашидов. Он стоял на летном поле, ждал гостя. Сразу привез брежневского зятя завтракать в гостиницу, потом повел к себе в ЦК, рассказывал о положении в республике, был любезен и внимателен.

Михаил Сергеевич Горбачев вспоминал, как в роли первого секретаря Ставропольского крайкома поехал с Раисой Максимовной в отпуск в Узбекистан по приглашению Рашидова. И не потому, что Рашидову открылось блистательное будущее Горбачева, а потому, что он хотел дружить с влиятельным первым секретарем крайкома. Горбачева принимали с подчеркнутым вниманием. Шараф Рашидович устроил в честь гостя ужин с участием всего партийного руководства республики. Правда, старый товарищ Горбачева по комсомолу, тогдашний первый секретарь Бухарского обкома Каюм Муртазаев, улучив минуту, сказал Горбачеву, что Рашидов — опасный, двуличный человек, которого надо остерегаться, что он творит расправу над кадрами... Но Михаил Сергеевич никому ничего пересказывать не стал.

Рашидов не мельчил. Он не просил встречной услуги за только что оказанную любезность. Ему важно было повсюду иметь друзей, которые предупреждали бы любую неприятность. Никто не любит критику, но Рашидов мог просто возненавидеть за любое критическое упоминание Узбекистана. Критику в адрес республики он считал личным оскорблением.

На Востоке критика воспринималась как предвестие освобождения от должности. Один из ветеранов советской журналистики вспоминал, что в Узбекистане, приезжая в район или колхоз, нельзя было местным начальникам говорить, зачем приехал. Особенно если редакция поручала написать критический материал — могли в плов или водку подсыпать анаши. После чего корреспондент просыпался в отделении милиции и понимал, что его профессиональная карьера завершилась...

«Рашидов был коварным, — писал тогдашний главный редактор газеты «Правда» Виктор Григорьевич Афанасьев, — по-восточному изощренным, льстивым по отношению к верхам, за что пользовался огромным уважением и доверием Брежнева, который любил посещать Узбекистан. Рашидов был непримирим к своим оппонентам».

Собственный корреспондент «Правды» написал несколько критических статей о положении в Узбекистане, о том, что ситуация в здравоохранении и образовании являет собой печальную картину: школьников и студентов по два-три месяца в году заставляют работать на хлопковых полях. А это тяжелая и вредная работа. Рашидов был возмущен, жаловался в ЦК, назвал корреспондента «врагом узбекского народа».

Будущий помощник Горбачева Валерий Болдин в те годы был редактором сельскохозяйственного отдела «Правды». Он вспоминает, какое представление ему устроили в Ташкенте. Болдина в аэропорту встретил секретарь ЦК Узбекистана по сельскому хозяйству. Его отвезли в партийную гостиницу, а потом доставили прямо к Рашидову. После разговора первый секретарь предложил пообедать. Пошли в спецбуфет, где ровно в час обедала вся партийно-республиканская верхушка.

Рашидов усадил Болдина рядом с собой, представил его. И вдруг второй секретарь республиканского ЦК зловеще произнес:

— Это представитель той газеты, которая чернит дела узбекского народа, обливает его грязью?..

И тут все присутствующие хором накинулись на Болдина. Когда он, уже багровый от гнева, был готов встать и уйти, вмешался Рашидов и укоризненно сказал:

— Товарищи, у нас гость из ленинской «Правды»...

Настроение мгновенно изменилось, и все наперебой заговорили о том, какая замечательная газета «Правда». Болдин с изумлением посмотрел на Рашидова и увидел его по-отечески заботливый взгляд. Потом Рашидов несколько раз дружески звонил Болдину. Шараф Рашидович предпочитал не сражаться с врагами, а повсюду заводить друзей.

Главному редактору «Правды» Виктору Афанасьеву пришлось самому поехать в Узбекистан, чтобы восстановить отношения с республикой. «Были обильные застолья, — вспоминал он, — подарили мне несколько халатов, тюбетеек, кушаков». Главный редактор от подарков не отказывался. Он написал хвалебную статью «Золотые руки Узбекистана», и примирение с Рашидовым состоялось. Дела в республике шли по-прежнему, но журналисты уже не смели замечать даже самые малые недостатки.

На заседании Совета национальностей заместитель председателя Совета министров России Евдокия Федоровна Карпова, отвечавшая за легкую промышленность, покритиковала Узбекистан:

— Все понимают, как важно поднять качество швейных изделий. Оно во многом зависит от качества сырья. Основные поставки хлопка идут из Узбекистана. К сожалению, качество хлопка низкое и продолжает ухудшаться.

В обеденный перерыв к Карповой подошел Рашидов:

— Вы вылили много грязи на Узбекистан. Братский узбекский народ оскорблен, и этого он вам не простит!

Евдокия Федоровна пошла к своему начальству. Председателем Совмина России был Михаил Сергеевич Соломенцев. Он тоже был кандидатом в члены политбюро, поэтому на ближайшем совместном заседании обеих палат Верховного Совета они с руководителем Узбекистана оказались рядом в президиуме.

Рашидов сразу стал жаловаться ему на Карпову. Опытный Михаил Сергеевич достал предусмотрительно припасенный текст речи и попросил показать, какие именно слова показались ему оскорбительными. Рашидов текст не взял, но повторил, что узбекскому народу нанесли обиду.

На следующее заседание Соломенцев принес статистические материалы о качестве полученного из Узбекистана хлопка, показал Рашидову:

— Шараф Рашидович, нас призывают правильно относиться к критике, устранять недостатки. А вы почему-то так болезненно отреагировали на выступление Евдокии Федоровны, незаслуженно обидели женщину.

Рашидов нехотя сказал:

— Буду разбираться...

Бывший член политбюро Вадим Андреевич Медведев в семидесятых годах работал в отделе пропаганды ЦК КПСС. Он вспоминает, что в отделе обратили внимание на непомерное восхваление республиканского руководства, проявления национализма, в частности в выступлениях президента Академии наук Муминова, родственника первого секретаря Рашидова. По этому поводу отдел пропаганды даже составил записку в ЦК КПСС. А если появляется такой документ, на него надо реагировать. Многие шалости местным руководителям прощали, пока они не становились предметом официального расследования. В 1972 году на секретариате ЦК рассматривался вопрос о марксистско-ленинской учебе и экономическом образовании руководящих кадров в Ташкентской городской партийной организации. Работу горкома оценили резко критически. За этим должны были последовать и оргвыводы.

Например, вслед за рассмотрением вопроса о работе Тбилисского горкома последовала смена первого лица в Грузии — вместо бывшего генерала Василия Мжаванадзе первым секретарем сделали сравнительно молодого Эдуарда Шеварднадзе. Казалось, и для Рашидова настали трудные дни. Но записке отдела хода не дали. Медведева вызвал секретарь ЦК по идеологии Петр Нилович Демичев и приказал прекратить критические выступления против Узбекистана и лично Рашидова. Демичев сказал, что Рашидов тяжело переживает критику в адрес Ташкентского горкома, звонил Демичеву и чуть ли не плакал.

Медведев спросил Демичева:

— Это совет или директива?

Демичев ответил:

— Воспринимайте это как указание.

Ясно было, что приказ прекратить критику Узбекистана исходил не от Демичева, а от самого Брежнева. Только генеральный секретарь мог выдать индульгенцию первому секретарю республики. После этого в течение нескольких лет работники отдела пропаганды ЦК КПСС в Узбекистан вообще не ездили. Республика вовсе выпала из зоны критики и контроля. Самого Медведева время от времени приглашал в Ташкент секретарь республиканского ЦК по идеологии. Медведев говорил ему:

— Готов приехать, но есть ли добро от товарища Рашидова?

На этом разговор заканчивался.

Когда, наконец, Медведев приехал в Ташкент по решению ЦК, то Рашидов встретил его самым гостеприимным образом. Не жалея времени, рассказывал об огромных успехах Узбекистана, о семи миллионах тонн хлопка, собранных республикой, о начале добычи золота в Узбекистане — это, кстати, была в тот момент секретная информация. Шараф Рашидович не забывал во время беседы напомнить о своей любви и близости к Леониду Ильичу. Подарил гостю свою книгу с надписью «Дорогому другу и брату...».

Рашидов был очень хитрым, ссориться с ним никому не рекомендовали. Поскольку он имел прямой выход на генерального секретаря — Брежнев к нему прислушивался, то Шараф Рашидович мог подставить ножку за милую душу.

Каждый из входивших в политбюро был очень влиятелен, даже если он жил не в Москве. И портить отношения с этой когортой было крайне неразумно. Рашидов приезжал в Москву каждую неделю, чтобы принять участие в заседании политбюро, которое проводилось по четвергам. После политбюро Рашидов мог перемолвиться словом и с Брежневым, и с другими руководителями страны.

Помощник Черненко Виктор Прибытков рассказал характерный эпизод. Когда Черненко писали текст выступления, то создавалась группа. Докладчик читал вариант за вариантом и постоянно что-то менял, просил переделать. По пять-шесть раз доклад рассылался членам политбюро, секретарям ЦК. Каждое слово, каждая запятая тщательно изучались. Прибытков, как помощник по политбюро, собирал все замечания. Иногда они составляли полторы-две страницы. Он обобщал замечания, приходил с ними к Черненко, докладывал:

— Вот Борис Николаевич Пономарев считает необходимым тут исправить, он, видимо, прав.

Текст вновь перепечатывался и вновь рассылался, пока замечания не исчерпывались. Вот тогда политбюро одобряло доклад, и можно было выступать. Так вот Рашидов замечаний не присылал. Он возвращал текст с запиской, которую начинал так: «Дорогой брат, Константин Устинович, я с восхищением прочитал доклад, согласен с каждой строкой». В подтверждение этого он действительно зелеными чернилами подчеркивал каждую строчку, подтверждая, что согласен решительно со всем...

Указание Андропова заняться ситуацией в республике возымело действие. В апреле 1983 года в Бухаре при получении взятки был задержан начальник отдела по борьбе с хищениями социалистической собственности областного управления внутренних дел Музаффаров. Важность этого события состояла в том, что арестованным занимались не узбекские следователи, а московские.

Дело принял к производству следователь по особо важным делам при Генеральном прокуроре СССР Тельман Хоренович Гдлян, тогда еще известный только профессионалам. Так начиналось «узбекское дело», которое будет продолжаться почти пять лет, пока окончательно не развалится.

Андропов попросил Лигачева побеседовать с Рашидовым уже после того, как получил первые материалы о коррупции в Узбекистане. Но нечто подобное происходило и в других республиках. Почему же появилось именно «узбекское дело»? Когда Андропов стал генеральным секретарем, все управления и территориальные органы КГБ получили указание представить кричащие примеры сращивания с преступным миром, коррупции. Андропову нужны были показательные дела.

Комитету государственной безопасности всеми инструкциями было запрещено собирать материалы на партийно-советскую элиту, но, как говорили чекисты, источнику рот не заткнешь. Оперативная информация о том, кто чем занимается, копилась в сейфах. Как только пришли шифротелеграммы с требованием представить информацию, сейфы открылись. Республиканские и областные управления спешили сообщать в Москву, что у кого есть. Если материалы были сколько-нибудь серьезными и вырисовывалась судебная перспектива, начиналась разработка тех, кого подозревали в коррупции.

Нашлись бы в тот момент оперативные материалы, скажем, в КГБ Грузии, возникло бы не «узбекское», а «грузинское дело». Ретивость проявляли все региональные управления, все рады были себя проявить. Еще в 1980 году начальник следственной части прокуратуры СССР Бутурлин был командирован в Узбекистан. Его группа выявила факты преступной практики тогдашнего руководства Министерства внутренних дел республики, но Шараф Рашидов выставил московских гостей из республики.

Первые же попытки разобраться, что происходит в Узбекистане, выявили картину тотального взяточничества в партийно-государственном аппарате. За счет чего в Узбекистане устраивались пышные приемы и дарились дорогие подарки? Партийные секретари гуляли не на свою зарплату. На представительские расходы им тоже ничего не полагалось — не было такой статьи расходов. В бюджете республиканской компартии была расписана каждая копейка. Партийное руководство обкладывало данью хозяйственных руководителей, брали и наличными, и борзыми щенками. Система поборов была вертикальной — от республиканского ЦК до сельских райкомов. Нижестоящие тащили деньги вышестоящим. Вышестоящие брали, чтобы передать еще выше. Но и себя не забывали. В такой атмосфере должности, звания, ордена и даже «Золотые Звезды» Героя Социалистического Труда тоже превратились в товар — они продавались.

Самая крупная афера вскрылась в хлопковой промышленности. Главной причиной возникновения «узбекского дела» стали приписки хлопка-сырца. В документах значились огромные цифры будто бы собранного, но в реальности не существующего хлопка-сырца. А если хлопка в реальности меньше, чем каждый год докладывало руководство республики, значит, обманули не кого-нибудь, а само государство. Это не взятки мелким милицейским начальникам, это уже государственное преступление.

Как потом выяснилось, государству ежегодно «продавали» около шестисот тысяч тонн несуществующего хлопка — таким образом из казны крали сотни миллионов рублей. На эти деньги узбекская элита вела сладкую жизнь и охотно делилась краденым с московскими начальниками. Со смертью Рашидова этот обман в особо крупных размерах не прекратился.

Бывший начальник управления КГБ по Москве и Московской области генерал Виктор Алидин вспоминал, как в декабре 1983 года появились оперативные данные о том, что в Москву приехали два представителя хлопковых заводов из Узбекистана. Они пытались договориться о поставке на хлопокоперерабатывающие предприятия столицы вагонов с большой недостачей хлопка. Тем, кто готов был закрыть глаза на недостачу, предлагают большую взятку.

Гостей из солнечной республики в январе 1984 года арестовали. Они дали показания о том, что в Узбекистане сложилась «практика приписок к показателям выполнения государственного плана заготовок сырья». В Ташкент отправилась оперативно-следственная группа управления КГБ по Москве. Но дело быстро вышло за рамки компетенции московского управления. Дело передали прокуратуре Союза.

В Ташкенте пытались остановить расследование, спустить дело на тормозах. Но Рашидов уже был мертв, а его наследники не были столь талантливы в умении завоевывать друзей. Председателю КГБ Виктору Чебрикову позвонил новый первый секретарь ЦК компартии Узбекистана Инамжон Бузрукович Усманходжаев и попросил передать дело для дальнейшего ведения республиканской прокуратуре. Инамжон Усманходжаев внушал Чебрикову, что приближается пятидесятилетие республики, и не хотелось бы накануне юбилея позорить республику.

В КГБ рассудили так: если дело попадет в республиканскую прокуратуру, оно будет прекращено. Поэтому Алидин и начальник следственного управления КГБ генерал-лейтенант Александр Волков написали записку с возражениями и предложили отправить дело в союзную прокуратуру, поскольку арестованы люди не только из Узбекистана, но и из России. Чебриков согласился со своими подчиненными и дело не отдал.

Когда Андропов санкционировал начало «узбекского дела», он не сомневался в успехе. Ему давно хотелось навести порядок в Узбекистане. Осенью 1974 года он отправил в Ташкент председателем республиканского комитета безопасности хорошо ему известного по Ставрополью генерал-майора Эдуарда Болеславовича Нордмана.

— Твоя основная задача, — сказал Юрий Владимирович Нордману, — делом убедить узбекских товарищей, что КГБ не работает против них.

Руководители республики жаловались, что их прослушивают. Прямой и откровенный по характеру генерал Нордман должен был их успокоить. Но он быстро попал в трудное положение. Первый секретарь ЦК хотел, чтобы республиканский комитет работал на него.

Генерал Валерий Воротников, который руководил крупными управлениями госбезопасности, говорил:

— У территориальных органов госбезопасности всегда была одна существенная проблема: местные руководители считали, что подразделения контрразведки — это «их» информационная служба. Хотя у нас был очень строгий принцип: КГБ централизованная структура. Система была такая. Я подписываю шифровку, и, если речь идет о важной информации, ее даже без подписи председателя КГБ автоматически отправляют руководителям страны. То есть руководитель области отдает себе отчет в том, что произойдет после того, как такая информация уйдет в Москву. Сразу позвонят из ЦК или из Совета министров и спросят с него за то, что случилось.

— А что полагалось сообщать местным начальникам? — спросил я генерала Воротникова.

— Строгого порядка не было. Сами руководители органов должны были это решать. И все зависело от степени взаимопонимания. Вся информация, которой располагают территориальные органы, делится на две части — на ту, которая нужна для работы самих органов, и ту, которая больше касается изъянов в экономике. Часть сведений мы отдавали милиции. Отфильтрованная информация, поступающая партийным органам, открывала им глаза на какие-то внешне незаметные, неявные процессы. Процессы явные они знали лучше нас. Но вот то, что на местах пытались скрыть, а мы раскапывали, было для них важно...

Шараф Рашидов вовсе не хотел, чтобы местный КГБ что-то раскапывал и сообщал в Москву то, что он хотел бы скрыть. Рашидов предложил председателю КГБ выступить на пленуме ЦК по идеологическим делам. Нордман с трибуны сказал о коррупции в республике. После этого Рашидов месяца два очень холодно с ним здоровался, а Андропов удивленно спросил:

— И чего ты вылез на трибуну? Ты мне живой нужен в Узбекистане.

Рашидов очень умело расстался с председателем КГБ.

Каждый сентябрь по традиции на утиную охоту выезжали самые важные в Ташкенте люди — сам Рашидов, второй секретарь ЦК Леонид Иванович Греков, командующий Туркестанским военным округом генерал Степан Ефимович Белоножко и председатель республиканского КГБ. Вдруг Рашидов в последний момент отказался от охоты:

— Планы изменились, не поеду, потому что пишу книгу.

— Ну, тогда я тоже не поеду, — сказал Нордман.

— Нет, вы втроем обязательно поезжайте, не срывайте охоту, — настоял Рашидов.

В пятницу уехали. В субботу утром последовал срочный вызов по рации из Ташкента:

— Товарищ Рашидов просит немедленно вернуться в Ташкент. Вертолет за вами послали.

Заехали домой переодеться и побриться — и в ЦК. Там полный сбор республиканского руководства, все жалуются:

— Ждем уже два часа.

— Кого ждете?

— Вас.

В зале заседаний первый секретарь ЦК Шараф Рашидович Рашидов сообщил, что поступила телеграмма от дорогого Леонида Ильича Брежнева в адрес известного резчика по дереву. Зачитал телеграмму и вручил мастеру подарок от генсека. Вся церемония заняла минут десять. Потом все разошлись...

А в Москву пошла анонимка: «Когда весь народ республики беззаветно трудится на уборке хлопка, три члена Бюро ЦК развлекались на охоте».

Нордман устроил расследование и легко выяснил, что анонимку подготовили в его собственном аппарате. Но расстаться с этими людьми ему запретили. Его вызвали в Москву, и заместитель председателя КГБ Чебриков сказал:

— Тебе надо уезжать из Узбекистана.

— А что произошло?

— Мог бы и не спрашивать. Рашидов поставил вопрос.

Нордман вернулся в Ташкент, попросил Рашидова принять его, прямо спросил:

— Раз поставлен вопрос об освобождении меня от работы, прошу вас сказать, какие ко мне претензии как к председателю КГБ, как к коммунисту, как к человеку?

Рашидов как ни в чем не бывало сказал:

— Претензий к вам, Эдуард Болеславович, нет — ни как к руководителю комитета, ни как к коммунисту и человеку. Вы честный человек. Вопроса о вашем освобождении я не ставил. Это Москва.

Тогда Нордман заговорил еще откровеннее:

— Когда я уеду, вам будут по-прежнему нашептывать, что я «качу бочку» на вас. Но я никому не позволю перечеркнуть мою сорокалетнюю службу отечеству. Я буду бороться и защищать свое имя. В этой борьбе я никого не пожалею, в том числе и вас. Говорю вам это заранее прямо и честно, как делал всегда.

Надо было видеть Рашидова, вспоминал Нордман. Белел, краснел, потел. Не привык руководитель Узбекистана к прямому разговору. Слова генерала Нордмана подействовали. Анонимки на Нордмана из республики не приходили, а это дело хорошо было поставлено в республике. Андропов понимал, что потерпел поражение, что Рашидов его переиграл.

— Ну, не мог же я из-за Эдуарда сталкиваться с Шарафом Рашидовичем, — извиняющимся тоном сказал Андропов.

Став руководителем партии и государства, он решил взять реванш. По словам его помощника Александрова-Агентова, Юрий Владимирович сам беседовал с Рашидовым. Разговаривали они один на один, но «Рашидов вышел из кабинета генерального секретаря бледный как бумага. Вскоре после этого он покончил с собой в Ташкенте».

— Уже после смерти Рашидова, — рассказывал Лигачев, — мы отправили в Узбекистан комиссию. Она выявила грубейшие нарушения. Во-первых, громадные приписки хлопка, а Рашидов каждые два года получал орден Ленина за хлопок. Во-вторых, много родственных связей в руководящих органах республики. В-третьих, процветали поборы и подношения. Скажем, отправляется жена Рашидова в поездку по областям — раз едет жена царя, хана, значит, надо что-то дарить. Целые машины добра привозили...

Избранный к тому времени генеральным секретарем Константин Устинович Черненко не остановил расследование в Узбекистане. Оно продолжалось. Но материалы проверки не стали обсуждать на политбюро, а передали на рассмотрение партийного актива республики. Это означало, что Черненко не хотел шумного скандала. Итоги проверки подводились в Ташкенте на пленуме республиканского ЦК в июне 1984 года.

— Меня послали на этот пленум, — вспоминает Лигачев, — был очень острый разговор, много людей отстранили от работы. Но потом, к сожалению, вмешалась команда Гдляна—Иванова, начали хватать людей, измываться над ними — в общем, делали карьеру на «узбекском деле». Даже меня обвинили во взяточничестве...

Потом в Москве, на собрании аппарата ЦК КПСС в большом конференц-зале Лигачев сделал доклад по итогам работы комиссии, расследовавшей в Узбекистане факты массовых приписок хлопка и незаконного обогащения ряда должностных лиц. Лигачев называл факты, которые потрясли даже видавших виды партийных функционеров, говорил о том, что у местных руководителей по нескольку домов и машин, что многие построили себе настоящие особняки. А в Ташкенте полмиллиона жителей живет без водопровода и канализации...

Местные партийные руководители установили полуфеодальный режим, распоряжаясь крестьянами как рабами. Милиция и прокуратура на местах были ручными, все они были тесно связаны между собой. Тогда же, после смерти Рашидова несколько тысяч партийных работников сняли с должности. Полторы тысячи отдали под суд. Расследование в Узбекистане не знало себе равных по масштабам — следователи добрались до первого секретаря ЦК, до секретарей и зампредов Совета министров республики. Вся неприкасаемая элита, секретари обкомов и райкомов, министры, милицейские генералы один за другим оказывались на жестком стуле перед следователем.

И все-таки эта операция потерпела неудачу. В Узбекистане КГБ натолкнулся на спаянное сопротивление целой республики. Посланных туда эмиссаров центра ловили на ошибках и глупостях. «Узбекское дело» закончилось провалом. За первым арестом последовали другие, но узбекские чиновники сориентировались, держались упорно, имущество прятали у родственников. Кроме того, следственная группа действовала по-советски, не соблюдая Уголовно-процессуального кодекса, не заботясь о формальностях. В тот момент это не имело значения. Потом все даст о себе знать.

Борьба с коррупцией была поручена республиканскому аппарату КГБ, но эта система дала сбой. Во-первых, в республиканском комитете работали родственники узбекских партийных руководителей, в том числе самого Рашидова. Во-вторых, комитет не мог действовать против партийного руководства, которое держалось сплоченно, помогая друг другу. Андропов не смог отстоять даже председателей республиканского комитета госбезопасности, которых Рашидов одного за другим выжил из республики.

Генерал Нордман, пользовавшийся полным доверием Андропова, отправился в ссылку в ГДР, где работал в союзническом аппарате госбезопасности. Сменивший его на посту председателя КГБ Узбекистана генерал Левон Николаевич Мелкумов тоже недолго продержался и уезжал из Ташкента не под фанфары, его отправили для продолжения службы в представительство КГБ в Чехословакию.

ЧЕРЕЗ ЕЛИСЕЕВСКИЙ ГАСТРОНОМ К ГРИШИНУ

Директора гастронома № 1 (Елисеевский) Юрия Константиновича Соколова Верховный суд РСФСР приговорил 11 ноября 1983 года к расстрелу. Невиданно суровый приговор был воспринят как политический: Андропов решил проучить хозяина Москвы.

Всегда ходили слухи, что на пост генерального секретаря претендовал член политбюро и первый секретарь Московского горкома Виктор Васильевич Гришин. У него были свои сторонники, которые верили в звезду своего шефа и не понимали тех, кто взял сторону Горбачева. Правда, никто точно не знает, действительно ли Виктор Васильевич Гришин рвался к власти. Но во всяком случае, Михаил Сергеевич Горбачев точно считал своим соперником Гришина. Не любил Гришина и Андропов. Отношения у них, что называется, не сложились. Пока Брежнев был здоров, Юрий Владимирович держал свои чувства при себе. Когда настало время делить власть, Гришин оказался лишним.

Виктор Васильевич Гришин окончил геодезический техникум и техникум паровозного хозяйства. Работал в депо, руководил партийной организацией родного Серпухова. Хрущев сделал его вторым секретарем Московского обкома, а потом председателем ВЦСПС. Профсоюзами Гришин руководил больше десяти лет, пока в 1967 году Брежнев не заменил им Николая Егорычева, первого секретаря Московского горкома, оказавшегося слишком самостоятельным.

Шансов стать генеральным секретарем у Виктора Гришина было немного. Он нравился только узкому кругу своих приближенных. Внешность, манера вести себя выдавали в нем скучного и неинтересного человека. И наконец, Гришин был скомпрометирован громкими уголовными процессами.

Горбачев рассказывал, как летом 1983 года Андропов внезапно поручил ему разобраться, почему в Москве нет фруктов и овощей. Горбачев стал напрямую давать указания столичным властям. Ему немедленно позвонил Виктор Васильевич Гришин:

— Нельзя же до такой степени не доверять городскому комитету партии, чтобы вопрос об огурцах решался в политбюро, да еще через мою голову.

Михаил Сергеевич ответил московскому хозяину не очень уважительно:

— Виктор Васильевич, вы чисто практический вопрос ставите в плоскость политического доверия. Давайте говорить о том, как решить этот вопрос. А мне поручено держать его под контролем.

Горбачев не сомневался, что в этой истории был политический аспект: «В сложной, закулисной борьбе между членами руководства Гришин котировался некоторыми как вероятный претендент на «престол». Поэтому в просьбе Андропова вмешаться в овощные дела столицы свою роль играло и желание показать неспособность московского руководителя справиться даже с проблемами городского масштаба».

Проще всего было испортить репутацию Гришина, разоблачив московскую торговую мафию. Выбрали Юрия Соколова, директора Елисеевского магазина. Соколова в Москве хорошо знали. В эпоху тотального дефицита все сколько-нибудь известные в столице люди старались с ним дружить — в надежде получить свою долю вожделенного дефицита.

Незадолго до смерти Брежнева комитет госбезопасности плотно занялся московскими делами. Сыщики землю носом рыли, чтобы найти на Гришина компрометирующие материалы, но так ничего и не нашли. Виктор Васильевич был не взяточником и не махинатором, а просто типичным советским чиновником.

Соколова арестовали 30 октября 1982 года, за десять дней до смерти Брежнева. Занимались директором Елисеевского следователи управления КГБ по Москве и Московской области. Юрий Константинович не подозревал, что его ждет расстрел. Возможно, не знали об этом и следователи. Обещая скостить срок, они предлагали ему назвать всех, с кем он делился, кому раздавал дефицитные продукты. Соколов помог следствию. Он все сказал. Он потянул за собой начальника Главного управления торговли Мосгорисполкома Николая Петровича Трегубова. Застрелился директор «Гастронома» № 2 на Смоленской площади Сергей Гарегинович Нониев. Посадили в общей сложности несколько сот торговых работников.

О «деле Соколова» стало известно всему городу. Андропов уже был у власти. Поползли слухи о том, что арест директора «Гастронома» № 1 — это начало борьбы с коррупцией в высших эшелонах, что уже идут обыски у сильных мира сего, что конфискованы миллионы. Словом, Юрий Владимирович действует.

Сам Виктор Гришин считал, что все эти уголовные дела — подкоп под него:

«Однажды, в начале 1984 года, ко мне в горком партии пришел министр внутренних дел Федорчук. Он просил направить на работу в министерство некоторых работников МГК КПСС и горисполкома. Потом, как бы между прочим, сказал:

— Знаете ли вы, что самый большой миллионер в Москве это начальник Главторга Трегубов?

Я ответил, что этого не знаю, и если у министра есть такие данные, то надо с этим разобраться и принять соответствующие меры. После завершения следствия о преступлениях в магазине «Гастроном» № 1 вопрос о воровстве и взяточничестве в магазине и системе Главторга Мосгорисполкома был обсужден на бюро МГК КПСС...

Несколько работников были исключены из КПСС, другие (в том числе Трегубов) получили строгие партийные взыскания, сняты с занимаемых постов. Трегубов был освобожден от должности начальника Главторга, ушел на пенсию, но стал работать в Минторге СССР».

Летом, когда Гришина не было в городе, Трегубова вызвали в Комитет партийного контроля при ЦК КПСС.

Его исключили из партии и тут же арестовали, обвинив во взяточничестве. Против Трегубова свидетельствовали его подчиненные. Но тщательный обыск на его квартире не увенчался успехом: никаких особых ценностей не нашли. На следствии и на суде он отказывался признать себя виновным.

«Я знал Трегубова, — вспоминал Гришин. — В мою бытность первым секретарем МГК КПСС он почти пятнадцать лет являлся начальником Главторга Мосгорисполкома. Работал энергично, не считаясь со временем. Он, безусловно, виноват в том, что в московской торговле были факты воровства, обмана, взяточничества. Но у меня до сих пор остается сомнение в том, что он сам брал взятки...»

Арест Трегубова изумил даже всезнающих столичных журналистов. Знали, что Трегубов не отказывался помочь нужным людям — то есть разрешал купить дефицитный товар, найти который в открытой продаже было невозможно. Но взамен ничего не просил. Тогда процветала не столько система взяток, когда деньги вручаются за конкретную услугу, а своего рода бартер. Люди, сидящие у кормушек, обменивались, кто чем владеет, и делились с сильными мира сего и просто с важными и полезными людьми. Но так делали все, а посадили некоторых.

Вот и возникает вопрос: почему такие показательные процессы не устроили в областях, где ситуация была хуже, чем в Москве? Где людям совсем нечего было есть — они каждую субботу приезжали в столицу за колбасой? Но тамошние партийные секретари не были соперниками Андропову.

И по сей день не прекращаются споры о том, что намеревался совершить Андропов, если бы прожил подольше, и в каком направлении он бы повел страну. Предположений масса. Многие поклонники Андропова уверены, что он провел бы все необходимые экономические реформы, не разрушив государства. Некоторые авторы уверяют, что Андропов намеревался отстранить партию от практического управления страной и передать все правительству, что он вообще намеревался создать двухпартийную систему.

Юрий Владимирович был и остается столь популярным политиком, возможно, именно потому, что о нем так мало знают.

«За пятнадцать лет руководства комитетом госбезопасности Андропов сумел создать о работниках КГБ легенду как о людях наименее коррумпированных, — писал Вадим Печенев. — Я знаю немало красивых сказок об Андропове. Но и лично я его знал и периодически встречался в течение шести-семи лет. Хорошо знаю, что он не демократ и даже не реформатор в современном понимании этих слов».

— Андропов, — считал академик Александр Яковлев, — представлял себе реформы в виде санитарной чистки останавливающегося, задыхающегося паровоза, укрепления дисциплины вплоть до карательных мер.

Уровень представлений Андропова о жизни советского общества характеризует такая забавная история. Его сын Игорь рассказывал профессору Николаю Яковлеву, с которым вместе работал в академическом Институте США и Канады, как он пожаловался отцу, что маляры, ремонтировавшие квартиру, работают из рук вон плохо.

— В чем проблема? — отозвался Юрий Владимирович. — Нужно вызвать их на партийное собрание в домоуправление и там хорошенько пропесочить!..

— Никакой цельной программы у Андропова не было, — рассказывал Владимир Крючков в интервью газете «Красная звезда», — он считал, что сначала надо разобраться в обществе, в котором мы живем. Он считал, что надо постепенно определиться, и спустя четыре-пять лет...

Опубликованная от имени Андропова статья «Учение Карла Маркса и некоторые вопросы социалистического строительства», появившаяся в третьем номере журнала «Коммунист» за 1983 год, была воспринята многими партийными работниками как «струя свежего воздуха, хлынувшего в застоявшиеся помещения», казалась откровением, свидетельством особой прогрессивности Андропова.

В отличие от прежних утверждений, что в стране уже построен развитой социализм, в статье говорилось, что страна находится только в начале этого длительного исторического этапа. Эти идеи приписывали самому Андропову. В реальности статья была написана большим коллективом во главе с Вадимом Александровичем Печеневым, который руководил группой консультантов отдела пропаганды, а потом стал помощником генерального секретаря Черненко.

Причем статью начинали писать еще для Брежнева в августе 1982 года и предполагали поместить ее в журнале «Проблемы мира и социализма». На бывшей даче Горького (Горки-10), как обычно, засела бригада. Но Леонид Ильич умер, и статью, посвященную столетию со дня смерти Карла Маркса, стали переделывать под нового хозяина с большим упором на внутренние дела. К прежней авторской бригаде присоединилась андроповская команда.

Борис Григорьевич Владимиров, бывший помощник Суслова, «по наследству» перешедший к Андропову, вписал ему в статью такую фразу: «Нам надо понять, в каком обществе мы живем». Фразу поправили. Она появилась в такой редакции: «Нам надо трезво представлять, где мы находимся... Видеть наше общество в реальной динамике, со всеми его возможностями и нуждами — вот что сейчас требуется».

Еще один из авторов статьи, Иван Дмитриевич Лаптев, тогда заместитель главного редактора «Правды», рассказывал, что в текст вставили предложение ликвидировать аппаратные привилегии. В последний момент абзац о привилегиях для чиновников вычеркнул сам Андропов.

— Мы не сможем сейчас этого сделать, — объяснил Юрий Владимирович. — Как иначе мы заставим их дорожить местом, быть исполнительными, меньше воровать? Этот вопрос без серьезной подготовки не решишь. Пока снимем...

У Крючкова осталось в памяти, что «в широкой периодической печати статья эта не публиковалась. Ю.В. Андропов был против этого. Он считал, что она должна появиться сначала в специальных журналах теоретико-практического плана».

В реальности «Коммунист» был журналом с огромным тиражом. Подписка на него считалась обязательной для членов партии. Кроме того, статью сразу издали отдельной брошюрой очень большим тиражом. Брошюра эта лежала во всех киосках «Союзпечати».

Вообще говоря, не очень ясно, почему многие люди возлагали столь большие надежды на Андропова.

Возможно, у них перед глазами был молодой, деятельный Андропов, способный полноценно работать. Однако поздней осенью 1982 года страну возглавил человек, которого, не будь он членом политбюро, давно бы перевели на инвалидность. Но его недуги тщательно скрывались, и даже в высшем эшелоне не подозревали, насколько он плох.

В главном партийном архиве страны я держал в руках рабочий календарь генерального секретаря ЦК КПСС: пустые странички, никаких записей! Редко — одна-две фамилии приглашенных на беседу в Кремль. Он мало кого принимал и уж совсем был лишен возможности ездить по стране.

Юрий Владимирович страдал целым букетом тяжелых заболеваний, которые заставляли его почти постоянно находиться в больнице, где ему делали мучительные процедуры.

В архивах нашли «Информацию 4-го Главного управления при Минздраве СССР о состоянии здоровья Ю.В. Андропова». Там сказано, что в 1965—1966 годах он перенес «мелкоочаговые» инфаркты миокарда, страдает хроническим заболеванием надпочечников. Периодически переносит приступы гипертонической болезни, пневмонии, страдает хроническим колитом, артритом плюс мерцательная аритмия, опоясывающий лишай...

Полковник госбезопасности Аркадий Федорович Яровой вспоминал, как Андропов приезжал в Карелию вручать республике орден Ленина. Вечером на даче Шуйская Чупа собрали ветеранов Карельского фронта. Андропов спиртного не употреблял. Ему в фужер подливали из термоса «коньяка своего, на травке, покрепче». И он произносил тосты: «За боевых друзей!», «За Карелию орденоносную!», «За здоровье и благополучие присутствующих».

«Андропов, — пишет Яровой, — конечно же пил из термоса чай, но в фужере чай выглядел как настоящий коньяк, и всем было радостно, что кремлевский гость не гнушается их компании, ведет себя открыто и просто... Рассказывал о семье, детях и жене, от которой передал привет и которую все здесь хорошо знали со времен войны как инструктора ЦК ВЛКСМ на Карельском фронте и называли уважительно «наша Филипповна»...

По состоянию здоровья Юрий Владимирович давным-давно должен был бы уйти на пенсию, но в аппарате этого никто не делал, потому что пока ты у власти — ты человек, а вышел на пенсию — ты никто.

Физические недуги подорвали его дух. В 1982 году мы увидели на экранах телевизоров глубоко усталого человека, который с трудом исполняет свои функции. Из пятнадцати месяцев, отпущенных ему после избрания генсеком, он всерьез проработал только восемь. Он слабел на глазах. Перестал вставать, когда к нему в кабинет входил очередной посетитель. Все чаще он ездил в больницу на гемодиализ. Это было заметно, потому что посетители видели забинтованные запястья.

Дежурный секретарь в приемной генерального Николай Алексеевич Дебилов рассказывал (Коммерсант-власть. 2006. 18 декабря):

— Про больные почки Андропова было известно давно. Но мне казалось, что он страдает не от этой болезни, а от истощения. Вы бы видели его обед! Свежие фрукты и полстакана кипяченой воды с лимоном. И все. У него ни на что не было сил. Выйдет из кабинета, с трудом дойдет до меня, медленно повернется всем телом и тихо говорит: «Я поехал в больницу».

В 1983 году политбюро трижды рассматривало вопрос «О режиме работы членов политбюро, кандидатов в члены политбюро и секретарей ЦК».

Черненко доложил:

— Наше прежнее решение — ограничить время работы с девяти утра до пяти вечера, а товарищам, имеющим возраст свыше шестидесяти пяти лет, предоставлять более продолжительный отпуск и один день в неделю для работы в домашних условиях — не выполняется.

Примерно о том же говорил и Андропов:

— Можно по-всякому смотреть на возрастной состав политбюро. Здесь концентрация политического опыта нашей партии, и поэтому поспешная, непродуманная замена людей не всегда может быть на пользу дела... При перенапряженном ритме мы можем потерять гораздо больше, чем приобрести... Надо установить день каждому члену политбюро, чтобы он мог работать в домашних условиях. В выходные дни надо отдыхать.

Председатель Комитета партийного контроля Арвид Янович Пельше проявил заботу о генеральном секретаре:

— Главное, чтобы ты сам, Юрий Владимирович, точно этот режим соблюдал, берег себя и следил за собой.

Андропов с трудом мог встать из-за стола, а когда он шел, его поддерживали два охранника. Он проработал всего несколько месяцев, а потом оказался в больнице, откуда уже не вышел.

— Я шел по пятому этажу ЦК, — рассказывал журналистам Валерий Болдин, бывший помощник Горбачева. — Навстречу Андропов. Я поздоровался. Он повернулся, и я увидел его абсолютно отрешенное лицо. Он себя так плохо чувствовал, что, по-моему, даже не понял, что я ему сказал. Было очевидно, что надолго его не хватит.

Физическая немощь и постоянные страдания — неудачный фон для реформаторской деятельности. Тем более что готовой программы преобразования жизни, давних, выношенных планов у Андропова не было. А разработать новую программу — на это ему в любом случае не хватило бы ни сил, ни времени.

Да и какие же идеи мог предложить стране Андропов? Все это были наивные представления о порядке и дисциплине, воплотившиеся тогда в массовых облавах, которые устраивались в рабочее время в магазинах, банях и кинотеатрах, чтобы выявить прогульщиков и бездельников. Было это унизительно и оскорбительно.

«Нарастают — по телевидению, в газетах — разговоры о трудовой дисциплине и порядке, — записывал в дневнике литературный критик Игорь Дедков. — Возможно, они приведут к чему-то положительному; меньше станет прогулов, хождений по магазинам и т. п. Но, в сущности, это предусмотрено законами Паркинсона: новый начальник начал борьбу за совершенствование распорядка рабочего дня во вверенном ему учреждении».

Дедков отметил характерную деталь андроповской эпохи: «Начальники хмурят брови и устрожают голос».

Поклонники Андропова говорят, что облавы в Москве — это не его идея. Дескать, милиция перестаралась. Нет, похоже, милиция строго исполняла волю генсека.

5 июля 1983 года Андропов собрал секретарей ЦК и перечислил важнейшие задачи. Аппарату ЦК укреплять связи с обкомами, чтобы лучше знать положение дел. Наладить контроль и изучать кадры, чаще выезжать на периферию.

Отдельно он говорил о дисциплине.

— По Москве, — возмущался генеральный секретарь, — в рабочее время бродят тысячи бездельников. Как правило, управленцев, сотрудников научно-исследовательских институтов. Подтягивание дисциплины — это не кампания, а долговременная задача.

28 июля на заседании политбюро председатель Госплана Николай Байбаков и министр финансов Гарбузов нарисовали тревожную картину положения в экономике.

Что по этому поводу сказал Андропов?

— Будем говорить не только о проблемах, а о людях, которые стоят за ними. Дела идут неважно, а руководители министерств, областей — в отпусках, потому что летом — лучшая пора! Отозвать немедленно — там, где плохо обстоят дела. Повышение дисциплины, ответственности — это, прошу учесть, не кампания, это постоянные факторы. Предупреждаю всех!

Разговаривая с председателем Совета министров России Воротниковым, Андропов недоумевал:

— Зачем продавать товары, которые не продаются? Почему нет носков, полотенец? Почему в ЦК идут простейшие просьбы — до гуталина и зубных щеток? Все просят, ноют, уповают на центр. Так легче.

Но не понимал, что существующая экономическая система не в состоянии обеспечить людей тем, что им нужно, и не пытался понять.

Один из руководителей отдела ЦК по соцстранам Георгий Шахназаров осторожно заговорил с Андроповым о том, что военные расходы очень велики, стране трудно. Зачем тратить такие деньги на создание океанского флота, строить авианосцы, заводить военно-морские базы в странах третьего мира?

— Все дело как раз в том, что основные события могут разгореться на океанах и в третьем мире, — возразил Андропов. — Туда, в развивающиеся страны, перемещается поле битвы. Там поднимаются силы, которых империализму не одолеть. И наш долг им помочь. А как мы сумеем сделать это без сильного флота, в том числе способного высаживать десанты?

— Юрий Владимирович, — взмолился Шахназаров, — ведь мы себе живот надорвем. Мыслимо ли соревноваться в гонке вооружений, по существу, со всеми развитыми странами, вместе взятыми?

Андропов ему ответил:

— Ты прав, нам трудно. Но мы еще по-настоящему не раскрыли и сотой доли тех резервов, какие есть в социалистическом строе. Много у нас безобразий, беспорядка, пьянства, воровства. Вот за все это и взяться бы по-настоящему, и я тебя уверяю, силенок у нас хватит.

Георгий Шахназаров понял, что продолжение разговора бессмысленно.

— Он поддержал тезис, — вспоминал начальник информационно-аналитического управления разведки генерал-лейтенант Николай Леонов, — что Советский Союз должен иметь военный потенциал, равный суммарному потенциалу Соединенных Штатов, остальных стран НАТО и Китая. Когда мы услышали от него эту формулу, то, скажу честно, потеряли дар речи.

А ведь положение было катастрофическим. К моменту избрания Андропова генсеком в ряде областей ввели талоны на продукты. Даже по признанию тогдашнего главы Совета министров РСФСР Виталия Воротникова, уже невозможно стало вести огромное народное хозяйство страны старыми методами. Госплан, Госснаб, Министерство финансов были не в состоянии проворачивать маховик экономического механизма. Настоятельно требовались реформы...

Увы! «Единственное, — пишет Крючков об Андропове, — в чем он, и, пожалуй, не без некоторых оснований, считал себя профаном, так это область экономики, чего он, кстати, и не скрывал».

1 июля 1983 года на заседании политбюро Андропов предложил перераспределить обязанности между секретарями ЦК в связи с тем, что переведен в Москву Григорий Васильевич Романов. Ему поручили не только отдел оборонной промышленности, но и отдел машиностроения. Дальше Андропов заговорил на общие темы:

— Секретариату следует сосредоточиться на основных вопросах. Госплан устранился от решения многих назревших вопросов развития экономики, мало проявляет инициативы. Главная задача — активизировать работу Госплана, и именно по важнейшим направлениям развития нашей экономики... Второй вопрос — это уборка урожая.

Мы должны обратить серьезное внимание на высокое качество уборки, то есть на своевременную жатву, обмолот и ликвидацию потерь. Нечего греха таить, мы еще очень много теряем зерна и другой продукции при уборке урожая... Следующий вопрос — это вопрос о контроле и проверке исполнения. Это наш грех, что мы мало вызываем министров для отчета в отделы и к секретарям ЦК. Очень много дел приходится нам иметь с бумагами, потому что поток их по-прежнему очень большой. Нельзя ли поставить задачу сокращения переписки на пятнадцать—двадцать процентов? У нас принято хорошее решение о том, чтобы бумаги по своим размерам были ограничены пятью—восемью страницами. Я не хочу сводить это дело к тому, чтобы оно имело фатальный характер. Но, как правило, по большинству вопросов нельзя допускать разбухания бумаг... Главная работа — это работа с кадрами и проверка исполнения, организаторская работа. По-моему, необходимо усилить партийно-политическую работу...

Члены политбюро заседали в своем кругу. Логично было бы предположить, что обсуждение будет деловым. Однако и при Андропове все шло по давно установленному ритуалу. Члены политбюро восхищались тем, как правильно говорил Юрий Владимирович, как он все точно подметил и теперь они будут действовать по-новому, хотя ничего, кроме банальностей, которые тысячу раз звучали в зале заседаний, он не произнес.

Начал Черненко:

— Я считаю, товарищи, что Юрий Владимирович очень правильно поставил все вопросы. Это самые злободневные вопросы... Постановка вопроса вами, Юрий Владимирович, совершенно правильная.

— Все, о чем говорил Юрий Владимирович, — это принципиальная установка, — вторил ему Горбачев, — и мы ее должны принять к непосредственному исполнению. В вашем выступлении, Юрий Владимирович, прозвучало то, что должно послужить основой стиля работы каждого секретаря, заведующего отделом и секретариата в целом. Очень много времени уходит у нас на подготовку документов, на чтение бумаг...

— Я хочу высказать слова большой благодарности за то доверие, которое мне оказано, — сказал Романов. — Я полностью поддерживаю высказанное Юрием Владимировичем предложение...

— Я полностью согласен с предложением Юрия Владимировича, — заметил Долгих, когда до него дошла очередь, — о том, чтобы всем нашим работникам, в том числе и секретарям ЦК, чаще выезжать на места, разговаривать с руководителями, рабочими коллективами, знакомиться с производством не по справкам, а на месте, выступать перед ними...

А реальные проблемы государства едва затрагивались. Как-то между делом Андропов заметил:

— Вопрос о валюте, я хочу сказать, необходимо ставить очень серьезно. Нефть дешевеет, газ тоже дешевеет...

За экономические дела он брался с осторожностью, в хозяйственных вопросах чувствовал себя неуверенно.

«Андропов, по-моему, был реформатором жесткого типа, — рассказывал один из его дежурных секретарей. — Закрутить потуже гайки, а потом еще туже. Он завел новый порядок приема первых секретарей обкомов. Хочешь поговорить — сначала побеседуй с помощником Андропова Владимировым. Тот должен подготовить справку о вопросе и состоянии дел в области. А у кого все было гладко? Вместо разговора намечалось намыливание холки. И секретари обкомов, узнав про новый порядок, разворачивались и уходили».

22 ноября 1982 года к нему напросился на прием Александр Павлович Филатов, первый секретарь Новосибирского обкома. Он просил выделить области, пострадавшей от засухи, двести тысяч тонн концентратов.

— Насчет зерна сходи к Тихонову, — посоветовал Филатову новый генсек. — А то мне неудобно: только пришел и сразу хозяйственные вопросы взялся решать...

Отдельному человеку генеральный секретарь мог помочь. Всей стране — нет.

6 марта 1983 года мать очень популярной в те времена польской эстрадной певицы Анны Герман отправила Андропову письмо. Анна Герман умерла от рака. Семилетний сын остался на руках у бабушки. Ее мать напомнила Андропову о своей драматической судьбе. Ее муж и брат были в 1937 году арестованы, попали в лагерь, где и погибли. Второй муж вступил во время войны в польскую армию,

сформированную на территории Советского Союза, и погиб в бою.

Оказавшись после смерти дочери в трудном положении, мать певицы просила Андропова о денежной компенсации за мужа и брата. Через несколько месяцев письмо попало к Андропову. 19 августа 1983 года он написал записку председателю Совета министров Тихонову:

«Думаю, что нужно найти пути для того, чтобы оказать помощь семье Анны Герман.

Прошу рассмотреть».

Просьба генерального секретаря воспринималась как поручение. По старым законам реабилитированным лицам полная компенсация неполученной заработной платы не полагалась. Выплачивали только двухмесячную зарплату. Но семье Анны Герман решили выдать четыре тысячи рублей (разумеется, польскими злотыми) через Исполком Союза обществ Красного Креста и Красного Полумесяца...

По словам Михаила Горбачева, Андропов лучше других знал обстановку в стране и понимал, чем грозит обществу нарастание проблем. Но Юрий Владимирович полагал, как и многие: стоит взяться за кадры, наведение дисциплины, и все придет в норму. Он остро реагировал на явления идеологического характера, но был равнодушен к обсуждению причин того, что тормозит прогресс в экономике, почему глохнут реформы...

Анатолий Сергеевич Черняев, который видел не одного генерального секретаря, очень скептически оценивает Андропова: никогда не испытывал пиетета к нему, не верил ни в его таланты, ни в его культурность и интеллигентность. Хотя умен, конечно, и чуть более образован, чем его коллеги. Он исподволь дирижировал диссидентским движением, считает Черняев, чтобы в борьбе с ним демонстрировать свою верность партии и идеологии, и особенно тем, от кого могло зависеть его продвижение к заветной цели. Его ведомство постоянно подпитывало антисемитизм. Андропов руководил пропагандистской травлей Сахарова, как и Солженицына, как многих других. При нем была создана всепроникающая система слежки за населением и набрана бесчисленная армия платных доносчиков во всех сферах...

Ему мы в первую очередь обязаны Афганистаном. Он подбрасывал разведданные о замыслах империализма и тем самым помогал тому, чтобы страна все глубже увязала в истощающей гонке вооружений. Не мог я в душе положиться на человека, который на протяжении полутора десятка лет делал подлости и наносил огромный вред стране, пишет Анатолий Черняев, даже если он действительно вынашивал идею потом, взойдя на вершину власти, осчастливить народ.

Писатель Юрий Маркович Нагибин отметил в дневнике:

«Вопреки обычной доверчивости советских людей к приходу новых руководителей, не возникло ни одного доброго слуха. Все ждут только зажима, роста цен, обнищания, репрессий. Никто не верит, что поезд, идущий под откос, можно вернуть на рельсы.

Угрюмо-робкая деятельность нового главы. Не того масштаба человек. Он исповедует древнее благочестие: опираться надо лишь на силу подавления. Это дело гиблое».

Еще резче пишет об Андропове академик Яковлев:

«Юрий Андропов — человек хитрый, коварный и многоопытный. Нигде толком не учился. Организатор моральных репрессий, постоянного давления на интеллигенцию через ссылки и высылки, тюрьмы и психушки. Представлял себе развитие общества как упорядочение надстройки, очищение ее от грязи, ибо уровень антисанитарии становился запредельным.

Такая позиция устраивала большинство в руководстве страной, ибо давала шанс на выживание. Она всколыхнула и надежды доверчивых тружеников, унижаемых и оскорбляемых чиновничеством. В общем, Андропов становился популярен, что было немудрено на фоне Брежнева...»

С начала 1983 года стали готовить пленум ЦК по идеологическим вопросам. На незнакомые ему промышленные или сельские темы Юрий Владимирович высказывался крайне осторожно. Наверное, Андропову казалось, что в привычной сфере идеологии ему есть что сказать. Документы к пленуму готовил отдел пропаганды ЦК. Секретарь ЦК по идеологии Михаил Васильевич Зимянин и заведующий отделом Борис Иванович Стукалин пришли к генсеку за руководящими указаниями.

«Андропов высказал свои рекомендации, — вспоминал Стукалин. — По существу, он не сказал ничего нового, неожиданного. Набор узловых тем и проблем, названных им, был традиционным...»

Докладчиком определили Черненко. Текст ему писала большая бригада.

«Всем участникам той работы, — вспоминал Георгий Смирнов, — хотелось что-то изменить, сказать что-то новое, но что именно — в этом был большой разнобой и мало определенности».

Сам Черненко, человек по природе здравомыслящий, не выдержал:

— В общем, все сторонники поворота. Всем ясно, от чего надо уходить. Но вот куда и к чему идти — пока неясно...

Стукалин постоянно заходил к Черненко, докладывая ход работы. Видимо, кто-то обратил внимание Андропова на то, что заведующий одним из ключевых отделов ЦК зачастил к Черненко. Для мнительного Юрия Владимировича этого было достаточно. Поздно вечером у Стукалина проснулся телефон прямой связи с генеральным секретарем. Борис Иванович схватил трубку и услышал холодный и жесткий голос Андропова:

— Ты от меня не отрывайся!

Тот растерянно ответил:

— Понимаю, Юрий Владимирович.

Но больше сказать ничего не успел. Андропов отключился. Стукалин сразу же попросился на прием к генеральному секретарю. Через два дня был принят. Разговор носил нормальный характер, будто ничего не было.

Однажды на отдыхе, в Домбае, председатель КГБ Андропов вдруг сказал:

— Какому марксизму мы учим в системе политпросвещения? Принуждаем ходить на занятия и сухим языком излагаем прописные истины. Мухи дохнут от скуки. Мы же этим опошляем марксизм, отвращаем от него людей. А газеты? Прочитал первую страницу «Правды», и в другие можешь и не заглядывать. Те же отчеты о мероприятиях, встречах в верхах...

Он обращался к первому секретарю Ставропольского крайкома Горбачеву, но рядом стояли и другие люди. Дочь начальника краевого управления госбезопасности с восторгом сказала отцу:

— Меня его слова поразили — член политбюро, председатель КГБ, а как говорит. Мы, студенты, в курилках об этом судачим, чтобы чекисты не услышали...

Наконец-то Андропов оказался во главе партии и государства. Он мог отказаться от того, что вызывало у него презрение. Он мог все изменить. Но он этого не захотел.

14 июня на пленуме второй секретарь ЦК Черненко выступил с докладом «Актуальные вопросы идеологической, массово-политической работы партии». Его выступление запомнилось предложением создать Всесоюзный центр по изучению общественного мнения. Черненко обещал, что центр будет не только изучать, но и «целенаправленно формировать общественное мнение».

Потом произнес свою речь Андропов. Его слова партийным идеологам показались шагом назад даже в сравнении с выступлениями Брежнева. Заведующий группой консультантов отдела пропаганды Вадим Печенев был потрясен высказанной Андроповым мыслью о том, что идеологическая работа приобретает сейчас приоритетную роль по отношению ко всему остальному. Хотя уже Брежнев говорил, что пропаганда лишь тогда может рассчитывать на успех, когда опирается на твердую почву социально-экономической политики.

Понравилась только вписанная в последний момент (судя по всему, одним из руководителей международного отдела ЦК Вадимом Валентиновичем Загладиным) фраза: «Если говорить откровенно, мы еще до сих пор не изучили в должной мере общество, в котором живем и трудимся... Поэтому порой вынуждены действовать, так сказать, эмпирически, весьма нерациональным способом проб и ошибок».

Этот пленум, по словам Печенева, был временем разочарования в Андропове, «коего я, как и многие другие «аппаратчики», до этого идеализировал». Он очень плохо выглядел — «говорил, часто запинаясь, перебирая листки текста старчески дрожащими руками».

Единственное, что запомнилось участникам пленума, — внезапная реплика Андропова, который вдруг прервал докладчика. Черненко зачитывал очередной абзац из своего доклада насчет необходимости давать принципиальную партийную оценку «действиям тех лиц, которые поют с чужого голоса, распространяя всякого рода сплетни и слухи».

Вот тут Андропов вмешался и жестким голосом произнес при гробовом молчании зала:

— Мне известно, что в этом зале находятся люди, которые позволяют себе в беседах с иностранцами распространять ненужную и вредную для нас информацию. Я не буду сейчас называть фамилии. Товарищи сами знают, кого я имею в виду. И пусть они запомнят, что это — последнее им предупреждение.

Партийные старожилы, возможно, помнили, как двадцатью годами ранее нечто подобное произнес Никита Сергеевич Хрущев. В Екатерининском зале Кремля руководители партии и государства в марте 1963 года встречались с деятелями литературы и искусства.

Вдруг Хрущев встал и свирепо заявил:

— Всем холуям западных хозяев — выйти вон!

Никита Сергеевич имел в виду, что кто-то из писателей поделился впечатлениями о прошлой встрече с иностранными корреспондентами. И сурово пригрозил:

— Применим закон об охране государственных тайн!

Но тогда перед Хрущевым в зале сидели сомнительные, с точки зрения партийных чиновников и чекистов, люди — поэты, художники, актеры. Андропов же обращался к высшей номенклатуре, тем немногим чиновникам, кого приглашали на пленумы ЦК. Поэтому его слова прозвучали особенно зловеще.

СБИТЫЙ «БОИНГ»

Во внешней политике новый генеральный секретарь занял еще более жесткую позицию. Он постоянно говорил о возможности внезапного нападения со стороны Соединенных Штатов и НАТО и, похоже, сам в это верил.

В феврале 1980 года в Москву прилетели министр госбезопасности ГДР Эрих Мильке и его заместитель по разведке Маркус Вольф. Андропов лежал в больнице, но принял гостей. «Никогда еще я не видел Андропова столь серьезным и подавленным, — рассказывал Вольф. — Он обрисовал очень мрачный сценарий, по которому атомная война представляет реальную угрозу».

В конце мая 1981 года на Всесоюзном совещании руководящих работников органов и войск КГБ Андропов сказал, что главная задача нашей разведки — не просмотреть военных приготовлений противника, его подготовку к ядерному нападению. В КГБ разработали крайне дорогостоящую систему предупреждения о ракетно-ядерном нападении, которая включала контроль не только за активностью натовских штабов, но и закупками медикаментов и запасов крови для больниц и госпиталей. Такие же указания получили разведки социалистических стран. В ГДР началось строительство запасных командных пунктов на случай войны.

Это была самая крупномасштабная разведывательная операция послевоенного времени, продолжавшаяся с 1981 по 1984 год. Особую важность операция приобрела в 1983 году.

«МИД остался вне этой операции, — писал советский посол в Вашингтоне Анатолий Федорович Добрынин. — Никаких телеграмм или поручений на эту тему нашим послам не направлялось. Я сам узнал об этом лишь от резидента КГБ. Правда, мы с ним расценили все эти опасения довольно скептически, но должны были все же серьезно отнестись к ним, поскольку Москва могла располагать секретной информацией, о которой нам не было известно».

Новый американский президент Рональд Рейган, вступивший в должность в январе 1981 года, занял очень жесткую позицию, от которой в Москве отвыкли.

«Когда в 1982 году Брежнев наконец скончался и главный пост страны занял Андропов, — писал американский журналист Строуб Тэлбот, — я почувствовал в Арбатове и Примакове новую отвагу и уверенность: в СССР наконец-то появился лидер, который заставит все работать и снова поставит советскую власть на равную ногу с заносчивым и напористым Западом».

Когда Рейган обосновался в Белом доме, он мало что понимал в мировых делах. Но из всех президентов Соединенных Штатов в XX столетии только двое — Дуайт Эйзенхауэр и Ричард Никсон — пришли к власти с глубоким, основанным на собственном опыте знанием окружающего Америку мира. Рейгана спасало умение общаться с людьми, граничащее с артистизмом. Когда Рейган чего-то не знал, он честно в этом признавался. Все понимали, что президент не обладает большим опытом, и восхищались им, когда он признавался в недостатке знаний по какому-то конкретному вопросу. Когда он допускал ошибку, люди поддерживали его и прощали ему. Неопытность Рейгана внушала больше доверия, чем если бы он делал вид, будто знает ответы на все вопросы.

Рональд Рейган не был демагогом. Он был человеком твердых убеждений. 8 марта 1983 года Рейган назвал Советский Союз «империей зла». И он искренне так считал. Буквально через пару недель президент пообещал прикрыть Соединенные Штаты противоракетным щитом, обезопасить от советского ядерного удара.

23 марта он сообщил, что Соединенные Штаты «приступают к осуществлению программы, рассчитанной на то, чтобы наводящую ужас советскую ракетную угрозу отразить мерами оборонительного характера... Народ мог бы жить в безопасности, зная, что безопасность обеспечивается тем, что мы в состоянии перехватить и уничтожить стратегические баллистические ракеты до того, как они достигнут нашей территории».

Рейган искренне считал, что государство, которое первым создаст орбитальный комплекс с противоракетным оружием, будет надежно защищено от ядерного нападения. Эти надежды на успехи военного космоса породили американскую так называемую стратегическую оборонную инициативу (СОИ). Отдельные пункты рейгановской программы казались технически осуществимыми. Ракеты можно сбивать зенитными снарядами с высокой начальной скоростью. Ракеты можно уничтожить, взорвав рядом ядерное устройство. И наконец, ученые утверждали, что в самом ближайшем времени ракету можно будет разрушать лазерными лучами со спутника.

Рейгановская военно-космическая программа стала тяжким ударом для советских военных. Столько лет они создавали огромные арсеналы баллистических ракет с ядерными боеголовками, способными уничтожить Соединенные Штаты. Неужели американцы смогут запросто сбивать их в космосе и многолетние усилия пойдут прахом?

Вечером 24 марта к Андропову в больницу приехали его помощник по международным делам Александр Михайлович Александров-Агентов и известный дипломат Олег Алексеевич Гриневский.

Андропов сидел за небольшим столиком в полосатых пижамных брюках и вязаной, похожей на женскую, кофте. Гриневский отметил, что за полгода Юрий Владимирович сильно изменился. Он как-то потускнел и сильно похудел. Только взгляд стал еще острее и неулыбчивее.

Юрий Владимирович поручил подготовить ответ на заявление Рейгана о СОИ и опубликовать его в «Правде». Одновременно разрабатывались планы наращивания вооружений, которые бы просто разорили страну. Дополнительные ракеты предполагалось установить на территории Чехословакии и ГДР. Советский военный флот — надводный и подводный с ядерными ракетами на борту — готовили выдвинуть поближе к американским берегам. Запуск ракет из района Арктики сокращал подлетное время до минимума. Разрабатывалась и специальная подводная ракета.

Началась разработка нового мобильного ракетного комплекса «Скорость», который собирались установить поближе к границам западных держав. Задача — уничтожить стартовые позиции американских ракет в Европе раньше, чем они взлетят.

Готовилось размещение новых ракет средней дальности «Пионер» на Чукотке. Заканчивалась установка новой системы противоракетной обороны Москвы. Разработали зенитно-ракетный комплекс с ядерной боеголовкой, который гарантированно уничтожал американские «першинги». Правда, получалось, что для этого надо устроить ядерный взрыв над Москвой... Но этому ужаснулись только потом, при Горбачеве, а пока военная промышленность осваивала выделяемые ей миллиарды.

По мнению посла в Соединенных Штатах Анатолия Добрынина, в 1983 году советско-американские отношения еще больше ухудшились, они оказались в низшей точке со времен начала холодной войны. Советские политики не уловили, что Рейган говорил об оборонительном оружии. Он не собирался нападать. Он хотел гарантировать своей стране безопасность от ядерного удара.

Рейган пытался установить личный контакт с Андроповым, чтобы обсудить пути улучшения двухсторонних отношений. Юрий Владимирович не верил в искренность американского президента. Это была характерная для Андропова подозрительность, воспитанная в нем долгим жизненным опытом, писал Александров-Агентов.

Генеральный секретарь видел в американском президенте человека, готового поднять градус конфликта до прямой конфронтации, и, по существу, готовился к войне. Андропов даже допустить не мог, что Рейган искренне пытается сделать шаг ему навстречу. В середине мая Рейган заявил, что если Андропов приедет на сессию Генеральной Ассамблеи ООН в Нью-Йорк, то он готов с ним встретиться. Москва никак не реагировала. Вопрос о встрече с американским президентом отпадал даже не по политическим соображениям.

Андропов уже совсем не мог ходить.

Председатель КГБ Чебриков, понимая, что в ноябре генеральный секретарь просто не сможет подняться на трибуну Мавзолея, 11 мая 1983 года написал в ЦК записку:

«В период проведения партийно-политических мероприятий на Красной площади выход из Кремля к Мавзолею В.И. Ленина осуществляется по лестнице в Сенатской башне. Разница в уровнях тротуара в Кремле и у Мавзолея В.И. Ленина более 3,5 метра.

Считали бы целесообразным вместо существующей лестницы смонтировать в Сенатской башне эскалатор.

Просим рассмотреть».

28 июня решение политбюро было принято — «устройство эскалатора в Мавзолее В.И. Ленина». Но эскалатор Андропову уже не понадобился — он совсем слег...

21 июля американский посол в Москве передал Андропову личное письмо Рейгана. 1 августа Андропов ответил. Он предлагал создать конфиденциальный канал связи для обмена мнениями. Приехавшего в отпуск из Вашингтона посла Добрынина Юрий Владимирович расспрашивал, что Рейган за человек. С одной стороны, враг Советского Союза, с другой — в переписке выглядит разумным человеком, который не прочь улучшить отношения...

Но попытка снизить накал противостояния двух великих ядерных держав не удалась из-за сбитого южнокорейского самолета.

1 сентября 1983 года Андропов провел последнее заседание политбюро и ушел в отпуск. Он в тот же день прилетел в Симферополь, а не в Кисловодск, где обычно отдыхал.

Рано утром 1 сентября 1983 года советский самолет-перехватчик Су-15 двумя ракетами сбил южнокорейский гражданский самолет «Боинг-747». Экипаж и все пассажиры погибли. Мир был потрясен.

2 сентября — уже без Андропова — вновь собрали политбюро. Вел его Черненко. Он только что вернулся из отпуска, но выглядел неважно. А тут разразился невиданный международный скандал. «Мы были поставлены перед фактом, — записал в дневнике после заседания политбюро Воротников. — Кто принимал решение? Знал ли генсек? Это так и осталось неясным».

Советским руководителям не хватило мужества сразу признать, что самолет сбит, и выразить сожаление. Главную скрипку играл министр обороны Устинов, который самоуверенно доказывал, что «никто ничего не докажет». Первый заместитель министра иностранных дел Георгий Маркович Корниенко позвонил Андропову и пытался объяснить, что попытка все скрыть неразумна.

Андропов ответил, что «Дмитрий категорически возражает», и по другому телефону соединился с министром обороны. Дмитрий Федорович обругал Корниенко и посоветовал Андропову ни о чем не беспокоиться. Все, что выдавил из себя Юрий Владимирович, было вялым пожеланием:

— Вы там, в политбюро, все-таки еще посоветуйтесь, взвесьте все.

Сначала советское руководство вообще отрицало, что самолет был сбит. Потом сообщили, что по самолету стреляли, но не попали. И только с третьего раза, через неделю, в заявлении от 6 сентября, признали, что самолет был сбит, и выразили сожаление «по поводу гибели ни в чем не повинных людей».

Но уже было поздно. Мир возмущался не только тем, что погибли невинные люди, но и беспардонным враньем. Ущерб для репутации страны был огромным.

8 сентября 1983 года политбюро — по-прежнему без Андропова — вновь обсуждало вопрос о сбитом «Боинге-747».

Устинов говорил:

— Хочу заверить политбюро, что наши летчики действовали в полном соответствии с требованиями военного долга и все, что изложено в представленной записке, истинная правда. Наши действия были абсолютно правильными, поскольку южнокорейский самолет американского производства углубился на нашу территорию до пятисот километров. Отличить этот самолет по контурам от разведывательного чрезвычайно трудно. У советских военных летчиков есть запрет стрелять по пассажирским самолетам. Но в данном случае их действия были вполне оправданны... Вопрос в том, как лучше сообщить о наших выстрелах...

Советский посол в Соединенных Штатах Анатолий Добрынин отдыхал в Крыму. Его вызвал Андропов. Распорядился:

— Поезжай без промедления обратно в Вашингтон и постарайся сделать все возможное, чтобы потихоньку приглушить этот совершенно ненужный нам конфликт. Наши военные допустили колоссальную глупость, когда сбили этот самолет. Теперь нам, видимо, долго придется расхлебывать эту оплошность.

Андропов, по словам Добрынина, был зол на «тупоголовых генералов, совсем не думающих о большой политике и поставивших наши отношения с Соединенными Штатами на грань полного разрыва». О смерти невинных людей он не говорил. Считал, что полет «боинга» — провокация американских спецслужб, но самолет надо было не сбивать, а заставить сесть на один из советских аэродромов.

«Толстый и сытый бойкий репортер телевидения, специалист по космонавтам, — записал в дневнике Игорь Дедков, — брал интервью у наших героев-пилотов, и стало абсолютно ясно, кто из них двоих — «пресек». Широкое лицо черноволосого крепкого человека спокойно смотрело в камеру, и повторялось слово, решившее судьбу 269 человек: «враг».

Советские руководители сделали свои выводы из истории со сбитым «боингом»: главное — дать отпор западной пропаганде.

1 ноября 1983 года на политбюро решили образовать комиссию по координации внешнеполитической пропаганды и контрпропаганды под председательством генерального секретаря Андропова. Для решения текущих вопросов сформировали рабочую группу под руководством секретаря ЦК Зимянина. Договорились раз в месяц собирать в ЦК руководителей средств массовой информации и ведущих политических обозревателей «для их ориентировки по оперативным вопросам внешнеполитической пропаганды». Обязали проводить регулярные пресс-конференции для иностранных корреспондентов в Москве, активизировать работу советов по внешнеполитической пропаганде при советских посольствах. А также решили создать в отделе пропаганды и внешнеполитической пропаганды ЦК секторы контрпропагандистской работы в составе пяти человек каждый — заведующий сектором, два консультанта и два инструктора...

ДОЛГАЯ СМЕРТЬ

На даче в Крыму Андропов принимал своего последнего иностранного визитера — это был вождь Южного Йемена Али Насер Мухаммед. После беседы пошли обедать.

Когда обед закончился, вспоминает заместитель заведующего международным отделом Карен Брутенц, «Юрий Владимирович поднялся и пошел к двери, чтобы попрощаться с гостями. Но, едва протянув руку Мухаммеду, резко побледнел — лицо приобрело меловый оттенок — и пошатнулся. Наверное, Андропов бы упал, если бы его не поддержал и не усадил на стул один из охранников. Другой принялся поглаживать его по голове. Все это продолжалось не более минуты, потом Юрий Владимирович встал и как ни в чем не бывало попрощался с гостями...»

В какой-то момент, отдыхая, Андропов почувствовал себя лучше и перебрался в горы, в правительственную резиденцию «Дубрава-1», где отдыхали и охотились Хрущев и Брежнев. Андропову там понравилось, он дышал свежим воздухом. Звонил в Москву и говорил веселым, бодрым голосом. Но именно там он простудился.

— В один из дней Юрий Владимирович захотел прогуляться в заповеднике, — вспоминал тогдашний начальник девятого отдела управления КГБ по Крымской области Лев Толстой (см.: Комсомольская правда. 2001. 14 сентября). — Он любил лес и горные речки. Но так как Андропов уже сильно болел, а на дворе стоял сентябрь и в горах похолодало, мне дали задание оборудовать места его остановок во время прогулок. Лесники и сотрудники КГБ за несколько дней сделали и установили на двух полянах деревянные лавки и покрыли их пледами. Да и места подобрали такие, где не было сильных сквозняков, тени и влажности. Андропов в армейской накидке и с пледом провел на полянах и в резиденции несколько часов. При этом был очень задумчив. Накрыли скромный обед. Юрий Владимирович произнес тост за хорошую прогулку, мы выпили по бокалу шампанского. Причем сам Андропов не пил. А через неделю мы везли Андропова в реанимационной машине в аэропорт.

А уже после его смерти, жаловался произведенный в генералы Лев Толстой корреспонденту, тогдашний начальник 4-го главного управления минздрава Чазов, впоследствии министр здравоохранения, заявил, что обострение болезни у покойного генсека случилось именно в Крыму, и обвинил во всем нас, сотрудников девятого управления: мол, это мы разрешили Андропову сидеть на голых камнях...

Заместителю председателя КГБ генералу Виктору Федоровичу Грушко в 1990 году полковник Лев Толстой рассказывал эту историю иначе:

— Андропов прошелся немного пешком и присел на скамейку передохнуть. Неожиданно он сказал, что чувствует сильный озноб. Его состояние ухудшалось на глазах. Теплая одежда не помогала.

Юрия Владимировича срочно отправили вниз на госдачу, а оттуда — в аэропорт.

— Трап подали не со стороны здания аэропорта, — вспоминал Толстой, — а со стороны летного поля. Мы под руки завели Андропова в самолет...

В Москве Юрия Владимировича сразу повезли в Центральную клиническую больницу, откуда он уже не выйдет. Тяжкая болезнь лишила его организма иммунитета, и даже простуда превратилась в смертельную опасность. У него развился абсцесс, который оперировали, но остановить гнойный процесс не удалось. Чазова срочно вызвали из зарубежной командировки. Но он почти сразу понял, что жить Юрию Владимировичу осталось всего несколько месяцев.

17 ноября до начала заседания политбюро Черненко сказал, что состояние Андропова пока без изменений.

«Вспоминаю, что эта информация была воспринята достаточно спокойно, — писал Виталий Воротников. — Ну, заболел человек, с кем не бывает. Не чувствовалось тревоги. Хотя многие знали, каково его здоровье, чем и сколько времени он уже страдает. Мне же все это было неизвестно. Поэтому восприятие общее — поболеет и выздоровеет... Непонятно, чем была вызвана такая уверенность. О том, что Андропов находится в Центральной клинической больнице, я узнал лишь сегодня».

Его жена, Татьяна Филипповна, тоже болела. Он просил каждый день его соединять по телефону с женой, даже писал ей стихи.

На ноябрь 1983 года был назначен пленум ЦК, Андропов до последней минуты надеялся, что врачи поставят его на ноги и он сумеет выступить. Пленум постоянно откладывали на более поздний срок. Он пытался работать, вызывал к себе в больницу помощников, руководителей аппарата ЦК и правительства. Но силы уходили, он становился немногословным и замкнутым.

Он и прежде был склонен верить слухам и сплетням, теперь его мнительность усилилась. Он вдруг позвонил своему выдвиженцу секретарю ЦК Николаю Рыжкову:

— Так вы на политбюро приняли решение о замене генерального секретаря?

Рыжков, боготворивший Андропова, изумился:

— Да что вы, Юрий Владимирович, об этом и речи не было!

Но Андропов не успокоился и спросил, какое материальное обеспечение ему определят, если отправят на пенсию. Николай Иванович просто не знал, что ответить.

Вероятно, пишет академик Чазов, тяжело больному Андропову закралась в голову мысль, что соратники уже списали его со счетов, и он решил проверить их преданность.

Но никто в партийном руководстве и помыслить себе не мог отправить генерального секретаря на пенсию — он оставался неприкосновенной персоной, хотя, учитывая его состояние, это было бы самым естественным шагом.

В середине ноября Андропов, впавший в депрессию, ощутивший безнадежность своего состояния, предупредил Чазова:

— Я прошу вас о моем тяжелом состоянии, о прогнозе развития болезни никого не информировать, в том числе и Горбачева. Если у вас возникнет необходимость посоветоваться, обращайтесь только к Дмитрию Федоровичу.

Во второй половине ноября Чазов пришел к министру обороны Устинову. Выяснилось, что Дмитрий Федорович даже не подозревал, насколько плох его друг Юрий Владимирович. Чазов почти два часа вводил министра в курс дела. На следующий день Устинов сам позвонил Чазову и попросил его зайти еще раз.

— Знаешь, Евгений, — сказал министр обороны, — ситуация во всех отношениях очень сложная. Давай пригласим Чебрикова. Он очень близкий Юрию Владимировичу человек, и вместе посоветуемся, что делать. К тому же он располагает большой информацией о положении в ЦК и в стране.

Устинов не хотел в одиночку нести тяжкий груз ответственности. Получалось, что он один обладал важнейшей информацией и скрыл ее от остальных членов политбюро. Через полчаса председатель КГБ уже был на улице Фрунзе. Выслушав Чазова, осторожный Виктор Михайлович предложил рассказать обо всем Черненко. За этим читалась простая мысль: если Андропов безнадежен, следующим руководителем станет Черненко, и от него ничего не надо скрывать.

— Ты только предупреди Константина Устиновича, — сказал Чазову министр обороны, — что информация конфиденциальная и что Юрий Владимирович просил ни с кем не обсуждать тяжесть его болезни...

Но чего стоили эти слова, если они уже не прислушались к просьбе умирающего Андропова? Разумеется, информация о состоянии генерального секретаря немедленно распространилась, и высокопоставленные чиновники под разными предлогами пытались выведать у Чазова реальное положение дел.

4 декабря Горбачев поделился с Воротниковым грустными впечатлениями от встречи с Андроповым:

— Состояние его здоровья плохое. Его посещают помощники. Иногда Черненко. Юрий Владимирович недостаточно точно информирован, переживает за дела. Ты бы позвонил ему.

Воротников немедленно попросил соединить его с палатой генерального секретаря, доложил о ходе дел в республике, сочувственно спросил, как Юрий Владимирович себя чувствует.

— Хорошо, что позвонил, — сказал Андропов. — Спасибо. Я здесь залежался, невольно оторван от дел, хотя это сейчас недопустимо. Но что поделаешь... Удовлетворен твоей информацией. Желаю, дорогой Виталий Иванович, успехов. Спасибо тебе сердечное. Привет товарищам.

Через день Горбачев вновь доверительно поделился с Воротниковым впечатлениями от беседы с Андроповым в ЦКБ:

— Состояние его не улучшается. Выглядит очень плохо. Исхудал. Ослаб. Юрий Владимирович предложил провести изменения в составе политбюро, в том числе перевести тебя в члены политбюро.

Воротников пометил в дневнике: «Горбачев якобы поддержал предложение». Виталий Иванович напрасно сомневался в искренности Горбачева. Более того, Михаил Сергеевич и был инициатором кадровых перемен. Воротников, разумеется, не мог тогда знать, что Горбачев попросил академика Чазова положить его на диспансеризацию в ЦКБ, чтобы оказаться рядом с генеральным секретарем — палаты для членов политбюро находились на четвертом этаже главного здания.

Чазов предупредил Горбачева, что жить Андропову осталось один-два месяца, не больше. Михаил Сергеевич так же откровенно поделился с Чазовым намерением уговорить Андропова на пленуме ввести в политбюро Воротникова и Соломенцева, кандидатом сделать Чебрикова, а секретарем ЦК — Егора Кузьмича Лигачева.

— Это наши люди, — твердо сказал Горбачев, — они будут нас поддерживать в любой ситуации.

Михаил Сергеевич попросил Андропова о встрече, и тот не мог отказать товарищу по несчастью, который лежит, что называется, в соседней палате.

«Осунувшееся, отечное лицо серовато-воскового цвета, — таким Юрий Владимирович запомнился Горбачеву. — Глаза поблекли, он почти не поднимал их, да и сидел, видимо, с большим трудом».

Умирающему Андропову было не до кадровых перемен. Но Михаил Сергеевич убедил генсека, что такие дела не откладываются. Потом ему пришлось еще вести беседы с другими членами политбюро.

— Некоторые считают, — сказал Горбачев Виталию Воротникову, — что незачем торопиться, надо подождать и принять решение уже в присутствии Юрия Владимировича.

Но Горбачев дожал коллег, ссылаясь на мнение Андропова. Горбачев больше всех был заинтересован в этих переменах. Он предпринимал все усилия, чтобы укрепить свои позиции внутри политбюро, торопясь, потому что смерть Андропова приближалась. Михаил Сергеевич боялся изоляции и подбирал себе союзников в послеандроповском политбюро.

Лигачеву он многозначительно сказал:

— Егор, я настаиваю, чтобы тебя избрали секретарем. Скоро пленум, и я над этим вопросом усиленно работаю.

Лигачев оценил заботу Михаила Сергеевича.

Через несколько дней Лигачеву позвонил помощник генсека Павел Лаптев:

— Егор Кузьмич, вам надо побывать у Юрия Владимировича. Он приглашает вас сегодня, в шесть вечера.

Лигачев спросил, куда ехать.

— За вами приедет машина, — объяснил Лаптев, — и вас отвезут.

Через много лет Егор Кузьмич Лигачев говорил мне:

— Юрий Владимирович — вообще мужественный был человек. Заходишь к нему в кабинет, видишь его и чувствуешь это страдание. А он о деле говорит, ведет беседу, переговоры, заседания... А тут он пригласил меня к себе в больницу. Я страшно переживал после этой встречи, потому что я его не узнал.

Я зашел в палату, — продолжал Лигачев, — вижу: сидит какой-то человек. Пижама, нательная рубашка, что-то еще такое домашнее. Тут капельница, кровать. Я подумал, что это не Юрий Владимирович, а какой-то другой человек, а к Андропову меня сейчас проводят. А потом почувствовал, что это он. Ну, он это отнес, наверное, просто на счет моего волнения. Он говорит:

— Ну, расскажи, как ты живешь, чем занимаешься, какие проблемы.

А я понимал, что долго докладывать не могу, потому что человек болен. Доложил кратко по работе. Потом еще минут десять—пятнадцать поговорили, чаю попили. Он сказал:

— Егор Кузьмич, решили вас дальше двигать.

Я поблагодарил и поехал.

Это было в декабре, а в феврале он ушел из жизни...

16 декабря утром к Андропову в больницу доставили посла Олега Гриневского, руководителя советской делегации на переговорах в Стокгольме о разоружении в Европе.

«В палате, — вспоминал Гриневский, — сидел какой-то сгорбленный человек с лохмами седых волос. Сначала я даже не понял, кто это, и только потом дошло — передо мной сам генеральный секретарь ЦК КПСС. Он очень сильно изменился — еще больше похудел, осунулся и как-то сник».

Андропов слушал Гриневского не больше пяти минут. Потом заговорил сам:

— Впервые после Карибского кризиса Соединенные Штаты и Советский Союз уперлись лбами. Американцы хотят нарушить сложившийся стратегический паритет и создать возможность нанесения первого обезоруживающего удара. А наша экономика в плачевном состоянии, ей нужно придать мощное ускорение, но наши руки связаны афганской войной. Нам не удалось помешать размещению их средних ракет в Европе. Тут нужно честно сказать — мы проиграли.

Андропов замолчал, а потом сказал то, ради чего, вероятно, и вызвал Олега Гриневского в больницу:

— У меня к вам просьба. У вас в делегации работает мой сын Игорь. Он хороший человек, честный и добрый, но вокруг него вьется свора прихлебателей, которые спаивают его и мешают работать. Гоните их прочь. Создайте дружную команду. Нацельте ее на работу, а не на гуляние по кабакам.

«Андропов, — вспоминал академик Арбатов, — выделялся среди тогдашних руководителей равнодушием к житейским благам, а также тем, что в этом плане держал в «черном теле» семью».

Игорь Юрьевич Андропов после окончания Института международных отношений работал несколько лет в академическом Институте США и Канады, получал сто двадцать рублей. Когда в разговоре заходила речь о нем, Андропов просил Арбатова об одном:

— Загружай его побольше работой.

Однажды недовольно сказал, что сын совсем зарвался — просит поменять ему двухкомнатную квартиру на трехкомнатную, хотя вся-то семья — он, жена и ребенок... Когда Арбатов рассказал, что детям руководителей партии и государства продали по дешевке партию «мерседесов» и «вольво», Андропов вспыхнул:

— Если в твоих словах содержится намек, знай — у меня для всей семьи есть только «Волга», купленная за наличные восемь лет назад.

Игорь Андропов перешел в Дипломатическую академию, откуда его вытащил Анатолий Гаврилович Ковалев, будущий заместитель министра иностранных дел. Он взял Андропова-младшего с собой в Мадрид, где шли долгие и муторные переговоры по сотрудничеству и безопасности в Европе.

«По МИДу легенды ходили о их необыкновенной и неразрывной дружбе, — вспоминал Гриневский, — и жили бок о бок, и работали в одной упряжке, и отдыхали вместе. И насколько легче потом стало Ковалеву пробивать нужные ему решения через головы упершихся ведомств».

Отец заботился о сыне. В состав делегации, работавшей в Стокгольме, входил представитель КГБ. Им был генерал Борис Семенович Иванов из разведки. Гриневский очень скоро понял, что главная задача генерала — безопасность сына генерального секретаря. Командировка в комфортный Стокгольм была платой за службу Бориса Иванова в Афганистане. Вокруг Игоря Андропова, по словам Гриневского, действительно вилась свора псевдодрузей, которые зазывали его то в сауну, то в ресторан, то еще куда-нибудь, где можно было хорошо выпить.

— Знаешь, Олег, — сказал Игорь Андропов Гриневскому, — вокруг людей полно, а я не знаю, почему они со мной дружат. Потому ли, что я хороший парень, или потому, что у меня отец — генеральный секретарь ЦК КПСС.

«После смерти отца, — писал Гриневский, — вокруг него не осталось никого. Все — я не преувеличиваю, — кто хотел дружить с ним, отвернулись от него. Даже любимая жена ушла».

Игорь Андропов был тогда женат на известной актрисе Людмиле Чурсиной. Брак оказался недолгим.

Сам Игорь Андропов рассказывал в интервью «Комсомольской правде», как в те декабрьские дни 1983 года встретил Горбачева. Михаил Сергеевич сказал ему:

— Вышли мы с Раисой Максимовной, и нас люди покритиковали, что мы плохо заботимся о здоровье Андропова.

Игорь Андропов подумал: «Высокий класс, учись, Игорь! О, это была сплошная Византия». После смерти отца Игорь Юрьевич Андропов получил хорошее назначение — уехал послом в Грецию. Через пару лет его вернули и сделали послом по особым поручениям в центральном аппарате министерства. Он, как и отец, много и тяжело болел. В 1998 году он ушел на пенсию, писал книгу об отце, но не успел — умер в середине июня 2006 года. Его дети — дочь Татьяна и сын Константин — переселились в Соединенные Штаты.

Дочь Юрия Андропова Ирина была замужем за Михаилом Филипповым, актером Театра имени Маяковского, который женился потом на Наталье Гундаревой. В юности Ирина Андропова мечтала стать актрисой, собиралась поступать в ГИТИС. Юрий Владимирович расстроился и сделал все, чтобы она изменила свои планы. Крючков спросил его, почему он так противится желанию дочери. Андропов ответил, что так диктует его чутье.

Главный режиссер Театра на Таганке Юрий Любимов рассказывал, что дети Андропова приходили к нему проситься в театр сразу после десятилетки (см.: Аргументы и факты. 2004. № 26):

— Мы, мол, тоже хотим в актеры. Девочка и мальчик. Я им говорю: институт закончите сначала. А они рыдают. Но папа, как потом оказалось, тоже не хотел, чтобы дети становились актерами.

Андропов, узнав об этом, захотел увидеть Любимова, спросил Юрия Петровича:

— А вы знали, что это были мои дети? Нет? Зачем же тогда час на них потратили?

— Да жалко их было. Пришли, плакали.

— Я вас благодарю. Вы были правы. Сумели сурово, но доступно объяснить им, что первым делом надо учиться.

26 декабря 1983 года открылся пленум ЦК, который из-за Андропова откладывали до последнего. Черненко сказал, что Юрий Владимирович, к сожалению, не может присутствовать на пленуме, но просил рассмотреть организационные вопросы:

— Предлагается избрать членами политбюро товарищей Соломенцева и Воротникова, кандидатом в члены политбюро — Чебрикова, секретарем ЦК — Лигачева. Товарищу Капитонову — сосредоточиться на вопросах, связанных с развитием производства товаров народного потребления, бытовых и других социальных проблемах.

Все кадровые идеи Горбачева были воплощены в жизнь. Многолетняя работа Ивана Васильевича Капитонова по подбору и расстановке высших кадров окончилась. Лигачев перешел в высшую лигу.

Без генерального секретаря пленум был пустой.

Пленуму зачитали письмо Андропова. Ничего нового и интересного в нем не было. Все те же призывы наладить систему управления, укрепить дисциплину и лично отвечать за порученное дело. Зачитанные от его имени слова не вдохновляли:

— В общем наметился положительный сдвиг в народном хозяйстве. Все это подтверждает правильность выработанной линии, реальность и обоснованность поставленной партией задачи по развитию экономики, преодолению имеющихся трудностей.

Те, кто в те дни ходил в обычные магазины, не могли разделить оптимизма авторов андроповской речи. По мнению Чазова, Юрий Владимирович просто подписал текст, подготовленный помощниками, потому что работать уже не мог.

На следующий день новоизбранные руководители звонили Андропову в больницу, благодарили.

— Ну что ж, поздравляю, — сказал Андропов усталым, глухим голосом Воротникову. — Спасибо, что позвонил, еще раз поздравляю тебя, всего доброго.

Михаил Сергеевич Соломенцев побывал у Андропова. Он просил разрешения увеличить аппарат комитета партконтроля. Андропов согласился, предложил написать записку в ЦК. Из больницы Соломенцев вернулся на Старую площадь, зашел к Черненко и отдал ему записку, предупредив, что генеральный секретарь согласен.

Черненко поинтересовался, как выглядит Андропов.

— Неплохо, — осторожно ответил Соломенцев, — мне кажется, здоровье Андропова идет на поправку.

3 января 1984 года советского посла в Вашингтоне Добрынина пригласил Государственный секретарь Соединенных Штатов Джордж Шульц. Он поинтересовался самочувствием Андропова, объяснив, что ходят различные слухи. Анатолий Федорович уверенно ответил, что, насколько ему известно, генеральный секретарь продолжает заниматься государственными и партийными делами.

В начале января у Андропова побывал академик Георгий Арбатов. Его включили в группу, которая писала генеральному секретарю предвыборную речь — намечались выборы в Верховный Совет.

«В палате, — писал Арбатов, — Юрий Владимирович почему-то сидел в зубоврачебном кресле с подголовником. Выглядел ужасно — я понял: умирающий человек. Говорил он мало, а я из-за ощущения неловкости, незнания, куда себя деть, просто чтобы избежать тягостного молчания, без конца что-то ему рассказывал.

Когда я уходил, он потянулся ко мне, мы обнялись. Выйдя из палаты, я понял, что он позвал меня, чтобы попрощаться».

О том же думали потом и другие, кто побывал у Юрия Владимировича в эти последние недели. 18 января 1984 года у Андропова в последний раз побывал Рыжков. Николай Иванович ездил в Австрию на съезд коммунистов. Вернувшись, поинтересовался у Черненко, кому сдать отчет о поездке. Черненко посоветовал:

— Андропов тобой интересовался. Позвони, ему и расскажешь.

Рыжков соединился с ЦКБ.

— Чем вы сейчас заняты? — спросил Юрий Владимирович. — Приезжайте к пяти, поговорим.

Минут сорок Рыжков докладывал о делах, потом сказал:

— Меня предупредили, чтобы я вас не утомлял. Мне хотелось бы побольше побыть с вами, но не то место.

Андропов поманил его пальцем:

— Наклонитесь.

Юрий Владимирович, не вставая, притянул Рыжкова за шею, поцеловал в щеку и сказал:

— Идите. Все.

Рыжков уверен, что так Андропов с ним попрощался.

20 января 1984 года Андропов позвонил из больницы Виталию Воротникову, поздравил с днем рождения, пожелал плодотворной работы. Голос генсека показался Воротникову на удивление бодрым. Виталий Иванович осторожно поинтересовался у Андропова о самочувствии.

— Настроение хорошее, — ответил Юрий Владимирович, — но пока в больнице. Надеюсь на благополучный исход.

О здоровье он ни с кем не хотел говорить. И все избегали этой темы.

Трудящиеся Москвы выдвинули генерального секретаря ЦК КПСС, председателя президиума Верховного Совета СССР Юрия Владимировича Андропова кандидатом в депутаты Верховного Совета. Работа над предвыборной речью шла полным ходом. Но произнести ее будет некому. Андропов угасал.

Юрий Владимирович не мог обходиться без аппарата, заменявшего почку. Каждый сеанс диализа, очищения крови, продолжался несколько часов; тяжелая, выматывающая процедура. Постепенно у него отказали обе почки. Это вело к тому, что переставали работать печень, легкие. Пришлось прибегнуть к внутривенному питанию.

Охранникам пришлось возиться с ним, как с ребенком. Его носили на руках. Видел он только одним глазом. Когда читал книгу или служебную записку, дежурный охранник переворачивал ему страницы.

«Мне было больно смотреть на Андропова, лежащего на специальном безпролежневом матрасе, малоподвижного, с потухшим взглядом и бледно-желтым цветом лица больного, у которого не работают почки, — пишет академик Чазов. — Он все меньше и меньше реагировал на окружающее, часто бывал в забытьи».

В последние дни к нему приехал Черненко.

«Это была страшная картина, — вспоминал Чазов. — Около большой специальной кровати, на которой лежал изможденный, со спутанным сознанием Андропов, стоял бледный, задыхающийся, растерянный Константин Устинович, пораженный видом и состоянием своего друга и противника в борьбе за власть».

«Андропов умирал долго, — рассказывал Александр Коржаков, служивший тогда в девятом управлении КГБ. — К постели умирающего пришли Черненко, Чебриков, Плеханов.

Глядя на еще живого, но потерявшего сознание Андропова, Черненко приказал Чебрикову, а тот Иванову, начальнику охраны Юрия Владимировича, выдать ключи от передающегося «по наследству» заветного сейфа с «партийными тайнами».

После смерти Андропова нас, охрану, по традиции со сталинских времен «заморозили» на две недели: не выдавали оружия — как бы чего не вышло...»

Михаил Сергеевич Горбачев, по словам его помощника Валерия Болдина, ходил пасмурный, «чувствовал, что конец Андропова близок, понимал, что приход всякого нового лидера может стать крахом всех его надежд и планов».

Из Стокгольма привезли в Москву Игоря Андропова. Он застал отца уже без сознания. Врачи ни на что не надеялись.

9 февраля 1984 года, в четверг, в одиннадцать утра началось заседание политбюро. До начала в ореховой комнате Константин Устинович Черненко сказал членам политбюро, что состояние Андропова резко ухудшилось:

— Врачи делают все возможное. Но положение критическое.

Без десяти пять вечера Андропов умер.

Через час с небольшим, ровно в шесть вечера, всех членов политбюро вновь собрали в Кремле. Константин Устинович сообщил, что все кончено. Как положено, образовали комиссию по организации похорон.

10 февраля 1984 года утвердили текст телеграммы первым секретарям ЦК компартий союзных республик, крайкомов и обкомов партии:

«Политбюро ЦК КПСС с глубоким прискорбием сообщает Вам, что 9 февраля 1984 г. после тяжелой болезни скончался Юрий Владимирович Андропов.

Сообщая Вам об этом, мы просим товарищей на местах принять все необходимые меры для четкой организации работы всех учреждений, заводов, фабрик, совхозов, колхозов, к повышению трудовой дисциплины всех трудящихся.

В дни траура на предприятиях, учреждениях провести митинги. Разъяснить, что Центральный Комитет партии проводил и будет проводить ленинскую внутреннюю и внешнюю политику, которую до последнего часа жизни проводил Юрий Владимирович Андропов».

На политбюро утвердили и текст обращения к партии и народу, который передали по телевидению и радио и на следующий день опубликовали в газетах.

Заседание политбюро началось в полдень. Аксакалы заседали в Кремле.

— Нам надо решить два вопроса, — с трудом выговорил Черненко, — о генеральном секретаре ЦК и о созыве пленума.

Глава правительства Николай Александрович Тихонов сразу же предложил кандидатуру Черненко. Остальные поддержали.

— На заседание политбюро помощников не позвали, — рассказывал мне Виктор Прибытков. — Мы переживали, курили с ребятами в коридоре. Никто ничего не знал. Часа в три звонок Константина Устиновича: зайди. Захожу, он сидит один, пиджак снял, галстук ослабил, взгляд какой-то отрешенный. Потом: давай там, скажи ребятам, Вадиму Печеневу, напишите для меня текст, болванку для пленума. Сделал паузу и добавил — как для генерального секретаря. Я понял, что вопрос решен.

Была ли у Михаила Сергеевича Горбачева возможность стать преемником Андропова?

Помощник Андропова Аркадий Иванович Вольский много позже рассказал историю (см.: Московский комсомолец. 2002. 19 ноября), показавшуюся сенсационной:

— Во время пребывания Андропова в больнице каждый помощник навещал его там в строго определенный день. Моим днем была суббота. Однажды, незадолго до пленума ЦК, я приехал к нему с проектом доклада. Андропов прочитал его и сказал: «Приезжайте ко мне через два дня». Когда я вновь приехал, то увидел в тексте доклада приписку: «Я считаю, что заседания секретариата ЦК должен вести Горбачев», и роспись на полях — Андропов.

А тот, кто вел заседания секретариата, всегда считался вторым человеком в партии. Получается, что Андропов хотел, чтобы полномочия второго лица перешли от Черненко к Горбачеву. Я, слегка ошалевший от таких серьезных перемен, приехал к ответственному за печатание доклада заведующему общим отделом ЦК Боголюбову: «Смотрите, ребята, поправка серьезная! Надо немедленно внести!»

Прихожу как член ЦК на пленум. Черненко зачитывает доклад. Этой поправки нет! Едва я возвращаюсь на работу, как сразу звонит Андропов. Я столько выслушал незаслуженного в свой адрес: «Кто это сделал? Немедленно найти!» Сразу после этого ко мне заходит секретарь ЦК по экономике Николай Рыжков: «Он тебе тоже звонил? На меня так наорал!» До сих пор не знаю, кто выкинул эту поправку. Скорее всего Черненко...

Рассказ Аркадия Вольского вызвал большой интерес у журналистов и историков. Обратились к самому Горбачеву.

— Сам я не могу ни подтвердить, ни опровергнуть эту версию, — деликатно ответил Михаил Сергеевич. — Никакого разговора со мной со стороны Андропова, Черненко или того же Вольского не было.

Даже если бы Андропов и написал что-то подобное, это не могло сыграть сколько-нибудь значимой роли при избрании его преемника. Юрий Владимирович не успел как следует перетряхнуть кадры. Союзники Горбачева не имели того влияния, каким обладал Черненко. Партийный аппарат живет по своим законам. Даже ленинское завещание в свое время оставили без внимания, не то что предсмертную волю Андропова.

С момента последней болезни Андропова именно в руках Константина Устиновича оказались рычаги управления страной. Он заменил Андропова, он работал с аппаратом. Партийный аппарат ориентировался только на второго секретаря. Приход к власти Черненко после смерти Юрия Владимировича был так же предрешен, как и утверждение самого Андропова генсеком после смерти Брежнева.

11 февраля 1984 года Черненко собрал комиссию по организации похорон Андропова. Докладывал первый секретарь Московского горкома Виктор Васильевич Гришин:

— Дом Союзов, где будет проходить прощание с Юрием Владимировичем Андроповым, полностью подготовлен. Я утром был там. Всю ночь там работали люди, все подготовили. Гроб с телом покойного будет доставлен туда в 11.35. Примерно к 13.30 все будет закончено. Определены места сбора членов ЦК. Для составления почетного караула будет использован Круглый зал. Организовано два медпункта и два пункта скорой помощи. Определены места для родных и близких покойного...

Дом Союзов взят под охрану. Прохождение трудящихся будет осуществляться, как обычно, через подъезд с Пушкинской улицы. После прохода мимо гроба они выходят в Георгиевский переулок и потом по переулку выходят на улицу Войкова, то есть на проспект Карла Маркса. Составлен график прохождения через Дом Союзов и прощания с покойным. Всего в прощании примет участие около ста тридцати тысяч трудящихся Москвы...

Определены двести человек, которые понесут венки. Выделены военнослужащие, которые будут нести награды умершего. Траурный митинг состоится на Красной площади 14 февраля в двенадцать часов дня. В нем будут участвовать трудящиеся всех районов Москвы, всего двадцать четыре тысячи человек. В центре города, вокруг Дома Союзов в эти дни магазины будут закрыты. ГУМ 14 февраля не будет работать до трех дня. Делегации районов, участвующих в траурном митинге, будут иметь по два красных знамени с траурными лентами и по четыре портрета Юрия Владимировича Андропова на каждые пятьсот человек.

После Гришина Константин Устинович предоставил слово председателю КГБ.

— Для координации осуществления всех мер, — сообщил Виктор Чебриков, — у нас создан оперативный штаб, возглавляемый первым заместителем председателя комитета, на которого возложено непосредственное руководство всеми деталями и проведением всех мероприятий, которые будут осуществляться в Москве. По линии разведки за рубежом осуществляются меры по усилению слежения за действиями противника, своевременного вскрытия и предупреждения подрывных враждебных акций.

— Детали здесь, видимо, не надо обсуждать, — остановил его Черненко.

— Кремль для прохода посетителей во время похорон будет закрыт, — сменил тему Чебриков. — На подходах к Дому Союзов и на Красной площади устанавливается пропускной режим. Расставлены люди в районах площадей, на улицах, по трассам. Усилена охрана определенных зданий. Сейчас проводится работа по обеспечению безопасности проезда в Москву участников пленума ЦК. Просматриваются все самолеты, поезда, все виды транспорта, которыми они приедут. Везде организовано круглосуточное дежурство. Прошу только разрешить один вопрос. Надо дать комитету государственной безопасности, Министерству внутренних дел, Министерству гражданской авиации и Министерству путей сообщения согласие на проведение мер по ограничению допуска приезжающих в Москву. Вся система у нас отработана...

Черненко согласно кивнул:

— Давайте условимся дать такое согласие...

Михаил Сергеевич Горбачев тоже принял участие в обсуждении:

— Пока мы все здесь, можно посоветоваться. Значит, мы после пленума ЦК идем всем составом ЦК для прощания в Колонный зал. В прошлый раз после этого секретарей обкомов партии (и, видимо, так и сейчас следует сделать) отправили сразу на места.

— Да, всем надо быть на местах, — подтвердил Черненко. — Совершенно верно.

— Тогда мы их отправим, — констатировал Горбачев. — Надо контролировать обстановку на местах.

После этого руководство страны отправилось в Дом Союзов прощаться с Андроповым.

13 февраля в Свердловском зале Кремля провели пленум ЦК. Николай Тихонов повторил свое предложение избрать генеральным секретарем Черненко. Потом Константин Устинович произнес очень неплохо написанную речь. В помощниках у него собрались лучшие перья того времени.

Пленум продолжался меньше часа.

14 февраля в полдень началась похоронная церемония на Красной площади. Речь на траурном митинге произнес новый генеральный секретарь ЦК КПСС Константин Устинович Черненко. Микрофоны были включены, и вся страна услышала слова Черненко, не предназначавшиеся для других. Он неуверенно спросил своего соседа Тихонова:

— Шапки снимать будем?

И сам выразил сомнение:

— Морозно.

Члены политбюро пожалели себя и решили не снимать.

— Страшно вспоминать, — говорила потом Раиса Максимовна Горбачева, — но на похоронах Андропова я видела и откровенно счастливые лица.

Оглавление

Млечин Леонид Михайлович

ЮРИЙ АНДРОПОВ

Последняя надежда режима

Ответственный за выпуск *Л.И. Глебовская*

Художественный редактор *И.А. Озеров*

Технический редактор *Н.В. Травкина*

Корректор *О.А. Левина*

Подписано в печать с готовых диапозитивов 25.07.2008.
Формат 84×108 1/32. Бумага типографская. Гарнитура «Таймс».
Печать офсетная. Усл. печ. л. 26,88.
Уч.-изд. л. 26,24 + вклейка = 27,11.

Тираж 6 000 экз. Заказ № 2628.

ЗАО «Центрполиграф»
111024, Москва, 1-я ул. Энтузиастов, 15
E-MAIL: CNPOL@DOL.RU

WWW.CENTRPOLIGRAF.RU

Отпечатано в ОАО «ИПП «Курск»
305007, г. Курск, ул. Энгельса, 109.

E-mail:kursk-2005@yandex.ru
www.petit.ru